本研究项目获四川省教育厅人文社会科学重点研究项目基金、四川师范大学中国近现代史重点学科建设基金、四川师范大学重点研究课题基金的资助，并由四川省重点学科建设基金、四川师范大学学术著作出版基金资助出版。

清末新政与教育转型

——以清季四川师范教育为中心的研究

凌兴珍 著

人民出版社

序

清季教育改革和学堂兴起是中外教育界、史学界持续关注的重要课题。而师范教育自清季以来便被视为"群学之基"和"教育造端之地",教育改革的成效、新式教育的普及在很大程度上取决于师范教育的兴起和发展。20 世纪 20—30 年代,国内教育界、史学界就开始了对清季师范教育史的探索性研究。20 世纪 80 年代以来,清季新政与教育改革,包括清季师范教育研究再次引起了中外学界的研究兴趣。不过,检视既存研究成果,从研究范围来看,大多还是侧重于全国性的整体性概述,区域性的研究除沿海部分省份有部分成果问世外,内地尤其是西部地区的研究最为薄弱。从研究对象来看,大多关注比较正式的师范学堂,对各种形式的简易师范和特别师范则少有研究,甚至无人问津。从研究思路来看,大多从教育现代化的角度审视,关注新式教育的兴起和发展,而对传统教育的演变以及学堂教育中新旧杂糅的现象似关注不够。

清季新政和教育改革,四川具有相当的代表性。本书的研究表明,清季四川师范教育从发展速度和规模来看,可以说是起步较晚却后来居上;从内部结构演变来看,各层次、各类型师范教育经历了多头并进、此消彼长的动态变迁过程;从办学特点来看,新旧杂糅的转型特征较为鲜明。兴珍博士长期学习和工作于四川师范大学,熟知师范教育的历史和现状。以中国现代师范教育兴起阶段的清季四川师范教育作为个案,深入探讨现代师范教育在中国兴起发展的历史,其学术价值和现实意义是显而易见的。

以我个人的浅见,本书至少有以下三个比较突出的特点。

首先,资料颇为翔实而有特色。作者广泛搜集了清季民国四川地方档案、报刊、方志以及各类公私历史文献,尤其是四川省、成都市、重庆市档案馆以及四川大学档案馆所藏档案,清季民初的四川地方报刊以及民国刊印的部分师范学校的校刊、校史等等,其中有不少珍贵而罕见的历史资料。研究数易寒暑,其搜集和整理资料用力最勤,费时最多,反映了作者在梳理、比较和考析大量历史资料和统计数据的基础上,努力重建史实,探讨历史真相的治学态度。

其次,具有多维的研究视野。本书既注意到了清季师范教育受西方尤其是日本现代教育的影响,也注意到了本土资源与地域文化的延续;既注意到了清季新政和教育改革对师范教育兴起的推动,也注意到了传统教育的演变及向现代教育的转型;既注意到了师范教育本身的发展演变,也注意到了办学环境和社会影响。对留日师范与日本教习、教材的引进,四川传统教育与教化之儒的演化、传统私塾与近代学堂的关系等等值得探讨的重要问题也都有所论析。

再次,研究比较细致和深入是本书最明显的特点。清季教育改革和学堂兴办是在"学战"和"强国"成为国人共识的情况下展开的,也是官方与民间共同努力的结果,而官方在相当程度上还起着主导的作用;从清季四川师范教育的发展阶段来看,便明显与历任四川总督的提倡和推动有关。清季兴学,上行下效,一时蔚然成风,地方官绅为了显示业绩,对推行新政与兴学育才的成效,难免有夸大的成分。而清季师范教育兴起之际,层次比较复杂、类型参差不齐,除了兴办比较正规的师范学堂外,还存在大量非正规的各类师范培训。近代中国更是一个社会经济和文化教育发展极不平衡的国家,新式教育的兴起和发展不仅各省区存在差异,即使在省内的各个州县也会有不同状况。因此,对包括师范教育在内的新式教育分区域、分阶段、分层次、分类型进行细化研究实有必要。本书运用教育学、历史学和社会学的理论方法,不仅从全国和全川的角度、以宏观和中观的视角,对清季师范教育作了概括论述,也就各级官绅对师范教育的认知、提倡、规划和举措作了具体剖析,尤其对传习师范、简易师范、初级师范、优级师范、女子师范、职业与专科师范以及川边民族师范进行了分类研究和动态考察,涉及师资、生源、经费、设施、学科、课程、教材、学时、成绩等等具体内容,尽可能地将宏观审视与微观考察、定性分析与定量分析相结合,力求研究深入而细致,使之成为区域师范教育史研究领域内具有重要参考价值的成果。

本书似更侧重于重建史实的实证研究,这在当前学界受追求功利和学风浮躁之影响的大环境下,应当是值得提倡的研究方法和治学态度。著名历史学家陈旭麓曾指出:"本质深藏于现象之中,人们看到的首先是现象,认识本质则要对现象进行深入的探索。历史学家首先是捉住现象,描写现象,从而透露出本质来,或者让读者去探索本质。如果历史学家不去捉住现象,空谈本质,就失去了历史学自身的基本任务。"应当承认,以往的研究确有不太注意基本史实的重建和厘清,却热衷于争论所谓的历史作用、性质和意义的倾向;这样的争论表面上看起来虽然比较热闹,但似乎难以促进研究的真正深入。当然,如何在实证研究的基础上,进一步发现和提出更有理论意义和学术价值的问题,也是有待进一步努力的方向。自清季教育改革以来,引进、仿效欧美、日本的现代教育已是大势所趋。然而,中国教育在日益现代化的同时,令人困惑和值得反思的问题似乎也日益增多:如何使现代教育的发展更适合中国的国情和社会的需求?如何在教育制度、学校管理、学科分类、课程设置和教学方式上既符合“国际惯例”又体现“中国特色”?如何继承和弘扬中国尊师重教的文化传统和因人施教的教育理念?如何从应试教育转变为素质教育以形成培育创新性人才的有效机制?教育的转型和发展又如何深刻地制约和影响着社会转型、文化变迁和国民素质?……这一系列问题似乎都可以从作为“教育造端之地”的师范教育的改革和发展中探寻历史答案,总结经验教训。中国师范教育史自然有待继续拓宽研究领域,深入探讨新的问题。谨祝愿兴珍博士以本书作为一个新的起点,在学术探索中取得更多的成就。

谢 放

2008 年 8 月 5 日

目 录

绪　论

一　选题意义

教育改革是清末新政①的要项和最富有成果的改革之一,“其他的改革都没有教育变革产生的那种长远意义”②。清季师范教育是清末新政教育改革的成果之一,是清末新政与教育改革背景下为解决传统教育向近代教育转型过程中出现的传统教师向新学教师转型问题以及为迅速发展的新式学堂批量培训新学师资的新兴教育组织。它既是中国社会政治经济教育现代化的产物,又是中国传统教育向近代教育转型以及中国传统教师向中国近代教师转型的桥梁,是制约与影响清季教育乃至社会发展的重要因素。对清季师范教育的研究,可以从一个侧面了解清季教育改革及新政改革的成就。

---

① “清末新政”是历史学家对清末十年改革的指称。虽然曾经有人只把1901—1905年清政府的改革称为“清末新政”,而不包括1905年以后的预备立宪,但是,现在学术界已基本认同这是清末新政所包含的两个互相关联的历史阶段:第一阶段涉及到政治、经济、军事、文化教育与社会生活等领域的变革,这些变革基本是在体制内进行;第二阶段是政治体制本身的变革,这是前一阶段各项体制内变革发展的必然趋势与进一步深化的反映。参见李细珠《张之洞与清末新政研究》,上海书店2003年版,绪论,第1—2页;又见张海鹏、李细珠《新政、立宪与辛亥革命(1901—1912)》,张海鹏主编《中国近代通史》第五卷,江苏人民出版社2006年版,第1页注释②。

② [美]费正清编:《剑桥中国晚清史(1800—1911)》下卷第六章,中国社会科学出版社1993年版,第403页。

众所周知,中国自古就有"师"、"师范"的概念和尊师重教的传统,然而现代意义上的"师范"、"师范教育"却萌发于西方,大约在19世纪七八十年代传入中国,并以光绪二十三年(1897)南洋公学师范院和光绪二十四年(1898)京师大学堂师范馆的创立为中国师范教育的诞生标志。清末师范教育是在20世纪最初十年(1901—1911)清政府实施包括教育改革在内的新政改革背景下发展起来的。师范教育在近代中国兴起,既与近代中国社会的政治、经济、社会变革息息相关,又是洋务派、维新派人士呐喊与实践教育变革的结果,还与西方教育文化渗透与影响有关,并在推进近代中国教育普及与社会近代化方面发挥了特别重要的作用。师范教育在中国诞生后,因环境局限而发展缓慢、步履蹒跚,但仍有自己的发展特色,不仅进行了师范教育本土化、专业化、学术化的实践与尝试,形成了优先发展师范教育、突出政府办学责任、强调师范生德育与专业训练等传统,培养了一批近代化的人才,对中国普及义务教育的推广、国民素质的提高与近代社会的转型与发展产生了深远的影响,并突破了清政府挽救封建统治危机的狭隘政治目的,成为中国社会近代化的一种推动力。

师范教育作为培养师资、训练教育从业人员的教育,与教育乃至整个社会构成一种互动关系,在近代教育发展、民族国家建设和社会进步中的作用与影响非同寻常。自清季以来,有识之士就逐渐认识到师范教育的重要地位与巨大作用,提出了师范教育是"群学之基"① 和"教育造端之地"②,"为国家负培养次代国民

① 梁启超:《变法通议·学校总论》,《饮冰室合集》文集之一,中华书局1989年版,第19页。

② 张之洞:《创建三江师范学堂折》,苑书义等主编《张之洞全集》第三册,河北人民出版社1998年版,第1527页。

的责任"①,师范教育"直接关涉青年学生之全整的生活,间接影响民族生命之前途"②,"师范教育影响及于一切教育,教育的建设必以师范教育为基础","师范教育是配合政治的工具,国家民族的动态是系于师范教育的动力"③等观点与主张,并进而指出师范教育与普通及职业教育性质与任务的不同之处,"(a)普通职业之直接影响,仅限于局部的范围之内;然教育事业之直接影响,则普及于全社会,全人生。(b)普通职业的对象为事物,而教育事业之对象,则为活泼泼的人。(c)普通职业教育之直接目的在为己或在求得个人的利益,其与公共福利有帮助者,则为间接之影响;然师范教育之直接目的在为公共谋福利,其于个人利益之获得,反为附带的条件。观以上所说各点,可知师范教育之性质根本与普通的职业不同;盖教育为树人之业,从事之者,须有丰富的同情,宽阔的态度,远大的见解与浓厚的兴味,然后可。绝非普通学校只注重理智的训练,养成偏枯与冷酷的态度,此种人员只局于一隅,所能胜任也",师范教育之特质在于"身心之陶冶"、"专业之训练"、"注重实习"数端④,由此可见师范教育与普通及职业教育绝不可相提并论。到20世纪90年代以后,随着我国中小学师资培养模式的转变,师范教育面临着如何从定向型向非定向型转轨以及如何进行内部改革以适应社会发展需求等重大理论与实践问题,师范教育的地位有所动摇,其功能受到质疑,并有重蹈覆辙的危险。今天

① 乐嗣炳编辑,程伯群校订:《近代中国教育实况》,上海世界书局1935年版,第79页。

② 常导直:《师范教育论》,北平和济印书局1933年版,第49页。

③ 张达善:《师范教育的理论与实际》,上海商务印书馆1946年版,自序第1页、第一章第6页。

④ 郭鸣鹤:《师范教育》,天津百城书局1935年版,第一章第4—7页、第六章第52页。

的师范教育是建立在过去的师范教育基础之上的，现今师范教育的发展往往受到既定师范教育历史条件的制约，因此研究与认识师范教育的本土发展历史，并进行师范教育制度的本土化创新，在改革与发展的今天尤显重要。所以师范教育的历史与发展问题，不仅引起了教育界的持续关注，而且成为“十五”期间中国教育研究的重点①，同时也激发了笔者研究师范教育历史的兴趣。

笔者仅以“清季四川师范教育”而非“清季中国师范教育”为论题，还基于以下两方面考虑。其一，中国是一个社会经济和文化教育发展都很不平衡的国家，分省区细化研究将有助于研究的深化，并揭示文化教育发展不平衡的状况和特点。据笔者考察，学界对清季教育与师范教育的研究，或偏重于全国整体，或偏重于个别师范学堂，清季师范教育兴起发展历史的区域实证研究十分缺乏，而对各个地区或省份甚至有代表性的省份的师范教育思想、政策及实践的研究，将有助于研究的深化。其二，清季四川师范教育在全国具有典型性和代表性。四川的师范教育思想与组织虽然出现较晚，并以四川提督学院吴郁生建议派遣留日官费师范生为开端，以光绪二十九年(1903)通省蒙养师范、川南师范学堂的设立为标志。四川师范教育一经兴办，便以超乎寻常的速度发展起来，在西部地区乃至全国师范教育中占有重要地位，形成了办学层次多样化、中外师资合理配置、师范教育质量逐渐提高等办学特点，推动了四川教育迅速发展与社会变迁，四川因此成为全国教育先进地区和辛亥革命发端之地，并为民国四川教育与师范发展奠定了基础。四川师范教育的发展，与四川特有的人文环境与优良的尊师

① 教育部社政司科研处编：《人文社会科学研究现状与发展趋势》，湖南大学出版社2001年版，第269—275页。

重教传统,各地官绅士民的广泛参与和积极推动,尤其是与历任四川总督以至各级政府对师范教育的重视有密切关系;四川师范教育的发展,还与清廷及学部对国民教育发展的要求密不可分,也受到日本及西方教育文化的渗透与影响。可以说,清季四川师范教育在全国具有典型性和代表性。可是,教育界与史学界对清季四川师范教育至今少有人作专题研究,这不啻是四川教育史研究的一大遗憾,而且致使人们现在已难确知清季教育及师范教育发展的完整历史。笔者以“清季四川师范教育”为题作个案研究,旨在考察清季师范教育制度与政策在四川的具体落实情况、师范教育兴起的动态过程以及地方官绅所发挥的能动作用及其面临的困难,力图为清季师范教育乃至新政史的研究提供一项实证成果,并为观察清末新政时期的教育改革及其所体现的中国教育近代化提供一个视角。

二 学术史回顾

本论题的研究涉及清末新政与教育改革、清季师范教育史和清末四川教育与师范教育史三个方面,下面择要介绍相关研究成果。

(一)关于清末新政时期教育史的研究

教育改革作为清末新政进行得最广泛、最深入且最富有成果的改革之一,“其他的改革都没有教育变革产生的那种长远意义”①,

① [美]费正清编:《剑桥中国晚清史(1800—1911)》下卷第六章,第403页;又见许纪霖、陈凯达主编:《中国现代化》第一卷(1800—1949),上海三联书店1995年版,第218—219页。

因此清末教育改革是国外学者较为关注的对象,国外有关新政研究的论著大都涉及清末教育改革的问题。1931 年,卡梅伦在《1898—1912 年中国的改革运动》一书中指出,清末在教育改革上所取得的进步是曲折的、不平衡的,清末在废除科举制、建立西式学堂方面存在的主要问题是,没有为新的教育制度提供所必需的国家财政、缺乏合格的教员、教学质量差,尤其是小学教育被严重忽视,此外政府政策的波动和一些地方官员对新式学堂的抵制和冷漠以及新式学堂学生在政治上的不妥协,也妨碍了晚清的教育改革,清末的妇女教育取得了一定的进展,但同样存在缺乏合格教员的问题,总之晚清新式学堂的教育质量是不尽人意的,由于大部分教师本身并没有多少学问,他们把大部分时间花在军训上,学生热衷于政治运动,结果晚清新式学堂的教育没有造就一批支持清廷实行渐进改革的温和自由主义者,反而造就了一批激昂的政治运动的鼓吹者①。1988 年出版的法国巴斯蒂教授著《20 世纪初的中国教育改革》,是迄今为止国外研究晚清教育改革的最具有影响的著作之一。巴斯蒂认为,1905—1911 年期间各类教育的增长对中国现代化进程有实际的推动作用,教育改革之所以在晚清十年新政中最富有成效,一个主要的原因是得到张謇这样开明或者说近代士绅的大力配合与支持,清末在建立近代学堂制度方面所取得的教育改革的成功是近代士绅与清朝政府和地方官员合作的一个结果,近代士绅之所以能与清朝政府和地方官员达成合作,是因为基于以日本为模式,然而这种基于以日本为基础的合作一开

---

① Cameron, Meribeth E. *The Reform Movement in China*, 1898—1912. Stanford University Press, 1931. chapter 4.

始就存在冲突与对立①。1971 年,美国学者威廉·艾尔斯《张之洞与中国教育改革》,对张之洞对中国教育体制改革的贡献进行了讨论,认为"在张之洞的一生中,中国教育的形态发生了根本性的变化,对此,他的努力具有决定性的意义"②。1978 年,贝斯·丹尼尔《中国进入二十世纪:张之洞与新时期的问题(1895—1909)》,论述了张之洞在 19—20 世纪之交中国社会政治转型过程中所充当的重要角色及其作用,认为张之洞的重要性在于他的所作所为关系到整个晚清中国的政治结构与国家政治生活的变化,晚清教育改革的成就与不足均与张之洞的思想与活动密切相关,其中也涉及了张之洞的师范教育思想及活动③。东洋文库近代中国研究中心历史教授市古宙三在费正清主编的《剑桥中国晚清史(1800—1911)》下卷第七章中指出,清末教育改革是从改革科举、创办新式学堂和鼓励出国留学开始的,"为了吸引学生进入新式学堂,政府同意给予学堂毕业生文官候选人的待遇",新学堂的"课程和学习年限差别很大",内容是否有任何实际变化"是有疑问的",原因有三:首先,由于难以得到合格的新式教育的教师,在大多数新式学堂里不可避免地仍然按旧课程教课,"1909 年,在教初等小学堂的教师中,百分之四十八是有传统功名的人,他们是毫不了解新式教育的。这就说明为新式学堂获得新教师是多么困难了";其次,几乎所有私立学堂都由绅士一文人所办,而且大部

① Marianne Bastid. *Educational Reform in Early Twentitieth-Century China*. Translated by Paul J. Bailey. Ann Arbor, Center for Chinese Studies, The University of Michigan, 1988.

② Ayers William. *Chang Chih-tung and Education Reform in China*. Harward University Press, 1971.

③ Bays Daniel H.. *China Enters the Twentieth Century*: *Chang Chih-tung and the Issues of A New Age* 1895—1909. Ann Arbor: University of Michigan Press, 1978.

分公立学堂也是由他们发起而开办的，因为办学堂是保存他们特权的新出路，"学堂也能授予毕业生进士、举人和生员的学衔。绅士家族送其子弟入学，希望以此保持他们的特权；因此他们非常热衷于开办学堂，甚至不惜自己花钱来办"；第三，新制度中尽可能地保留了旧东西，"儒学仍然被认为是学业的基本内容，即使在新式学堂中也不得忽视。每月的初一和十五学堂要举行一次祭孔仪式，而且很多学时花在阅读和讲授经典著作上……还有两个学时的修养课，它是一种儒家的教育方法。显然儒家学说是被强调的；甚至学习的方法也是老一套"，"妇女受教育的目的也只限于培养贤妻良母和一些教师而已。男女平等和婚姻自由仍旧被否定……而且女子不得参加政治集会"①。美国学者任达《新政革命与日本——中国，1898—1912》一书，从日本对中国的影响的角度研究清末新政，作者认为，新政引起的思想和体制的转变其实也是一场革命，这种革命对中国社会政治由传统到现代转型的深远影响甚至超过了推翻清政府的辛亥革命；日本对清末新政起着关键、核心的影响，"日本在中国现代化中，扮演了持久的、建设性而非侵略的角色。不管怎样，从1898—1907年中日关系是如此富有成效和相对地和谐，堪称'黄金十年'"；作者对为中国"学堂"培训师资的机构——师范学堂给予了特别关注，认为由于缺乏教师，中国新的师范学堂实际都有日本人，而且在日本人投身中国师范学堂的历史中，令人印象最深的是如此众多的日本教习和顾问都是嘉纳治五郎的东京高等师范学校——日本最优秀的官办师范学校的毕业生或教师（或身兼者），把这些人才派到中国，"日本政府是煞费苦

① ［美］费正清编：《剑桥中国晚清史（1800—1911）》下卷第七章，第438—443页。

心的”;作者进而指出,“如果学者们要全面了解中国现代师资教育及日本对它的影响,那么还存在些专门的问题。在1902年至1910年间建立了多少师范学校?规模多大?属于什么层次?有一个或一个以上日籍教师的学校有多少?他们担任什么职务?他们在教师中占多大的比例?其他国籍的教师有多少?中国学堂从这些新的师范学校招聘的教职员占多大的比例?这些问题的答案,有待于更深入的分析”①。此外,吉尔伯特·罗兹曼主编《中国的现代化》一书认为,“在估价教育的各个层次对中国现代化所起的作用时,应避免把注意力仅局限在本土固有教育形式能否顺利转化为现代教育形式,即转化为初等、中等和高等教育的体制。还应当考虑到教育在社会上所处的位置,因为教育与社会、经济和政治的关系可以使传统教育为现代化助一臂之力,也可以使显然具有现代化特征的传统教育成为现代化事业的牵制力量”;清代民众教育,“受初级教育的机会在乡村和都会之间的差异不大”,“学校不单在都市才有,除人烟稀少和赤贫的地区之外,教育在所有地方都很发达,这个事实表明,清代中国相对来说具有一个现代学校体制结构的平衡基础”,“民众中的多数人积累起来的文化和技艺为现代化提供了很可取的基础”,但是,“当清末的革新派后来真去建立现代化教育体系之时,他们却另起炉灶,而不是在原有的教育基础上进行改造”②。

中国港台与大陆学者对清末新政及其教育改革也展开了多方面的研究。1976年,台湾学者苏云峰《张之洞与湖北教育改革》,

---

① [美]任达:《新政革命与日本—中国,1898—1912》,哈佛大学东亚研究中心,1993年;李仲贤译,江苏人民出版社1998年版,第7、107—111、217—218页等。

② [美]吉尔伯特·罗兹曼主编:《中国的现代化》,江苏人民出版社2003年版,第165、168—170页。

对张之洞在湖北期间的教育思想及其活动进行了研究，展示了湖北近代教育的形成演变与各级学校发展的情况，对张之洞的师范教育思想及其在湖北举办师范教育的活动讨论较为充分①。1992年，赵军《折断了的杠杆——清末新政与明治维新比较研究》，认为清末新政是清政府领导的一场近代化变革运动，并重点从国家权力与近代化运动的关系的角度考察了这个问题，认为“国家权力是推动一个社会走向变革、走向新生的一个巨大的不可替代的历史杠杆”，并从国家政权主要是从政府的角度比较了明治维新与清末新政的异同得失，认为清末新政的失败主要是清政府没有力量领导这场近代化变革运动②。1994年，张连起《清末新政史》是一部全面系统讲述清末新政的著作，对新政给予了肯定评价，认为它是可以与义和团运动和辛亥革命相提并论的重大事件③。1997年，郭世佑《晚清政治革命新论》，把清末新政看作晚清政治革命的一部分，并具有某种革命性的意义④。1998年，吴春梅《一次失控的近代化改革——关于清末新政的理性思考》，从近代化的角度切入清末新政，认为“中国近代化的真正实施却始自清末新政”，清末新政“是中国近代化链条上的一个不可缺少的中心环节”⑤。1999年，萧功秦《危机中的变革——清末现代化进程中的激进与保守》一书，用大约2/3的篇幅讨论清末新政，认为“清末

① 苏云峰：《张之洞与湖北教育改革》，台湾中央研究院近代史研究所专刊(35)，1976年5月。

② 赵军：《折断了的杠杆——清末新政与明治维新比较研究》，湖南出版社1992年版。

③ 张连起：《清末新政史》，黑龙江人民出版社1994年版。

④ 郭世佑：《晚清政治革命新论》，湖南人民出版社1997年版。

⑤ 吴春梅：《一次失控的近代化改革——关于清末新政的理性思考》，安徽大学出版社1998年版。

新政的历史过程,实际上正是权威危机、改革综合症与制度主义的激进变革心态这三种因素相互激荡,并进而引发的日益深化的危机的历史过程”,力图使人们“能更深入地认识一个后发展国家现代化历程的艰难复杂性”和“更深入地理解现代化获得成功的各种制约条件”①。2003 年,李细珠《张之洞与清末新政研究》一书,则从张之洞与清末新政关系的角度,讨论了张之洞在清末新政过程中的思想与活动,包括他的教育改革思想,他对师范教育制度确立的参与及其影响,以及在湖北所推行的各项具体改革措施。2006 年,张海鹏、李细珠《新政、立宪与辛亥革命(1901—1912)》,对清末新政时期的废科举、兴学堂、派遣留日学生为主的教育改革均有所论述,其中亦涉及师范教育。近年来,中国内地和港台学者出版的区域现代化或区域教育近代化论著,对该区域的教育与师范教育皆有所概述与讨论②。马晓燕的未刊硕士论文《近代化理念下教育体系的转型——以清末新政时期的教育改革为例》,认为清末新政时期教育改革具有渐进性与变通性、政策实施的灵活性、新教育的多层次性、鼓励民间办学等四方面特点,它使国民教育理念下的民众启蒙教育得以勃兴、实业教育得以兴起与发展起

---

① 萧功秦:《危机中的变革——清末现代化进程中的激进与保守》,上海三联书店 1999 年版。

② 王树槐:《中国现代化的区域研究江苏省 1860—1916》,台湾中央研究院近代史所专刊(48),1984 年 6 月;刘正伟:《督抚与士绅——江苏教育近代化研究(1861—1927 年)》,河北教育出版社 2001 年版;张朋园:《中国现代化的区域研究湖南省 1860—1916》,台湾中央研究院近代史所专刊(46),1983 年 2 月;李国祁:《中国现代化的区域研究——闽浙台地区,1860—1916》,台湾中央研究院近代史研究所 1982 年版;张玉法:《中国现代化的区域研究——山东省,1860—1916》,台湾中央研究院近代史研究所 1982 年版;苏云峰:《中国现代化的区域研究——湖北省》,台湾中央研究院近代史研究所 1981 年版;谢国兴:《中国现代化的区域研究:安徽省,1860—1937》,台湾中央研究院近代史研究所 1991 年版。

来、教学内容与教学方式由传统向近代改革,初步实现了传统教育向近代教育的转型,认为教育改革触及了中国社会变革的最根本问题①。

通过上述考察,我们可以发现,学界较为关注的清末新政与教育改革的实证化研究尚显薄弱。宾夕法尼亚州立大学中国史教授任以都、北京大学王晓秋、四川大学罗志田(现为北京大学教授)、地方教育史研究者张传燧都注意到这种研究现状,并发出了加强清末新政与教育改革的区域实证研究的呼吁。任以都在费正清、费维恺主编《剑桥中华民国史(1912—1949)》下卷中指出,"20 世纪中国教育的许多重要方面需要注意——从晚清发挥作用的成千个书院那里继承下来的社会时尚和教育方法,现代学校制度和通过报刊的城市公共教育的成长,妇女的正规教育,出版社的兴起,以及建立教育协会和作为改良与革命温床的新学校"②。王晓秋在《戊戌维新与清末新政——晚清改革史研究》总论中指出,清末教育改革等方面,"值得进一步发掘史料,进行扎扎实实的专题研究。晚清改革在中国各地区进行得很不平衡,因此,有必要对各地区改革状况作具体的区域研究。以前对湖南、广东、江苏、浙江等省研究较多,可是一些边远省份、穷乡僻壤是否也吹到了改革之风,究竟实际情况如何?需要作具体考察"③。罗志田教授在《开放时代》2002 年第 2 期撰文指出:"学界对清季新政的研究还是显

① 马晓燕:《近代化理念下教育体系的转型——以清末新政时期的教育改革为例》,安徽大学硕士学位论文(2005 年 5 月)。

② [美]费正清、费维恺编:《剑桥中华民国史(1912—1949)》下卷第八章,中国社会科学出版社 1993 年版,第 411 页。

③ 王晓秋:《总论:晚清改革史研究论纲》,王晓秋、尚小明主编《戊戌维新与清末新政——晚清改革史研究》,北京大学出版社 1998 年版,第 9—10 页。

得相当薄弱。且过去涉及清末新政的研究都有大致共同的特点，那就是：一、对新兴的‘改革’和变化大体持预设的肯定态度；二、相对更注重趋新的民间议论而忽视官方的实际举措，尤其忽视辛亥革命前几年的政府行为。这两者都是可以讨论的，前者不无以‘改革开放’时代眼光看往昔事件的嫌疑……至于后者，特别是辛亥革命前几年各级政府的所作所为，明显提示了不致‘低水平重复’的宽广研究空间。比如，清末新学的兴办应是相对较受关注的题目了，然而许多既存研究不过是以万字甚至不足万字的篇幅作整体的论述，兴办新学的过程本身至今仍然缺乏相对清晰的整体和局部的史实重建……我们对那十年的中国究竟是个什么模样还相当模糊。所以，在承认既存研究成绩的基础上，我认为重视清末新政研究的呼吁仍当其时”①。张传燧在《教育史研究》2003 年第 4 期上撰文指出，过去的中国教育史研究，侧重于处于政治中心和经济文化发达地区教育发展的研究，而忽视了那些处于政治边缘和经济文化比较落后的边远、少数民族地区教育发展状况的研究，甚至地方教育史研究往往被视为小儿科、雕虫小技而为一些教育史家所轻视或忽视，以致中国教育史研究成果不能在更大范围内全面如实地反映全国教育发展的全貌②。

（二）关于清季师范教育史的研究

早在民国建立后，国内教育界就开始对清季师范教育历史进行探索性研究，特别是 20 世纪二三十年代，在多种教育思潮的影

① 罗志田：《学术规范的主要目的是建设而非防弊——呼应王笛先生》，《开放时代》2002 年第 2 期。

② 张传燧：《寻求历史与现实的契合点——地方教育史研究散论》，《教育史研究》2003 年第 4 期。

响下，探索中国教育救国之路的知识分子，更加密切关注国内外的教育状况与中国的教育发展现实，对作为教育之母的师范教育更是密切关注，相继发表了一批研究师范教育与师资培养的论著，对师范教育历史及其面临的现实问题提出了自己的见解，形成了中国师范教育历史研究的第一次高潮，并对推进三、四十年代师范教育的发展产生了重要作用与影响。新中国成立以后，由于特殊的政治环境，60—70 年代中国内地的师范教育研究陷于停顿，直到 80 年代国内的学术研究才得以恢复。由于自 80 年代改革开放以来社会观念的变化及其对教师培养模式的冲击，中国内地学术界爆发了一场持续甚久的关于师范教育是否独立设置或者叫"师范性"和"学术性"的争论，这场争论引发了学者们对中国近代师范教育历史的研究兴趣，一批论著相继发表。西方学者对清末新政与教育改革展开研究的成果较多，其中涉及清季师范教育研究的成果确实不少，但以清季师范教育为题进行专题研究的成果尚未见到。综合起来考察，笔者认为，国内外学者关于清季师范教育的既有研究成果，主要侧重于以下几个方面的讨论与研究。

一是对清季师范教育历史，多数论著只作整体概述而不作分期研究，仅有少数论著将其划分为几个时期加以论述。自民国以来出版的众多师范教育论著以及国内外出版的近代教育史、中国教育通史以及教育专门史论著①，基本上都只对清季师范教育政

① 比较有名的师范教育论著有：余家菊《师范教育》，上海中华书局 1926 年版；邓萃英《中国之师范教育》，收于舒新城编《中国新教育概况》，上海中华书局 1928 年版；郭鸣鹤《最近三十五年来之中国师范教育》，《朝华》1932 年第 3 卷第 1 期；郭鸣鹤《师范教育》；常导直《师范教育论》；罗廷光《师范教育新论》，上海南京书店 1933 年版；罗廷光《师范教育》，重庆正中书局 1940 年版；台湾学者林本《世界各国师范教育制度——我国师范教育制度之研究》、《世界各国师范教育课程——我国师范教育课程之研究》，台湾开明书店 1963、1964 年版；刘问岫编《中

策与历史及清季新式学堂的师资问题作概述，仅有舒新城、关晓红、阮春林、马啸风等人在其论著中对清季师范教育历史进行分期研究。舒新城《近代中国师范教育小史》一文，首先对1897—1925年的近代中国师范教育进行分期研究，并将清末师范教育历史划分为萌芽期(1897—1902)、学制系统建立期(1902—1903)、清代

国师范教育简史》，人民教育出版社1984年版；陈侠《师范教育与教育科学》，人民教育出版社1985年版；杨之岭等《中国师范教育》，北京师范大学出版社1989年版；吴定初等编著《中国师范教育简论》，四川教育出版社1990年版；赵翰章、傅维利编著《师范教育概论》，吉林教育出版社1994年版；宋嗣廉、韩力学主编《中国师范教育通览》，东北师范大学出版社1998年版；顾明远、梁忠义主编《世界教育大系·教师教育》，吉林教育出版社2000年版；黄威《教师教育体制：国际比较研究》，广东高等教育出版社2003年版等。比较著名的中国现代教育史专著有：陈翊林《最近三十年来中国教育史》，上海太平洋书局1930年版；黄炎培《中国教育史要》，上海商务印书馆1931年版；商务印书馆编《最近三十五年之中国教育》，上海商务印书馆1931年版；徐式圭《中国教育史略》，上海中华学艺社1931年版；周予同《中国现代教育史》，上海良友图书印刷公司1934年版；卢绍稷《中国现代教育》，上海商务印书馆1935年版；孙邦正编《六十年的中国教育》，台湾国立编译馆1971年版；陈启天《近代中国教育史》，台湾正中书局1979年版；熊明安《中华民国教育史》，重庆出版社1990年版；李华兴主编《民国教育史》，上海教育出版社1997年版·陈学恂主编《中国教育史研究》(近代、现代分卷)，华东师大出版社1994、2001年版；田正平主编《中国教育近代化研究丛书》，广东教育出版社1996年版等。比较有名的中国教育史通史著作有：陈青之《中国教育史》，上海商务印书馆1934年版；陈东原《中国教育史》，上海商务印书馆1936年版等。比较著名的教育专门史论著有：盛朗西编《教育行政效率问题研究》，上海商务印书馆1925年版；郭秉文《中国教育制度沿革史》，上海商务印书馆1922年版；姜书阁《中国近代教育制度》，上海商务印书馆1934年版；蔡芹香《中国学制史》，上海世界书局1933年版；徐雉《中国学校课程沿革史》，上海太平洋书店1929年版；舒新城《近代中国留学史》，上海中华书局1933年版；顾倬《学潮研究》，上海中华书局1922年版；常道直、余家菊《学校风潮的研究》，上海商务印书馆1925年版等。其中，周予同还将清季教育史分为新教育萌芽期(1862—1901)、新教育建立期(1901—1911)两个时期，并对初等教育、中等教育的教师问题以及清末师范教育的萌芽、学制、宗旨、课程、教学法、训育、待遇与服务问题的演变及师范教育统计概况等作了研究。

师范教育积极进行期(1904—1911)①三个阶段,开创了清季师范教育历史分期研究的先河。李超英《中国师范教育论》考察了1897—1937年的中国师范教育,对1897—1911年发轫时期师范教育历史之演变,师范学制,师范学校之课程、教师、训育,师范生实习、待遇与服务问题,小学教师进修、保障问题进行了深入研究②。关晓红《晚清学部研究》,通过考察学部的酝酿、产生、人事变动以及对经费和全国学务的统筹管理,认为学部对师范教育的宏观调控可划分为三个阶段,即应急发展期(1906—1907)、整顿提高期(1908—1910)、大力扩充期(1911),认为清末师范教育更多的是受政府行为的影响而没有按教育的内在规律运行③。阮春林的未刊博士学位论文《清末民初师范教育研究(1897—1922)》,对清末师范教育的兴起、师范教育学制的确立、师范教育的调整、师范教育的管理四个方面进行了比较深入的研究,并对各时期转换的原因进行了探寻,认为清季师范教育既有历史局限性又有积极作用④。马啸风主编《中国师范教育史》则将清季中国师范教育历史分为萌芽(1897—1904)、制度化(1904—1912)两个部分叙述⑤。本书通过深入细致考察,认为清季师范教育历史可以划分为萌芽期(1897—1901)、学制系统确立期(1902—1905)、求速发展期(1906—1907)、整顿提高期(1908—1910)、再度扩展期(1911)五个阶段。

二是日本、欧美等国对清季师范教育的影响受到学者关注,但

---

① 舒新城:《近代中国师范教育小史》,《中华教育界》第15卷第11期(1926年11月);后收入舒新城《近代中国教育史稿选存》,上海中华书局1936年版,第93—127页。

② 李超英:《中国师范教育论》,长沙商务印书馆1940年版。

③ 关晓红:《晚清学部研究》,广东教育出版社2000年版。

④ 阮春林:《清末民初师范教育研究(1897—1922)》,中山大学博士学位论文(2004年11月)。

⑤ 马啸风主编:《中国师范教育史》,首都师范大学出版社2003年版。

四川留日师范教育及日本教习引进对四川教育及师范教育的影响却较少研究。民国时期,由于中日矛盾尖锐和战后政治关系的演变,人们一度有意无意地回避清末民初日本对中国师范教育的影响问题。20世纪60—70年代,中国港台及日本学者开始关注这一问题,相继有一系列论著出版,如台湾学者瞿立鹤、黄福庆、林子勋等人的著述对清末留日师范教育与日本教习进入中国师范学堂和普通新式学堂的情况都有所涉及①。80年代以后,中国相继有大陆学者汪向荣、谢长法、孙传钊,香港学者谭汝谦,台湾学者黄福庆、陈琼莹、黄士嘉;国外学者相继有日本学者实藤惠秀、阿部洋,美国学者葆拉·哈勒尔、任达等,发表对清末留日教育及引进日本教习问题的研究论著,大都认为留日速成师范教育与引进日本教习对中国教育和师范教育产生了重要影响②。台湾学者苏云峰

---

① 瞿立鹤:《清末留学教育》,台湾三民书局1973年版;黄福庆:《清末留日学生》,台湾中央研究院近代史研究所专刊(34),1975年;林子勋:《中国留学教育史》,台湾华冈出版有限公司1976年版;[日]南里知树编:《中国政府雇用の日本人——日本人顾问人名表と解说》,近代日中关系研究会编《日中关系问题重要资料集》第Ⅲ卷,东京龙溪书舍昭和51年(1976)版等。

② 汪向荣:《日本教习》,中国青年出版社2000年版;孙传钊:《清末师范教育中来自日本的影响》,《教育评论》1989年第3期;谢长法:《清末的留日女学生》,《近代史研究》1995年第2期和《清末女子留日与师范教育》,《高等师范教育研究》1994年第2期;谭汝谦:《近代中日文化关系研究》,香港日本研究所1988年;黄福庆:《近代日本在华文化及社会事业之研究》,台湾中央研究院近代史研究所专刊(45),1982年;陈琼莹:《清季留学政策初探》,台湾文史哲出版社1989年版;黄士嘉:《清末师范教育的萌芽》,《近代中国》第115期(1996年10月);[日]实藤惠秀,谭汝谦、林启彦译:《中国人留学日本史(增补版)》,三联书店1983年版;[日]阿部洋:《日中教育文化の交流と摩擦——战前日本の在华教育事业》,东京第一书局昭和58年(1983)版;[日]阿部洋:《中国の近代教育と明治日本》,东京福村出版株式会社昭和63年(1990)版;[美]葆拉·哈勒尔:《播种变革的种子:中国学生与日本教师,1895—1905》,斯坦福大学出版社1992年版;[美]任达:《新政与日本——中国1898—1912》,哈佛大学东亚研究中心1993年版等。

《张之洞与湖北教育近代化》、《三(两)江师范学堂:南京大学的前身,1903—1911》两书,对清末两湖地区的留日师范教育和日本教习引进对三江师范学堂的影响作了较为深入的考察①。对日本、欧美师范教育对中国的影响进行综合研究的论著,主要有以下数种。李剑萍通过考察和剖析日本、美国、苏联师范教育理念和制度对中国近代师范教育的影响,指出:清末师范教育制度虽以日本为样板,但却根据中国国情实行地方分权主义,切合中国实际,推动了中国师范教育与教育的迅速发展②。王慧君的未刊硕士论文《我国近现代师范教育模式的历史变迁》,对中国近现代师范教育的日本模式变迁的原因及其在办学体制、培养目标和课程设置上的突出特点进行了考察③。李喜所、刘集林等《近代中国的留美教育》对中国留美教育历史进行了研究,认为留美教育对中国教育、科技及社会发展产生了重要影响,作者在对1854—1953年留美学生地域分布进行统计分析后指出:内陆省份四川总计人数531名,位居全国第九位,原因是四川素有"天府之国"的美誉,四川人口较多,经济在内陆地区较为发达④。谢长法《借鉴与融合——留美学生抗战前教育活动研究》,认为清末民初留美学生是1922年"新学制"及其以后的师范教育政策的主要影响与制定者,并从此开启了中国师范教育的美国化

① 苏云峰:《三(两)江师范学堂:南京大学的前身1903—1911》,台湾中央研究院近代史研究所专刊(82),1998年3月出版;香港中文大学区志坚的书评,台湾中央研究院近代史研究所《近代中国史研究通讯》第27期(1999年3月)。

② 李剑萍:《中国近代师范教育的中国化历程》,《高等师范教育研究》1998年第2期。

③ 王慧君:《我国近现代师范教育模式的历史变迁》,福建师范大学硕士学位论文(2003年4月)。

④ 李喜所、刘集林等:《近代中国的留美教育》,天津古籍出版社2000年版,第136—137页。

时期①。至于清末四川留日师范教育与日本教习引进对四川师范教育的影响,目前只有四川学者王笛(现为美国得克萨斯 A&M 大学历史系副教授)、日本学者柴田岩有所论述②,但皆不够深入、全面。

三是对清季优级师范发展历史研究较多,而初级师范、女子师范发展历史研究较少,简易师范、特别师范更无人问津。近年来,中国高等师范教育的改制和转型引起了教育界、学术界的持续关注,中国高等师范教育历史也因此成为学界研究的热点,周国平、周丽华、刘新玲、夏金元、谢安邦、刘捷、谢维和、金以林等人对此进行了研究,并涉及清季优级师范发展的历史,多数认为清季优级师范有自己的特点与传统,存在以洋为师、待遇优厚、封建专制思想浓厚、课程多、内容杂、学生负担过重等问题③。刘捷、谢维和《栅

① 谢长法:《借鉴与融合——留美学生抗战前教育活动研究》,河北教育出版社 2001 年版。

② 王笛《清末四川师范教育的发生和发展概述》(《四川师范学院学报》1984 年第 2 期)、《清末"新政"与四川教育的兴起》(《四川大学学报》1985 年第 2 期)、《清末四川留日学生概述》(《四川大学学报》1987 年 3 期)及《跨出封闭的世界——长江上游区域社会研究(1644—1911)》(中华书局 1993 年版)第七章以及[日]柴田岩《日本教习在重庆的事迹及活动——近代日中教育交流之初步考察》(《一个世纪的历程——重庆开埠 100 周年纪念》,重庆出版社 1992 年版)等对四川留日师范与日本教习引进有所涉及。

③ 周国平:《简述近代中国的高等师范教育》,《山东师范大学学报》1992 年第 1 期;冷先福:《民国时期高等师范教育的历史回顾——纪念中国高等师范教育成立 100 周年》,《江西社会科学》1998 年第 6 期;周丽华:《试析中国高等师范教育的发展及其特点》,《吉林社会科学 · 高教研究》1999 年第 3 期;汪兆悌、蔡振生:《我国高等师范教育独立体制的历史考察》,《北京师范大学学报》1984 年第 4 期;刘新玲:《我国百年高等师范教育体制的演变及启示》,《黑龙江高教研究》2001 年第 4 期;刘新玲:《我国高等师范教育体制演变的历史回顾与思考》,《高等师范教育研究》2002 年第 1 期;刘捷:《"高师改大运动"及其现代价值》,《高等师范教育研究》2001 年第 3 期;夏金元:《近代高等师范教育制度的沿革》,《辽宁师范大学学报》2002 年第 3 期;谢安邦:《论高等师范教育体制的改革——独立定向型和开放非定向型师范教育的关系及发展趋势》,《社会科学》(上海)1987 年第 11 期。

栏内外:中国高等师范教育百年省思》共九章,认为晚清优级师范教育制度既有显著特点又有明显不足,既创建了纵有阶段、横有类别、独立设置的师范教育体系,严格规定了高师生的入学资格、修业年限及培养目标,注重对师范生的道德教育和人格训练,重视师范生的专业精神和专业训练,规定了与科举制相似的毕业奖励制度,师范生的优厚待遇与执教义务互为契约,明确教师任职资格与考核办法,重视职业教育师资培养,明显抄袭日本模式;同时,又存在严重的传统官本位思想,科举制幽灵仍然存在,课程充分体现了"中学为体,西学为用"的宗旨与思想,课程与课时安排过重,传统的中学课程充斥课堂,不利于学生主体性的发挥和个性思想的自由发展,严重妨碍了学生的课外阅读和课外活动,修身、读经讲经、人伦道德、群经源流等课程亦紧紧束缚与禁锢了学生的思想①。金以林《近代中国大学研究1895—1949》通过对公立大学、私立大学和教会大学等不同类型高校演变轨迹的研究和考察,分析了近代以来国家教育政策对高等教育的影响及利弊得失,认为中国近代高等师范教育发展较快,其原因在于近代中国教育改革中高等教育起步较早,普通教育相对落后,而要发展普通教育则需要先培养大批合格的中等师资,故高等师范教育得以较快发展②。然而,这些研究皆很少涉及四川优级师范的情况。关于女子师范教育研究,主要有:1934年中华书局出版的程谪凡《中国现代女子教育史》;1931年商务印书馆出版的《最近三十五年之中国教育》,收录的俞庆棠《三十五年来中国之女子教育》一文;以及80年代出版

① 刘捷、谢维和:《栅栏内外:中国高等师范教育百年省思》,北京师范大学出版社2002年版,第64—74页。

② 金以林:《近代中国大学研究1895—1949》,中央文献出版社2000年版。

的雷良波等《中国女子教育史》、阎广芬《中国女子与女子教育》、杜学元《中国女子教育通史》、黄新宪《中国近现代女子教育》等论著，谢长法《清末女子留日与师范教育》和《清末的留日女学生》、美国学者丛小平《从母亲到国民教师——清末民族国家建设与公立女子师范教育》、章征科《20世纪初中国女子学校教育兴起的原因及特点》、英国爱丁堡大学保罗·贝利《20世纪初中国的现代化保守主义:女子教育的话语与实践》、河北大学杨欣改《清末北洋政府时期女子师范教育述评》等论文①，对清季女子教育及师范教育的兴起原因进行了较为深入的探讨，认为民族国家建设是推动女子师范教育兴起的一大因素，这有助于加深人们对女子师范教育的认识，但对各地区女子师范教育发展情况仍缺乏深入研究，清季四川女子师范教育基本未进入学者视野。关于近代非正规的简易与速成师范教育，据笔者所知，目前学界仅有少量论著有所涉及。如阎广芬、王树林《中国近代义务教育师资的培养与管理》认为，“简易师范的创设是政府主观意愿上的一项短期行为，临时的应急措施。但实际情形却一直存在了50多年，并呈方兴未艾之势”，在一定程度上缓和了义务教育师资数量不足的矛盾，近代师范学校及其简易师范的创立还远远不能满足义务教育的师资需要，因此又设计出多种措施如塾师改良及师范传习所、讲习科等，

① 谢长法:《清末女子留日与师范教育》,《高等师范教育研究》1994年第2期;谢长法:《清末的留日女学生》,《近代史研究》1995年第2期;丛小平:《从母亲到国民教师——清末民族国家建设与公立女子师范教育》,《清史研究》2001年第1期;章征科:《20世纪初中国女子学校教育兴起的原因及特点》,《安徽师范大学学报》2002年第2期;[英]保罗·贝利:《20世纪初中国的现代化保守主义:女子教育的话语与实践》,丁钢主编《中国教育:研究与评论》第4辑,教育科学出版社2003年版;杨欣改:《清末北洋政府时期女子师范教育述评》,河北大学硕士论文(2005年6月)。

借以弥补量的不足，谋求质的改进，但随之而来的便是严重的师资质量问题①；李剑萍则从中国近代师范教育争论的角度论及“正规化与非正规化之争”，认为中国近代师范教育的特色之一便是“非正规化与正规化机构长期大量并存”，非正规化是正规化的有益补充，对普及教育、扫除文盲功不可没，但从长远来看也带来一系列负面效应，最严重的是使公众对教师和师范教育的专业性产生怀疑②。

四是受细分化与区域研究的影响，师范教育专题与区域研究逐渐受到重视，但是分省区、分时段的细化研究仍显缺乏。任何学科的学术研究的推进，都离不开大量的个案或专题研究作为积累与基础，师范教育史的研究亦不例外。自20世纪60—70年代港台学者开始注意并进行师范教育个案和专题研究，80年代以后大陆学者的个案与专题研究也取得了比较丰硕的成果。比如师范教育的性质、中国化历程与办学模式，师范学校的课程、学生待遇与实习，女子师范教育、义务教育师资、教会学校师资培养、近代师范教育的争论等等，都有专文发表；对清季师范教育产生过重要影响的人物，如张之洞、张謇、梁启超等受到了人们的关注；区域师范教育史研究开始起步，如山东、浙江、福建等省师范教育历史已有专著出版。(1)关于中国近代师范教育的萌发原因、性质与特点。黄学浦认为，师范教育的产生发展与生产力发展水平有直接的必

① 阎广芬、王树林：《中国近代义务教育师资的培养与管理》，《河北大学学报》2003年第1期。

② 李剑萍：《中国近代师范教育争论问题的透视》，《华东师范大学学报》（教科版）1996年第3期。

然的联系①;罗炳之等人指出,师范教育是适应社会化大生产发展的需要的产物,师范教育和普通教育的比例是由社会经济文化发展对师资的需求决定的②。丁明宽明确指出,近代中国早期的师范教育完全是一种半殖民地半封建性质的教育③;贾馥茗通过对传统的"尊师重道"的讨论,论及我国近代师范教育的实质,认为我国初期的师范教育既把握了我国传统的师道又学习了欧美师范教育的优点④;江玲认为我国早期师范教育呈现出先呐喊后实践筹划,由城市辐射乡村,初高分级,上下贯通,普特同设,官民并举,独设与并改循环往复等宏观发展特点,以及专业设置逐渐分化、课程内容稳中有变、入学资格日趋灵活、待遇与服务相倚等微观变化特点⑤。(2)关于师范学堂的课程问题。台湾学者林本通过对清末优级师范学堂、优级师范选科学堂、师范学堂、师范简易科课程的考察,认为清末师范课程设施之特点为:课程的设计悉多抄袭日本、经学的重视、注重专业训练、女子师范课程另作安排、重视学力培养、未设外国语⑥等六个方面;郭令吾认为清末师范学堂在课程设置中贯穿着"中学为体、西学为用"思想,教师聘请有大量的日

① 黄学溥:《师范教育的产生发展与生产力》,《甘肃师范学院学报》1979年3期。

② 罗炳之等:《师范教育的起源和发展》,《南京师范学院学报》1980年第4期。

③ 丁明宽:《中国近代的师范教育》,《南京师范大学学报》1986年第4期。

④ 贾馥茗:《由"尊师重道"谈师范教育的实质》,《东方杂志》复刊第13卷9期(1980年3月)。

⑤ 江玲:《我国早期师范教育的特点》,《华东师范大学学报》(教科版)1996年第4期。

⑥ 林本:《世界各国师范教育课程——我国师范教育课程之研究》,台湾开明书店1964年版,第8—11页。

本教习①;郑登云认为,近代中国最早倡办师范学堂、设置中师课程者是梁启超,其后盛宣怀、张謇等人在创办师范学堂时进行了课程设置实践,壬寅、癸卯学制初步确立了中师课程体系,民初的师范课程与清末大体相似但更趋向科学化,课程设置基本定型②;王建军《论近代高等师范教育的课程设置》认为,清代优级师范课程设置,比较注意从基本知识、学科知识与教育知识三个方面构建课程体系③。(3)关于师范学堂学生、待遇以及教员管理问题。桑兵的《晚清学堂学生与社会变迁》④对晚清学堂学生及其学生运动作了深入研究;台湾学者杨亮功、宗亮东对师范生待遇与教员管理问题进行了研究,指出清季师范学生以公费待遇为主,经济待遇好是师范教育受重视的重要表现,也是促进师范教育发展的重要原因,值得借鉴⑤;刘华《中国近代师范教育及其教师待遇问题初探》一文,认为尽管晚清民国政府为吸引人们投身教育,在师范生入学资格、毕业生出路及待遇方面做了不少努力,然而因当时政治经济环境限制,效果不佳⑥;张立程对晚清新式学堂教师群体进行了深入研究,认为晚清新式学堂教师群体形成于中西学交汇、王朝自救、开启民智的时代背景以及教会学校、洋务教育及教育变革的发展

---

① 郭令吾:《我国师范教育的建立和发展》,《中国教育通史》第五卷,山东教育出版社 1988 年版,第 2395 页。

② 郑登云:《中国近代中师课程的沿革》,《华东师范大学学报》(教科版)1996 年第 3 期。

③ 王建军:《论近代高等师范教育的课程设置》,《教育研究》1998 年第 12 期。

④ 桑兵:《晚清学堂学生与社会变迁》,学林出版社 1995 年版。

⑤ 杨亮功:《我国师范教育之沿革及进展》,宗亮东:《师范生待遇问题》,收入中国教育学会主编《师范教育研究》,台湾正中书局 1964 年版。

⑥ 刘华:《中国近代师范教育及其教师待遇问题初探》,《内蒙古师范大学学报》1995 年第 3 期。

进程中,由具有传统儒学、经世实学、西学等学术背景以及国民意识、参政意识、变革意识等群体意识的归国留学生、旧式文人、半新半旧之士所组成,除了进行教学活动外,还参与了编译教科书、宣传革命、参政议政等学术与社会活动,呈现出新旧并存、观念矛盾、总体趋新的群体特点①。(4)个别人物的师范教育思想、师范学堂的个案与师范教育的区域研究成果开始出现。除了前面述及的有关张之洞的研究论著外,大陆学者胡世纲认为,张之洞师范教育观的产生是受求才治国和兴学育才人才观支配的结果,是基于对师范教育地位的正确认识;创办师范学堂、制定师范教育政策是其内涵,讲究师范教育办学的次序与重点以及重视德智体全面发展是其特色②。苏云峰《三(两)江师范学堂:南京大学的前身,1903—1911》对三江师范学堂作了较为深入的考察,香港中文大学区志坚认为,苏著广泛引用中外史料,从教育史、校史及文化交流史的角度进行个案研究,说明晚清师范教育发展所遭遇的困难和特色,开辟了师范教育史研究的新领域和新视角;苏著视学堂为有机体,从学堂经营的实质内容着墨,探讨校园内部的活动、国内政治环境和中日文化交流的变迁情况;苏著注意到教习间的人际网络问题,并以学堂发展为本位,品评人物③。徐兴文、孟献忠主编《师范春秋》共10章,是国内出版的第一部区域师范教育史专著,它主要就山东中等及其以下师范教育发展历史进行论述,将山东近代师

① 张立程:《西学东渐与晚清新式学堂教师群体研究》,中国人民大学博士学位论文(2006年6月)。

② 胡世纲:《张之洞的师范教育观述评》,《江西社会科学》2002年第7期。

③ 苏云峰:《三(两)江师范学堂:南京大学的前身1903—1911》;台湾中央研究院近代史研究所专刊(82),1998年3月;及香港中文大学区志坚书评,台湾中央研究院近代史研究所《近代中国史研究通讯》第27期(1999年3月)。

范教育分为清末、北洋军阀时期、国民党统治时期、抗日战争时期、解放战争时期五个时期①。

由此可见,清季师范教育的宏观研究有较多成果,但微观特别是中观研究仍然不足,对区域师范教育发展历史、各类型师范教育发展状况及其所面临的办学环境、所进行的育人活动以及对教育与社会的影响等方面展开研究的论著明显缺乏,致使师范教育的宏观研究缺少比较坚实的微观和中观研究作为基础,难以深入揭示中国近代师范教育发展的状况和规律。

(三)关于清末四川教育与师范教育的研究

长江上游(四川)是中国地理上的一个封闭世界,亦是中国经济和文化上的一个独特区域,地理的封闭和特定的生存环境,使中国的这一腹地带有相对独立的区域性经济和文化特征,国内外学术界已将长江上游的四川视为一个独立的区域进行研究,然而迄今为止,对长江上游四川的研究仍十分薄弱②,对清末四川教育与师范教育的研究尤显薄弱。

早在1939年,因抗战与西康建省需要,张敬熙《三十年来之西康教育》上卷第一编《创办时代教育》出版。该书对清末赵尔丰时代关外学务局设立后川边地区的教育发展情况作了开创性研究,其中第三章师范教育,专门讨论了西康民族师范教育历史,认为:"无论成都已设之藏文学堂,及炉城拟办之藏文专修学堂,皆以造就师资为其职责。不过特重直接讲授,故以藏文名其学堂而已

① 徐兴文、孟献忠主编:《师范春秋》,齐鲁书社2002年版。

② 王笛在《导言:一个封闭的世界》(见王笛《跨出封闭的世界——长江上游区域社会研究1644—1911》第1—2页)中已有阐述。

……实为师范教育之先导”；自光绪三十四年起，“就地取材，开办师范传习所，造就临时关学师资……宣统元年七月，有多数藏文毕业生派出服务，是项临时师资始行停办”，宣统二年暑假后由成都延聘师范生出关，并开班补习，兼实地练习康语，“亦补充临时师资之一法”；宣统三年五月，“详请在炉开设关学师范传习所，以为关学师资唯一之出产地。虽以速成应不时之需，仍以备完善改良之选”，后定名藏语专修学堂，“惟革命军兴，学生是否毕业无从查考耳”①，该书为研究清末川边民族师范教育历史奠定了基础。

建国后至80年代初出版的四川地方史著述，大多集中在政治史和军事史的范畴，几乎未涉及四川文化教育方面的内容②。80年代中期，王笛发表的《清末四川师范教育的发生和发展概述》、《清末四川留日学生概述》、《清末“新政”与四川近代教育的兴起》等论文，可能是迄今为止最有份量的研究清末新政时期四川教育及师范教育兴起与发展概况的论文。王笛认为：清末川省兴办学校，“教师来源主要有四个途径：从旧科举人员中选用、聘请外国教习、派留学生出国学习师范和兴办各级师范学堂，以最后一项为主”；四川是办理“新政”较为得力的省份之一，在历任川督特别是锡良的锐意推行下，川省师范教育便随着“兴学育才”的节拍发展起来，川省造就教员的措施包括派遣留学生赴日学习速成师范、广泛设立师范传习所、采用多种形式对教师进行培训和考核、

① 张敬熙：《三十年来之西康教育》上卷，长沙商务印书馆1939年版，第42—54页。

② 参见周开庆编著《民国川事纪要》，台湾四川文献研究社1974年版；隗瀛涛等主编《四川近代史》，四川社会科学院出版社1985年版；马宣伟、肖波主编《四川军阀杨森》，四川人民出版社1983年版；罗伯特·A·柯白，殷钟崃、李惟健译《四川军阀与国民政府》，四川人民出版社1985年版；匡珊吉、杨光彦主编《四川军阀史》，四川人民出版社1991年版等。

制定比较明确的规划、开办各级师范学堂,川省师范学堂对新学较重视、教员和教材逐渐更新、学生学到了一些初步的社会科学和自然科学知识,但对川省师范学堂的教学水平不能估计过高;由于川省师范教育受到特别重视,所以发展较快,并有几个比较明显的特点,如注意川边藏族地区教师培养、师范教育的多样性、通过训练塾师对私塾进行改造、女子师范教育出现等;四川师范教育的发展,为全省各地学堂的开办奠定了基础,并培养出一大批具有爱国思想和反清倾向的青年学生,"学堂成为他们进行革命活动的极好场所,特别是许多具有革命思想的师范学堂毕业生,担任教职员,利用职务之便,对学生进行革命宣传"①。王笛的上述成果稍后转化为隗瀛涛教授主编和何一民、谢放、王笛等人执笔的《四川近代史稿》②、《辛亥革命与四川社会》③以及王笛《跨出封闭的世界——长江上游区域社会研究1644—1911》④的部分章节内容,奠定了清季四川师范教育研究的基本框架。然而,王笛对清季四川师范教育的讨论仍然比较概略,其观点亦有可进一步讨论的地方,比如对清末川省学校师资来源以各级师范学堂为主的论断,对川省造就教员的措施以及川省师范教育发展特点的概括等,都还可以作进一步的研究与讨论。

① 王笛:《清末四川师范教育的发生和发展概述》,《四川师范学院学报》1984年第2期;《清末四川留日学生概述》,《四川大学学报》1987年第3期;《清末"新政"与四川近代教育的兴起》,《四川大学学报》1985年第2期。

② 隗瀛涛主编:《四川近代史稿》第六章第四节,四川人民出版社1990年版。

③ 隗瀛涛主编:《辛亥革命与四川社会》,成都出版社1991年版。

④ 王笛:《跨出封闭的世界——长江上游区域社会研究1644—1911》第七章,中华书局1993年版、2001年版。

此外,熊明安等主编的《四川教育史稿》[①]第五章对清末四川师范教育发展情况进行了概述,基本勾勒出清季四川师范教育发展的历史轮廓,是研究四川师范教育的重要参考论著,然而该书限于体例,对清季四川师范教育的论述与讨论不多。近年出版的《四川省志·教育志》[②]、《成都市志·教育志》[③]等地方教育志系列著作,对清末至1990年四川及各地的师范教育发展历史、领导管理体制、学制、课程设置、学生等进行了分类叙述,但对清末师范教育叙述甚略。已出版的校史论著《四川大学史稿》、《泸州师范(川南师范)校史1901—1949年》,分别对清季各该校历史进行了叙述,然因视角关系,对清季的办学情况讨论不多[④]。周勇主编《重庆:一个内陆城市的崛起》、隗瀛涛主编《近代重庆城市史》、张学君、张莉红《成都城市史》等著作,对清季重庆、成都的师范学校作了介绍[⑤]。陆远权的未刊博士学位论文《重庆开埠与四川社会变迁1891—1911》,对重庆开埠至清末的四川社会变迁作了考察,涉及清末四川师范教育的概况[⑥]。

① 熊明安等主编:《四川教育史稿》第五章第三节,四川教育出版社1993年版。

② 四川省地方志编纂委员会编:《四川省志·教育志》,方志出版社2000年版。

③ 成都市地方志编纂委员会编:《成都市志·教育志》,四川人民出版社2000年版。

④ 四川大学校史编写组编:《四川大学史稿》,四川大学出版社1985、2006年版;四川省泸州师范学校校史编写组编《泸州师范(川南师范)校史1901—1949年》(内部资料),1991年。

⑤ 周勇主编:《重庆:一个内陆城市的崛起》,重庆出版社1989年版;隗瀛涛主编:《近代重庆城市史》,四川大学出版社1991年版;张学君、张莉红:《成都城市史》,成都出版社1993年版。

⑥ 陆远权:《重庆开埠与四川社会变迁(1891—1911)》,华东师范大学博士学位论文(2003年4月)。

由此可见，关于清末四川教育及师范教育历史，学界及四川地方史、教育史及校史论著做了初步研究，但还很不充分，已有著述对史实重建明显重视不够，其分析讨论亦显粗略。

通过学术史的考察，我们可以发现，虽然清季师范教育宏观研究有一些成果，但只是取得了初步的成绩，远远谈不上丰富与深入。从宏观来讲，已有研究纵的方面还主要局限于就清末论清末，较少放在从古至今整个中国教育发展的历史中去考察，从较长的历史来看，清季从国外引进的师范学制，有不少地方不符合中国的国情，对民国乃至今天均有一定的负面影响；从横的方面，较少从世界各国近代教育史（或东方各国教育史）的视野下考察中国教育；且因微观特别是中观研究不足，比如一个个具体的师范学堂（虽然有部分成果）、一个个县市省区乃至全国的师范教育状况、各层次各类型的师范教育内涵、师范教育兴起与发展的动态过程、对区域师范教育兴废产生重要影响的人物及其思想、各地师范教育的办学状况、师范教育的社会贡献等等，都缺乏深入研究，造成师范教育的宏观研究缺少比较坚实的微观和中观研究作为基础，中国师范教育历史仅有骨架而无血肉，难以深入揭示中国近代师范教育发展的状况和规律，以致人们现在已难确知清季师范教育制度在各地的落实情况、各地师范教育存在的一般状况以及各级各类学校教育基本的师资来源状况，人们难以了解清季师范教育的区域性差异、师范教育的丰富内涵以及各级各类教育的师资质量。本论著着重以一个省为考察范围的中观研究，但也力求在微观研究上做具体的师范学堂的史实重建工作，在宏观上则将清季四川师范教育置于整个清末新政改革背景中加以考察。

三　研究思路

本论著在研究上特别注意以下几点。

第一,将清季四川师范教育的兴起与发展纳入传统教育向近代教育转型和清末新政与教育改革的时代背景下来研究,并特别关注地方官绅的言行与政府的作为。清季师范教育是在新式教育发展、新政改革对普及国民教育需要的背景下产生的新兴学校组织,是清末传统教育向近代教育转型和清末新政时期教育近代化过程中的重要链条和基础。它的兴起与发展,需要政府扶持和官绅参与,需要政府或官绅提供必要的经费、设备,它还需要有必备的新学师资、符合学制要求的教材、招考一定数量的学生、安排学生实地练习与毕业服务等。通过考察士绅言行、政府或官方作为,可以深刻认识清季师范教育发展的环境与动力。

第二,把清季四川师范教育兴起与发展视为一个过程进行动态考察。清季师范教育兴起与发展历史虽然不长,但也表现出明显的阶段性特征,经历了一个动态的发展过程。以往的研究者对清季师范教育的研究,多注重学制与政策的介绍与解释,而忽视学制产生与变化的背景、过程以及学制在各地的具体实施情况的研究。四川是清末师范教育发展较好的地区之一,清末师范教育制度是如何在四川推行与实施的?在推行过程中受到哪些因素的影响?有何阻力与障碍?结果如何?通过考察,我们会对清季师范教育制度与政策的具体落实情况与过程有一个比较清晰的认识与把握。

第三,对清季四川师范教育的各个层面与各种类型进行研究。以前的研究者往往注意对正规师范教育进行研究,而忽视其他类型师范教育的研究。实际上,对不同类型师范教育进行研究,将有助于深入了解师范教育的基本概况,对师范教育作出定性定量之评价。清季师范教育尤其需要进行分层次分类型研究,原因有二。一方面,所谓师范或师范教育,就是规范、训练志愿或将要或正在从事教师职业者使其具有胜任该职业的基本知识与技能的活动或过程,即教师职业知识与能力的习得过程,包含"职前教师培养、初任教师考核试用和在职培训"三个方面,因此我们研究师范教育,就不能仅限于正规设立的师范学校,还应研究非正规的师资培训,也就是说要研究师范教育各个方面的演变情况。另一方面,清季非正规的师资培训大量存在的历史事实,也是我们从事师范教育研究时所必须考虑的因素。由于科举制度骤然废除,给新式教育带来空前的财政与师资压力,各地大量开办短期、临时、简易师资养成组织,以培养新式学堂师资。以四川来说,清季师资养成的途径就有以速成师范为主的留日师范教育,以师范讲习所(后改师范传习所)、中小学堂附设简易师范、单级教员养成所、临时小学教员养成所、塾师改良会为内涵的传习与简易师范,以初级师范学堂、优级师范学堂、四川高等学堂师范馆构成的正规师范,以及以女子师范学堂、实业教员养成所、艺体专科师范及基督教会师范、边疆民族师范为内涵的特别师范。通过对不同层次类型的师资养成途径的考察与研究,有助于认识与把握师范教育的基本概况、发展成就、质量水平以及初等中等教育赖以发展的基本师资条件。

第四,对清季四川师范教育的办学环境、育人状况及社会影响进行考察。清季师范教育面临着怎样的办学环境?各类型师范对学生进行了怎样的教育与训练?清季师范教育给中国教育、文化及社会发展带来了什么影响?其积极作用与消极影响如何?这些都是认识师范教育的办学成效、质量水平及社会影响的关键。通过对清季四川各类师范教育的办学环境、育人状况及社会影响的考察,有助于揭示清季师范教育在经费、设备、师资、课程、学科程度、教学技能训练、毕业生服务与社会影响等方面的情况,进而揭示清季师范教育对新式教育发展、传统教育向近代教育转型、传统社会向近代社会转型所带来的影响。

基于上述考虑,本论著力图以史实重建为基础,采取文献调查、事实陈述、理论分析以及点面结合的办法,综合运用教育学、历史学、现代化理论,循着清季四川师范教育发展的历史进程,将历史整理出一个基本轮廓,并对各类型师范教育的办学思路的若干方面进行考察分析,进而揭示出清季四川师范教育发展的动力、环境、成就、特点、问题以及清季四川师范教育发展的内在规律及其与四川教育发展、社会变迁的关系。

清季四川师范教育的兴起与发展,既有明显的阶段性特点,又有比较突出的区域性特征,故本论著采取纵向与横向结合的结构。除绪论外,正文共分七章。绪论,包括选题缘起、学术回顾、研究思路、资料特色。第一章清季师范教育概论,主要概述中国传统教育与教化之儒的演化、清季师范教育发展概况及其分期、清季师范教育学制类型,以作为四川师范教育的宏观背景和对比参照。第二章清季四川师范教育兴起与发展概况,主要就四川传统教育与教化之儒的演变、清季四川新教育的兴起与发展、四川官绅对师范教育的认识、倡导与规划以及清季四川师范教育发展概况四个方面展开讨论与概述,旨在纵向反映清季四川师范教育兴起与发展历史。第三至六章分别讨论四川各类型师范教育,包括留日师范与日本教习教材引进、传习与简易师范、师范学堂、特别师范四种类型师范的兴起与发展历史、办学状况及社会影响,目的是横向揭示四川师范教育的丰富内涵以及各层次各类型师范教育的发展情况、办学环境、教育内涵及其社会影响。第七章对清季四川师范教育的认识,主要通过清季四川与全国师范教育的对比,揭示四川师范教育兴起与发展的成就、特点、影响及其教训。

四 资料特色

本论著在写作中除参考借鉴近人的研究成果外,充分发掘了第一手资料,特别是一些重要而罕见的地方资料。

(一)反映清季全国师范教育的基本资料

《钦定学堂章程》、《奏定学堂章程》(单行本),是壬寅、癸卯学制的原始文本。学部总务司编《学部奏咨辑要(光绪三十一年至宣统元年)》、《光绪三十三年份教育统计图表》、《光绪三十四年份教育统计图表》、《宣统元年份教育统计图表》、《大清教育新法令》(1911)、《大清教育新法令续编》(1911)等,这些都是反映清季师范教育政策变迁与全国发展概况的原始资料。清季出版的《教育世界》、《学部官报》、《教育杂志》、《东方杂志》以及民初出版的《中华教育界》、《教育公报》等杂志,亦登载了较为丰富的有关清末师范教育的言论与师范学堂的办学情况报道。通过对这些材料的梳理,大体能够理清清季师范教育的学制变迁与全国师范教育发展的基本情况。

民国时期汇编出版的全国性资料,如全国教育行政会议记录《教育部行政纪要(自民国元年至四年十二月)》、教育部编《第一次中国教育年鉴》(1934 年)、教育部教育年鉴编委会编《第二次中国教育年鉴》(1—4 册)(1948 年)、《教育参考资料选辑第五种:

历届教育会议议决案汇编》(1936年)等，也回溯了清季全国师范教育的情况。

建国后出版的能够反映清季全国师范教育情况的汇编资料较多，重要的有房兆楹辑《清末民初洋学生题名录初辑》、舒新城编《中国近代教育史资料》上中下、李有芝等编《中国近代师范教育史资料》1—4册、朱有瓛主编《中国近代学制史料》第1—4辑、陈学恂主编《中国近代教育文选》及《中国近代教育史教学参考资料》上中下册、李楚材编《帝国主义侵华教育史资料——教会教育》、琚鑫圭主编《中国近代教育史资料汇编》第1—5辑、顾明远主编《中国教育大系·历代教育制度考》以及中国第二历史档案馆编《中华民国史档案资料汇编》等。

(二)富有特色的四川地方档案与地方文献

1. 重庆、成都档案馆分别保存的川东师范学校档案、成都女子师范学校档案、成都师范学校档案，四川省档案馆保存的清代联合档案、清末川滇边务大臣档案、历史资料·文教部分，以及四川大学档案馆收藏的通省师范学堂、高等学堂档案(不对外开放，未能利用)。

2. 清季四川总督奏折与时人记载、回忆录。如中国科学院历史研究所第三所主编《锡良遗稿·奏稿》、台湾文海出版社影印的《锡清弼制军奏稿》、吴丰培编《赵尔丰川边奏稿》、《清末川滇边务档案史料》、《康区藏族社会珍稀资料辑要》、省城劝学所编辑《四川学务文件汇编》、四川省教育司编辑《四川省教育行政报告书》、傅嵩炑《西康建省记》、《四川咨议局速记录》、程昌祺《静观斋日记》、四川留日师范生编辑《师范讲义》、郭沫若《少年时代》、[日]山川早水《巴蜀旧影——一百年前一个日本人眼中的巴蜀风情》、

《吴玉章回忆录》、《胡兰畦回忆录1901—1936》、四川省文史馆和政协四川文史资料研究委员会合编《四川保路风云录》等资料。

3. 民国时期编撰的四川地方志，建国后新编的四川地方志、地方教育志和地方文史资料，以及笔者收集到的《成都市教育史志资料》及四川省教育科学研究所教育志办公室收藏的教育志抄件资料。

4. 比较珍贵少见的清末民初出版的四川报刊。如《四川官报》、《四川学报》、《四川教育官报》、《广益丛报》、《崇实报》、《蜀报》、《四川都督府政报》、《文牍月刊》、《淑行校刊》、《四川政报》、《四川旬报》、《四川省第四区教育杂志》、《四川教育杂志》等。

5. 比较珍贵罕见的校刊校史资料。校史校刊是学校办学情况的披露与总结，有助于人们了解各该校的发展与办学情况。四川各图书馆保存有一些比较少见的师范学校校刊校史资料，如《上川南联合县立师范学校校刊》、《川东共立师范学校一览》、《成属联立中学三十周年纪念刊》、《四川省立成都女子师范学校一览》、《四川省立成都女子师范学校四十周年纪念刊》、《四川省立成都师范学校沿革简史》。新中国成立后编辑出版、涉及清季师范教育的四川校史资料有《川南师范校史资料选辑》第一、二辑、《泸州师范校史1901—1949》、四川大学校史编写组编《四川大学史稿》(1985、2006)、四川大学校情编写组编写《四川大学校情(1905—1985)》等。

上述资料，除第一类全国性资料外，第二类资料在前人的研究中，不论是研究全国教育史的，还是研究四川教育史的，都注意不够、发掘不深、利用不多，不少资料已经比较罕见，多有散失之虞，收集利用有相当困难，本论著作了较多的发掘、研究与引用。

第一章　清季师范教育概论

四川师范教育是随着中国传统教育向近代教育、传统教化之儒向近代教师转型过程出现的师范教育发展潮流而发展起来的，是晚清新教育及其师范教育的一个重要组成部分。清季师范教育的思想政策及发展趋势对四川师范教育的发展具有决定性的影响，并为其兴起与发展提供了理论基础、体制框架与实践范例。因此，在展开对四川师范教育的研究之前，笔者拟先用一章的篇幅对中国传统教育与教化之儒的演化、清季师范教育发展概况及其分期以及清季师范教育学制类型进行概述与介绍，以揭示清季四川师范教育兴起与发展的时代语境。

第一节　中国传统教育与教化之儒的演化

中国教育制度自四代以来就很完备。据《礼记·王制》记载：四代之学，虞则上庠、下序，夏则东序、西序，商则右学、左学，周则东膠、虞庠。……上庠、东序、右学、东膠，大学也，国老于是养焉；下庠、西序、左学、虞庠，小学也，庶老于是养焉。所谓大学、小学皆设在国都，构成中央教育体系，并负有涵养各级官吏与“教化之儒”的职能。各地方并有乡学，即乡有庠，党有序，闾有塾；《王制》所记更有秀士、选士、俊士、造士、进士之号，科举出于学校。① 此时学校、科举、教化三者合一。汉唐以后，科举与学校分离，特重科举，但学校制度未曾废置。唐宋以后，书院讲学之风盛行。明清以后，实行八股取士，一般人所受教育不切实用；各地书院因有常产，学者聚徒讲学之风未减；而在聚族而居的乡野亦设家塾或义塾，以行启蒙识字与经学教育。

与传统教育制度相适应，中国古代"师"、"师范"两词起源甚早，由最初"率众"、"牧民"兼"引导"之意，发展引申为"学习的模范"、"效法"之意。据《辞源》考证："古者，二千五百人为师。师者，众也。""师者，长也，谓能领导众人者也。""百兽之长今作狮，古者则作师。"中国古时的师，实具"率众"、"牧民"的资格，兼有引导的本领。师在中国最早可追溯到夏、商、周之前。甲骨文有"文师"之称，《礼记》有"虞、夏、商、周有师保"之记载，《学记》说"能博喻然后能为师，能为师然后能为长，能为长然后能为君。故师也者，所以学为君也"，《论语·为政篇》有"温故而知新，可以为师矣"的说法，所谓"师"已含有"模范"之意。最早将"师"与"范"联系起来使用的是西汉扬雄，他在《法言·学行篇》云："务学不如务求师。师者，人之模范"②，是"师""范"意义的最早阐述。最早把"师范"二字并用的是后汉时期的赵壹，他在《报皇甫规书》中云："君学成师范，缙绅归慕。仰高希骥，历年滋多"③。在这里，"师范"一词是学习的模范之义。"师范"一词后又引申为动词"效法"。

① 《礼记正义》卷十三，郑玄注、孔颖达疏，《十三经注疏》上册，上海古籍出版社 1997 年版，第 1346、1342 页。

② 扬雄：《法言》，《影印文渊阁四库全书》第 696 册，台湾商务印书馆 1983 年版，第 275、276 页。

③ 《后汉书·文苑传·赵壹》，中华书局 1982 年版，第 2633 页。

如南梁刘勰《文心雕龙·才略》中有“相如好书,师范屈宋”之语。宋、元以后,“师范”一词有“师傅、教师”的含义。如《西游记》第七回“保护唐僧,拜为师范”。该词传到日本后,成为日语中的“汉字”,其义与古汉语大致相同,基本还是“学习的模范”或“效法”之义①。

中国古时的师范围很广,上自辅导天子、世子、国子的“师”、“傅”、“保”,下至以吏为师、官师合一的历代官学(或儒学)以及乡遂之学和地方村塾的“书师”、“先生”,都包含其中。唐代韩愈对古时师的功用阐述得最为简洁明白。他说:“古之学者必有师。师者,所以传道、授业、解惑也。人非生而知之者,孰能无惑?惑而不从师,其为惑也终不解矣。生乎吾前,其闻道也固先乎吾,吾从而师之;生乎吾后,其闻道也亦先乎吾,吾从而师之。……是故无贵无贱,无长无少,道之所存,师之所存也。”②世人遂将教师的职业特征概括为“学高为人师,身正为人范”。师、傅、保的使命是匡君济世,而书师、乡先生的使命是教化民众、化民成俗,由此可知教师除“传道、授业、解惑”外,还负有改良政治与社会的重大责任。中国人民大学杨念群教授进一步研究指出,自先秦儒士被逐出执掌“巫祝”之事的宗教领域而渐入民间文化系统,被迫承担起传袭远古礼仪的教化职责,成为教书相礼的“教化之儒”;汉代以降,“教化之儒”开始向“王者之儒”、“教化之儒”裂变,其中“教化之儒”渐渐成为基层民间社会的协调整合力量;宋明“教化之儒”则在结构上完成了角色分化过程,一部分具备了“儒生”与“文吏”的道艺双重身份—即吏师角色,而另一部分则转型为沉潜于广阔基层社

---

① 参见李剑萍《中国近代师范教育的中国化历程》,《高等师范教育研究》1998 年第 2 期。

② 韩愈:《师说》,《韩昌黎全集》卷十二,《四库备要》,中华书局点校本,第 1 页。

会的边缘化"绅士阶层"——从"制度性角色"而言,他们是沟通中央王权与地方社区的中介阶层,却又与地方性胥吏的纯行政性功能角色有别;从"文化角色"而论,他们常常在民间基层行使统治教化职能,成为广大区域中的基层统治精英,既是基层社会(非国家)的统治支柱,又是定型国家基本制度框架的社会整合力量;就"文化层面的控制范围"估计,相当一部分非官方的"教化之儒"学派控制着科举制外的绅士思维与行为准则,他们常常通过一些私属机构或公共设施如书院、讲会等形成私学论辩的群体话语氛围以对抗官学①。美国西雅图华盛顿大学弗郎兹·迈克尔教授认为:"教育是赋予绅士的最基本的任务。有绅士身份的教师们重申和发扬着维护社会秩序和统一绅士阶层力量的信念和思想。绅士的教育是整个制度的中流砥柱。但是,这一工作主要由塾师分别进行。"②

中国古代师的职责重大,地位亦十分尊崇,与君、父地位相等,尊师重教成为中国社会的传统。《孟子》引《逸书》曰:"天相下民,作之君,作之师。"《国语·晋语》云:"民生有三,视之如一:父生之,师教之,君食之。"《荀子·礼论篇》曰:"礼有三本:天地者,生之本也;先祖者,类之本也;君师者,治之本也。无天地,恶生?无先祖,恶出?无君师,恶治?三者偏忘,焉远安人。故上事天,下事地,尊先祖而隆君师。是孔子之三本也。"所谓"师道立则善人多","师严然后道尊,道尊然后民知敬学","天子不得臣,诸侯不得友";"太学之礼,虽诏于天子,无北面,所以尊师也",都是尊师重教的最好注脚。萧承慎说:"吾人欲明'师之究竟',而绍述先圣

① 杨念群:《儒学地域化的近代形态——三大知识群体互动的比较研究》,三联书店1997年版,第40—55、62—64页。

② 弗郎兹·迈克尔:《序言》,张仲礼《中国绅士的收入》,上海社会科学院出版社2001年版,第2页。

先哲之师道遗绪，端宜由‘为师’‘尊师’‘求师’三方面，探颐索隐，而推阐其真谛。”①

在尊师重教的社会环境下，中国“教化之儒”数量庞大、收入较高，教育成就较为显著。据张仲礼博士考察，到19世纪，教育是士绅经理的重要事业与谋生的重要职业，主要由书院的教师和经馆、蒙馆的塾师分别进行，不管是自主选择或迫于生活，从事教育工作的中国士绅约占总数的1/3②。据他估计，到19世纪，全国1500个州县，约有绅士身份的书院山长4500人、塾师60万人，而非绅士的白衣书生为塾师者无数；书院山长所能期望的最高收入是年均银350两，有绅士身份的在经馆任教的塾师平均年收入为银100两左右，而那些非绅士的白衣书生“通常只能为幼童启蒙，薪酬也要低得多”，年收入平均不足50两，但仍高于一般劳动者年均10两的收入③。尽管中国传统教育制度无显明的系统组织，教育方法亦不尽合教育原理，如无团体训练、教学专重记忆等，但它却适合小农社会制度需要，并有几种特殊精神为现代教育制度及方法所不及者，如根据有无缴纳学费、个别教学、师生关系密切等。到清代中后期，中国民间教育已相当普及。据饶懿伦研究揭

① 萧承慎：《师道征故》，贵阳文通书局1944年版，第3页。

② 参见张仲礼《中国绅士》（上海社会科学院出版社2002年版）第249页表40，在他所研究的履历中有经济数据的绅士中大约有1/3为塾师。

③ 张仲礼在《中国绅士的收入》第85—102页曾指出，在经馆或蒙馆任教的塾师之间存在着收入差别；陈青之在《中国教育史》第478—479页也指出，经馆的教师至少是生员，已经属于绅士阶层，而且有些还是豪绅，经馆学生少则七八名，多至二三十名，有些学生将来会成为绅士，土豪劣绅集团源出于经馆。关于19世纪末非绅士出身的塾师的收入，马丁·米勒估计为0.10—0.50美元/日之间，折合清末银两兑换应为0.08—0.40两银子，张仲礼由此推测普通塾师年均收入不足50两银子。

示,18 和 19 世纪,"大约有 30%—45% 的男性和只有 2%—10% 的女性具有某种程度的读写能力"①。吉尔伯特·罗兹曼曾指出,清代民众"受初级教育的机会在乡村和都会之间的差异不大","学校不单在都市才有,除人烟稀少和赤贫的地区之外,教育在所有地方都很发达,这个事实表明,清代中国相对来说具有一个现代学校体制结构的平衡基础","民众中的多数人积累起来的文化和技艺为现代化提供了很可取的基础"②。

尽管中国自先秦至明清都存在着"教化之儒"这一社会群体,并提出了不少"为师"、"尊师"、"求师"等朴素师范思想,形成了悠久的尊师重教传统,但中国师范教育尚处于蒙昧时期,尚未出现现代意义上的以培养教师为目的的师范学校或组织——即"师范"或"师范教育"。

中国现代意义上的"师范"、"师范教育"源起于西方。所谓师范或师范教育,是指"培养师资的专业教育",即教师职业知识与能力的习得过程与活动,包括职前培养、初任教师的考核试用和在职培训三个方面,与今天人们屡屡提及的"教师教育"(Teacher Education)同义。"师范教育"一词的英文写法为"normal education",美式写法为"Academy",德语为"Seminarium Praeceptorum"。"师范学校"的英文写法为"normal school",系由法文"ecole normale"转译而来。而法文"normale"又由拉丁文"norma"演化而成的,原意为木工的"规矩"、"标尺"、"图样"、"模型",均是"模范"、"规范"、"典范"的意思。

---

① Rawski, Evelyn Sakakida. *Education and Popular Literacy in Ch'ing China*. Ann Arbor: University of Michigan Press, 1979. p. 23.

② 吉尔伯特·罗兹曼主编:《中国的现代化》,第 165、168—170 页。

"师范教育"是伴随着西方近代化对普及教育的需求而兴起、发展起来的。它最早产生于法国,始于1681年法国赖谟司(Rheims)的拉萨尔神甫(La Salle)创办的训练教师的学校"基督教兄弟会"(The Brothers of the Christian Schools);1795年1月,巴黎师范学校成立;1808年,拿破仑颁布的教育法令规定"巴黎应设一师范学校,收容三百名寄宿生,教以导学人本科学与自然科学之方法";到1833年,法国共有师范学校47所;1837年,增至74所。1870—1890年间,随义务教育实施及教育制度化,德、英、美、日等国相继设立师范学校。1696年,富兰克(A. H. Francke)于哈里(Halle)设立教师院(Seminarium Praeceptorum),是德国最早的师资训练机关。此后,德、奥等地纷纷仿办类似机关。1811、1814年,英国传教士将导生制由印度带回英国,1840年英国创设了第一所师范学校。1756年,美国第一所"阿克德美"(Academy)即师资训练班成立,继而出现了独立师范学校以及后来盛极一时的大学教育科、教育系和师范学院,至1900年已有公私立师范学校288所。① 明治维新后,1872年,日本学习西方颁布学制,将小学教育列为重点,尤以培养小学教员为最要最急,"国民教育之根基,皆由其所创造"②,并设置了专门的"师范学校"(即"汉字")。到19世纪末,欧美及日本都建立了比较完备的师范教育制度和办学体制。西方师范教育的产生,既有宗教改革的背景,教育平民化、学术化亦是推动其发展的两大因素。

中国自近代以来出现的师范教育思想与制度,是19世纪末来自西方的"舶来品"。而中国传统"教化之儒"的作用与地位发生

---

① 参见罗廷光《师范教育》第五章第99—101页、第九章第151页。

② 杨度:《支那问题》,《杨度集》,湖南人民出版社1986年版,第45页。

变化,是1840年鸦片战争后中国政治、经济、文化、教育发生变革以及新教育日益发展之后的事情。中国师范教育的发轫,“实由于师资之缺乏”①,准确地说是由于新学师资缺乏。随教会学堂与近代新教育的发展,新学师资缺乏问题日益显著,大约在19世纪七八十年代,师范教育由西方传教士和国人黄遵宪、王之春、郑观应等人介绍到中国,并在中国落地生根、开花结果。

第二节 清季师范教育发展概况及其分期

清季师范教育发展历史甚短,一般论者多视其为一个整体,实际上它仍经历了一个萌芽、兴起、发展的动态过程,具有明显的阶段性,只是一般论者不予注意而已。舒新城是最早将清季师范教育历史划分为师范教育的萌芽期(1897—1902)、学制系统建立期(1902—1903)、师范教育积极进行期(1904—1911)三个阶段予以讨论的学者;关晓红则从行政管理的角度,将学部对清季师范教育的宏观调节划分为三个阶段,即1906—1907年为求速应急、大力发展阶段,1908—1910年为鼓励引导、整顿提高阶段,1911年为再度大力扩充阶段;阮春林将清季师范教育分为兴起、学制确立、调整与管理几个阶段;马啸风将清季师范教育历史分为萌芽(1897—1904)、制度化(1904—1912)两个阶段②。笔者认为,清季

① 郭鸣鹤:《最近三十五年来之中国师范教育》,《朝华》1932年第3卷第1期,第1页。

② 舒新城:《近代中国师范教育小史》,《中华教育界》第15卷第11期,又见《近代中国教育史稿选存》第93—127页;关晓红:《晚清学部研究》,第354—359页;阮春林:《清末民初师范教育研究(1897—1922)》,第73—139页;马啸风主编:《中国师范教育史》,第4—14页。

师范教育历史可分为科举制废除前后两个时期及萌芽(1897—1901)、学制系统确立(1902—1905)、求速发展(1906—1907)、整顿提高(1908—1910)、再度扩展(1911)五个阶段。下面分别予以概述。

一 萌芽期(1897—1901)

中国师范教育是鸦片战争后中国教育变局的产物,是鸦片战争后出现的两股新教育势力合力推动的结果。这两股教育势力,一是在华教会教育势力,一是中国新式教育势力。中国政治、经济变革推动了近代新教育的发展,近代新教育[①]的勃兴与发展迫切需要培养合格师资,这是我国师范教育萌发的直接动因或内部动因,西方列强的文教渗透与中国官绅的倡导,也对我国师范教育的萌发产生了推动作用。

在鸦片战争前,西方新教传教士已进入中国境内,因传教工作进展缓慢,他们相继在中国南部沿海地方办起了学校。鸦片战争后,凭借不平等条约与武力庇护,基督教新教传教士大量涌入中国境内,在华教会学校逐渐增多。据统计,同治五年(1866),天主教在华设立学校12所,学生231—330名之间,基督教在华学校63所,学生944人[②];光绪二年(1876),基督教在华学校达350所,学

---

① 何谓新教育?姜琦认为:"其一曰新教育者,适应新时代要求之教育也;其二曰新教育者,包含一切新主义之教育也。"(姜琦:《何谓新教育?》,《新教育》1919年第1卷第4期,第358—360页。)笔者认为,新教育是相对于旧教育或传统教育而言的,是指采用新式学堂形式、新学内容、班级授课方法等的教育活动与组织,包括近代在华教会学堂与中国新式学堂两个方面,师范教育是新式教育的重要组成部分。

② 李楚材编:《帝国主义侵华教育史资料——教会教育》,教育科学出版社1987年版,第12、32页。

生5975人;光绪十五年(1889),天主教和基督教在华学校2000所,学生约4万人①。在创办初期,教会学校大多以小学为主,除增设圣经课,有时外国传教士也略授算术、地理二科外,仍基本沿用中国蒙学、私塾的教学内容与教授方法,并聘请中国儒生担任"经学"与"中学"课程。这一时期,教会学堂的新学师资需求尚不明显。

随教会学校快速发展,到光绪年间,在华教会学校师资不足问题开始日趋严重,除了向各外国差会之母国请求派遣信教师资,并聘请教外的中国儒生担任教员,以暂时解决师资供需矛盾外,外国传教士开始向中国介绍西方的师范教育,并呼吁教会学校自己培养师资。光绪五至九年(1879—1883),德国传教士花之安撰写的《自西徂东》在《万国公报》上连载,对西方教育机构如"师道院"②等作了介绍;光绪十四至十八年(1888—1893),广学会先后将《自西徂东》1.2万册赠送给中国应试举子与政府高官阅览;光绪十四年,英国传教士李提摩太撰写的《七国兴学备要》亦大量印刷出版,详细介绍西方教育情况。为解决在华教会学堂师资缺乏问题,光绪三年(1877),在宣教师第一次大会上,狄考文首先呼吁基督教会学校"不仅在培养布道人才,并当培养学校的师资,使他们能介绍西方学术于国人。且须陶铸杰出人才,以作社会领袖"③;光绪十六年(1890),在第二次基督教传教士大会上,蒲纳呼吁各教

① 李华兴主编:《民国教育史》,第29页。

② 花之安刊行:《自西徂东》卷四第五十章,沈云龙主编《近代中国史料丛刊三编》第80辑791,台湾文海出版社1985年版。

③ 朱有瓛、高时良主编:《中国近代学制史料》第四辑,华东师大出版社1993年版,第160页。

派“共同设立师范学校,亦至为必要”①;李承恩建议“师范学校——我们必须坚持,具有才干的本地教员是学校工作的头等大事,专门培养基督教教师的学校更为重要。可由相邻的差会合力,在中心地区开设一所设备良好的此类学校,大家互相得益”②;光绪十八年(1893),在“中华教育会”③第一届年会上,传教士又要求在中国创办教会师范学校,以“训练中国未来的教师和传教士”④。

19世纪中叶的两次鸦片战争,强烈地冲击了腐朽的清朝统治秩序,古老中国开始了“数千年未有之变局”,两广总督林则徐、经世派代表魏源提出了“师夷长技以制夷”的改革主张,与列强进行“学战”的新教育思想开始萌芽。19世纪60年代兴起的洋务运动,开始致力于“中学为体,西学为用”、“变科举,兴学堂”的教育变革。同治元年(1862),京师同文馆成立,拉开了中国教育近代化的序幕。此后,外语、军事、技术类洋务学堂相继创办,中国留学生被派遣到欧美学习西语、西艺和西学,传统书院增列西学为教学内容,科举考试亦增列西学为考试科目,一批以书院命名的新式教育机构兴办起来。光绪十七年(1891),康有为在广州创办万木草堂,除传授传统经史之学外,还开设泰西哲学、万国史地、数学、格

① 转引王树槐《基督教教育会及其出版事业》,台湾中央研究院近代史研究所集刊(2),1971年。

② 李承恩:《教会学校的历史、现状与展望》,朱有瓛、高时良主编《中国近代学制史料》第四辑,第122页。

③ “中华教育会”是1890年基督教传教士在中国设立的一个最大、最具影响力的教会教育团体,它的前身是1877年创设的“学校教科书委员会”,有三年一次的年会制度。

④ 转引自陈景磐编《中国近代教育史》,人民教育出版社1979年版,第66页。

致、外语、政治学、群学等西方政艺之学，把培养政治人才放在首位，其课程设置“德育居十之七，智育居十之三，而体育亦特重”①。无论是洋务学堂中引进西学课程设置，还是在书院课程中增加时务或策论等内容，“只是传统教育的附庸，严格地说，并没有真正被纳入整个教育体制，也没有起到替代旧教育制度的任何作用”②。

随洋务时期新式学堂的大量兴办，新学师资缺乏问题开始出现，因需求不多，尚不曾自己培植，即便有特殊科学师资需求，亦均聘请教会学校毕业生、声誉素著且兼习新智识之学士、外国教习（尤其是日本教习）与传教士、留学回国学生担任③；而当时的地方私塾则一仍旧贯，延请乡学究，教授传统“中学”。自19世纪70年代起，国人黄遵宪、王之春、郑观应等人开始将西方的师范教育—即“师道馆”介绍到中国。19世纪70年代，黄遵宪在《日本杂事诗广注》中首次将日本师范教育介绍回中国，光绪八年（1882）王之春《蠡测危言》和光绪十八年（1892）出版的郑观应《盛世危言》也对欧美师范教育作了介绍，不过他们并没有提出在中国模仿设置的建议，表明他们对师范教育的认识仍模糊不清④。

甲午中日战争以中国惨败告终，被认为是“日本的教师在兵士的制服之后为国家取得了胜利”⑤。以此为契机，士大夫们通过对洋务教育的检讨，逐渐形成了变科举、兴学堂、育人才为核心的

① 梁启超：《饮冰室合集》文集之三，上海中华书局1936年版，第62页。

② 许美德、巴斯蒂：《中外比较教育史》，上海人民出版社1990年版，第8页。

③ 郭秉文：《中国教育制度沿革史》第四编，第135—137页。

④ 参见李剑萍《中国近代师范教育的中国化历程》，《高等师范教育研究》1998年第2期。

⑤ 丁韪良：《同文馆记下篇》，《教育杂志》第27卷第4号（1937年4月）。

教育救国思潮,并认识到师范教育的重要意义。光绪二十二年七月,梁启超指出洋务运动失败,“受病之根有三:一曰科举之制不改,就学乏才也。二曰师范学堂不立,教习非人也。三曰专门之业不分,致精无由也”;痛陈洋务学堂聘请外人担任教习之五不相宜,“西人言语不通,每发一言,必俟翻译辗转口述,强半失真,甚不相宜一也。西人幼学,异于中土,故教法亦每不同,往往有华文一二语可明,而西人衍至数十言者。亦有西人自以为明晓,而华人犹不能解者,其不相宜二也。西人于中土学问,向无所知,其所以为教者,专在西学,故吾国之就学其间者,亦每拨弃本原,几成左衽,其不相宜三也。所聘西人,不专一国,各用所习,事杂言庞。……其不相宜四也。西人教习,即不适于用,而所领薪俸,又恒倍于华人,其不相宜五也”,进而提出“师范学校立,而群学之基悉定”,“欲革旧习,兴智学,必以立师范学堂为第一义”①,是为中国师范教育思想之发端。盛宣怀、张之洞、张謇等人亦相继指出:“师范、小学,尤为学堂一事先务之先务”②,“师范学堂为教育造端之地,关系至重”③,“欲教育普及国民而不求师则无导。故立学校须从小学始,尤须从师范始”④。此后,“师范”一词作为师范教育、师范学校的代名词,出现于清末的一些文章、著作、上谕、奏折、章程及法规中,而光绪二十三年(1897)正月盛宣怀《筹集商捐开办南洋公学折》、光绪二十四年(1898)管学大臣孙家鼐《议覆开办

① 梁启超:《变法通议》,《饮冰室合集》文集之一,第19、34—37页。

② 盛宣怀:《筹议商捐开办南洋公学情形折》,国家档案局明清档案馆编:《戊戌变法档案史料》,中华书局1958年版,第250页。

③ 张之洞:《筹定学堂规模次第举办折》,苑书义等主编《张之洞全集》第二册,河北人民出版社1998年版,第1489—1490页。

④ 张謇:《师范学校开校演说》,《张季子九录·教育录》卷一,中华书局1931年版,第16页。

京师大学堂折》则主张在新式学堂中附设师范院。

光绪二十三年二月五日，清大理寺卿盛宣怀在上海设立南洋公学，分立四院，先设“师范院”，“考选成材之士四十名，先设师范院一，学堂延订华洋教习，课中以各学要于明体达用，勤学善诲为指归”，他将师范生分格五层，“第一层之格曰：学有门径，材堪造就，质成敦实，超绝卑陋，志慕远大，性近和平；第二层之格曰：勤学诲劳，抚字耐烦，猝就范围通商量，先公后私；第三层之格曰：善诱掖，密稽察，有条理，能操纵，能应变；第四层之格曰：无畛域计较，无争无忌，无骄矜，无吝啬，无客气，无火气；第五层之格曰：性厚才精，学广识通，行正度大，心虚气静”，尤重教师人格才能之养成，而外中上院教习均从第五层格师范生中挑选①，体现了传统教师人格学识之主旨。直到光绪二十九年裁撤，共培养师范生 71 人。南洋公学师范院是为中国师范教育之创始。

光绪二十四年，清廷筹办京师大学堂，梁启超“略取日本学规，参以本国情形”②，拟定《京师大学堂章程》，规划“于堂中别立一师范斋以养教习之才”，“于前三级学生中，选其高才者作为师范生，专讲求教授之法，为他日分往各省学堂充当教习之用”③。但在壬寅学制颁布以前，京师大学堂师范斋未能开办。

庚子事变后，清政府诏令实行“新政”。光绪二十七年(1901)六月，两江总督刘坤一、湖广总督张之洞《江楚会奏变法三折》提

① 《大理寺少卿盛宣怀奏陈开办南洋公学情形折》，杨凤藻辑《皇朝经世文新编续集》卷五，沈云龙主编《近代中国史料丛刊》第 79 辑 781，台湾文海出版社 1966 年版，第 439—441 页。

② 梁启超：《戊戌政变记》，沈云龙主编《近代中国史料丛刊》第 92 辑 915，台湾文海出版社 1966 年版，第 47 页。

③ 《总理衙门奏拟京师大学堂章程》，北京大学校史研究室编《北京大学史料》第一卷，北京大学出版社 1993 年版，第 81—87 页。

出设文武学堂、酌改文科、停罢武科、奖励游学等四项兴学育才主张,要求派游学生出洋专习师范,以培养师资,“将科举略改旧章,令与学堂并行不悖,以期两无偏废,俟学堂人才渐多,即按科递减科举取士之额”①;罗振玉认为,“今日各行省兴学以立小学堂为最亟,而养成小学堂之教则为尤亟”,建议“仿日本速成科之例,立师范急就科”,“每县先立师范急就学堂一所,其地即借原有之书院或公所为之”,择尤录取“本地生员之知行端正、学问略知门径、文笔调畅者”,入堂受业,学制一年,学科六门,以养成小学堂教习②;陶森甲主张就东南各省选派60人,到日本师范学校速成师范,以回省创办师范讲习所③。七月三十一日,清廷诏令各省改书院、兴学堂,“除京师已设大学堂应行切实整顿外,著各省所有书院,于省城均改设大学堂,各府及直隶州均改设中学堂,各州县均改设小学堂,并多设蒙养学堂。其教法当以四书五经纲常大义为主,以历代史鉴及中外政治艺学为辅”④。十二月,清廷任命张百熙为管学大臣,责成经理学堂一切事宜。随清廷改书院、兴学堂诏书的下达,全国各地纷纷奏改书院为学堂,同时各地亦陆续创设官办民办师范学堂,以解决师资缺乏问题。光绪二十八年(1902)正月,张謇以大生纱厂余利创设通州师范学堂,是中国近代独立民办师范

---

① 刘坤一、张之洞:《江楚会奏变法三折》,沈云龙主编《近代中国史料丛刊续编》第48辑471,台湾文海出版社1974年版,第3、30—41页。

② 罗振玉:《设师范急就科议》,《教育世界》第12卷(辛丑年九月下),文篇第1—2页。

③ 陶森甲:《派遣学生学习师范禀》,朱有瓛主编《中国近代学制史料》第一辑下册,华东师范大学出版社1983年版,第985—986页。

④ 朱寿朋编,张静庐等校点:《光绪朝东华录》(四),中华书局1958年版,总第4719页。

学堂之始，亦南通地方自治的摇篮①；四月，张之洞于武昌筹设湖北师范学堂②；七月，袁世凯于保定设立直隶师范学堂；九月，山东巡抚周馥考选京师、保定及赴日留学师范生 104 人，令山东大学堂暂设师范馆收容之，馆址设在济南旧城中心贡院内，光绪二十九年将其选送到日本宏文学院和河北保定速成师范学堂"附学"③。此外，贵州于德楷等人在贵阳集资创办贵州公立师范学堂。

萌发期的中国师范教育，并无正式学制系统，只有南洋公学师范院、京师大学堂师范斋两个足为代表，虽然师法日本，但只袭其名而已，其办法与课程固不能与后来的师范学校相提并论，而精神则全为中国历代相承之"师严道尊"遗风。值得注意的是，师范馆编级以分科为准则，很具有适应个性之精神；重视师范生人格才能的训育，比一般中学严整，"男子偏于端重，女子偏于淑静，而其弊则流为不活动"，未能顾及学生自动与教育陶冶④。

二 学制系统确立期(1902—1905)

师范教育制度化的最初尝试，始于光绪二十八年七月十二日(1902. 8. 15)管学大臣张百熙进奏的《钦定学堂章程》(习称"壬寅学制")。该学制规定京师大学堂附设师范馆和各省高等学堂附设师范学堂、中学堂附设师范学堂。京师大学堂师范馆附设于高

---

① 台湾学者张正藩在《近卅年中国教育述评》(香港正中书局 1979 年版)一书第 281—183 页中将张謇办理的通州师范学校视为办理地方自治、造就地方自治干部的摇篮。

② 该学堂于 1906 年春正式开学。其开办情况，参见苏云峰《张之洞与湖北教育改革》，第 82—87 页。

③ 徐兴文、孟献忠等主编:《师范春秋》，第 17—18 页。

④ 舒新城:《近代中国师范教育小史》，舒新城编《近代中国教育史稿选存》，第 98、115、121 页。

等学堂最末一段的京师大学堂预备科；由于各地新学教师奇缺，京师大学堂师范馆先设速成科，招生300名；并酌派数十人赴欧美日本学习教育之法，俟二、三年卒业回国后为各处学堂教习；师范出身一项破格从优，毕业考验合格者为进士，分别给予准为各处学堂教习文凭。各省高等学堂附设师范学堂，即照京师大学堂师范馆章程办理，皆以造就各处中学堂教员为宗旨，“招考举、贡、生、监入学肄业，其功课如普通学而加教育一门”，设伦理、经学、教育学、习字、作文、算学、中外史学、中外舆地、博物、物理、化学、外国文、图画、体操等14门，以上各科均用译出课本，由中国教习及日本教习讲授，惟外国文用各国教习讲授，学制四年，每周讲授36学时，师范卒业生亦得与京师大学堂师范生一律从优奖励，“惟由贡生卒业应予作为举人，由举人卒业应予作为进士者，惟须由各该省督抚咨送京师大学堂覆加考验”。各府中学堂附设师范学堂，以养成各府州县小学堂教习之人才为宗旨，修业年限四年，招贡、监、廪、增、附五项生员入学肄业，课程、教法与中学堂相同，惟每周减去外国文3小时、加教育学教授法3小时，当时规定之中学堂课程有修身、读经、算学、词章、中外史学、中外舆地、外国文、图画、博物、物理、化学、体操12门，师范惟多教育一门，共13门①。“壬寅学制”将师范教育分为师范馆、师范学堂两级，有比较明确的办学宗旨，并完全由政府统制，尚未成为独立的系统，仍依附于普通教育机关，课程、教法、训育与普通学堂相同，惟多设一门每周数小时的教育课程。

“壬寅学制”未及在全国施行，即为“癸卯学制”所取代。光绪

---

① 《钦定学堂章程附张百熙进呈全学章程折》，沈云龙《近代中国史料丛刊三编》第10辑91，台湾文海出版社1985年版，第4、16、35—37页。

二十九年五月，清廷命张之洞入京会同张百熙、荣庆重订学制；光绪二十九年十一月二十六日（1904.1.13），重订之《学务纲要》及《优级师范学堂章程》、《初级师范学堂章程》、《实业教员讲习所章程》、《任用教员章程》、《各学堂奖励章程》等系列章程公布，是为“癸卯学制”。“癸卯学制”的最大特点是重视师范教育。清廷谕令云：“现在兴学，第一苦乏教员，故师范学堂最宜先办”①；《学务纲要》亦称：“师范学堂，意在使全国中小学堂各有师资，此为各项学堂之本源，兴学入手之第一义”，各省“宜首先急办师范学堂”，“办理学堂员绅宜先派出洋考察”，“各省城应即按照现定初级师范学堂、优级师范学堂及简易师范科、师范传习所各章程办法，迅速举行”②，反映出清廷重视和急于发展师范教育的意图。而且，“癸卯学制”将师范教育独立为一个纵有阶段、横有类别的系统，其规划的师资养成机关有优级师范学堂、初级师范学堂、师范传习所、实业教员讲习所四种（详见“清季师范教育学制类型”一节），除优级师范学堂为养成初级师范学堂及中学堂教员、实业教员养成所为培养职业学堂教员外，其余皆为小学师资养成机关。“癸卯学制”对于中国师范教育制度的发展具有十分重要的意义：一、重视师范教育，兼顾长远与临时需要，注意从传统教育资源中择优选录师范生以应急需，逐步实现向规范化的师范教育过渡；二、注重师范教育的特质，明确师范教育在整个教育系统中的独立地位，奠定了中国师范教育独立发展的制度基础；三、强调师范教育要走理论与实践相结合的道路；四、对师范教育实行倾斜与分省统制政

① 朱寿朋编：《光绪朝东华录》（五），总第5273页。

② 《学务纲要》，张之洞等撰《奏定学堂章程》第一册，湖北学务处铅印本，时间不详，第1、3—4页。

策,规定师范教育经费由各级政府筹集,师范生免纳学费、毕业奖励与义务服务年限,以保障师范教育的经费、生源和师范生毕业服务;五、注重教师人格培养,仍将传统的人伦道德、群经源流、经学大义、经学、伦理等课程列入课程,且每周课时最多。

虽然“壬寅”“癸卯”学制确定的办学宗旨是“无论何项学堂,均以忠孝为本,以中国经史之学为基。俾学生心术一归于纯正,而后以西学沦其知识,练其艺能,务其他日成材,各适实用”①,然而它毕竟注入了新的教育思想、学校制度、教学内容与方法,需要新学师资担任新学教育职责。为了培养新学师资,光绪二十九年三月,清政府管学大臣通咨各省亟办师范学堂,“高等学堂、中学堂均设师范”②,各省遂一面派人到日本考察学务和速成师范,一面积极筹设优初级师范学堂和师范传习所,师范教育逐渐发展起来。光绪二十八年八月,京师大学堂开办仕学、师范两馆,十一月师范馆开学,以北京四公主府为校址,修业三年,课程分伦理、经学、教育、习字、作文、算学、中外史学;中外地理、算学比例、开方、代数、物理、化学、浅近英文、日文等14门,光绪三十年师范馆改为优级师范科,修业四年,录取学生200多名。光绪二十七年,湖南巡抚俞廉三奏陈缺乏师资之苦,建议从师范馆着手,光绪二十九年湖南大学堂附设师范馆开办,馆址长沙城南书院,由王先谦主持,初设算术、理化,聘日本教习讲授,教科书亦从日本翻译而来;光绪二十九至三十年间,湖南地方士绅创办中、西、南三路师范学堂③。光

① 沈桐生辑《光绪政要》(四),沈云龙主编《近代中国史料丛刊》第35辑345,台湾文海出版社1966年版,第1896页。

② 《管学大臣咨各省应亟办师范学堂文》,《四川学报》乙巳第4册(光绪三十一年三月),公牍第1—2页。

③ 张朋园:《湖南现代化的早期进展(1860—1916)》,第184页。

绪二十八年,天津创设师范讲习所一处,翌年天津师范学堂设立,光绪三十年复有直隶单级教员总所及各县分所之设,继又于辅仁书院组织师范学堂①。光绪二十八年九月,川南经纬学堂师范班开办,并于次年春更名川南师范学堂,四川官派学生到日本学习速成师范,什邡高等小学堂附设师范传习所,锦江书院原址开办通省蒙养师范。光绪二十九年八月,山东大学堂附设师范馆奉示改办山东师范学堂,次年五月迁至铁狮峰下泺源书院,分设速成、长期两班,速成班先后有一、二年制两种,长期班(完全科)三年毕业,光绪三十一年完全科学生升学优级师范,预科一年,再分为四年制的文、理二科②。光绪二十九年正月,两江总督张之洞在南京创立三江师范学堂③,陈宝桢于福州设立全闽师范学堂。光绪三十年,直隶师范学堂除扩大招生外,优级师范开始分科教授;甘肃大学堂师范馆、两广速成师范馆和初级师范学堂设立,天津、保定、湖南衡山初级师范学堂亦相继创办。光绪三十一年,甘肃用官款就兰州贡院求古书院改设简易师范学堂,旋停;又就兰州新关兰山书院改设优级师范学堂④;山西优级师范学堂、广东公立教忠初级师范学堂等亦相继设立,而前此设立的师范学堂相继按章改革。与此同时,各地还因陋就简地设立师范传习所及讲习科等师资短训机构。随师范教育的发展,新式学堂与留日学生数量明显增加。据统计,全国公私立小学堂学生,光绪二十八年859人,到光绪二十九年达到22866人,光绪三十年达85213人;留日学生,光绪二十七年200

① 炎培:《清季各省兴学史》,沈云龙主编《近代中国史料丛刊续编》第66辑651,台湾文海出版社1977年版,第194—195页。

② 徐兴文、孟献忠等主编:《师范春秋》,第17—18页。

③ 参见苏云峰《三(两)江师范学堂——南京大学的前身(1903—1911)》。

④ 炎培:《清季各省兴学史》,第150—151页。

多人,光绪三十年3000多人①,光绪三十三年达8000人左右②。

癸卯学制只是清政府采取的变通教育而非废除科举的措施,科举选士仍是教育重心所在,各级官员和传统士绅对新式教育多持怀疑观望态度,士子童生仍受科举功名诱惑而不愿放弃举业,新式学堂教育因此遭遇到生源、师资、经费缺乏的严重困难。由于科举制度严重阻碍了新式教育的发展,光绪二十九年二月,袁世凯奏请"减科举中额,专注学校",认为:"科举一日不废,即学校一日不能大兴,学校不能大兴,将来士子永远无实在之学问,国家永远无救时之人才,中国永远不能进于富强,即永远不能争衡于各国";十一月二十六日,张之洞、张百熙、荣庆再次奏请递减科举、兴办学堂,建议"自下届丙午科起,每科分减中额三分之一,俟末一科中额减尽以后,即停止乡试",获清政府俞允;光绪三十一年七月,袁世凯、赵尔巽、张之洞、岑春煊等再次联名奏请"立停科举,推广学校";八月四日,清廷谕令"自丙午科(1906)为始,所有乡会试一律停止,各省岁科考试,亦即停止",并责成各省督抚,"严饬府厅州县赶紧于城乡各处遍设蒙小学堂,慎择师资,广开民智"③;十一月十日,清廷下令设立学部④。清廷废除科举制,主要原因是奖励科举出身的做法已不适应新教育发展的需要⑤。

科举制的废除,不仅对中国教育制度,而且对中国用人行政制

---

① 王笛:《清末近代学堂和学生数量》,《史学月刊》1986年第2期;陈旭麓主编:《中国近代史》,高等教育出版社1992年版,第272页。

② [日]实藤惠秀:《中国人留学日本史》,第16、18—20页。

③ 朱寿朋编:《光绪朝东华录》(五),总第4998—5000、5129、5390—5394页。

④ 关于晚清学部,关晓红《晚清学部研究》一书作了深入研究。

⑤ Franke, Wolfgang. *The Reform and Abolition of the Traditional Chinese Examination System*. Mass.: Harvard University Press, 1960.

度,都是一种制度性的变革,其影响复杂而深远。罗兹曼认为,“废除科举制的决定无疑是革命性的……这意味着,中国在能力报酬和认可方面,发生了永久性的制度变化”,意味着士大夫要想得到旧有功名,必须接受新的学校教育、学习新的知识①。余英时、罗志田等人相继指出,废除科举制无疑是划时代的最重要的体制变动之一,不啻给予其相关的成文制度和更多的约定俗成的习惯行为等打上一个难以逆转的句号,是士大夫与过去那个赖以安身立命的文化与制度发生断裂的转折点所在,使“其所赖以生存、发展的社会文化秩序处于不断的解体之中”,但是,科举制是在学堂制度尚未成熟时废去的, 它给新式教育既带来了空前的发展机遇, 也造成其在师资、教科书、教育经费等方面难以承受的空前压力, 使其处于尴尬境地,“改和革的一面不断加速而建设的一面无法跟进,遂造成旧制度已去而新制度更多仅存在于纸面的现象。旧制既去,而新制尚不能起大作用,全国教育乃成一锅夹生饭”②。科举制的废除,虽使“舌耕度岁”的塾师等传统士人顿感

① [美]吉尔伯特·罗兹曼主编:《中国的现代化》,第200页。

② 参见:王德昭《清代科举制度研究》(中华书局1984年版),余英时《中国知识分子的边缘化》(香港《二十一世纪》1991年8月号)、《试说科举在中国史上的功能与意义》(香港《二十一世纪》2005年6月号),罗志田《科举制的废除与四民社会的解体——一个内地乡绅眼中的近代社会变迁》(新竹《清华学报》1995年12月新25卷第4期)、《中国文化体系之中的传统中国政治统治》(《战略与管理》1996年第3期)、《失去重心的近代中国:清末民初思想权势的转移及其互动关系》(《清华汉学研究》1997年第2辑)、《清季科举制改革的社会影响》(《中国社会科学》1998年第4期)、《近代中国社会权势的转移:知识分子的边缘化与边缘知识分子的兴起》(《开放时代》1999年第4期)、《科举制废除在乡村中的社会后果》(《中国社会科学》2006年第1期)以及Benjamin A. Elman. *A Cultural History of Civil Examinations in Late Imperial China*(Berkeley,Los Angeles & London:University of California Press,2000)等。

生存压力①，也使执业塾师渐趋时尚，“所授学科除经书外，亦添入算学、图画等科”②。张海鹏、李细珠认为，科举废除后出现平稳局面，主要由于改革者遵循了先立后破的原则，并确立了相应的补救措施，不仅给旧的科举士人筹谋相应的出路，而且给新式学堂和留学生以科举功名奖励，这种釜底抽薪的办法使新学堂取代旧科举得以顺利实现，是新政时期制度变革的一个成功范例③。

三　求速发展期（1906—1907）

科举制的废除和学部的诞生，使新式教育的障碍尽除而管理加强，师范教育与新式教育的重要性为更多人认识，并迎来了师范教育求速应急、大力发展的春天。光绪三十二年，出使各国考察政治大臣戴鸿慈等人强调指出：“重师范以裕各科教育之才，急女学以立家庭教育之本，然后有幼稚园、两等小学、中学、高等预备科、大学、专科、大学研究科以次递行”，“夫强国以学校为始基，兴学以师范为先务”④，认为师范是教育之母和普及教育的前提条件。为了加速培养中小学堂师资，三月十八日，学部通咨各省将军督抚“请以全力注重师范”，“迅将省城师范名额尽力推广”，至少设一年卒业的初级简易科生500人，以养成小学教习；并设二年卒业的优级选科生200人，分历史地理、理化、博物、算学四类，每类学生50人，以养成府立师范学堂、中学堂教习；并须设五个月卒业的体

① 刘大鹏，乔志强校注：《退想斋日记》，山西人民出版社1990年版，第135、147—148、159页。

② 《论我国教育不发达之原因》，《申报》1909年5月24日。

③ 张海鹏、李细珠：《新政、立宪与辛亥革命（1901—1912）》，第23—24页。

④ 故宫博物院编：《清末筹备立宪档案史料》下册，中华书局1979年版，第964、997页。

操专修科，名额100人，以养成小学体操教习①。五、六月间，各省陆续通行《优级师范选科简章》，各省优级师范选科学堂开始兴办。七月十八日，学部咨政务处，拟如闽督所请，速成简易师范各生一律考试优拔。

在学部的规划与要求下，在各级官绅的支持下，各省优级初级师范学堂相继设立，并迅速发展起来。光绪三十二年，天津高等师范学堂设立，鲁、豫、秦、晋、奉天等省均可派学生入学；两广总督岑春煊仿日本东京高师改两广师范学堂为两广优级师范学堂，采用分年选科制度；三月，四川的川东官立初级师范学堂开办，首设简易科，年底毕业，次年春开办完全科；八月，四川优级师范选科学堂开办，设简易科、选科各一班；九月，四川通省师范学堂设立，分设简易、初级、优级三部，每部两班。光绪三十三年，京师大学堂优级师范科第一期学生100人毕业，河南师范学堂改为河南优级师范学堂，福建优级师范学堂创办，云南高等学堂改为两级师范学堂，设优级选科、初级简易科和完全科各四班②。光绪三十四年，京师大学堂优级师范科改为京师优级师范学堂，以北京和平门外厂甸五城中学堂改建校址，成为我国独立设置的培养中等教育师资和行政管理人员的学校教育机关；湖南开办优级师范学堂。

“癸卯学制”将女子教育仅归入家庭教育而未纳入学制系统，但因受民族主义的影响和民族国家建设的推动，为儿童早期教育

---

① 《通行各省推广师范生名额电》，学部总务司编《学部奏咨辑要》卷一，沈云龙主编《近代中国史料丛刊三编》第10辑96，台湾文海出版社1985年版，第21页。

② 炎培：《清季各省兴学史》，沈云龙主编《近代中国史料丛刊续编》第66辑651，第164页。

设计了蒙养院,规定招聘女教师和保姆教养,这为明清女子教育转型、清末女子教育发展以及女子师范教育兴起①提供了条件,以致女学堂与女子师范学堂如雨后春笋般不断涌现。光绪三十年,福建女子初级师范学堂、上海竞仁女子师范学堂、浙江女子师范学堂开办;光绪三十一年,南京宁垣女子师范学堂开办;光绪三十二年,四川泸州官立女子师范学堂、湖北省立女子师范学堂、奉天女子师范学堂、直隶北洋女子师范学堂开办;光绪三十三年初,广东官立女子师范学堂招生,各地官民甚至争送女子出洋留学师范。为了规范与提倡女子教育,光绪三十三年正月二十四日,学部奏定《女子小学堂章程》、《女子师范学堂章程》颁布,女子学堂及女子师范学堂被纳入学制系统(详见"清季师范教育学制类型"一节)。光绪三十四年三月初十日,学部饬令各省提学使按照定章在省城、府城从速设立女子师范学堂一所;八月中旬,学部再次转饬各省提学使在"省城、府城设立女子师范学堂"②。在《女子师范学堂章程》颁布后,光绪三十三年,张之洞在湖北开办官立女子师范学堂;光

---

① 美国得克萨斯州休斯顿大学助理教授丛小平女士指出,以往对清末女子教育的研究者,往往强调鸦片战争后外国传教士在华兴办女学堂及清末送女子出国留学的作用,并将其视为近代女子教育的开端,而抹杀了明清女子教育在建立近代女子教育中的作用。事实上,清末外国传教士开办女校及送女子出国留学,远不能代表清末女子教育的主流,且与明清女子教育主流大相异旨;晚清女子教育根植于前近代女学传统,受民族主义与民族国家建设的推动而转型,女子师范由此兴起,并强调女子师范教育是为了儿童和家庭教育,教学内容重视德育、科学知识,特别是家务技能的训练,沿袭了明清女子教育传统的三大组成部分,只是文字教育部分加入了西方知识,并强调女子作为母亲和教育者的角色。参见丛小平《从母亲到国民教师——清末民族国家建设与公立女子师范教育》,《清史研究》2003 年第 1 期。

② 《学部奏议覆设立女子师范学堂折》,《四川官报》戊申第 21 册(光绪三十四年八月中旬),奏议第 4—6 页;《四川教育官报》戊申第 10 期(光绪三十四年十月),奏议第 2—4 页。

绪三十四年六月，学部开办的京师女子师范学堂简易科招生，此后江西、江苏、浙江、四川、陕西、湖南、甘肃等省亦先后开设女子师范学堂。女子师范章程的颁布、学制的确立以及学堂的开办，为女子接受中等教育、寻求职业、走向社会、赢得自立提供了机会与途径，开启了女子走向社会之门，使女子在社会上的地位合法化，这种转变影响了其后一代又一代的女性。正如美国得克萨斯州休斯敦大学助理教授丛小平所言，“女子师范不仅提供了女子受高等教育的机会，而且将女子在社会上的工作合法化”①。

同时，由于留日速成师范弊端太多，学部出台了限制留日速成师范的政策。驻日公使杨枢首先咨请学部严定选派学生出洋章程，以慎选学生而清源正本②。而此时国内师范传习所和师范学堂大量开办，“由外洋留学及本省高等师范学堂毕业者接踵，教职员尚不缺乏”③，“中国内地亦颇不欢迎在日本学速成科之留学生”④，加上赴日官费难筹等原因，学部开始限制与停止派遣留日速成师范生。光绪三十二年六月十八日，学部《通行各省限制游学并推广各项学堂电》规定，“嗣后此项速成学生，无论官费私费，师范政法，应即一律停派”⑤；七月，学部重申“嗣后此项速成学生

① 丛小平：《从母亲到国民教师——清末民族国家建设与公立女子师范教育》，《清史研究》2003年第1期。

② 《驻日本杨钦使密陈游学生在东情形折》，《广益丛报》第4年第13号，原总第109期（光绪三十二年闰四月三十日），章疏第2页。

③ 《宣统元年上学期上川南区省视学调查学务报告》，《四川教育官报》己酉第7册（宣统元年七月），报告第1页。

④ 《日本文部省述中国留学生近状》，《广益丛报》第5年第5期，原总第130期（光绪三十三年三月二十九日），纪闻第13页。

⑤ 学部总务司编：《学部奏咨辑要》，第105—106页。

无论官费私费,师范法政,应即一律停派”的规定①;同时,日本文部省公布《取缔中国学生规则》,严格整顿中国留日教育,限制中国留学生入境,打击非法的留日教育机构与下宿屋、旅人宿等住宿客店的非法经营②;十二月,学部奏订《管理游学日本学生章程》,规定“习法政、师范速成者嗣后概不咨送”③。在中日双方的严格限制下,留日速成师范迅速衰落。

四　整顿提高期(1908—1910)

光绪三十四年至宣统二年期间,学部对师范教育实施了鼓励引导、整顿提高的政策,职业、专科、边疆师范等发展起来,师范教育体系和政策日臻完备,师范教育质量与办学层次有所提升。

学部在成立之初要求各省大办师范教育。为达到学部要求,各省采取了因陋就简的办法,大力兴办初级师范与师范讲习所,师范学生数量增加很快,至光绪三十四年,初级师范和师范讲习所学生数量达到最高点(参见表1—1)。

表1—1　清季全国师范学生数量变迁表

年份	优级师范	初级师范	师范讲习所
光绪二十九年		80	
光绪三十年		1500	90

① 《学部电咨嗣后选派游学速成应即一律停派文》、《学部奏出洋学生非有中学程度概不咨送并停派速成本国学堂力求完备片》,《四川学报》第2年第7册(光绪三十二年七月),公牍京部咨文,第1页,第8册,奏议第1 2页。

② 《广益丛报》第4年第21号,原总第117期(光绪三十二年七月二十九日),纪闻第12页。

③ 《四川官报》丁未第3册(光绪三十三年二月中旬),奏议第7—8页。

年份	优级师范	初级师范	师范讲习所
光绪三十一年	974	2234	2113
光绪三十二年	1069	5031	2808
光绪三十三年	2389	18253	10041
光绪三十四年	3890	27474	13583
宣统元年	5817	19383	12819
宣统二年	5349	15553	7670

资料来源：郭秉文《中国教育制度沿革史》第四编，第140页。

由表1—1可知，初级师范与师范讲习所学生数之最高点为光绪三十四年，以后逐年递减，而优级师范学生数之最高点为宣统元年，以后递减的速度不若他种师范之快。

上述现象的出现，原因是多方面的。郭秉文认为，原因有二：一是仅恃一时热诚而未备持久的常年经费，故设立之学校屡起屡仆，仅有少数学校不为经济所困而能独存；二是师范毕业生甚多，尤以选科、简易科为多，足敷已设小学堂教职员之数，故教员之需要不若以前之亟，且多数学生希望毕业于正科，不屑以选科、简易科自满，简易师范毕业生水平有限而受到社会质疑①。其实，最主要的原因是学部采取了整顿调整师范教育、限制选科与简易师范设立的政策。《时务报》馆评指出，“各省所立师范学堂，除聘请洋师外，校中职员求能以缜密之思想、灼巨之眼光，务陶成真正师范生者，卒十不得一。监督一职，几为名誉上资望上关系，而非学问上职务上之关系，监督不常驻堂，校员无所统属，学生惟闻钟上课，退则宿舍聚谈耳。师范生汉文通者则鄙夷科学，汉文劣者则徒有技能，不数年或不数阅月而均毕业矣。虽简易科、本科、选科所立

① 郭秉文：《中国教育制度沿革史》第四编，第140—141页。

之名目殊,而程度浅深、品性高下不甚悬绝",而且由于师范生招生和毕业考核不严,"凡老师宿儒以及黄口孺子,皆可为师范生,师范生类无不可以毕业,而所以待小学教员者,无论良否,其道惟均,真师范生寥寥,而谋席面者充塞,且无以辨其果否能为教员"①,如此大量不合格的教员充斥教师队伍,严重影响清末国民教育水平的提高。不过,此类接受过一定师范教育的教员总比没有受过任何师范教育的教员要强。小学教员中存在的"不谙教育者,权宜滥竽"情况,学部本应力加整顿,"首当斥退滥竽充数之教习,而以师范卒业生易之",然而却因师范教育不发达、受过师范教育的教员人数有限而难以实行。学部采取的对策是,通令各省提高师范教育办学层次、从优奖励师范毕业生及从事教育事业的教员,目的是吸引优秀人才投考师范学校、毕业后服务教育事业,以推动教育事业的发展。

为了提高中学、师范学堂等中等学堂的师资水平,学部规定游学外洋的高等师范毕业生或非高等师范毕业生但对教育理论有研究者得担任中学堂教员,并对出洋学习完全师范者给予优待与奖励。为了扩大师资来源,吸纳与鼓励留学外洋者从事教育,光绪三十三年五月,学部规定:"所有派往东西各国官费游学生,回国后务须尽专门教员五年之义务,义务年限内不得调充他项差使"②。因学生出洋"习师范者,毕业以后即须回国效力义务,未能再入他项学校,而奖励遂所不及……似非持平之道",宣统元年二月,学部呈奏《酌拟出洋学习完全师范毕业奖励折》、《奏变通边省及海

① 《教育感言》,《时报》1907 年 9 月 26 日。

② 《官费留学生义务年限》,《广益丛报》第 5 年第 11 期,原总第 139 号(光绪三十三年五月三十日),纪闻第 2 页。

外华侨学堂教员奖励并师范生义务年限折》，主张对“凡出洋学习寻常师范及在光绪三十二年臣部奏准限定游学资格以前出洋，入专为中国学生设立之长期师范班肄业者毕业回国，拟令尽义务五年，俟五年期满后，均按照初级师范毕业优等奖给出身官阶外，仍照教员五年期满之例保升”①，使师范生奖励比其他同等学历者优厚、从事边疆及海外华侨教育的教师奖励比内地一般教员优厚，这使清末中学堂及初级师范学堂的教员主要依靠归国留日学生来担任②。

为了提高师范教育程度，学部下令停办优级师范选科、初级师范简易科和师范传习所，开办优级初级师范完全科。鉴于“两级师范本以完全科为正办，其选科、简易科只属一时权宜之计，而非经久不易之规。现在兴办学堂已逾五载，各省初级简易科毕业者已不止一处，即完全科亦次第毕业，是小学堂已不患无师”，宣统二年二月二十八日，《学部咨各省师范学堂自本年起一律停招优级选科初级简易科文》规定：“两级师范，俟现时在堂学生毕业后，一律改办完全科”，“自本年为始，凡各省旧设之优级选科，概不准再招新班，俟现时在堂各学生毕业后，一律改办优级完全科；至简易师范，除边远地方，风气初开，教员缺乏，暂准办理外，其余各省亦应自本年起一律停止招考，俟在堂各生毕业后，改办初级完全科，一切学科务求完备，教法务宜切实，以规远大而资深造”③，并要求各地初级师范简易科和优级选科限办至年底为止。三月初九日，学部通咨各省优级师范附设补习班，让选科和简

① 《学部官报》第81期，本部奏章第4页。

② 谢长法：《借鉴与融合——留美学生抗战前教育活动研究》，第135页。

③ 《大清教育新法令续编》第三册第五编，上海商务印书馆1911年版，第1—2页。

易科毕业生入班补习，三年后考试及格者，“准升入优级师范公共科肄业”①。

为解决师范毕业生适应新式学堂发展初期乡村学校以单级教授为主的教育现实问题，学部又咨行各省初级师范学堂，无论完全科、简易科，自本学期起应就现有班次，于定章授课钟点外，加授单级教授法课程，以为学生毕业后应用之资，在宣统四年以后并应增授二部教授法，在附属小学或该堂指定之小学实地练习时，兼练单级教授、二部教授②。

为了防止女子师范学堂出现流弊，光绪三十四年八月中旬，学部咨请各省督抚提学使酌设女子师范学堂，“先禁流弊，再讲开通”③；宣统元年，冯学佺在《条陈学部改良女子教育办法》中特别指出，今日女学欲求教育之完全、学风之良善，“不可不先注重女师范之品学”④。

为提倡实业教育，宣统元年正月二十四日，学部主张，实业教员讲习所“比照优级师范学堂毕业奖励章程分等给奖，其毕业后应尽义务亦即比照优级师范学生义务年限办理，准其充当中等实业学堂教员”；学部还拟请设立实业教员简易科，招收学生及毕业年限均仿照初级师范简易科办理，其毕业奖励义务亦准比照初级师范简易科毕业奖励义务章程办理，所有学膳等费应并照师范学

① 《学部札各省优级师范准附设补习班文》，《大清法规大全》卷五，政学社1911年刊本。

② 《学部咨行各省初级师范加授单级及二部教授法课程文》，《大清教育新法令续编》第三册第五编，第2页。

③ 《学部奏议覆设立女子师范学堂折》，《四川官报》戊申第21册，奏议第4—6页；《四川教育官报》戊申第10期，奏议第2—4页。

④ 《冯学佺条陈学部改良女子教育办法节略》，《广益丛报》第7年第13号，原总第205号（宣统元年四月三十日），女学第1—2页。

生之例一律免收以示体恤①。

通过引导和整顿,师范学堂校数与人数有所减少,师范教育质量与办学层次有所提高,体系与结构亦渐趋完整与合理(参见表1—2)。

表1—2　光绪三十三年至宣统元年各省师范学堂学生统计表

时间	类别	优级师范学堂				初级师范学堂			师范传习所讲习科	总计
		合计	完全	选科	专修科	合计	完全科	简易科		
光绪三十三年	学堂	22	2	12	8	243	64	179	276	541
	学生	4014	527	2603	894	22223	6390	15833	9844	36091
光绪三十四年	学堂	33	5	16	12	191	81	110	303	581
	学生	5939	1018	3243	1678	16573	7243	9332	10558	33072
宣统元年	学堂	30	8	14	8	203	91	112	182	415
	学生	5849	1504	3154	691	15553	8358	7195	7670	28572

说明:本表根据光绪三十三年至宣统元年《各省师范学堂学生统计表》(学部总务司编《光绪三十三年份第一次教育统计图表》第33—34页,学部总务司编《光绪三十四年份第二次教育统计图表》第6—8页,学部总务司编《宣统元年份第三次教育统计图表》第6—8页)改制,但不包括京师地区。

从表1—2可以看出,这一时期,师范校数与学生数的绝对数量有所减少,师范校数由光绪三十三年541校下降到宣统元年的415校,计减少126校,学生数由光绪三十三年36091人下降到宣统元年的28572人,计减少7519人。从增减的数量与内涵来看,初级师范简易科、师范传习所或讲习科的校数和学生数明显减少,而优级师范完全科、初级师范完全科的校数和学生数却年年增加,可见师范教育的程度与质量有所提高。陈学恂、田正平还注意到,随师范教育的质量和程度提高,师范学堂的层次与结构渐趋合理,宣统元年优级师范学堂、初级师范学堂、师范讲习所比例已达到

---

① 《学部奏筹议实业教员讲习所毕业奖励办法折》,《大清教育新法令续编》第四册第七编,第4—5页。

1:5.7:9.1,尽管在整个教育体系中所占比例仍然偏低,师范学堂仅占全国学堂总数的0.7%及学生总数的1.2%,然而微观结构的合理比例仍在一定程度上克服了宏观比例失调带来的影响,为师范教育的发展奠定了一定的质量基础①。

学部急于停止师范传习所或讲习科、初级师范简易科和优级师范选科,而强行开办优级初级师范完全科的政策,与各地教育亟须发展而教员缺乏的社会现实相背离,尤其背离了清廷预备立宪政治需要与社会发展大势,以致小学教员缺乏问题日显突出与严重,进而影响到清廷预备立宪对普及国民教育的急切需求的按时与超前实现。这为学部下一步变通师范教育政策、下令扩充简易师范准备了现实条件。

五　再度扩展期(1911)

宣统三年,师范教育再次进入大力扩充阶段。学部要求各省扩充初级师范学堂校数与学生数量,开办临时小学教员讲习所、单级教法传习所,原因是预备立宪年期缩短,小学教育亟须赶办,师范教育非从速扩充难应急需。

二月,学部下令各省初级师范加习单级教授与二部教授法,并要求各省在初级师范学堂内设临时小学教员讲习所,肄业年限为一年或两年。六月,学部通咨各省扩充师范教育,要求每府或直隶州设立初级师范学堂一所,并将扩充初级师范视为普及教育最要一类,列入地方官考成及官治范围,"所有各省初级师范学堂,自应及时筹划,每府或直隶州设立一所,其有因特别情形或两府三府

① 陈学恂、田正平主编:《中国教育史研究》近代分卷,华东师范大学出版社2001年版,第180—181页。

业经合设一处者，应即扩充学生名额"，"初级师范扩充之标准，以小学堂为比例"，"兴学为地方要政，列入地方官考成，早经本部奏准通行，遵照在案。上年本部奏定地方学务章程施行细则，因筹设初级师范学堂，应列入官治范围以内，并未作为府厅州县自治职应设之公用学堂，是扩充初级师范学堂，纯为地方官及学务官之专责，更非他项学堂可比"①。闰六月十一日，学部拟订的《单级教授二部教授简章》、《临时小学教员讲习所暨单级教员养成所简章》公布，学部称："育才以兴学为先，兴学以求师为急，现在初等小学亟待扩张，临时教员动虞缺乏……亟宜多设小学教员养成所，以应急需。其肄业年限拟定为一年以上二年以下"；"至单级教授较之寻常教授为难，单级教员决非寻常教员所能胜任……亟应通饬各省速设单级教员养成所，于单级教授法之外，并授二部教授法，以期广裕师资"②。

为了提早进行预备立宪、赶办小学教育，在学部的要求下，各省开始了新一轮的师范教育扩充计划与行动，各省初级师范学堂校数与学生数量有所增加，临时小学教员讲习所、单级教法传习所相继开办。不过，这种扩充因辛亥革命爆发而被迫停顿下来，直到民国建立后，初级师范学堂、临时教员讲习所和单级教员养成所才重新恢复并发展起来。

第三节　清季师范教育学制类型

如前所述，光绪二十八年七月颁行的"壬寅学制"，正式规定

---

① 《学部咨扩充各省初级师范学堂文》，《教育杂志》第3年第9期（宣统三年九月初十日），法令第97—98页。

② 《奏拟临时小学教员讲习所及单级教员养成所简章并单》，《学部官报》第19册（第162期，宣统三年闰六月二十一日），章奏第2—7页。

我国师范教育分为师范馆和师范学堂两级及京师大学堂附设师范馆、各省高等学堂附设师范学堂、中学堂附设师范三类。光绪二十九年十一月颁行的“癸卯学制”，正式规定我国师范教育独立设置优级师范学堂、初级师范学堂、师范传习所、实业教员讲习所四类。光绪三十二年三月十八日，学部通咨各省将军督抚在省城师范设立一年卒业的初级简易科以养成小学教习，并设二年卒业的优级选科以养成府立师范学堂、中学堂教习，并须设五个月卒业的体操专修科以养成小学体操教习；六月，学部颁行《优级师范选科简章》，各省优级师范选科学堂开始兴办。这样，优级师范学堂附设之初级简易科、优级选科、体育专修科以及优级师范选科学堂浮出水面。光绪三十三年正月二十四日，学部奏定《女子师范学堂章程》，女子师范学堂进入学制系统，自此中国师范教育体系基本成型，此后师范教育制度只有微调而无大的变动。比如：光绪三十三年九月，学部通饬各省停办速成师范学堂；宣统二年二月二十八日，学部通咨各省师范学堂，优级选科、初级简易科自本年起一律停招，并限办至年底为止；宣统三年二月，学部下令各省初级师范加习单级教授与二部教授法，并要求各省在初级师范学堂内设临时小学教员讲习所，肄业年限一年或两年；六月，学部通咨各省扩充师范教育，于每府或直隶州设立初级师范学堂一所，其有因特别情形或两府三府业经合设一处者，应即扩充学生名额；闰六月十一日，学部要求各省开办临时小学教员讲习所和单级教员养成所。

概括起来，除各省派遣留日速成师范生外，清政府要求各省开办的师范教育机构主要如下：附设师范馆和附设师范学堂，优级师范学堂、初级师范学堂、师范传习所、实业教员讲习所，优级师范选科学堂，女子师范学堂，临时小学教员讲习所、单级教员养成所，以及体育专科学堂、塾师讲习会等。

按经费来源途径与管理者,可划分为私立(民立)、公立、官立师范三类。其中,以官款设立者曰官立,以地方公款设立者曰公立,以私人出资组织者曰私立①。清末所谓“私立”与“公立”师范学堂,就是由个人或集体出资,并可接受官府资助,由私人或集体管理的师范学堂,这两类学堂实际上就是民国时期的私立师范和现代意义上的“私立”师范。所谓官办或官立师范学堂就是由政府出资、学堂管理人员由政府委任,相当于现代意义上的“公立”或民国时期的“国立”、“省立”、“县立”师范学校,清末四川各省、道、府、县官立师范学堂当属此类。

按层次与性质,笔者认为,清季师范教育又可划分为留日师范、师范学堂、传习与简易师范、特别师范四类,留日师范可分为速成师范、完全师范两个层次,师范学堂亦分为优、初两级,而优级师范、初级师范又各有完全科、简易科两个层次,特别师范又有女子师范(只设初级而无优级)、职业与专科师范、边疆民族师范、教会师范之别。

下面仅对速成与简易师范(师范传习所、临时小学教员讲习所、单级教员养成所)、师范学堂(优级师范学堂、优级师范选科学堂、初级师范学堂)、特别师范(女子师范学堂、实业教员讲习所)三类师范学制进行介绍。

一 传习师范

为急速造就普及国民教育师资,清季广泛设立师范传习所、师范讲习所、临时小学教员讲习所、单级教员养成所,作为临时师资

---

① 《涪陵县续修涪州志》卷五,民国17年9月刊行,第19页。

训练机构，时人概称“传习师范”①，其毕业生概称“传习师范生”。

1. 师范传习所

根据《初级师范学堂章程》规定：各州县于初级师范尚未设齐之时，宜急设师范传习所，择省城初级师范学堂简易科毕业生之优等者分往传习，其讲舍可借旧有书院、公所或寺院等类，招集乡村市镇以教授蒙馆为业而品行端正、文理平通、年30—50岁之生童入所传习，限十个月为期，毕业后准给副教员凭照，即令在各乡村市镇小学开设小学，俟各省城及各州县初级师范学堂毕业有人，传习所可渐次裁撤②。在光绪三十三年学部饬令停办速成师范学堂及宣统二年二月二十八日学部咨各省师范学堂自本年起一律停招初级简易科后，各省师范传习所逐渐减少或停办。

2. 临时小学教员讲习所

学部拟订的《临时小学教员讲习所简章》规定：临时小学教员讲习所专为迅速养成初等小学教员以应各学堂之急需而设；在未设初级师范学堂、或已设初级师范学堂而师范生毕业期在三年以后、小学教员不敷分布之府厅州县，均应由官设立临时小学教员讲习所一所或数所；除特行设立者外，可附设于初级师范学堂、中学堂或中学堂同等之学堂、劝学所之内；招收年在18岁以上、文理明通、普通学略有门径者，名额视各地方应设学堂所需教员数量而定；概不征收学费，能备膳宿者听；肄业一至二年，必修科目为修身、教育、国文、数学、历史、地理、格致、图画、体操9门，随意科为

① 四川上川南区省视学伍鋆在宣统元年上期的学务调查报告中就有“各属传习师范”的提法。参见《宣统元年上学期上川南省视学调查学务报告》，《四川教育官报》己酉第7期（宣统元年七月），报告第1—5页。

② 《大清教育新法令》第四册第五编，上海商务印书馆1911年版，第18—19、27页。

音乐、手工、日文3门,授课钟点按肄业年限及学生程度量为分配,一学期后由主管人员觅合适之初等小学班实地练习,并练习单级教授法;毕业后分别派充教员,概不给奖,在五年内免受检定①。民初改名小学教员养成所,后更名师范讲习所。

3. 单级教员养成所

学部拟订的《单级教员养成所简章》规定:以养成单级教授教员及二部教授教员,俾各省府厅州县及城镇乡得多设单级教授小学或二部教授小学,以期教育普及为宗旨;分为一学期毕业的甲种、二学期毕业的乙种两类;京师及省城须设甲乙两种各一所,各府厅州县须至少设乙种一所,均可附设于师范学堂内;甲种学生须具有小学教员无试验检定资格或得有准充小学教员凭照者,乙种学生须具有甲种入学试验资格、初级师范简易科及师范传习所毕业生、现充初等小学教员及改良私塾塾师;甲乙两种学科均设单级教授法、二部教授法、实地练习、教育、体操5门,甲种两月以内每周32学时、两月以外每周34学时,乙种上学期每周20学时、下学期每周22学时,乙种须每周加授学生所缺的修身、国文、历史、地理、算术、格致、图画等科,其钟点合计应在10—14学时;甲种养成所在两月以后、乙种在下学期,应由教员率领到初等小学之单级班实地练习教授法;毕业后须在原学堂或省内尽二年教员义务,甲种养成所毕业生可充乙种养成所教员②。民初,单级教员养成所继续开办,并有省立、县立之别。

① 《奏拟临时小学教员讲习所及单级教员养成所简章并单》,《学部官报》第19册,章奏第2—7页。

② 《奏拟临时小学教员讲习所及单级教员养成所简章并单》,《学部官报》第19册,章奏第2—7页。

二　师范学堂

师范学堂是清季师范教育的正规组织，包括优级师范学堂、优级师范选科学堂、初级师范学堂三种，以培养中小学堂教员为宗旨。因清季男女教育及男女师范教育分途进行，故清季师范学堂招收与培养的学生均为男生。

1. 优级师范学堂

《优级师范学堂章程》规定：优级师范学堂以造就初级师范学堂、中学堂之教员管理员为宗旨；招收初级师范学堂、普通中学毕业生，初办时可酌选旧学优等生或举贡生员、中学确有根底、年在18—25岁者入学；京师和各省城设立一所，学额暂定至少240人，初办时可与省城初级师范学堂并置一处，俟以后首县及外州县设有初级师范学堂时，即将省城初级师范学堂增高程度，并入优级师范学堂。学科程度分公共科、分类科、加习科三段：公共科为入学第一学年，所习科目有人伦道德、群经源流、中国文学、东语、英语、辩学、算学、体操7门，每周34学时；分类科为养成各科教员之专科，学制三年，分为语文、史地、数理化、博物四类，通习人伦道德、经学大义、中国文学、心理学、教育学、体操、英语7门，专业科目按类设置，第一类以中国文学、外国语为主，课程13门，随意科为法制、理财，第二类以地理、历史为主，课程12门，随意科为德语，第三类以算学、物理学、化学为主，课程12门，随意科为德语、生物学，第四类以植物、动物、矿物、生理学为主，课程14门，随意科为化学、德语，各类每周时数36学时、三年时数108学时（参见表1—3）；加习科学制一至二年，设伦理、教育学、教育制度、教育行政、美学、心理实验、学校卫生、特别教育学、儿童学、实习教育学10门，学生得自由选习、至少五门，修毕后备论文一篇。学生费用

表 1—3　优级师范学堂课程简表

公共科									
科目	人伦道德	群经源流	中国文学	东语	英语	辩学	算学	体操	合计
时数	1	2	3	4	12	3	6	3	34

分类科

文学类 类别	主科			普通科										合计
科目	中国文学	英语	德语或法语	人伦道德	经学大义	历史	周秦诸子	生物学	心理学	教育学	生理学	辩学	体操	
一年	6	12	—	2	6	2	1	2	2	—	—	—	3	36
二年	5	8	4	2	5	—	1	—	2	4	2	—	3	36
三年	5	8	3	2	4	—	—	—	—	8	—	3	3	36
合计	16	28	7	6	15	2	2	2	4	12	2	3	9	108

史地类 类别	主科		普通科									合计
科目	历史	地理	人伦道德	经学大义	中国文学	心理学	教育学	英语	生物学	法制及理财	体操	
一年	12	5	2	6	1	1	—	4	2	—	3	36
二年	10	5	2	5	1	1	4	2	—	3	3	36
三年	10	5	2	4	1	—	8	—	—	3	3	36
合计	32	15	6	15	3	2	12	6	2	6	9	108

数理化类 类别	主科			普通科									合计
科目	算学	物理	化学	人伦道德	经学大义	中国文学	心理学	教育学	英语	图画	手工	体操	
一年	6	5	4	2	6	1	1	—	3	2	3	3	36
二年	6	5	5	2	5	1	1	4	—	1	3	3	36
三年	6	7	5	2	4	1	—	8	—	—	—	3	36
合计	18	17	14	6	15	3	2	12	3	3	6	9	108

博物类 类别	主科					普通科								合计
科目	植物学	动物学	生物学	矿物学	农学	人伦道德	经学大义	中国文学	心理学	教育学	英语	图画	体操	
一年	6	3	6	3	—	2	6	1	1	—	3	2	3	36
二年	5	7	3	—	3	2	5	1	1	4	—	2	3	36
三年	4	7	4	—	3	2	4	1	—	8	—	—	3	36
合计	15	17	13	3	6	6	15	3	2	12	3	4	9	108

由政府提供，毕业考列最优等、优等、中等者分别给予师范科举人，下等、最下等者给予及格、修业文凭，分别令充中学堂、初级师范学堂及程度相当之各项学堂正副教员，俟义务年满，以内阁中书加五品衔、中书科中书、各部司务分别京外分部分省尽先补用奖励，义务年限暂定为六年。同时，得设专修科及选科，专修科系补充各地中学堂最缺之某学科教员而设，选科系为愿习中学堂某一科目或数科目之教员而设；并应附设中小学堂，以为师范生实习教学场所。① 民初，优级师范学堂先后改名优级师范学校、高等师范学校、国立高等师范学校、国立师范大学等名称。

2. 优级师范选科学堂

《优级师范选科学堂简章》规定：优级师范选科以养成初级师范学堂、中学堂教员为宗旨，每省设立一所，学生名额至少须满足200人；入学资格为曾由师范简易科毕业或在中学堂有二年以上资格者为合格，如此类学生一时难得，应即考选经学中文具有根柢、年在20岁以上之纯谨学生令先入预科，然后再入本科；预科一年、本科二年；本科分为历史地理、理化、博物、数学四类，每科50名，如学生不能匀配，则以趋重理化、博物二科，以养成现今最为缺乏之学术；预科设伦理、国文、数学、地理、历史、理化、博物、体操、图画、英文10门，每周授课34学时；本科分通习科目、主科课目两种，通习科目为伦理、教育、心理、论理、英文、日文、体操7门，每周15学时，历史地理本科专业科目为历史、地理、法制理财4门，理化本科专业科目为物理及实验、化学及实验、数学、地文6门，博物本科专业科目为动物、植物、地质矿物、生理卫生、图画、物理、化学7门，数学本科专业

① 张之洞等撰：《奏定学堂章程》第一册，湖北学务处铅印本，时间不详，第1—24页。

科目为数学、理化、天文、图画、簿记5门,每周21学时,通习、主课合计每周36学时;毕业生有效力本省及全国教育义务,年限四年①。因毕业生不能胜任中学和初级师范学堂教学,宣统二年二月二十八日,学部咨各省自本年起一律停招优级师范选科,并限办至年底为止。此后各省优级师范选科停止招生,并在学生毕业后相继停办。

3. 初级师范学堂

《初级师范学堂章程》规定:与中学堂平行,以造就小学教员为宗旨;招收高小毕业生之品行端谨、中国文理优通、身体健全、完全科18—25岁或简易科25—30岁者,初创时暂就贡、廪、增、附生及文理优长之监生内考取;每州县必设1所,初办时于省城暂设1所,俟各省城优级师范学堂毕业有人,再于各州县以次添设;各省城初级师范学堂初办时,在完全科外,别设简易科(亦名速成科),俟完全科毕业有人,简易科即酌量裁撤;经费由当地筹款备用,师范生无庸纳费,可酌收自费生;师范生人数暂定省城300人为足额,各州县150人为足额,每班最多60人;初入学的四个月为试学期,资性品行相宜者始准留学。完全科设伦理、教育、经学、中国文学、历史、地理、数学、理化、自然科学、习字、图画、体操12门,并可加授外国语、农业、商业、手工之一二科目,可以古诗歌代音乐,各种学科务以官定教科书为讲授之本,修业五年,每年授课45周、每周授课36小时,科目重点为教育学、读经讲经二门,以教育学科的课时占第一位,教授时间自第一年至第五年、每周4小时至15小时,讲授教育史、教育原理、教授法、教育法令、学校管理法及实事授业等,读经讲经课时占第二位,为每周9小时(参见表1—4),以养成各生良善高明之性情,端正纯良、谨言慎行、庄重和平之品行,

① 《大清教育新法令》第四册第五编,第15—17页。

以及体魄强健、善于语言、勤学诲人之素质，义务年限官费六年、私费三年。简易科设伦理、中国文学、教育、历史、地理、数学、自然科学、图画、体操9门，每周授课36学时，义务年限官费三年、私费二年。此外，并得添设预备科、小学师范讲习所，设置旁听生，预备科修业一年，为欲入师范学堂而程度不及者而设，小学师范讲习所为传习所毕业、已出为小学教员、复愿入初级师范学堂补足其学力或向充蒙馆塾师而未学过普通科、未至传习所听受过教法者而设，旁听生系为乡间老生寒儒、欲从事教育、自由来堂观听者而设。① 光绪三十三年九月，学部通饬各省停办速成师范；宣统二年二月二十八日，学部咨各省师范学堂简易科自本年起一律停招并限办至年底为止。民初，师范学堂改名为师范学校，并分省立、联合县立、县立、公立、私立、教会师范等类别。

表1—4　初级师范学堂完全科每周课程学时表

学年	修身	教育	经学	国文	历史	地理	算学
第一学年	1	4	9	3	3	2	2
第二学年	1	6	9	2	3	2	3
第三学年	1	8	9	2	3	2	3
第四学年	1	14	9	1	1	2	3
第五学年	1	15	9	2	1	1	3

学年	理化	博物	习字	图画	体操	总学时
第一学年	2	2	3	2	2	36
第二学年	2	2	2	2	2	36
第三学年	2	2	1	1	2	36
第四学年	1		1	1	2	36
第五学年			1	1	2	36

① 张之洞等撰：《奏定学堂章程》第一册，第1—24页。

三 特别师范

清季特别师范包括女子师范、职业与专科师范、边疆民族师范、教会师范等，以培养女子学堂师资、职业学堂与各类学堂专科教员及边疆学堂、教会学堂师资。

1. 女子师范学堂

《女子师范学堂章程》规定：女子师范学堂以养成女子小学堂教习，并讲习保育幼儿方法，期于裨补家计、有益家庭教育为宗旨。除本科外，可酌设预备科。招收女高小毕业生、年15岁以上，或高小二年级学生、年13岁以上(入预备科补习一年后升入)，或高小学力相当、身家清白、品行端淑、身体健全且有切实公正绅民及家族保证者。限定每州县必设1所，初办时得于省城及府城由官厅筹设1所，余俟随时酌量地方情形逐渐添设。每班定额40人，每学堂人数定为200人。由官设立者，其经费当就各地筹款备用，女子师范生无庸缴纳学费。女子师范学堂亦许民间设立，惟须确系公正绅董经理者，并须与章程符合，地方官有审批与保护之责。学科为修身、教育、国文、历史、地理、算学、格致、图画、家事、裁缝、手艺、音乐、体操13门，音乐一科可不课，修业四年，每年45周、每周34学时(参见表1—5)；义务年限与男子师范生相同。[1] 民初改名为女子师范学校，并有省立、县立、私立、教会女子师范等类别。

① 学部总务司编：《学部奏咨辑要》，第223—238页。

表1—5 女子初级师范每周课程学时表

学年	修身	教育	国文	历史	地理	算学	格致
第一学年	2	3	4	2	2	4	2
第二学年	2	3	4	2	2	4	2
第三学年	2	3	4	2	2	3	2
第四学年	2	15				2	2
学年	图画	家事	缝纫	手艺	音乐	体操	总学时
第一学年	2	2	4	4	1	2	34
第二学年	2	2	4	4	1	2	34
第三学年	2	2	4	4	2	2	34
第四学年	1	2	3	3	2	2	34

清季女子师范课程与男子师范的不同点：一是不设读经讲经一科；二是修身完全注意女教；三是特设家事、缝纫、手艺、音乐等科；四是各科程度均较男子师范低浅。清季女子师范章程具有五个明显特点：第一，崇重中国传统女德，“凡为女为妇为母之道……今教女子师范生，首宜注重于此，务时勉以贞静、顺良、慈淑、端俭诸美德，总期不背中国向来之礼教与懿嫩之风俗。其一切放纵自由之僻说（如不谨男女之辨，及自行择配，或为政治上之集会演说等事）务须严切屏除，以维风化”，严格限制女子参与社会政治活动，防止女子道德行为出轨，甚至要求师生“一律布素（天青或蓝色长布褂最宜），不御纨绮，不近脂粉，尤不宜规抚西装”；第二，提出“女子教育为国民教育之根基”，发展女子师范目的是为儿童早期初级教育和母教强国；第三，注重实用技能训练，养成女子各种家务技能；第四，强调女子体育，严禁缠足，学习卫生知识，以增强健康，以便耐劳持家；第五，贯穿男女有别的教育方针，不仅在道德要求和行为规范上不同，而且在修业年限与课程内容也有

差别,如修业年限比男子师范少一年,课程只开设相对低级、简单、柔性的初级识字、音乐、手工、常识、家务技能等课程,而相对高级的数学、科学、经史、文学、书法等课程则不开设。尽管如此,女子师范学堂注重近代科学教育的倾向却十分明显,要求设置的算学、格致、地理和文、史、教育、音乐、体操、图画等专业课程占了总课时的2/3,这是明清女子传统教育向近代女子教育转变的重大进步。

2. 实业教员讲习所

《实业教员讲习所章程》规定:实业教员讲习所与高等学堂平行,以养成各种实业学堂、实业补习学堂、艺徒学堂教员为宗旨,分农、商、工三类,附设于农、工、商大学或高等农、工、商学堂之内,但各省未有以上学堂时应特设一所,入学资格限中学堂、初级师范学堂或同等以上之实业学堂毕业者,农业、商业教员养成所修业期限二年,工业教员养成所完全科三年、简易科一年,学生在学一切费用均由官方筹给,义务年限六年①。

可见,除了留日速成师范为各省教育培养管教人员外,优级师范学堂、实业教员讲习所是养成中等学堂、中初等实业学堂师资的长期机构,优级师范选科学堂为培养中等学堂师资的临时过渡机构;初级师范学堂、女子师范学堂是养成小学堂、女子小学堂师资的长期机关,而师范传习所、师范讲习所、临时小学教员讲习所、单级教员养成所则是训练初等小学堂师资的暂时机构。

综合本章内容,我们可以形成如下几点认识:

第一,中国"师"的观念胎原甚早,并具有悠久的尊师重教传统,师范学校与师范教育却起源于西方,师范教育思想传入中国的

---

① 《中国近代教育史资料汇编·学制演变》,上海教育出版社2007年版,第468—473页。

时间大约在19世纪80年代,大致与西方传教士、中国留学生、驻外使节的翻译介绍有关,而中国师范教育思想与体制的形成则是晚清新教育发展与教育大众化推动的结果。

第二,清季师范教育的发展大致经历了两个时期五个阶段,即学部成立前、学部成立后两个时期,及师范教育萌芽期(1897—1902)、学制系统确立期(1903—1905)、求速发展期(1906—1907)、整顿提高期(1908—1910)、再度扩展期(1911)五个阶段。

第三,清季师范教育形成了纵有阶段、横有类别、独立设置的系统。除了留日速成师范为各省教育培养管教人员外,优级师范学堂、实业教员讲习所是养成中等学堂、中初等实业学堂师资的长期机构,优级师范选科学堂则为培养中等学堂师资的临时过渡机构;初级师范学堂、女子师范学堂是养成男女初等学堂师资的长期机关,而师范传习所、师范讲习所、临时小学教员讲习所、单级教员养成所则是训练初等小学堂师资的暂时机构。

第四,清季师范教育既受到日本和欧美影响,又融合了中国传统教育特质①,如中国师严道尊传统、传统的文教思想与理念以及传统的教学内容如人伦道德、读经讲经、修身、中国文学等。

① 学界对清季师范教育受到日本和欧美影响已不存在争议,但却对是否继承前近代教育内容与师范思想存在着不同看法。目前已有学者注意到清季师范教育对中国前近代教育继承的一面。比如郭令吾在《我国师范教育的建立和发展》(见《中国教育通史》第五卷)一文中认为清末师范学堂在课程设置中贯穿着"中学为体、西学为用"思想;贾馥茗《由"尊师重道"谈师范教育的实质》(《东方杂志》复刊第13卷第9期)一文认为,我国初期的师范教育既把握了我国传统的师又学习了欧美师范教育的优点;丛小平《从母亲到国民教师——清末民族国家建设与公立女子师范教育》(《清史研究》2003年第1期)一文则肯定了女子师范对前近代女子教育内容与思想的继承,明确指出晚清女子教育与女子师范根植于前近代女学传统,受民族主义与民族国家建设的推动而转型,并强调女子师范教育是为了儿童和家庭教育,教学内容重视德育、科学知识,特别是家务技能的训练。

第五，清季师范教育制度既有显著优点又有明显不足，如严格规定入学资格、修业年限及培养目标，注重道德教育和人格训练，重视专业精神和专业训练，待遇优厚与执教义务约束；同时又存在明显抄袭日本模式，严重的传统官本位思想和科举制遗风，课程安排“中学为体，西学为用”，课程与课时安排过重，传统的中学课程充斥课堂，束缚与禁锢了学生的思想①。不仅如此，清季优级师范学堂存在“省自为政，彼此不相联络。虽课程科目有定章可循，惟主管教务者取形式而略精神，益以经费、人才不敷分配，遂至备多力分，成绩不甚显著。而供求不能相应之弊，尤其易见”②，“省各一校勉强成立，而经费支绌，办法参差，设备、教科均不完善，卒业学生……实能胜师范及中学教员之任者，尚不多觏”；初级师范学堂亦存在“学级不备，科学不完，办理多未尽善，且其时风气始开，利在速成，简易科实占多数，欲求一优良师资，寥寥罕觏”③，“优良者固多，而不合办法者亦复不少，既不注重教育，又无特别学风，名为师范，实与中学无异，甚至师范生并未实地练习，而亦居然毕业”④等弊病。显然，这是师范教育发展初期必然出现的问题，是当时特殊历史条件下多出人才、快出人才的急躁心态在教育上的反映，并给新教育发展、传统教育向近代教育转型以及整个社会的近代化进程带来不良影响。

---

① 刘捷、谢维和：《栅栏内外：中国高等师范教育百年省思》，第64—74页。

② 《总长开会训词》，《全国高等师范学校校长会议录》，1921年7月印行，第11页。

③ 教育部编：《教育部行政纪要（自民国元年四月至四年十二月）》乙编，沈云龙主编《近代中国史料丛刊三编》第10辑97，台湾文海出版社1985年版，第57、61页。

④ 《各省教育总会联合会议决案：改良初级师范教育方法案》，邰爽秋等合选《历届教育会议议决案汇编》，上海教育编译社1935年版，第13—14页。

第二章 清季四川师范教育兴起与发展概况

四川尊师重教传统和师范教育思想与实践，虽说是随着全国尊师重教传统和师范教育发展形势而发展起来的，但又具有明显的地方或区域性特点，它的产生、发展、进步对我国尊师重教传统和清季师范教育的发展与进步，尤其在推动晚清师范教育思想和政策的发展，丰富晚清师范教育形式、办法及内容，提供晚清师范教育发展区域实践范例等方面，产生了积极影响。故本章主要就四川传统教育与教化之儒的演变、新教育的兴起与发展、四川官绅对师范教育的认识、倡导与规划以及清季四川①师范教育发展概况进行概述与讨论，旨在纵向说明四川师范教育的由来与变迁。

第一节 四川传统教育与教化之儒的演变

据学者考证，早在西周以前，巴蜀地区已是有文字、晓文化、懂

① 本书所讨论的清季四川，包括清末四川及光绪三十三年至宣统三年间由川滇边务大臣管辖的川边地区，即现今的重庆市、四川省辖境（参见插图《清末四川政区图》及说明）。需要特别说明的是，清末四川的疆域是略有变化的。比如嘉庆时，四川领府12、直隶州8、直隶厅6、县160余；到宣统年间，四川设道5、府12、直隶州7、直隶厅3、州11、厅9、县160余，川滇边务大臣所管辖的川边康区设道1、府州10余并管土司甚夥（参见任乃强、任新建《四川州县沿革图说》第22、23幅图及第40—43页图说）。

礼乐的文明之地，并形成了独具特色的巴蜀古文明。自秦汉至明清，四川地方官学与民间教育逐渐发展起来，并出现了西汉扬雄、汉晋谯周、南朝严植之、南宋魏了翁、元代虞集、明代来知德、清代彭端淑等杰出教育家，为巴蜀地区留下了丰富而朴素的师范思想，奠定了巴蜀地区的尊师重教传统。

四川官学教育兴起于西汉景帝时期。据《汉书·循吏传·文翁》记载：汉景帝末，庐江人文翁为蜀守，“仁爱好教化，见蜀地辟陋有蛮夷风，文翁欲诱进之，乃选郡县小吏开敏有材者张叔等十余人亲自饬厉，遣诣京师，受业博士，或学律令……数岁，蜀生皆成就还归，文翁以为右职，用次察举，官有至郡守刺史者。又修起学官于成都市中，招下县子弟以为学官弟子，为除更繇，高者以补郡县吏，次为孝弟力田。常选学官僮子，使在便坐受事。每出行县，益从学官诸生明经饬行者与俱，使传教令，出入闺閤。县邑吏民见而荣之，数年，争欲为学官弟子，富人至出钱以求之。繇是大化，蜀地学于京师者比齐鲁焉。至武帝时，乃令天下郡国皆立学校官，自文翁为之始”，“至今巴蜀好文雅，文翁之化也”①。据《华阳国志·蜀志》考证：“始，文翁立文学精舍。讲堂，作石室，一作玉室，在城南。”②“文学”即地方官办学堂，又名“文翁石室学堂”，在成都城南。

自文翁倡办官学，四川文教大行，人才蔚起，蜀学比于齐鲁，并出现了以扬雄为代表的一批杰出的四川教育家。正如清代田况所

---

① 学官即学校；下县即郊县。颜师古曰：“学官，学之官舍也”；“下县，四郊之县，非郡之治也”。参见班固《汉书·循吏传》，中华书局 1983 年版，第 3625—3627 页。

② 常璩撰，刘琳校注：《华阳国志校注》，巴蜀书社 1984 年版，第 235—236 页。

言，“蜀自西汉教化，流而文雅盛，相如追肩屈、宋，扬雄参驾孟、荀，其辞其道，皆为天下之所宗式。故学者相继谓与齐、鲁同俗。”①

西汉著名思想家、文学家和教育理论家扬雄（公元前53年至公元18年），四川成都人，继承和发展了孔子的教育思想，认为选择教师非常重要，因为教师不仅要向学生传授知识，而且还要陶冶人的性情与品德，所谓“师哉师哉！桐子之命也，务学不如务求师。师者人之模范也，模不模，范不范，为不少矣。一閧之市不胜异意焉，一卷之书不胜异说焉。一閧之市必立之平，一卷之书必立之师”②，是“师”“范”一词的最早出典。

三国两晋南北朝时期，战争频仍，四川教育深受影响而不及两汉，谯周、严植之是这一时期的杰出教育家。谯周（公元200—270年），四川西充人，自22岁受命于诸葛亮，作劝学从事，后升任典学从事、太子师，四方学者争相往拜，一大批经史人才受其陶熔。史载，文立“蜀时游太学，专《毛诗》、《三礼》，师事谯周，门人以立为颜回，陈寿、李虔为游夏，罗宪为子贡”③。魏晋南北朝时，魏武帝初年立大学，置五经博士，四川严植之（约公元456—508年）被置为五经博士，“植之讲，五馆生必至，听者千余人”，“其讲学有区段次第，析理分明”④。

唐宋时期，四川教育进一步发展，府州县官学有所增加，地方

---

① 田况：《进士题名记》，（清）常明等《四川通志》第二册，巴蜀书社1984年版，第2559页。

② 扬雄：《法言》，《影印文渊阁四库全书》第696册，台湾商务印书馆1983年版，第275、276页。

③ 《儒林文立传》，房玄龄等撰《晋书》，中华书局1974年版，第2347页。

④ 《儒林严植之传》，《南史·梁书》，中华书局1974年版，第1735页。

私学和书院逐渐兴盛,到南宋已有书院28所,以涪州北岩书院、夹江同仁书院、黎州玉渊书院、蒲江鹤山书院最负盛名,并出现了著名思想家和教育家魏了翁。魏了翁(公元1178—1237年),四川邛州蒲江人,20岁参与国子寺的教育管理,后在四川蒲江、湖北靖州开办"鹤山书院","开门授徒,士争负笈从之,由是蜀人尽知义理之学"①。他认为,"古之教者,既为之建学立师,而有道有德者皆同祠于学";人才成长像树木一样,"念其成材之不易,故必扶植而容养之"②。

元代四川教育主要通过建立诸路官学、社学及恢复与重建的书院进行,但始终不及宋代。元代著名思想家与教育家虞集(公元1272—1348年),四川仁寿人,特别重视教师的培养和选择,认为教育的关键在于教师,只有好的教师才能有好的教育,好的教师不仅可作学生榜样,而且可使吏民敬服,"教之力不力系于师,师得其人,则长吏敬之,民庶服之,故教行而化兴,不然则否,此其大凡也"③。

明代四川教育主要通过府、州、县官学和社学、义学、私塾、书院等进行,共计设立府学8所、州学6所、府辖州学16所、县学111所、各级儒学33所,合计官学174所;社学、义学、私塾也在城乡普遍建立;明成化至嘉靖年间,四川书院讲学之风大兴,共设立书院99所,约占全国书院8%④。明代四川教育文化上的杰出人物有

---

① 《儒林魏了翁传》,脱脱等撰《宋史》,中华书局1977年版,第12966页。

② 魏了翁:《鹤山集》,《影印文渊阁四库全书》,台湾商务印书馆1983年版,第1172册第459—460页、第1173册第26页。

③ 虞集:《道园学古录》,《影印文渊阁四库全书》第1207册,台湾商务印书馆1983年版,第125、73、74、131页。

④ 参见常明等《四川通志》第二册,第2599—2621页。

杨慎、来知德等人。杨慎著有《全蜀艺文志》;来知德提出了“遏欲以存理”和“安百姓”的教育目的,学习要有明确的目的和坚强的毅力,强调“领悟”、“独立思考”、“笃行”的学习方法,选择好的教师是学习的一个重要问题,指出一个好教师必须以身作则、躬行实践,为学生作出表率。

清代教育沿袭明代,形成了以私塾、义学(分蒙馆、经馆)、社学、书院、官学为主干的教育体系。四川教育因明末清初战乱而毁于兵燹,到康熙年间才得以恢复、重建与发展起来。四川蒙学以义学(义塾、乡学)、社学、私塾(蒙馆、经馆)为主。嘉道年间,四川官办义学增多,并鼓励民间自办;到嘉庆年间,四川有义学45所、义塾3所、社学25所、乡学2所及私塾无数①。私塾又分蒙馆、经馆两种,绝大部分为蒙馆,主要进行识字、读书、习字、写作、珠算等教育,女生则加读《女儿经》、《列女传》等,经馆主要为有志科举功名者而设。四川各类私塾遍及城乡,每村少则一馆,多则二、三馆,每馆学生少则二、三人,多则二、三十人,多数只有十多人。私塾办学形式灵活、教学程度兼顾高低、纳费按贫富、管理严格,适合小农社会需要。据统计,宣统三年,全川私塾16314塾,学生245487人,居全国之冠②。四川书院以官立、公立为主,也有少数私立或私人赞助设立的书院。自康熙年间,四川开始官办地方与通省性书院。康熙四十三年(1704),四川按察使刘德芳在文翁石室遗址重建讲堂学舍,取名锦江书院,“为通省作育人才之所”,“拔取才隽,延师

① 王纲:《清代四川史》,成都科技大学出版社1991年版,第1033页。与《四川省志·教育志》上册第3页的叙称略有出入,后者称:“到嘉庆年间,四川有义学48所、义塾1所、社学21所、乡学2所、私塾无数。”

② 《各省教育汇志·四川》,《教育杂志》第3年第6期。

教授之,其时之负笈来游者盖踵”①,要求诸生“先经义而后时文,先行谊而后进取”②,试图与研习制艺的传统书院有所区别。到乾嘉年间,四川书院发展到最高峰,全省计有书院203所,著名的有锦江、玉凤、玉环、紫岩、通材书院③等;道光以后,又增设尊经、致用等书院;至咸同年间,四川书院学生3万余人,“大都讲帖括文字以博科第,取世俗功名”。四川官学,到康熙年间恢复到57所,光宣之际增加到167所(府学15所、州县厅学152所),文武生员按大县15名、中县12名、小县8名额取,分送府、州、县学,学习四书五经及科举八股,称为文生或庠生,成绩优秀者通过贡举进入国子监或朝考进入仕途。自顺庆八年至嘉庆十七年(即公元1651—1812年)161年间,四川计出进士332名、举人3913名,共计4245名④;自顺治八年至光绪二十九年260年间,四川共取状元1人、榜眼1人、探花1人、传胪1人、进士786名、举人7652人⑤。清代四川士绅从事蒙馆、经馆、书院、儒学教育者甚多。据张仲礼考察,从事书院、私塾教学的士绅,嘉庆朝,四川占42%,全国平均为30%;道光朝,四川占55%,全国平均为28%;咸丰朝,四川占

① 《锦江书院记略》,转引自隗瀛涛主编《四川近代史稿》,第261—262页。

② 吴省钦:《重建锦江书院讲堂碑记》,转引自谢放《张之洞传》,广东高等教育出版社2004年版,第21页。

③ 该数据系笔者根据(清)常明等《四川通志》第二册第2599—2621页的记载统计而来。与《四川省志·教育志》上册第76页的数据401所有较大出入,与王笛《跨出封闭的世界——长江上游区域社会研究1644—1911》第444页“嘉庆中期,川省计有书院160所”的估计亦有出入。

④ 王笛:《跨出封闭的世界——长江上游区域社会研究1644—1911》,第446页。

⑤ 《四川省志·教育志》上册,第85、88页。

46%，全国平均为28%①，由此推测晚清四川从事书院、私塾教学的士绅比例达42%以上，大大高于全国平均水平。如果以一馆一师估计，宣统年间，四川塾师约1.6万人，加上四川官学、书院、义学教师约900人，四川从事教育的士绅与白衣书生约1.7万人。

自文翁、扬雄兴学重教，四川教育就与齐鲁地区一样发展起来，并形成了朴素的"师范"思想、数量可观的教化之儒以及优良的尊师重教传统，为清季四川师范教育发展奠定了师范思想、师生来源以及尊师重教基础。

第二节　四川新教育的兴起与发展

鸦片战争以后，四川一方面受到西方列强与教会势力的政治侵略与文化渗透，重庆、万县相继辟为对外通商口岸城市，西方传教士在四川城镇乡村设立教堂、教会学堂，另一方面由于僻处内陆西部，洋务运动初期，新教育在思想活跃的江南地区蓬勃发展，而四川教育仍循着旧轨道运行，教学内容不出科举范围，巴蜀士子率皆因循谫陋、保守顽固。咸丰年间，锦江书院因管理松懈、条规废弛、诸生进德修业不理想而遭上司申斥："近闻住院诸生，竟有不谒见山长者，何以受耳提面命之益？且来去自由，并不通知监院，日多在外游荡，夜深方归，甚至招留友朋，视作旅寓，成何事体？该监院所司何事？讵得置之不闻不问？"②同治十三年（1874），四川学政张之洞报称："四川省份人文素优异，惟棚数较他省为多，弊

① 张仲礼：《中国绅士——关于其在十九世纪中国社会中作用的研究》，表40—41，第249—253页。

② 《咸丰学规》，转引自《四川大学史稿》(1985)，第6页。

端亦较他省为甚”,“考场作弊,各省皆有,然未有如川省今日之甚者。弊窦日巧,盘结日深,士子以舞弊为常谈,廪保视渔利为本分,以致寒士短气,匪徒生心,讼端日多,士气日敝”,“川省最多讼棍,而讼棍多系贡监文武生暗地唆架,当堂扛帮。遇有上控事件,尤所乐闻。出头承办,广募众赀,以为讼费,浮开叠敛,藉此为生”①。

四川传统教育与士林风气出现变化,是以张之洞主持创办的尊经书院为起点的。在经世致用思潮的影响下,同治十三年(1875)四月,四川在籍侍郎薛焕建议创立一座书院,以通经、学古、课蜀士为宗旨,获四川学政张之洞同意。在与四川总督吴棠商议后,即筹设经费,择地兴工,次年春在成都文庙西侧石犀寺旧址落成,取名“尊经书院”,题写“石室重开”额匾及“考四海而为隽,纬群龙之所经”楹联,张之洞并撰有《创建尊经书院记》②。薛焕出任第一任山长,首批学生100人,以后凡岁科两考,皆拔取各府县生员、贡生之一二名入院肄业,该院因此成为全川书院楷模和士子荟萃之地。

张之洞一反旧式书院的办学方式,大胆进行课程设置与教学方法的改革,提出“非博不通,非专不精”的治学方法,主张“经史小学、舆地推步、算术、经济、诗、古文辞皆学”,“凡学之根柢必在经史。读群书之根柢在通经,读史之根柢亦在通经”,要求学生从根本入手,先学经史,经学先习《学海堂经解》,小学“先求诸《段注说文》”,史学必先求诸三史—史记、汉书、三国志,然后再根据兴趣和志向,“或兼二三专门,精求其一”。总之,一切学术必先求诸

① 《恭报到任日期折》、《整顿试场积弊折》,苑书义等主编《张之洞全集》第一册,第1、3—8页。

② 徐仁甫:《振兴蜀学人才辈出的尊经书院》,《四川文史资料选辑》第35辑,四川人民出版社1985年版,第1页。

《四库提要》，从而达到以简就繁、熟悉各家各派学术源流得失的目的，造就“通博之士，致用之材”①。张之洞还慷慨捐赀，购置中西图书典籍，置于“尊经阁”，供蜀生阅览。学生平日以自学为主，每日必备日记一则，山长每五日与诸生会于讲堂，检查日记。每月举行书院主持的堂考和官署主持的官考各一次，第一名可得奖金10两，以营造竞争奋进的学习氛围，形成“沉静好学、崇实去浮”的学风与士风。为教诫诸生治学，张之洞撰写了《輶轩语》、《书目答问》两书。前者分为三篇，“上篇语行，中篇语学，下篇语文”。后者为诸生开列治学书目2000余种，分别为经类550余种、史类590余种、子类550余种、集类550余种，并新增丛书类100余种、别录70余种，内有近人译编的西学书籍数种（如西洋人辑《新译海塘辑要》、徐继畬《瀛环志略》10卷、魏源《海国图志定本》100卷、《新译地理备考》10卷、西洋人撰《新译海道图说》15卷及附《长江图说》1卷、《新译西洋兵书五种》、李善兰译《新译几何原本》13卷及《续补》2卷、《代数术》25卷、《代微积拾级》18卷、《曲线说》1卷、伟烈亚力《数学启蒙》1卷等），该书于1876年刊印后，重印数十次，“承学之士，视为津筏，几于家置一编”，对于闭塞的四川确实起到了开风气之先的作用②。

王闿运于光绪四年（1878）底受聘任尊经书院山长，前后在蜀讲学八年，主讲“公羊”今文经学，以经、史、词章等实学教化诸生。该院“沉静好学、崇实去浮”学风得以发扬光大，一改书院为科举预备场所之痼弊，成为士子研习儒家义理、讲求经世致用之术的学术机构。

① 《创建尊经书院记》，苑书义等主编《张之洞全集》第十二册，第10075页。
② 参见谢放《张之洞传》，第23—25、28—29页。

在经世实学与今文经学的陶熔下，蜀学振兴，人才辈出，陶熔出杨锐、宋育仁、廖平、吴之英、骆成骧、蒲殿俊、罗纶、张森楷、邵从恩、张澜、彭家珍、吴玉章、吴永锟、吴虞、黄芝、谢无量、林思进、傅增湘、刘咸荥、徐炯、顾印愚、方旭等大批人才，对清末民初四川教育、文化、学术发展作出了突出贡献。比如廖平就是具有革命性的一位学者，其"弟子可以说普遍于四川"，曾就读乐山高等小学堂、嘉定府中学堂的郭沫若，因经学老师帅平均、黄经华系廖平门生，而深受廖平三变五变经学思想影响，并对今文经学发生浓厚兴趣①。四川在籍翰林伍崧生颂扬张之洞振兴蜀学："教泽所及，全川化之。迄今学校大兴，人才蔚起，文化之程，翘然为西南各省最。盖非该大学士陶熔诱掖之力，断不及此。"②

四川创办最早的新式学堂是教会学堂。传教士在四川重庆创办学校甚早，以光绪十三年（1887）美以美会女传教士轲立亚在重庆戴家巷开办的女子小学（后迁成都改名华美女中）为最早，此后四川各差会学堂逐渐增加，光绪二十三年（1899）为 31 校、学生 806 人，光绪三十三年（1907）增至 173 所、学生 3316 人③。四川英美会创始人赫斐秋曾说："我们传教士很懂得，如要使中国人信道，就必须加强教育工作"；四川基督教教育的领袖人物方叔轩更将教育视为"选择未来的中国教会领袖的场地"④。显然，四川各差会传教士视教育事业为布道传教的重要方式。为了培植与扩大教会教育势力，解决四川基督教会学校学生升学与师资缺乏问题，

---

① 郭沫若：《少年时代》，人民文学出版社 1979 年版，第 64—65、77、111 页。

② 赵尔巽：《已故大学士兴学育材成效卓著请宣付史馆折》，苑书义等主编《张之洞全集》第十二册，第 10653 页。

③ 刘吉西等：《四川基督教》，巴蜀书社 1992 年版，第 2、341、217—218 页。

④ 转引：四川宗教志办公室刘吉西等《四川基督教》，第 341 页。

光绪三十一年三月,按照中华教育会第五届年会“师范教育委员会”在华西设立分会的决议,华西差会顾问部在成都开会,讨论并通过了基督教教育联合问题和创办华西大学的计划草案,会后成立了两个教育联合机构,即“小学和中学联合委员会”与“华西协合大学临时管理部”,以筹办教会师范学校和教会大学。光绪三十二年,在“小学和中学联合委员会”的基础上,华西八大教会差会联合成立了“华西基督教教育协会”(简称“华西教育会”),总部干事会设在华西协合大学校内,主要负责研究和管理云贵川三省基督教小学与中学教育事宜,并“议及基督教徒教员之供给问题”,最后议定“预备设男女师范各一”;“华西协合大学临时管理部”则改组为“华西协合大学理事部”,并于次年在成都城南购地300亩兴建校舍,光绪三十四年九月正式拟订“华西成都基督教大学筹办方案”,宣统元年开办附属“华西协合中学”,宣统二年春,华西协合大学正式开学①,并在文科内设教育系;夏季,潼川、南川两处暑期师范学校成立,设于成都的华西协合男子师范学校亦于秋季正式开班②,基督教会师范教育正式在四川诞生③。

四川倡办新式教育的呼声,出现于甲午战后。光绪二十二年

① *The West China Missionary News*, 1925, No. 2;刘吉西等编《四川基督教》,第259页;华西医科大学校史编委会编《华西医科大学校史(1910—1985)》(内部资料),1988年,第3—4页。

② 华西基督教教育联合会书记长华雷士 E. W. Wallace 报告书《中国西部之师范教育》,坚瓠译,《教育杂志》第11卷第8号(1919年8月20日),调查第62—63、71页。

③ 关于华西基督教师范教育的兴起与发展情况,参见凌兴珍《民国时期的基督教师范教育——基于以四川为中心的考察》,《四川师范大学学报》2005年第6期,第122—131页。

(1896),清廷任命"新学巨子"宋育仁为川省矿务商务监督,宋育仁到渝后,即联络同志于翌年十月创办四川第一家报刊《渝报》,以传播西学、开通风气、启迪民智以及宣传维新变法、救亡图存为宗旨,并代售《时务报》和一些维新书籍,生长在重庆府城的幼年邹容深受其影响,开始到巴县城内的五公馆学习日语、英语①。光绪二十四年(1898),宋育仁被聘为尊经书院山长,联络书院师生在蓉成立蜀学会,并于闰三月望日(5月5日)创刊《蜀学报》,作为学会会刊,宣传兴办新式学堂以培养有用人材,直到八月上旬停刊②。《蜀学报》宣称:西方各国富强原因在于学校,"夫外洋立国之根本在议院,议院之根本在学校","人才聚于议院,而其源出于学校"③,"要其致强之本仍在于学"④;中国要造就有用人才,必须兴办学校,"非屏弃帖括,讲求实学,无以造就有用之材"⑤,"今欲强国,先开民智,开民智自当讲实学始,自变蒙学始","只有教育二字,才可以转弱为强,反贫为富,除提倡国民的精神,开发国民的智识,莫得第二个药方。遍立学堂,普及教育,比筹饷练兵,还要当先"⑥。四川维新派呼吁,"欲使通省人士咸知变其习尚,争务实

① 《邹容传》,四川人民出版社1979年版,第12、18页。

② 关于《蜀学报》的创刊原因、报刊内容及报刊特色,参见凌兴珍《试论戊戌年四川维新派的喉舌〈蜀学报〉》,四川省高等学校学报研究会编《高校编辑出版工作论集》,四川科学技术出版社1999年版,第302—321页;又见李大明主编《巴蜀文学与文化研究》,商务印书馆2005年版,第341—357页。

③ 宋育仁:《泰西各国采风记》,《小方壶斋舆地丛钞》再补编第11轶,上海著易堂刊行,时间不详。

④ 王荣懋:《论强》,《蜀学报》第5册(光绪二十四年五月上旬),第2页。

⑤ 《四川提督学院吴通饬各府厅州县变通书院章程札》,《蜀学报》第10册(光绪戊戌年六月下旬),第1页。

⑥ 黄英《筹蜀篇》卷上下。转引自隗瀛涛主编《四川近代史稿》,第319页。

学,必自书院始"①;"拟请蜀中大吏广立各种学堂,札饬通省,凡秀良之士概行来省学习"②。

四川自办的最早的新式学堂是川东洋务学堂。光绪十八年(1892),四川兵备道、遵义黎庶昌在川东筹款创办洋务学堂,拔取颖秀之士凡20人肄业其中,学习中文、英文、算学三科,黎去职后学校停办。甲午战争后暨维新运动期间,四川新式学堂和教会学堂逐渐增多。光绪二十二年五月初八日,四川总督鹿传霖奉旨在成都创办中西学堂,"分课华文、西文、算学",以教授英文、法文为主,培养翻译人才,并于光绪二十四年增设算学馆,教授西文和自然科学③。光绪二十四年七月一日,四川京官杨锐、骆成骧、傅增湘、乔树枏、曾鉴等人于京师观善堂旧址设立蜀学堂,学生60余人。据杨锐条陈称:"学堂谨在正厅中间,恭设至圣先师孔子神位,朔、望行礼。东、西两屋,分陈经、史及皇朝政治之书,俾学者肄习其中,先识趋响之所在。又于西院正厅,聘西文教习任鸿鼎,教授英文,其下东屋数间,购置图书仪器,随时观览。其余各项专门之学,应俟英文学成,即行各读专书,力图推广。其学徒大抵皆留京举、贡及京官子弟,亦有登甲科、通朝籍者十余人,俱入其中。"其办学方向是讲求正经正史以力求实际,兼习西国文字,以能读西书通西政④。据报道,四川各地陆续兴办的新式学堂,有蓬溪"崇

① 《四川提督学院吴通饬各府厅州县变通书院章程札》,《蜀学报》第10册(光绪戊戌年六月下旬),第1页。

② 都永和:《联民以弭乱条议》,《蜀学报》第11册(光绪戊戌年七月上旬),第3页。

③ 张廷茂主编:《百年名校——四川大学》,四川大学出版社1996年版,第13—14页。

④ 国家档案局明清档案馆编:《戊戌变法档案史料》,第306—308页;又见茅海建《戊戌变法史事考》,三联书店2005年版,第299—300页。

实学堂”,遂宁“经济学堂”,江津“西文学堂”、“算学馆”,彭县“经济学舍”、“经纬学堂”,荣县“新学书院”,重庆“中西学堂”①等。

甲午战争前后,四川各地书院纷纷开设时务课,讲授新学内容,书院学生纷纷购求时务书,钻研实学成为士子们的风尚,各地书肆亦因此大卖时新书报。重庆城内大街附近洪崖坊的东川书院,于光绪十九年(1893)添设“经席”,光绪二十三年“经席”扩大为“致用书院”,光绪二十六年致用书院又将增添的“算席”扩大为“算学书院”,“致用书院”则改名为“经学书院”,山长为成都府华阳县的吕翼文,以传授儒学经典为主,在此就读的邹容“指天画地,非尧舜,薄周孔,无所避”,“攻击程朱及清儒学说,尤体无完肤”②。光绪二十三年,尊经书院增设天文、舆地、商务、测算、中外交涉等新学课程,“就是那般追逐利禄之徒从此也不得不学点新的东西,以便猎取功名富贵。从前的‘尊经书院’是最尊重汉学的,现在却大讲‘新学’了”③;光绪二十四年,宋育仁任尊经书院山长后,又积极引进西学,并在尊经书局刊刻一批西方著作。在四川省城读书的吴玉章的二哥吴永锟、郭沫若的大哥郭橙坞等“士之操业者率皆改弦更张”,大量购阅新书报并寄往家乡,吴永锟因在成都志古堂“买书而负债累累”,而正在自流井旭川书院读书的吴玉章则借此接触新学,“热心于变法维新的宣传”,被称为“时务大家”,以致进步思想在旭川书院里“占了上风”,在乐山家塾读书

① 《蜀中近事》,《蜀学报》第6、9期(光绪二十四年五月中旬、六月中旬),第1页、第2页。

② 《邹容传》,第19、20页。

③ 吴玉章:《从甲午战争到辛亥革命的回忆》,《吴玉章回忆录》,中国青年出版社1978年版,第4、6—7页。

的郭沫若亦因此打下新学根基①。“一时坊间如《中西时务策要》、张溥《历代史论》、姚鼐《古文辞类纂》诸书销售迨罄，书贾亦挟之以邀利，从此高头讲章、庸滥墨卷将付祖龙之一炬矣”②，“《海国图志》、《瀛环志略》、《校邠庐抗议》、《孔子改制考》、穆勒《名学》、赫胥黎《天演论》诸书，自白首老儒、黄口学僮，殆无不家喻户诵焉。学使者发策决科，诸生试卷中或能摭用登二十世纪大舞台、不自由毋宁死等语者，并受宏奖猎高第以去，一时风气波荡如此”③，省城成都因此成为新书报的传输中心，影响及于全川。

四川大规模兴办新式学堂，始于清政府改书院、兴学堂诏令发布之后。光绪二十六年，清政府下诏实行新政；翌年八月二十一日，诏令各省“改书院，兴学堂”，规定各府、直隶厅、州设中学堂，各厅州县设高等小学堂，各大乡大镇设初等小学堂，而各书院改设大、中、小学堂；光绪二十九年(1903)，通令一等县可开办中学堂，并令停止乡学、书院，以其款充学款；光绪三十二年(1906)，诏令撤销各乡义学，兴办初等小学堂。时任四川总督的奎俊及继任者岑春煊、锡良④等都积极办理“新政”，督饬各地速开学堂，并采取措施扶持新学发展，四川新式学堂获得迅速发展。光绪二十八年十月，四川总督岑春煊设立川省学务处，以张鸣岐为督办，“督办全川学堂事宜”，处理各属学务文牍、筹拨经费、购运学堂用品和派员巡查各属学堂，严饬各道、府、厅、州、县赶办学堂，并届期上

① 吴玉章:《从甲午战争到辛亥革命的回忆》,《吴玉章回忆录》,第7—9、14页;郭沫若:《少年时代》,第36—41页。

② 《书肆踊跃》,《蜀学报》第8册(光绪二十四年六月上旬),第2页。

③ 《华阳县志》卷十六,民国23年刊本,第6页。

④ 光绪二十四年五月丙子奎俊为四川总督,十一月履任,光绪二十八年七月奎俊开缺,岑春煊署四川总督,光绪二十九年三月岑春煊调,锡良任四川总督、陈璚护,七月锡良履任,光绪三十三年二月锡良调。

报,若有“玩世固执之辈”,“无论官绅,定予严处,断不宽贷”。四川有识之士亦大力宣传兴学的好处,劝导人们有钱出钱,有力出力,支持兴学事业。叙州府学堂总教习黄英指出:“欲以兴学为新内治、善外交之第一关键,则学校之关系甚于个人之生死万万也”,兴学“非一人一家之力所能为也,必父诏其子,兄勉其弟,富者捐财,贫者效力,人人有脑皆思兴学,人人有口皆言兴学,人人有耳目皆注视凝听于兴学”①。在四川官绅的努力下,四川学堂与学生数量迅速增加,到光绪三十三年至宣统年间已位居全国前列(参见表2—1)。

表2—1 光绪二十九年至宣统三年(1903—1911)四川学堂概况表

年代	学校	在校生	毕业生	备注
1903	28	1550		初级师范1所、中学4所、高小13所、两小5所、初小5所。
1904	170	6308	1020	高等学堂1所、学生283人,初级师范1所,学生88人、毕业生16人;传习所2处,毕业生1004人、在堂生44人;中学8所,在堂生562人;高等小学堂30所,在堂生1521人;两等小学堂22所,在堂生825人;初等小学堂105所,在堂生2955人;女子学堂1所,在堂生30人。
1905	4472	73291	285	高等学堂1所,在堂学生233人;初级师范学堂2所,在堂学生130人;师范传习所2所,毕业生285人,在堂学生27人;中学堂18所,在堂学生1658人;高等小学堂152所,在堂学生4748人;两等小学堂127所,在堂学生4463人;初等小学堂4017所,在堂学生61553人;半日学堂34所,在堂学生163人;女子学堂11所,在堂学生245人。

① 《端午日义务小学堂演说兴学利益》,《广益丛报》第3年第13号,原总第77期(光绪三十一年五月初十日)。

年代	学校	在校生	毕业生	备　注
1906	4897	145876	647	高等学堂1所,在堂生31人;法政专门学堂1所,在堂生62人;艺术专门学堂1所,毕业生112人,在堂生188人;农业专门学堂1所,毕业生49人,在堂生89人;工业专门学堂1所,在堂生170人;优级师范学堂1所,在堂生115人;初级师范学堂3所,在堂生267人;师范传习所等2所,毕业生348人,在堂生56人;中学堂30所,毕业生40人,在堂生3556人;高等小学堂185所,毕业生14人,在堂生9983人;两等小学堂257所,毕业生16人,在堂生10512人;初等小学堂4333所,毕业生68人,在堂生118505人;蒙养院2所,学生92人;半日学堂52所,在堂生1456人;女子学堂27所,在堂生796人。
1907	7793	244538	2273	学校数量仅次于直隶8723所,位居全国第二位;教员数达12089人,位居全国第一位,约占全国教员总数的1/5;学生数位居全国第一位,比次于四川的直隶164172人多8000余人。
1908	8934	277120	1568	教员数11726人。
1909	10057	345383	1445	教员数13072人。
1910	11387	343738		男女教员15291人、校长和监学人员7600人,男学堂11224所、学生338078人,女学堂163所、学生5660人。
1911	11085	320340		据四川124县(原151县)统计,全川学校11085校,学生320340人,经费952858两。

资料来源:1903—1909年数据来源于《各省学务统计总表》,学部总务司编《光绪三十三年份第一次教育统计图表》,第27—28页;《四川省学堂处数历年比较表》和《四川省学生人数历年比较表》,学部总务司编《宣统元年份第三次教育统计图表·四川》,第18—22页;《奏陈学务情形并推广办法折(光绪三十一年九月初七日)》,中国科学院历史研究所第三所主编《锡良遗稿·奏稿》第一册,第520—522页。1910年数据来源于四川提学使署记录,见(英)施特劳斯《重庆海关1902—1911年十年调查报告》,《四川文史资料选辑》第11辑,第236页。1911年数据来源于四川行政公署教育司《各属学务近况调查表》,《文牍月刊》1913年第12册,杂件第6页。

由表2—1可以看出,光绪二十九年至宣统三年九年间,四川学堂校数与学生人数呈现出逐年增长态势,学堂数量尤以光绪三十一年、光绪三十三年、宣统元年三年增加最快,宣统三年略有下降,学生数量则以光绪三十一年至宣统元年间增加最快,宣统二、三两年有所下降。与其他省份相比,光绪三十三年至宣统元年,四川学堂数量始终位列全国第二,低于直隶、高于山东,四川学生数量则一直位列全国第一,高于直隶和其他省份①。

总之,四川传统教育出现变化是以尊经书院、教会学堂、新式学堂的兴办为开端,四川新教育的大规模兴办则是在改书院、兴学堂的新政教育改革之后。四川新式学堂之所以在光绪二十九年至宣统三年九年间获得迅速发展,一个重要的原因是四川官绅形成了优先发展师范教育的认识、政策,并致力于兴办与发展师范教育的实践,从而为新式学堂发展提供了师资基础。清末社会经济政治状况的变化,为四川新教育发轫提供了动力,而四川新式学堂的大量建立与迅速发展,迫切需要大量的新学师资,这为四川师范教育的萌发创造了条件。因为新式学堂课程内容的变化尤其是西学内容的渗入,让那些出身私塾的先生们实在难以胜任,这推动人们对师范办学的思考,进而推动师范学堂的创办与发展。可以说,清末四川新式学堂与师范教育形成了一种互动关系。

第三节 四川官绅对师范教育的倡导与规划

为了培养新学师资,以适应新式学堂快速发展对新学师资的

---

① 根据学部总务司编的三个统计图表中的《各省学务统计总表》数据比较得来。

需求,除了在华传教士开始在四川提倡与规划教会师范教育外,四川官绅较早形成了优先发展师范教育的认识,并努力进行倡导、规划与实践;同时,四川官方还采取了一系列有利于师范教育发展的兴学举措,诱导官绅参与兴办师范教育事业,从而为师范教育的发展创造出良好的思想、舆论与政策环境。

一　四川官绅对师范教育的认识、倡导与规划

从笔者接触的材料来看,在四川官绅中,光绪二十八年七月,四川提督学院吴郁生最先认识到师范教育的意义;光绪二十九年春夏之间,历来热心办学的邛州知州方旭最先形成明确的"四班并进"发展师范教育的办学思路;光绪二十九年十月至十一月间,锡良采纳了方旭的优先发展师范教育思想,并确立了师范教育优先发展的兴学策略,同时四川各级官绅也先后认识到优先发展师范教育的意义,并相继在各地进行倡导与实践;光绪三十四年七月,清廷宣布预备立宪后,四川提学使赵启霖、省城劝学所总董彭兰芬又分别对四川初级师范学堂及省城师范教育进行了规划。

清廷改书院设学堂诏令颁布后,四川各地陆续创办新式学堂或改书院为学堂。因新学师资缺乏,光绪二十八年(1902)七月,四川提督学院吴郁生奏请四川总督岑春煊筹提武举闲款,选派举贡生员留学日本,以速成师范。他说:"学堂兴设之初,一曰无款,一曰无师,二者相衡,师范较难,而通知西学者尤难,蜀地偏僻,乏才更甚",旧有办学者"半拘书院旧习,其于学校管理、师范、教育之法,多未谙究",完全不能适应新式学堂办学的需要,因此咨请四川总督将川省各州县津贴武科闲款提作游学经费,"每年选取举贡生员中志趣纯正、中学已优者十人赴日",限学三年,回省充

当三年教习，考验合格者再咨送外务部任用①。吴郁生因此成为四川认识到师范教育的重要意义，并提倡留日师范教育的第一人。

光绪二十九年春，邛州直隶州知州方旭随同四川高等学堂监督胡峻②、华阳举人陆慎言等赴日考察学务。而此时在日本的四川官自费留日学生大约30人，大家都感到发动家乡人出来留学的必要，遂决定由荣县黄芝起草《劝游学书》及给方旭的建议信，“每县以官费派一、二人到日本学速成师范，以便回国创建新式学校，并请各县酌量资助自费留学生”③。方旭在返川后写下了送呈四川总督岑春煊的著名奏稿《上岑制军请四班并进以造师范禀稿》，建议用“速成班、预备班、启蒙班、推广班”“四班并进之法”，大规模培养兴学师资。方旭禀称：

> 欲兴国，先造民，欲造民，先立教，欲立教，先谋师，此不易之法也。伏惟大人早明此道，故设四川通省师范学堂④，诚得本中之本。顾卑职犹有虑者，偏僻州县，风气未开，舍旧图新，几同凿空，章程虽善，窃恐牧令中难索解人，国民二字惊为创闻，管理之绅事复隔膜，展转开化，十年未易臻也。卑职悉心筹划，拟请为四班并进之法。一曰速成班。令州县各择年长而中学通者一人，派赴日本，习速成师范，八月毕业，回国专为经理学校之员。二曰预备班。于省城设东文学舍，令州县择

① 《前提督学院吴奏闲款选派游学折》，《四川学报》乙巳第2册（光绪三十一年二月），奏议第6页。

② 胡峻（1869—1909），字雨岚，号贞庵，四川华阳县人，尊经书院肄业生，乙未进士，翰林院编修，时任四川省城高等学堂总理，后兼任四川学务公所议长、四川教育总会会长、学部二等咨议官、同盟会员、川汉铁路绅方总办等职。

③ 吴玉章：《从甲午战争到辛亥革命的回忆》，《吴玉章回忆录》，第22页。

④ 指光绪二十九年春四川总督岑春煊在锦江书院校地开办的四川通省蒙养师范学堂。

年二十以上、中学稍深者，大县三人、中县二人、小县一人，送社习东文东语或兼习英语一年，再派赴日本习本科师范，三年毕业回国，以为高等小学校教习之员。三曰启蒙班。……今日中国民穷财匮，视日本尤难，姑以六、七、八、九四岁为蒙学，行仿行强迫教育，教以书算之浅近者，使知五洲形势、历史大纲、游戏体操、平测画法之类，此不必求诸外也。凡中国业儒授徒者皆易于讲求，宜令州县各设启蒙师范讲习所，一年毕业，专教六、七、八、九岁之蒙童。此班既贵多又贵精。强迫人人从师，非多不可；发蒙之始，所关甚重，非精不可，毋以浅近而忽之。四曰推广班。一省州县百余，所派出洋之师范生聚而留学则嫌多，散而分用则嫌少。凡此皆救急从权办法。若经常之道，则非自设师范学校，推广造就不可。现在小学校尚未办成，则各府中学堂万不能办，不若暂令悉改高等小学。师范学校采取日本专科师范教法，斟酌损益以订课程，专造高等小学校之教员。不论内庠外庠，凡年十五以上、向为书院肄业生者，皆可收入此校。教以普通学、教授之法，亦三年毕业。加以试验，给予文凭，以充各县教习。盖普通之学，可以教人，即可自精。三年之后，中学亦可开办，实一举而两得也。以上四端皆与通省师范学堂相辅而行，学成给凭皆由通省师范学堂考核施行，以昭划一。……①

方旭认为，通过择取年岁稍长、中学有根柢、业儒授徒、内庠外庠和书院肄业者，开办速成班、预备班、启蒙班、推广班，以培养兴

① 省城劝学所编辑《四川学务文件汇编》第二册《州县学校谋始》，成都：探源印刷公社，1908年8月29日刊印；又见四川省教科所教育志办公室藏《四川教育志·师范教育抄件资料汇编》，编号3274。

学师资,四川各地新式学堂师资缺乏的问题有望得到解决。

方旭的建策虽然是写呈给四川总督岑春煊的,但岑春煊于光绪二十九年三月奉令他调、六月离川,七月锡良履任四川总督,方旭的建策在岑春煊离川前并未付诸实践,而是在锡良任内得到采纳与实施的。

锡良履任四川总督后,通过考察,认为:川省历年学堂办成绝少的原因在于地方官不明兴学原因和意义以及“择师不易”,归根结底在于提学使、学务处办事不力,“川省学堂办成绝少,然非务名之难,而责实之不易;又非筹款之难,而择师之不易。二者必以学务处得人而后有所责成,其督办、提调二员,最为重任”。因此,锡良上任伊始,便周谘博访,寻求堪任学务处的人材,最后选定甘肃补用道王树枏,调其来川担任学务总理,“该道博通中外,蜀人靡不知之。俟其到日。委令接充督办”;王树枏到任之前,又先重提调之选,特委从日本考察学务归来的方旭提调全川学务,理由是方旭“慈惠有声,留心教养,劝工兴学,风气先开”①,“才优学裕,循誉卓然。前办蓬州学堂,风气开之独早;近往日本考察,益于教育精神之所在、秩序之所宜,讨究极称精审,兹特委充学务处提调”②。在就任四川学务处提调后,方旭将其所著《州县学校谋始》一书呈送锡良览阅,“其旨趣则归重于设蒙学、立师范”。苦于川省学务久无起色的锡良,“既日以兴学望之各属,又苦各属不知其所以兴之旨”,“正饬办间,据学务处提调方直牧旭特自日本考查学务归来所著《州县学校谋始》一书呈览,披阅所述,识见至为

① 《奏举贤能各员片》,锡良《锡清弼制军奏稿》第二册,沈云龙主编《近代中国史料丛刊续编》第11辑101,台湾文海出版社1974年版,第382页。

② 《办理川省学务大概情形片》,中国科学院历史研究所主编《锡良遗稿·奏稿》第一册,中华书局1959年版,第371页。

周远,办法尤属切实,意在以教育国民,使咸知自爱而爱国,为救时第一要义。而学堂以造成民格为主,其旨趣则归重于设蒙学、立师范。该直牧留心学务,已历有年,更以此行所得,参之川省州县情势,法则已具,而事不甚难。现正整理学务,奉行各牧令能语此者殆鲜",光绪二十九年十月廿六日,锡良饬令广为刊发方旭《州县学校谋始》一书,"俾各属其知教育人民之义,以凭仿办而资实行"①,可见锡良对方旭办学思路是极其欣赏并予以采纳了的。据锡良奏报,他在召集从日本考察学务归来的四川高等学堂总理、内阁中书胡峻及提调全川学务方旭等人研究开办四川高等学堂及推进各属学务办法时,方旭等人咸谓"师范不造,中小学终无教习;蒙养不立,诸学科终难躐等而进",并提出"就省城高等学堂附设师范馆;通檄州邑,集资选士,往习日本速成科,以明教授之法;并设启蒙讲习所,恪守钦定章程,分年筹办。总期乡僻向风奋跃,官私蒙塾繁兴,植之基而探其本"②。

在方旭、胡峻等人的影响下,锡良形成了以优先发展师范教育为核心的兴学思想,并相继出台了一系列发展师范教育的重大举措。鉴于"川省学堂办成绝少",原因首在择师不易,光绪二十九年十月,锡良饬令"就省城高等学堂附设师范馆";又通檄州县,每县集资选士至少一人,次年春于重庆取齐,赴日本学习速成师范,以明教授、管理之法;并饬"各州县于城内造师,各设启蒙师范讲习所",招集生徒,讲习师范,"凡授徒者皆须到所讲习,先习第一级之教法,以备来年应用";又通令偏僻州县各选一人,"以文理明

① 《发州县学堂谋始章程札》,省城劝学所编辑《四川学务文件汇编》第二册,又见《四川省志教育志·师范教育抄件资料汇编》,编号0878。

② 《办理川省学务大概情形片》,《锡良遗稿·奏稿》第一册,第371页。

白、天资聪颖、年少而有志者为合格，开具履历，报明学务处记名，候省城师范学堂、东文学社有缺额时，以次调取肄习，俾开眼界而拓心胸，学成之后听归传习”①，以造就蒙师与管理学务之人。十一月，锡良通饬府厅州县详列学校办法：一是选派速成师范生去日本宏文学院习学校管理法，“各州县慎选年长而明于事理，人品端正，可充学务首事者一人，务于年内报名，限明年正月底在重庆取齐，另派委员领赴日本学速成科”；二是各州县于光绪三十年设立启蒙师范讲习所一所，二月开所，以预备次年蒙学堂第一年级师资，“今以光绪三十一年为开办第一级之年，而以明年为预备第一级之年，应自各州县于城内设启蒙师范讲习所，凡授徒者皆须到所讲习，先习第一级之教法，以备来年应用”②。十二月，锡良明确指示，“造就师范为办学先务之急”③，“本署督部堂特为明定宗旨，先以蒙学师范为急务，来年预备之事，即如选人出洋就学师范，研究管理教育诸法，并饬各属附设启蒙师范讲习所，以及查学龄、择校地”④等。

方旭“四班并进”发展四川师范教育的远见卓识，方旭、锡良、胡峻等人的优先发展师范教育的思想与政策，既与光绪二十九年

① 《总督部堂通饬各属照章赶办学堂札》、《总督部堂通饬道府州厅所属之偏僻者各选一人听候调取肄习札》及《总督部堂锡奏陈学务情形并推广办法折》，《四川学报》乙巳第3册（光绪三十一年三月），公牍第5—8页及第13册（光绪三十一年八月），奏议第1—3页。

② 《学务处催办各属学堂警告》，《四川官报》甲辰第1册（光绪三十年正月下旬），公牍第8—9页。

③ 《督宪批巴县霍令勤炜到任大概情形禀》，《四川官报》丙午第22册（光绪三十二年七月下旬），公牍第4页。

④ 《总督部堂通饬各属预备开蒙学事宜》，《四川学报》乙巳第4、5册（光绪三十一年三、四月），公牍第8—9页。

十一月二十六日管学大臣张百熙、荣庆及湖广总督张之洞重定学堂章程奏折及章程所提出与规定的师资培养策略不谋而合，又与光绪三十一年八月初五日直督总督袁世凯会同盛京将军赵尔巽、鄂督张之洞、署粤督岑春煊、湘抚端方奏请立停科举，推广学校，"师范宜速造就"、"未毕业之学生暂勿率取"以及"旧学应举之寒儒宜筹出路"等急筹发展师范教育以推动教育发展的思路①相契合。方旭"四班并进"发展师范教育的建议与锡良优先发展师范教育的政策，为四川教育及师范教育的发展指明了方向与路径，并对其发展产生了明显的促进作用。

在锡良、方旭办学思想与政策的影响下，四川各级官绅也先后认识到优先发展师范教育的意义，并相继在各地进行倡导与实践。光绪三十一年，学务处总理冯煦详陈四川总督开办通省师范学堂一文中指出："敬教劝学，首重得师"，"自非广造师范，无以为普及教育之基，并无以为交输智识之助"，速成师范皆系一时权宜之计，亟宜"酌照奏定新章，先就省垣设总校一区，选取通属高材生，编为初级、优级两类，同时并营"②，以造就完美师资，为持续长久

① 张之洞等奏称："各省学堂之不多，患不在无款无地，而在无师。应请旨切饬各省多派中学已通之士出洋就学，分习速成师范及完全师范两种，尤以多派举贡生员为善，并于各省会多设师范传习所。师资既富，学自易兴。此为办学入手第一要义"，"拟请此数年内，除学堂实系毕业者届期奏请考试外，其余则专取已经毕业之简易科师范生，予以举人进士出身，既可以劝教育之员，扩兴学之基，并隐以励绩学而杜幸进。……至五年以后完全师范生毕业者已多，更足以应选举而有余。此等师范生，类皆国文已优，学术纯谨，断无流弊，且多系举贡生员为之，本可以得科第之人，亦非侥幸"。参见《直督袁会同盛京将军赵鄂督张署两江督周署粤督岑湘抚端奏请立停科举推广学校并妥筹办法折》，《四川学报》乙巳第16册（光绪三十二年九月），奏议第3—4页。

② 《学务处总理冯详总督部堂请开办通省师范学堂一案》，《四川学报》乙巳第11册（光绪三十一年七月），公牍第4—5页。

之师资培养作打算。川东道重庆府张铎(字振之、振兹)观察认为,"救兴学之要,以初等小学及师范为急,高等小学先备一格,必待初等之已成,师资之有人,培植本根,尽知忠爱而后可冀"①,"川东属境三十余州县,功令兴学,于今数年,其卓然成立、名实无惭者不数观,而讼狱滋丰,交相为痛。或冀余润之款而启争端,或博开校之名而便私计,隐微谋构,莫知其极。揆厥由来,师范未立,教授无方,管理无法,人人可以主讲席,斯人人皆思据讲席,苟无以遏其流而植其基,兴学讵有效乎",既有"搢绅先生以造就师范相瞩,本道亦自忘其愚,请于制府而行之,经费既极艰难,谋画亦最劳瘁,官绅协力,辛苦以成"②,故光绪三十二年重庆府成立学务综核所,并拨款划地建立川东师范学堂,次年开办初级师范完全科,"官师兴学之绩,于斯为盛"③。重庆学务综核所正董范天烈在条陈学务中提出速设初级师范、缓办中学、注重蒙学的办学思路:"为近今计,莫如通饬各县速设初级师范一所。既选是年咨派留东速成师范深受教育一班为之监督,委以全权,责其成效……。就近挑取本地生员及各学堂学生,并现任四乡小学教习年龄长者(二十五岁以上四十五岁以下),文理通者,有操行、无嗜好者,概作师范生。照章初级师范,视中学堂应得五年毕业……拟恳稍为变通,缩短年限,仍分完全、简易两科。简易科一年毕业,以曾任教习尚属合格者任之。完全科两年毕业,以本地生员及各学堂学生年稍长者任之。

① 《川东道张振之观察饬查各属学务》,《广益丛报》第3年第23号,原总第87期(光绪三十一年九月二十九日),文牍第1—2页。

② 《川东师范学堂竣工》、《师范开堂》,《广益丛报》第4年第3号,原总第99期(光绪三十二年二月二十日),纪闻第11页;第5号,原总第101期(光绪三十二年三月初十日),纪闻第10页。

③ 《新修川东师范学校记》,《校友会沙磁分会会刊》,第2页。重庆市档案馆:民国四川省立川东师范学校档案,案卷号129—1—309。

简易以救暂时之务,完全以应将来之急。简易毕,可退入而补为完全;完全毕,可量力而增长年限。如此办理,教员庶有来源,人材不忧缺乏,四乡小学当必渐有起色矣。"①光绪三十二年五月,乐山尹朝桢上书嘉定府福太尊,请续办简易师范,并饬地方多开蒙小学堂。他指出:嘉定府议开中学非急,而蒙小、师范尤需材孔急,断无坐视塾师墨守旧章之理,"似应于府城中央设师范简易科,一二年校地即借用试院,招集郡中蒙塾师,补习其中,教以教育大意、管理方法、伦理修身要旨、地理大势、历史大纲、理化、图画之初基、算术之加减乘除、体操之运动步武,略知普通门径,遂合于初等小学教授之用","再饬各县于高等小学中附属简易师范,一切如中央例",如此"则蒙小学教员络绎不绝","由是而府而县而城而乡而甲而里兴学有人,饬之立学乃不至有名无实"②。

在清廷宣布预备立宪期限九年后,光绪三十四年七月,宪政编查馆拟定的筹备强迫义务教育清单规定:第一、二年由学部编定课本,第三、四、五年各府厅州县推广简易识字学塾,第六、七、八年人民识字率由1%提高到5%③。要实行强迫教育,师资缺乏是一个客观障碍。为筹备宪政实施所需要的国民教育程度,四川提学使、省城劝学所及各地劝学所对全川及各地师范教育发展进行了重新规划,并逐年分步实施。

---

① 《补录重庆府综核所正董范天烈学务条陈》,《广益丛报》第6年第4号,原总第164期(光绪三十四年二月二十九日),文牍第1—6页。

② 《乐山县尹朝桢上嘉定府福太尊书》,《广益丛报》第4年第15—18号合刊,原总第111—114期(光绪三十二年五月二十日至六月三十日),来稿第1—15页。

③ 《宪政编查馆资政院会奏宪法大纲暨议政院法规选举法要领及逐年筹备事宜折(1908年8月)》,故宫博物院编《清末筹备立宪档案史料》上册,第61—67页。

宣统元年六月，省城劝学所总董彭兰芬呈请新任四川提学使赵启霖筹设初级师范学堂①；七月，四川提学使筹商就未办之川西、川北、建昌三道分别设立师范学堂，“期与部中规定之旨不背。而揆之全省，五道储备师资办法亦归一律而免参差”，并详明督宪咨部，除川东、川南已各立师范学堂一所外，拟于川北、上川南各设立初级师范学堂一堂，分属川北、建昌两道，此外，川西道及已归并学司并管的成、绵、龙、茂、懋、松、理各属，另拟于省城设立一川中师范学堂，以为师资培养之所②。十一月，四川提学使赵启霖提出省城师范学堂的调整规划，“四川优级师范学堂开办未久，即奉部文设立优级选科师范学堂。前提学照会王（章祜）监督就补习学堂内添修校舍，刻期成立。近因学务公所经费支绌，奉到按年筹备部章，明年即须设立初级师范学堂。赵提学特悉心筹划，拟以选科校地合办优级师范学堂，而以优级师范校地挪出开办初级师范学堂，庶与定章事实均不相悖，而视川东、川南之早已各立一堂者亦渐臻完备。闻俟宣统二年即须发表实行”③。宣统二年正月，四川提学司向川督赵尔巽④呈报宪政预备期川省学务九年应办事宜，拟将“全省划分五区，各立一初级师范学堂”，除川南永宁道、川东

---

① 《提学使司赵批省城劝学所总董彭详历期历年办法及日后如何推广文并表》，《四川官报》己酉第18册（宣统元年六月中旬），公牍第9—13页。

② 《顺庆府八属视学禀川北初级师范学堂无力支应协恳变通办理一案》，《四川教育官报》庚戌第4期（宣统二年四月），公牍第24页。

③ 《学堂规画》，《四川官报》己酉第32册（宣统元年十一月上旬），新闻第2—3页。

④ 光绪三十三年正月锡良迁，赵尔丰护理四川总督；三月，赵尔巽四川总督，未任；七月，赵尔巽迁，陈夔龙四川总督，赵尔丰仍护；光绪三十四年二月，陈夔龙迁，赵尔巽四川总督；宣统三年三月，赵尔巽调，赵尔丰署四川总督，王人文护；十月，民军据成都，赵尔丰死之。

道两处已分别先后成立初级完全师范学堂，并由所属府厅州县申送学生和分任经费外，还应在川西、川北、川中三处各立初级师范学堂一所，"川西、川北两处各设初级师范学堂一堂，即归建昌、川北两道管辖，其经费亦援照川南、川东两处办理"，"其成、绵、龙、茂各属该管道裁撤后，学务档案业已移司并管，亦应特造师范，定名为川中师范学堂，经费亦由各属分任……学生暂以二百名为额，其常年经费亦不得不由各属分任"，要求各属"认真筹集，限文到一月内将筹集情形具文申报"①。结果，四川提学使赵启霖拟订的师范教育发展规划基本得以实现。

宣统元年六月，省城劝学所总董彭兰芬向提学使赵启霖呈报省城劝学所九年宪政预备期历期历年预备推广办法，第一年(光绪三十四年)：光绪三十三年开所创办六区师范传习所，光绪三十四年接办六区师范传习所，创办小学教育研究所；第二年(宣统元年)：续办小学教育研究所，调查城内外官立、公立、私立小学教员已习师范者若干人，未习师范者若干人，统计后每届学区饬令入所研究，创办教育研究会，试拟检定两等小学教员章程及优待教员章程，创办初级师范学堂，颁布私塾教授时间表，规定奖励私塾改良章程，规定劝导塾师改良教授章程，颁布检定教员章程；第三年(宣统二年)：编辑师范学堂教授细目，检定初级师范教员，初级师范学堂添授官话学课，添招初级师范学生，创设手工传习所，编辑手工传习所教授细目，编辑手工课本，教育行政方面实行干涉，文理不通塾师停止教授；第四年(宣统三年)：审定初级师范学堂课本，实行初级师范学堂教授细目，设立官话传习所，添招初级师范

① 《本署司札筹川中区师范学堂经费文》，《四川教育官报》庚戌第1期(宣统二年正月下旬)，公牍第8—9页。

学生，实行检定小学教员章程及优待教员章程；第五年（宣统四年）：在初级师范学堂内创立附属小学堂，以供师范生实地练习之用，创设实业教员养成所；第六年（宣统五年）：办理初级师范毕业事件，并派毕业生担任两等小学堂教授、管理事宜；第七、八、九年（宣统六、七、八年）：添招师范学生①。

四川官绅还利用近代报刊及各地劝学员积极宣传优先发展师范教育的政策，劝导和动员科举儒生或塾师接受师范教育以投身新式教育。四川官绅利用《四川学报》（后更名为《四川教育官报》）、《四川官报》、《广益丛报》、《蜀报》等报刊，及时用白话宣传和报导四川教育政策和教育事业；光绪三十二年，各地劝学所设立后，各地视学与劝学员也四出劝导兴学。比如光绪三十年二月出版的《四川官报》第3册登载《劝办学堂说》，对学务处通饬章程、咨送日本宏文学院速成师范生及各县办理启蒙师范讲习所，培养学堂总理、学董及蒙学教习诸职的办法，用白话进行细致宣传，劝导科举士子或塾师顺应形势发展要求，积极参与、投身师范教育大潮，为改业从教作好职业预备。兹摘录如下：

现在学务处通饬的章程，每县选一个年长品学兼优的，咨送日本学管理学校的法子，学成回国，即为小学堂总理。凡中学最好、科名不利的人，便有了位置了。一县有数十百个蒙学堂，就有数十百个学董。一县有一启蒙师范讲习所，一年卒业后，就有数十百个蒙学教习。这两等职分，又可以安置诸生百多人。诸生中除欲不靠教学及已经改业的，每县急需糊口的，至多亦不过百多人。若还要阻挠延宕，不惟必受惩罚，且永不

① 《提学使司赵批省城劝学所总董彭详历期历年办法及日后如何推广文并表》，《四川官报》己酉第18册，公牍第9—13页。

能充总理、学董、教习诸职。况且即使不办学堂，自揣每年教学，不过三数十串钱，试问能比得上学堂诸职否。兼之如今学堂，非从前可比，转眼推广出来，凡士农工商，无一途不归入学堂，试问就要改业又能逃此范围否。

……

权且先从蒙学下手，但要办蒙学，必须先有蒙学的师范，今各州县要筹经费，比省城更难，若要每县聘一个蒙学师范的教习，脩金不菲，也实亦筹不出这一笔钱来，且幸蒙学第一年第一级的功课，程度甚低，虽没有教习，但得心地稍明白的人，皆易领会，所以学务处特通饬各州县于光绪三十年，各设启蒙师范讲习所一处，择本县中文理精通、人品端正、无嗜好的秀才数十人或百人，把学务处所编辑第一年第一级的各种教科书，颁发到各州县讲习所，诸生每天来所讲习。如虑诸生骤然来讲科学的教育，不知道提个纲领。去年春间，前督宪岑曾设通省师范学堂，于去年秋间已经卒业，此项学生各州县都有一、二人或三、四人不等，自然比从没有习师范的，稍为强些，可以就把此项学生，作为该所的师范学友。此项的学生，既经得师范教习口讲指授过的，用来与该所的诸生提纲挈领，进步自然稍快。到了一年，即可开堂。至于管理蒙学的学董，也就在这讲习所每日考求管理的规则，如官书局已经刊布的日本人田中敬一所做的《学校管理法》及方刺史（指方旭——笔者注）所做的《州县学校谋始》各书，讲习过一两月，于管理蒙学的事，也就胸中有把握了，这就是办理蒙学的大致规模了。若说到小学堂，规模自然又要大些。如每州县咨送一人到东洋学习速成师范科，便是预备管理小学堂的，等他八月卒业回国后，已是明年春初，恰好明年小学堂开堂充该堂总理。至于小学堂教习，此时尚全无着落。如经费充裕的州县，自可聘请曾在日本学校普通卒业的学生。其他偏僻的州县，经费固然太差，即其学生的程度也实在太低，预为悬揣，恐不能骤然设立高等小学。①

光绪三十二年春，酉阳知府唐我圻（恭石）上任伊始，即发布《唐恭石初到酉阳晓谕示文》，谕示将创办酉属师范学堂 1 所和蒙学堂 100 所。《晓谕文》称："现在科举既停，聪明子弟非入学堂不能出身。而办学堂应先从初级小学堂始，方有根基，教育方能普及。……仰四路总正督商各段各局保正，迅速先筹办一百堂之费，每堂须一百二十钏，少亦百钏。筹定，各具切结立案。须知以地方之款造就地方之人，多一读书之士即少一为非之徒。教育人材，培养元气，变化气质，转移风俗，莫善于此。其明通之士，能自出私财，各自筹办一堂或公立一堂，无论初级、高等，即时办成，立为请奖"，"现既筹办四乡初级小学，如不先储知教育之旨、明教育之理之人，一旦开堂，仍以顽固、不达时务之生监教习，于子弟无益，徒费束脩。现将函约游学日本回国之谭、陈诸生，商议于州城设一师范学堂，定于四月开堂。一州三县之人，无论生监，只要有保甲或族邻甘结，均许先期在礼房报名投考。正取一百二十名，备取一百名。正取在堂讲习，期以一年卒业后，分遣教授四乡初级小学堂"②。通过劝学员四出劝导，唐恭石约请游学日本回国的谭、陈诸生共同商议筹划，六月底，酉属三县共立之师范学堂开办，生徒多至 200 人，监督、教习、管理之人皆深明教育宗旨与热心学务之

① 标点系笔者所加。《劝办学堂说》，《四川官报》甲辰第 2 册（光绪三十年二月上旬），演说第 1—4 页。

② 《唐恭石初到酉阳晓谕示文》，《广益丛报》第 4 年第 15 号，原总第 111 期（光绪三十二年五月二十日），纪闻第 10—11 页。

士，各乡初等小学已成立者达50余堂，“以酉阳地瘠民贫、风气锢蔽而有此现象”①，决非偶然。

宣统元年二月，四川省城劝学所总董彭兰芬用白话通告省城六区师范传习所、小学教育研究所开办的意义，劝导初小教师和塾师到所讲习，劝导各家庭将小学学生送到受过师范教育的先生处受教。通告原文如下：

本所遵照部定的章程　开办以来　业经两年余了　朝廷注重小学　特设此种机关　指导进行　你们也应该知道　普及教育　关系为很大呢　但是创办之初　设师范传习所　设小学研究　无非为你们造就许多先生　养成许多模范　使你们子弟　有所模仿　对于小学教育　尚是间接的办法　如今好了　六区师范传习　早已毕业了　小学研究毕业的也不少　你们都有这教师　有这模范了　有应该进学堂的子弟　不患莫得学堂进　有学堂进　更不患莫得人教了　虽说是本年小学研究已学的要结会　未学的要开班　无非专重在小学学生的一方面　恐怕学过的去做先生　教育实施　尚有不尽合法的　故叫他入会研究　好与他商议改良　至那未的学的要开班　是要他办成一律　遵照定章　不准各自为风气的意思　是更不用说了　这样看来　今年本所所办的事　不是与小学直接么　比较往年间接的办法　不更要上紧么　有此种组织　特恐你们不晓得本所的办法　和那学堂的性质　听些谳言诳语　不肯将子弟　送入师范研究各生所教的学堂　那就

① 《普岐汇闻》，《广益丛报》第4年第18号，原总第114期（光绪三十二年六月三十日），纪闻第9—10页；《酉阳州创办四属师范学堂》，《东方杂志》第3年第9期（光绪三十二年八月二十五日），教育第236页。

将子弟自家耽误了　不唯误子弟　且辜负朝廷兴学强国的意思了　远大的说法　姑且不表　特为你们通告的　就是那小学堂的好处　和你们的子弟　到应该进学堂的年岁　就要送到那学过教育学　教授法　管理法的先生　所立的学堂内去学　不可怀疑起来　自家莫得主张　仍旧送到那旧学不通新学不晓的先生处去学……①

通过宣传与劝导,四川省城官绅士民逐渐认识到开办六区师范传习所和小学教员研究所的意义,为省城师范教育及教育的发展创造良好的舆论环境。至宣统二年省城劝学所奉令裁撤及宣统三年七月保路运动在成都爆发,彭兰芬对省城师范教育的发展规划基本得以实现,省城初等教育也迅速发展起来。

清季四川师范教育基本上是按计划有步骤的发展起来的,这与四川具有明确的师范教育发展思路与规划是分不开的,而这些思路与规划又与"壬寅学制"、"癸卯学制"及学部调整与发展师范教育的思路与规划基本一致,因此清季四川优先发展师范教育的思想与政策对四川教育及师范教育发展产生了重要影响,为四川师范教育既指明了发展方向又促进其发展。

二　四川官方促进师范教育发展的兴学举措

为了促进四川新式学堂快速发展,四川总督、提学使、学务处还采取了一系列兴学举措,诱导官绅参与兴办师范教育事业,从而为师范教育发展创造出良好的政策环境。这主要包括以下三项政策。

---

①　空格系原文如此。《四川省城劝学所总董彭为家庭教育与学堂教育直接关系白话通告》,《四川官报》己酉第4册(宣统元年二月下旬),演说第1—3页。

首先,变革四川教育行政制度,选用精通学务者为学务职官,加强师范教育规划与管理。

按清制,四川学务由提督学院(又称"学政")管理。光绪二十八年十月,岑春煊设立通省学务处,派张鸣岐为督办,总理全川学务事宜,四川学务管理遂出现了双重体制。如前所述,锡良上任伊始,即认为历年川省学堂办成绝少的原因在于"择师之不易",而择师不易的原因在于学务处办事不力,因此对四川学务处进行改组,选调甘肃补用道王树枏来川担任学务总理,并特委方旭提调全川学务,后又派委四川按察使冯煦充当学务处总理。光绪二十九年七月,锡良通饬各属慎选学堂管理员绅禀候委用:"除高等学堂总理奏明办理外,余俱由学务处颁领关防给札委任",因得才太难,而师范生又毕业有期,学堂校长、管理员任用不得不予以变通,以留心学务、品学两优者暂行充用,"嗣后各属所有总理、副办各员,应先由地方士绅公举,仿用投票之法,三占从二,报由地方官核准,造具该员履历,转呈学务处覆准,给札委充,另册存记,限以一年期满,即由该员呈报该管府州核转,另请委员贤者接展任期,不称职者随时查明撤换","来年,速成师范学成归时,及本省速成师范学生有卒业者,即专以充监督、校长、教员等职,迳由学务处查照新效力义务定章分别指派,荐举之法则留为备乏之用"①。光绪三十一年七月,学务处通饬各属高等官立小学堂及师范传习所,"各择人地相当之员,聘令充当教习或管理员,以资襄办而昭奖劝"②;

① 《总督部堂通饬各属慎选学堂管理员绅禀候委用札》,《四川学报》乙巳第7册(光绪三十一年五月),公牍第14—15页;又见《四川官报》甲辰第22册(光绪三十年八月下旬),公牍第1页。

② 《学务处通饬各属择聘高等学堂速成师范生札》,《四川学报》乙巳第16册,公牍第33页。

同时规定，各属延聘外国教员，须先呈明学务处核准，“嗣后如聘用外国教员须查明某人系在某国某校出身，有无卒业文凭，现由何人介绍，拟订明功课若何，期限若何，俸给若何，各项权限逐一声明，以凭覆加查访应否延订，再为酌核示遵”①。光绪三十一年，学务处又成立学务调查所和教育研究所，加强对师范教育的领导与研究，当年即召开九次学务研究会，讨论四川学务及师范教育推进办法，决定利用留日速成师范生回国之机，在省城开办成属师范传习所，在外府续办传习师范，以大规模培养师资、提高传习师范生程度②。在学部《通行各省推广师范生名额电》发布以及学部订定《优级师范选科简章》之前，光绪三十二年二月，学务处又开会讨论全川选科师范之办法③。可见，在锡良任内，四川学务处是四川教育和师范教育的直接规划与领导者。

根据学部饬令，光绪三十二年四月，四川裁撤提督学院和学务处，改设提学使司，置提学使一员，总理全省学务，任期三年，权责在布政使之次、按察使之前；提学使司下设学务公所，置议长一人、议绅四人，佐提学使参画学务，并备督抚咨询，议长由督抚咨明学部奏派，议绅由提学使延聘；学务公所分设六课，师范事务归隶普通课管理；各厅州县均设劝学所，“设县视学一人，兼充学务总董，选本籍绅衿，年三十以外，品行端方，曾经出洋游历，或曾习师范

① 《学务处通饬各属延订外国教员须先呈明札》，《四川学报》乙巳第13册，公牍第31页。

② 《光绪三十一年研究所第七次会议》，《四川学报》第2年第1册（光绪三十二年正月），研究汇录第7—8页。

③ 《光绪三十二年研究所第五次会议・二选科师范事件》、《光绪三十二年研究所第六次会议・一选科师范办法》，《四川学报》第2年第2册（光绪三十二年二月），研究所条议第4—6页。

者，由提学使札派充任”①。六月，四川总督咨准拔贡方旭为四川首任提学使②（宣统元年六月由赵启霖继任）；八月，锡良咨准高等学堂总理、翰林院编修胡峻为四川学务公所第一任议长③，胡峻即将学务公所设在高等学堂内（宣统二年胡峻病故后由高等学堂监督周凤翔继任），通省师范教务长赵椿煦、高等学堂教务长龚煦春等人则被聘为学务公所议绅。此后，四川提学使、学务公所及各地劝学所成为四川教育及其师范教育的直接规划与领导者。比如学务公所曾就通省师范学堂办法与监督人选④、临时教员养成所及四川师范毕业生的任用问题进行过专门讨论⑤。光绪三十三年，提学使方旭札饬设立省城劝学所，以留日速成师范生彭兰芬为总董。在彭兰芬的主持下，省城劝学所积极推进省城各区教育及师范教育的发展，比如开办省城四区（后改六区、七区）师范传习所和小学教育研究所、拟定省城劝学所预备立宪期九年师范教育历年历期推广表及筹办川中初级师范学堂等，直到宣统二年正月省城劝学所奉旨裁撤。

其次，加重地方官的办学权责，按办学成绩奖优罚劣。

自光绪三十一年八月初五日奉到上谕“立停科举以广学校”后，锡良札饬各州县官员速设小学堂及蒙养院，限半年为期，“如

---

① 《大清教育新法令》第一册，第一编第16页。

② 关晓红：《晚清学部研究》，第115页。

③ 《学部奏派各省学务公所议长片》，《四川学报》第2年第8册（光绪三十二年八月），奏议第2—3页。

④ 《光绪三十二年研究所第五次会议·一通省师范学堂事件》，《四川学报》第2年第2册，研究所条议第4页。

⑤ 《学务公所提议事件》，《四川教育官报》辛亥第21、24、25期（宣统三年），报告第9—12页。

届时办理尚无头绪，立予撤参，以示惩儆”①，这无疑是地方官开办师范、培养师资的一支令箭。因为要办理小学堂及蒙养院，就要培养蒙学师资；而要培养师资，就必须开办师范传习所。事实上，四川因开办师范传习所优劣而受到奖惩的地方官不在少数。长寿知县唐我圻因办理蒙学堂 80 余处、办理师范传习所两处，被称为“好官”②。光绪三十一年九月，学务处总理冯煦提议锡良对各属地方官依据办学成绩记功罚过，对“所有最为得力及任意延玩之员”量予举劾：对简州知州霍炜、什邡知县钟寿康、现署双流县濮景贤、绵竹知县伍生辉、前署威远县娄栋、彭山知县康寿桐、巴县知县傅松龄、前署江津县蔡承云、长寿知县唐我圻、前署永川县吴庆熙、叙州知府文焕、高县知县熊廷权、仁寿知事周庆壬、资阳知县·现署富顺县吴宝铨、前署忠州训导·合州举人张森楷等 15 名办学得力者，记功 1 至 3 次不等；对前署郫县朱钟麟、绵州直隶州·现署酉阳州余维岩、前署彰明县傅俊招、前署汶川县丁国彬、盐源知县王春泽、峨眉县萧茂芬、梁山知县嵩瑞、保宁府知府文照、西充知县郭长年、长宁知县李子荣、署珙县知县夏柏华等 11 名办学不力者，记过 1 至 5 次；对应请记过但情有可原者，如打箭炉同知刘廷恕、宁远府知府李立元、署西昌县周家钧、署峨边厅胡良生、城口厅通判谢鹄显等 5 人，宽免记过③。九月，锡良奏请对办学出力的地方员绅破格任用，“所有在籍翰林院编修胡峻，户部主事吴嘉谟，候选内阁中书刘紫骥，均请赏加升衔；奏补云阳县知县冯善徵，拟

① 《教育·各省学堂类志·四川》，《东方杂志》第 1 年第 1 期(光绪三十年正月二十五日)，第 35 页。

② 《好官难得》，《广益丛报》第 2 年第 28—29 期合刊，纪事第 13 页。

③ 《学务处总理冯详请总督部堂记各属办学各员功过一案》，《四川学报》乙巳第 12 册(光绪三十一年七月)，公牍第 1—3 页。

请俟准补后以直隶州知州在任候补；直隶州用·候补知县章仪庆，直隶州用·试用知县颜绍泽，均请赏加四品衔；增贡生王章祜，拟赏加国子监典簿衔，以资策励”①；前署夔州府·邛州直隶州知州方旭，署涪州知州·开县知县邹宪章，庆符县教谕·资阳县官立高等小学堂校长伍鋆三员，传旨嘉奖；署仪陇县知县·补用通判黄羡钧，剑州知州茹汉章，署通江县知县·阆中县知县赖以治，或照例议处，或开缺另补，或降职，以示惩儆，并由锡良对各府州县守令办学成绩“分记功过，用昭策励”②。光绪三十二年九月，候补知县颜绍泽奉调回省充办学务文案，颜沿途恫喝，巧计婪索，“藩司大怒，见锡帅，将其驱逐出署”③。光绪三十二年四月，学部在地方教育行政制度改革中明确地方官吏的补署举劾权，“改为藩、学、臬三司会同具详”④，从制度上确认了锡良以兴学成绩考核地方官吏的办法。宣统三年闰六月初四日，学部咨扩充各省师范学堂，内将扩充初级师范列入普及教育最要一类，并列入地方官考成及官治范围，“兴学为地方要政，列入地方官考成，早经本部奏准通行，遵照在案。上年，本部奏定地方学务章程施行细则，因筹设初级师范学堂，应列入官治范围以内，并未作为府厅州县自治职应设之公用学堂，是扩充初级师范学堂，纯为地方官及学务官之专责，更非他项学堂可比”⑤，进一步明确了地方官在兴办师范学堂中的权责。四

① 《办学出力员绅择尤请奖片》，锡良《锡清弼制军奏稿》第二册，第531页。

② 《考查川省办学守令分别优劣择尤举劾以示劝惩折》，锡良《锡清弼制军奏稿》第二册，第529—530页。

③ 《调查学务员婪索被逐》，《广益丛报》第4年第24号，原总第120期（光绪三十二年九月初十日）纪闻第9页。

④ 《大清教育新法令》第一册第一编，第16页。

⑤ 《学部咨扩充各省初级师范学堂文》，《教育杂志》第3年第9期，法令第97—98页。

川较早确立考核地方官办学成绩的制度，为四川教育与师范教育发展提供了政治保障。

第三，要求各府州县教官兼任中小学堂总理，讲求师范，并对办理师范成绩优秀的教官给予奖励。

光绪三十年十月，四川提督学院郑沅奏请以教官兼任学堂总理，以期考试、学务两有裨益。奏折云："查川省一百五十余学，无学田者七十余处。川省中小学堂，地方绅士管理其中，未尝无实心任事者，而资轻望浅，辄为人所挟持，其劣败者则藉兴学敛费，以公济私，无所不至。两年以来，学堂之无成效，大率由此。……臣延访所及，实不乏开爽敏练之员，亦实有请咨出洋游历者，且皆优于文理，以之办理学务，实无不宜……如蒙俞允，即由臣咨明督臣，以各府州县教官悉兼中小学堂总理，以专责成。"①光绪三十一年九月，《吏部奏请停选复设教职并饬各教职学习师范俾充教员以重学务折》建议，各省府厅州县每学经制教职、复设教职各一员缺出，一律停选；并通饬各学教职讲求师范，即以派充教员，如有不胜教员之任者，由各省督抚随时甄别开缺；候选教职均各就本省学务处学习师范一切教法，将来铨选得缺，派充教员②。

同时，对办理师范教育成绩优异的教职进行奖励。光绪三十年四月下旬，长寿县教谕陈洪泽因热心苦志、襄策育才而受到学务处嘉许，"并随批发去师范讲义一部，令其参以钦章，认真讲习。卒业如何分派，仍报明备查。陈教官可即专令管理此事"③。五

① 《学宪郑奏请以教官兼任学堂总理折》，《四川官报》甲辰第28册（光绪三十年十月下旬），奏议第5—6页。

② 《四川官报》乙巳第25册（光绪三十一年九月下旬），奏议第1—2页。

③ 《学务汇志》，《四川官报》甲辰第10册（光绪三十年四月下旬），新闻第1—2页。

月，锡良给双流县师范传习所监督、训导任汝霖记大功二次，“前充师范传习所监督并高等小学堂监学，均能实心任事，于筹办学务亦复深资赞助，殊堪嘉尚，应记大功二次，以示鼓励”①。六月，署忠州训导张森楷（广文）前在原籍（合州）总理学务，办成各属合群教育急应科讲习所1处、本科师范馆1处、高等小学堂1处、寻常小学堂6处、普通蒙学堂66处等，因办学成绩卓著，获锡良奖励②。与此同时，阆中县丁大令会同教谕傅芑堂（又写作傅启唐，傅广文）及乡绅何云阶、王和廷、张正夫等人，开办蒙学师范讲习所一所，“考取师范生八十人，分作两班肄业，学科完备，规则整齐”③，以致光绪三十一年四月该县公立初等小学校增至80堂，且规制办法一切尚能合度，锡良对办理师范传习所出力人员给予奖励，“所有办学最为出力之师范传习所教习、试用训导何鹏霄，应准给予遴委一次学董，贺天福、汪朝仪、陈佐周、马为良、郑芝元既未承领薪水，一律给予六品功牌，以示鼓励。职员侯周臣捐修校舍，组织完全，应给予‘功襄作育’四字匾额一方，随批发去印花，由县制送悬挂，用彰义举”④。四川省规定与奖励各府州县教官兼任中小学堂总理并讲求师范的政策，调动了各地教官参与办理新教育及师范教育的积极性。

上述举措为清季四川师范教育发展提供了比较良好的制度条件与政策环境，使清季四川师范教育得以迅速兴办并发展起来。

---

① 《总督部堂批成都府转详据双流县禀训导任汝霖办学得力恳请给奖一案》，《四川学报》乙巳第7册，公牍第26页。

② 《奖励广文》，《四川官报》甲辰第15册（光绪三十年六月中旬），新闻第1页。

③ 《优待师范》，《四川官报》甲辰第22册，新闻第3页。

④ 《总督部堂批阆中县详报高等小学开堂并查明初等小学经费请奖出力各绅一案》，《四川学报》乙巳第7册，公牍第25页。

第四节 四川师范教育发展概况

四川师范教育的兴起、发展，与官方的重视、倡导、推动有直接关系，四川总督的作用尤为明显。而且，四川总督任职与更替的时间，与清政府师范教育政策变更和全国师范教育发展大势基本吻合。故本文大体依四川总督任职时间将清季四川师范历史划分为三个阶段加以讨论。奎俊、岑春煊任四川总督期间，四川师范教育开始萌芽；光绪二十九年七月至光绪三十三年正月锡良任四川总督期间，四川师范教育全面兴起；光绪三十三年至宣统三年赵尔丰护理四川总督至赵尔巽任四川总督期间，四川师范教育继续发展，体系基本形成，并居于全国前列。

一 奎俊至岑春煊时期的萌芽(1901—1903)

为解决新学师资缺乏问题，光绪二十七年(1901)，涪州知州邹放以官款就钩深书院地址仰止亭两旁各添斋舍，创立"涪州官立师范中学堂"；泸州官绅开始筹办的川南学堂，次年二月正式开办时定名为"川南经纬学堂"，先设简易师范，旋按部议更名为"川南师范学堂"。光绪二十九年春季，什邡高等小学堂在所买万寿寺内设立师范传习所；二月，岑春煊、吴郁生奏请裁撤锦江书院，改办成都府中学堂，并饬学务处在省城特设一通省蒙养师范学堂，以期造就师资①，三月蒙养师范学堂于成都府中学堂地址开办，考取

① 《前督部堂岑前提督学院吴会奏高等学堂暂缓开办并派员赴东考察学校片》，《四川学报》乙巳第1、2册，奏议第4—5页。

学生 305 人，四月开始授课，阅六月而毕①，得有凭照者 114 人②。

同时，因受选派学生出洋留学及湖北官派留日速成师范的影响，在四川各地士绅和新式学堂学生的要求下，光绪二十八年七月，四川提督学院吴郁生奏请四川总督岑春煊，提取武举闲款，选派举贡生员，留学日本速成师范；十二月，四川正式考选官自费留日速成师范生 20 余名，于光绪二十九年春派往日本留学六个月卒业的速成师范；同时，奏请派员赴东考察学校③。

可见，早在改书院为学堂之初，即奎俊、岑春煊任四川总督期间，在四川提督学院吴郁生的主持下，以速成简易师范为主的四川师范教育开始兴办，考选官自费留日速成师范生亦开始进行。不过，与全国相比，四川师范教育起步稍晚。这既与四川风气未开有关，又与四川新式学堂兴起较晚且发展缓慢、师资不足问题出现较迟，以及四川官绅认识到师范教育重要性较晚有关。

二　锡良时期的全面兴起(1903—1906)

在光绪二十九年七月至光绪三十三年正月锡良任四川总督期间，四川师范教育全面兴起。如前所述，鉴于“川省学堂办成绝少”原因首在择师不易，光绪二十九年十月，锡良就省城高等学堂附设师范馆；又饬各州县于城内造师，各设启蒙师范讲习所，招集生徒，讲习师范，凡授徒者皆须到所讲习；并通檄州县，每县集资选

① 《成属联立中学三十周年纪念刊》，民国 23 年刊行，校史第 11—12 页；《四川大学史稿》(1985)，第 16 页。

② 《总督部堂通饬各属申送前次师范生赴省补习札》，《四川学报》乙巳第 10 册(光绪三十一年六月)，公牍第 27—28 页。

③ 《前督部堂岑前提督学院吴会奏高等学堂暂缓开办并派员赴东考察学校片》，《四川学报》乙巳第 1、2 册，奏议第 4—5 页。

士至少一人，于次年春在重庆取齐，赴日本学习速成师范，以明教授、管理法；同时，通饬偏僻州县各选一人报学务处记名，候省城师范学堂、东文学社有缺额时，以次调取肄习，俾学成之后听归传习，以造就蒙师与管理学务之人。

结果，在锡良任内，除考选官自费留日速成师范生和留日实业师范生外，经多年筹备的四川高等学堂、中央师范学堂相继设立，前者附设师范馆，开办速成、优级理科师范各一班，后者定名为通省师范学堂，开设简易、初级、优级三部，按部章开办的全川优级师范选科学堂亦设简易和本科两科；成都府师范学堂、川东官立初级师范学堂以及各地初级师范学堂相继创立，据笔者不完全统计，四川初级师范学堂为光绪二十九年 2 所、光绪三十年 11 所、光绪三十一年 10 所、光绪三十二年 7 所；四川各地师范讲习所或传习所亦相继开办，据不完全统计，光绪二十九年 6 处（合计 8 处）、光绪三十年 33 处、光绪三十一年一至九月 33 处、光绪三十一年九月至光绪三十二年底 39 处；凡府州县中学或县立高等小学开办之初，亦招收年长士子开办一年制简易师范班，毕业后作高初等小学教员；各县城乡开办小学，如无相当师资，亦遴选文学较优人士暂行充任，以后轮调入县师范讲习班学习。截至光绪三十三年二月底锡良离开四川前夕，据笔者不完全统计，四川历年办理的优级师范学堂 2 处、高等学堂附设优级理科师范 1 班，初级师范学堂 17 处，附设简易师范 10 余处，师范传习所或讲习所 160 余处，远超直隶①、湖北②等省。

① 据光绪三十二年七月直督袁世凯禀报，直隶历年所办师范学堂数量为优级师范 1 所、初级师范及传习所 89 所、女师范学堂 1 所。参见《直隶袁奏历年办理学务情形折》，《四川官报》丙午第 21 册（光绪三十二年七月中旬），奏折第 9—10 页。

② 截至光绪三十三年为止，湖北历年师范学堂处数，为优级师范 1 所、初级师范 11 所、师范传习所 17 所。见苏云峰《张之洞与湖北教育改革》，第 205、209、211—213 页。

在锡良时期，四川师范教育主要侧重于发展简易与传习师范，以急速造就新学师资，成效十分显著。在省城成都，截至光绪三十一年十二月九日止，除高等学堂附设理科优级师范学生 24 名外，尚有成属师范传习所学生 316 名、川北教育研究所学生 19 名、华阳师范传习所学生 60 名以及成都府师范学堂学生 36 名，合计 455 人，占省城在校学生 4000 余人①的 11.4% 弱。在四川西充县，早在光绪三十年，“公费送袁肃、袁渊，赴日本留学，在专注学校的行政事宜和规章制度时，也兼注师范教育的实施。光绪三十一年，西充又公费送何树仪、何鸿仪到成都四川高等学堂师范科习数理，公费送二十名廪生、秀才到顺庆府（南充）简易初级师范学校习各科；尔后，西充又在县城开办了简易师范讲习班，招收学生一百余人，在县立高等小学堂开办了两班初级师范简易科，招收学生七十余人”②，西充受训师资总计 190 余人，其教育发展与文化水平远近闻名。当光绪三十二年三月学部通电“各省推广师范生名额”时，锡良不无骄傲地回电说：“川省简易师范已于三十年秋饬属分设，十个月卒业，现尚陆续接办。去秋，东游师范回里，复就省垣设所，饬成属诸生分门传习，十六州县来学共三百余人，并饬外府照办，刻均分派为初等小学堂教员。至通省师范学堂，原定分优、初两级，悉照新章办理，并附设一年半卒业之简易科。现由学院主办之致用学堂，亦与选科相近。体操专科已就武备学堂附近

① 《成属师范传习所学生姓名籍贯年岁表》、《川北教育研究所学生姓名年岁籍贯表》、《华阳师范传习所学生姓名年岁表》、《公立师范学堂姓名籍贯年龄表》，《四川学报》乙巳第 20 期（光绪三十 年十一月），运动会录·学生姓名表，第 1—5、5—6、10、12—13 页。

② 西充县政协文史资料研究委员会：《清末和民国时期西充学校教育》，《西充文史资料选辑》第 1 辑，1983 年，第 19—26 页。

购地克期建设。既承尊教，拟就通省师范酌增选科，并推广简易科名额，再饬各府中学堂附设此科，以为多造教员之地。其游学预备及补习科现正分门设备，虽同时并举，财力颇形支绌，事关教育，不得不勉为其难。余如高等学堂及成都中学堂附设一年半之师范，并于去年卒业分教各处矣。”①

三 赵尔丰至赵尔巽时期的提高扩展（1907—1911）

锡良离开四川后，光绪三十三年至宣统三年，赵尔丰护理四川总督至赵尔巽任四川总督期间，尤其在光绪三十三年九月学部通令各省停办速成师范学堂及宣统二年二月学部通令各省停招初级师范简易科后，四川与学部取一致政策，实行了师范教育整顿、提高与扩展政策，四川师范教育继续发展，办学层次与教育质量明显提高，以省城成都、重庆、泸州为主干的多层次多类型的师范体系基本形成，师范校数和学生数均居于全国前列。

这一时期，四川师范教育呈现出齐头并进、此消彼长、渐次扩展、螺旋上升的发展态势，主要体现在以下四个方面。首先，四川各地仍继续开办师范传习所，并将塾师培训纳入传习所培训范围，且出现招集师范传习生回所补习提高及师范传习所升格初级师范学堂的发展势头，并于宣统二、三年在各属中小学堂附设单级教法传习所与小学教员养成所。据笔者考证，四川传习师范，光绪三十三年不少于17所，光绪三十四年不少于25所，宣统元年不少于39所，宣统二、三年不少于5所。其次，优级师范学堂由同堂并设简易、初级、优级师范转向主要发展优级师范，初级师范学堂简易

① 《总督部堂咨覆学部电》，《四川学报》第2年第3册（光绪三十二年三月），公牍专电第3页。

科仍在不断创办，但完全科已开始陆续创设并逐年增加。据笔者不完全统计，四川初级师范学堂，光绪三十三年，完全科4处、简易科27—29处；光绪三十四年，完全科7处、简易科5处；宣统元年，完全科8处、简易科12处；宣统二年，添设完全科、简易科各1处；宣统三年，添设完全科1处。第三，四川女子师范学堂开始增多，女子普通师范、幼稚师范和职业师范教育体系基本形成。至辛亥革命发生时，前后共设立女子初级师范学堂18处、女学堂附设简易师范8处、保姆传习科3处、女工师范传习所5处。不过，清季四川女子师范皆系简易师范。第四，四川职业与专科师范相继创立，四川边疆民族师范开始发展，华西基督教会师范教育开始起步。至宣统三年七月，保路运动爆发时，四川师范学堂分优级初级两种，优级则有通省师范、优级选科师范两校，初级则有川中、川东、川南、川北师范四校及省城女子师范一校，此外各属之简易与传习师范所在多有①。

据学部统计，光绪三十三年至宣统元年四川师范教育概况如表2—2。

表2—2　光绪三十三年至宣统元年四川师范学堂概况比较表

年份	校级	学堂	职员	教员	学生		岁入	岁出	资产
					在堂	毕业			
光绪三十三年	通省师范学堂	1		17	334	108			
	优级选科师范学堂	1		28	632	107			
	初级师范学堂	29		109	1762	1116			
	师范传习所、讲习科等	2			40	445			

① 四川省教育司编辑：《四川省教育行政报告书（民国纪元前一年十月起至三年六月止）》第四编第一章，1914年刊行，第1页。

年份	校级	学堂	职员	教员	学生		岁入	岁出	资产
					在堂	毕业			
光绪三十四年	优级师范学堂	2	6	24	678	20	45173	46102	37086
	初级师范学堂	6	12	36	637	427	13023	5233	36950
	师范传习所、讲习科等	9	20	34	336	191	4236	4457	55
宣统元年	优级师范学堂	2	16	50	554		42785	38836	37086
	初级师范学堂	18	12	86	1017	76	23140	22071	105021
	师范传习所、讲习科等	18	12	30	602	85	4405	4815	770

说明：1. 光绪三十三年优级、初级师范的学堂数、教员数及学生数来源于学部总务司编《光绪三十三年份第一次教育统计图表》第23—24页的《各省师范学堂学生统计表》及该书四川部分第1—2页的《四川省学务统计表》，但是其中优级初级师范两类的在堂与毕业学生数与学部总务司所编的《宣统元年份第三次教育统计图表》20—21页的《四川省学生人数历年比较表》数据出入较大，后者的数据为优级师范在堂生223人，毕业生无，初级师范在堂生4374人，毕业生76人，传习所等在堂生40人，毕业生445人。2. 光绪三十四年的学堂、职员、教员、岁入、岁出、资产数及优级师范、师范传习所在堂学生数据皆来源于学部总务司编《光绪三十四年份第二次教育统计图表》中《四川省学务统计总表》，但优级师范学堂处所统计为3处、实际应为2处，已更正；而初级师范在堂学生数及优级、初级师范与传习所等毕业学生数则来源于《宣统元年份第三次教育统计图表》中20—21页《四川省学生人数历年比较表》。3. 宣统元年的学堂（各属附设于普通学堂的初级师范暨师范传习所皆单列为一堂计算）、职员、教员、岁入、岁出、资产数皆来源于学部总务司编《宣统元年份第三次教育统计图表》中第1—2页《四川省学务统计总表》，在校学生数则来源于该书第5—7页《四川省师范学堂学生统计表》，至于毕业学生数据则来源于该书第20—22页《四川省学生人数历年比较表》。

又据学部统计，光绪二十八年至宣统元年四川师范学堂与学生数呈现出逐年递增态势（参见表2—3）。

表 2—3　光绪二十八年至宣统元年四川官立师范学堂处所与学生数简表

年代	优级师范学堂			初级师范学堂			师范传习所、讲习科等			合计		
	学堂	毕业生	在堂生	学堂	毕业生	在堂生	学堂	毕业生	在堂生	学堂	毕业生	在堂生
光绪二十八年				1		80				1		80
光绪二十九年				1		80				1		80
光绪三十年				1	16	88	2	1004	44	3	1020	132
光绪三十一年				2		130	2	285	27	4	285	157
光绪三十二年	1		115	3		267	2	348	56	6	348	438
光绪三十三年	2		223	29	76	4374	2	445	40	33	521	4637
光绪三十四年	3		639	6	427	315	9	191	291	18	638	1245
宣统元年	2		554	18	76	1017	18	85	602	38	161	2162

说明：本表主要根据学部总务司编《宣统元年份第三次教育统计图表·四川》第 18—20 页的《四川省学堂处数历年比较表》及 20—22 页的《四川省学生人数历年比较表》中的数据改制而成。需要特别说明的是，光绪三十三年学堂数，学部总务司编《光绪三十三年份第一次教育统计图表》第 23—24 页的《各省师范学堂学生统计表》及该书四川部分第 1—2 页的《四川省学务统计表》有出入，前者缺通省师范一校数据，后者数据为通省师范 1 校、教员 17 人、学生 334 人，优级师范选科学堂 1 校、教员 28 人、学生 632 人、毕业生 107 人，师范学堂 27 校、教员 106 人、学生 1712 人、毕业生 1116 人，女子师范学堂 1 校、教员 3 人、学生 10 人、毕业生 0，体育学堂 1 校、教员 6 人、学生 40 人、毕业生 40 人，合计 31 处、教员 160 人、学生 2728 人、毕业生 1371 人，文中采用前者数据；光绪三十四年数据根据《四川省教育统计表（光绪三十四年）》（四川省档案馆藏：历史资料·文教资料 7—28/1）中的《四川省师范学堂统计表》与《四川省师范学堂学生统计表》及学部总务司编《光绪三十四年份第二次教育统计图表》中《四川省学务统计总表》填制，但后者缺成都府温江县、龙安府江油县的师范学堂统计数据。

学部统计数据大体反映了四川师范教育发展的情况，但并非确切。根据笔者考证，光绪二十八年至宣统元年四川师范学堂数似可变更如表 2—4。

表2—4 光绪二十八年至宣统元年四川官立师范学堂处所数量表

年代	优级师范学堂	初级师范学堂	师范传习所、讲习科等	合计
光绪二十八年		1(1)		1(1)
光绪二十九年	(1)	1(1)	8	9(2)
光绪三十年	(1)	10(1)	34	44(2)
光绪三十一年	(1)	9(1)	33	42(2)
光绪三十二年	2(1)	7	34	43(1)
光绪三十三年	2(1)	30	17	49(1)
光绪三十四年	2	12	25	41
宣统元年	2	20	39	61
备注	括号内数字系指附设校数			

在赵尔丰至赵尔巽时期，四川师范教育与教育已跃居全国前列。据学部统计，光绪三十三年，四川师范学堂35所，在全国排名第五，低于河南91所、山东75所、广东44所、奉天37所；四川师范生4637人，在全国排名第二；仅低于直隶5331人，高于河南3566人、广东3459人、湖北2403人、湖南2119人等①。光绪三十四年，四川师范学堂18所，全国排名第十四，低于河南116所、山东62所、直隶54所、甘肃35所、奉天31所等；四川师范生1245人，全国排名第十二，低于河南5663人、直隶3341人、湖南2316人等②。宣统元年，四川师范学堂38所，全国排名第二，仅次于河南68所，高于甘肃36所、奉天33所、直隶28所等；四川师范学生

① 《各省师范学堂学生统计表》，学部总务司编《光绪三十三年份第一次教育统计图表》，第33—34页，但四川师范学堂处所35处、学生人数4637人系根据有关统计数据修正。

② 《各省师范学堂学生统计表》，学部总务司编《光绪三十四年份第二次教育统计图表》，第6—7页。

2173人，全国排名第二，仅次于河南3818人，高于直隶2040人、江宁2000人、奉天1894人、湖北1702人等①，"环顾中国，其人数较四川为多者，只河南一省而已。诚以四川面积人口均居各省之冠，其师范生之多，故意中事也。虽其进步之趋势，阻碍尚多，未能满意，然此已可见距海之辽远，地势之孤立，未足以止其教育之发展矣"②。随师范教育发展，四川教育事业蒸蒸日上，教员、学堂及学生数量逐年递增。在光绪三十三年至宣统元年期间，四川学堂教员与学生数量均居全国第一、超过居第二的直隶，四川学堂数量居全国第二、仅低于居全国第一的直隶③。当然，因条件局限，四川师范教育质量与水平不高，各地发展亦不平衡。

综上所述，清季四川师范教育发展历史，大致经历了奎俊至岑春煊时期、锡良时期、赵尔丰至赵尔巽时期三个阶段。其中，奎俊至岑春煊时期，四川师范教育开始萌芽和起步；锡良时期，四川优级、初级师范教育尤其是师范传习所发展较快，四川师范教育迅速推进；赵尔丰至赵尔巽时期，四川师范教育得到调整、扩展，层次与质量有所提高，传习师范仍有续办，塾师改良强制推行，女子师范和专科师范受到重视，边疆师范与基督教师范开始发展，四川师范教育格局与体系基本形成。

为了进一步说明清季四川官绅对发展师范教育所作的努力以及四川师范教育的办学状况、问题及其影响，笔者下面拟将四川留

---

① 《各省师范学堂学生统计表》，学部总务司编《宣统元年份第三次教育统计图表》，第6—8页。

② 华雷士(E. W. Wallace)报告书《中国西部之师范教育》，第61页。

③ 《各省学务统计总表》，分别见学部总务司编《光绪三十三年份第一次教育统计图表》、《光绪三十四年份第二次教育统计图表》、《宣统元年份第三次教育统计图表》。

日师范、简易与传习师范、师范学堂、特别师范分列四章进行讨论，旨在横向揭示四川各类型师范教育的发展状况、教育内涵及其社会影响，反映清季四川师范教育发展的成就与不足。

第三章　四川留日师范与日本教习教材引进

学界早已公认,清季师范教育深受日本的刺激与影响,甚至有“清末的师范教育是在日本教习手中成长起来的”,是“日本教习的时代”,是“日本模式的师范教育”的说法①。向日本派遣留日官费师范生,在师范学堂及其他普通学堂中引进日本教习,以及将日本的师范教育制度整套移植到中国等等,都是这种状况的反映。舒新城早就注意到“日本速成师范与中国师范教育”之关系问题,并拟专章研究②,惜未能付诸实践。学界对清末留学日本运动与日本教习引进的研究较为丰富,不过既有研究大多属于宏观或整体的讨论,而微观研究仅局限于张之洞、袁世凯及其所举办的学堂或个别校史如《三(两)江师范学堂:南京大学的前身 1903—1911》等,至于对某一省区留日教育及其学术上受惠于日本的情况作深

① 参见黄士嘉《清末师范教育的萌芽(1897—1911)》、[日]阿部洋《中国的近代教育与明治日本》以及李杰泉《日本对晚清师范教育的影响》(蒋永敬等编《近百年中日关系论文集》,台湾中华民国史料研究中心 1992 年版)等论著。

② 舒新城:《近代中国师范教育小史》,《中华教育界》第 15 卷第 11 期;又见舒新城《近代中国教育史稿选存》,第 93—127 页。

入考察与研究的论著尚不多见①。本章,笔者拟利用所见资料及相关研究成果,考察清季四川留日师范教育的发展概况、人员构成、经费来源、教学内容、回国任用以及日本教习与教材引进情况,旨在说明日本给清季四川教育、学术及社会变迁所带来的影响②。

第一节 留日师范教育

自《中日修好条规》签署的第二年(1872),中国开始派遣学生留学西洋。甲午战争以后,中国朝野上下凡论及新政者莫不以游学日本为要途,并相信到东洋日本可以学到西洋文化。光绪二十七年,刘坤一、张之洞、罗振玉等人主张选派留学生到日本专习师范。光绪二十九年,张之洞等人订定的《学务纲要》更极力倡导各

① 著名的有:舒新城《近代中国留学史》第六章、[日]松本龟次郎《中华留学生教育小史》、颖之《中国近代留学简史》、黄福庆《清末留日学生》、《近代日本在华文化及社会事业之研究》、林子勋《中国留学教育史》、苏云峰《张之洞与湖北教育改革》、[日]实藤惠秀《中国人留学日本史(增补版)》、[日]阿部洋《中国的近代教育与明治日本》、《日中教育文化的交流与摩擦》、王晓秋《近代中日文化交流史》、《近代中日关系史研究》、王奇生《中国留学生的历史轨迹:1872—1949》、李喜所《近代留学生与中外文化》、《留学生与中外文化》、田正平《留学生与中国教育近代化》、[美]葆拉·哈勒尔《播种变革的种子:中国学生与日本教师,1895—1905》、[美]任达《新政革命与日本—中国 1898—1912》、苏云峰《三(两)江师范学堂:南京大学的前身 1903—1911》、汪向荣《日本教习》等。费维恺认为,中国在学术上受惠于日本的情况尚少人研究(《剑桥中华民国史》下卷第 410—412 页);而 Wang. Y. C.. *Chinese Intellectual and the West*, 1872—1949 一书综述的主要内容,实际包含了晚清努力向日本学习及其大量相关资料。

② 目前主要有王笛《清末四川师范教育的发生和发展概述》、《清末四川留日学生概述》、日本广岛大学博士生柴田岩《日本教习在重庆的事迹及活动——近代日中教育交流之初步考察》等论著有简单概述。

省速派人员到日本考察学务和学习师范①。在张之洞等人的极力鼓动和政府的奖励督促下，加上留学日本与考察东洋教育有种种便利条件，如无资格与学业限制、路近、文同、时短、费省等，日本政府与民间团体又因自身利益而鼎力支持，因此清末中国负笈东洋留学与考察者络绎不绝。自光绪二十二年二月中国派遣13名留学生到日本开始，至光绪三十三年留日学生达一、两万人之多②。因此，有学者将光绪二十四至三十三年（1898—1907）十年间的中日关系视为“富有成效和相对和谐的黄金十年”③，将这一时期出现的中国人留学日本运动视为“阴森可怖的黑暗时代出现的一缕光辉”④。与大批官绅络绎东渡考察日本学务相呼应，在光绪三十二年以前，留日学生中读师范、学教育者占相当比例。据统计，光绪二十九年三月至光绪三十年九月，留日学生中毕业于各类师范学校者占总毕业人数的44.1%，直到光绪三十三年以前大致保持这一比例⑤。东洋文库市古宙三教授研究指出，清政府鼓励学生去国外学习，原因是“将要在中国建立起来的新式学堂中缺乏合格的教师，从国外延请教师花费太大；此外，即使花费大量钱财，也难以得到好的外国教师；因此，较快的办法就是派遣中国学生出

① 《学务纲要》，张之洞等撰《奏定学堂章程》第一册，第3—4页。

② 据考证，留日学生最多时，实数为8000名左右。参见［日］实藤惠秀《中国人留学日本史》，第16、18—20页。

③ ［美］任达：《新政革命与日本—中国，1898—1912》，第9页。

④ ［日］实藤惠秀：《中国人留学日本史》，第11页。

⑤ 陈学恂、田正平主编：《中国教育史研究》近代分卷，第161页。李喜所则持不同看法，认为1904年的留日教育具有学习内容广泛、文科占绝大多数、法政军事是留学热门、留日中等学校占90%以上、自费生占很大比例等特点（参见李喜所《中国近代社会与文化研究》，第654—657页）。

国,特别是鼓励到日本去留学”①。

20世纪初,留日热潮波及僻处内陆腹地的四川。据不完全统计,光绪三十年,四川留日学生人数达394人;光绪三十一年,四川留日学生达420名②;光绪三十二年,四川留日学生达到最高峰,约有800人左右,约占全国8000余人的1/10,仅次于直隶、湖北、湖南、江苏、浙江而居于全国前列③;光绪二十七年至宣统三年四川留日学生累计达1920名④。值得注意的是,在光绪三十至三十二年间,四川留日学生到日本宏文学院⑤速成师范为最多,截至光绪三十二年九月止先后在宏文学院学习的四川留日师范生计228名,而清季留学宏文学院的四川师范生总数为244人(参见附表3—1)。当事人之一的王章祜在事后盛赞:光绪三十年,方旭“洞烛时机,决定由各县派选一人,赴日本习速成师范。(他省无此种

---

① 费正清编:《剑桥中国晚清史(1800—1911年)》下卷,第438页。

② 《四川游学日本诸生调查表》,《四川学报》乙巳第8—11册,表第1—18页。

③ 王笛:《跨出封闭的世界——长江上游区域社会研究1644—1911》,第455、457页。

④ 据王笛《清末四川留日学生述论》(《四川大学学报》1987年第3期80页)表格累计。

⑤ 日本宏文学院,亦作宏文学校、宏文书院、弘文学院。它是在1902年(即明治35年)1月由日本高等师范学校校长嘉纳治五郎在牛込西五轩町创办的亦乐书院发展而来;1903年,增设大塚校舍;1904年,增设麹町校舍、真岛校舍、猿乐町校舍、巢鸭校舍;1905年,因“清国留学生取缔规则”事件,不少留学生归国,麹町、真岛、猿乐町校舍相继关闭;1906年,开设日银分校,除设本科外,尚有一年、八个月或六个月的速成师范科、速成音乐科等,科目随时增减,截至该年10月底,该校有毕业生1959人,在校生1615人、36班,班名多冠以省名,如湖北普通班、四川速成师范科班等;1909年,由于速成科人数减少,学校关闭。直到闭校为止,获准入学者共7192人,毕业3810名。参:[日]实藤惠秀《中国人留学日本史(修订版)》,第46—47页。

办法)风气一开,各县殷富子弟,多自备资斧前往;四川在日本留学生,骤为发达。归国后,各因便厉行推广教育,民国三、四年之交,依全国统计,四川小学生数,占全国小学生数四分之一,不可谓为四川教育界一大胜利,一大荣誉”①。此话虽有过誉之嫌,但却反映了清季留日速成师范教育对四川教育发展的影响。

一　留日师范的兴衰

据笔者所见资料,光绪二十七年至光绪三十一年三月,四川政府先后派出四批官费留日师范生;光绪三十一年三月,重庆府中学堂亦派出官费学生前往日本宏文学院专习师范;其他地区也有公费派遣留日速成师范生的;各地自费留日师范生亦为数不少。

光绪二十五年(1899)八月,嘉纳治五郎于三崎町开办的私塾改名“亦乐书院”,收容张之洞派遣的11名学生入学,其中有一横滨领事之子黄大暹,系四川人,17岁②。他们的东文授课在住宿处进行,而数学、理科、体操等普通课则借用日本东京高等师范学校的教室进行。这是笔者见到的最早在日本宏文学院之前身“亦乐学院”就读的川籍学生。

光绪二十七年(1901),日本陆军大尉井户川辰三请奎俊订聘日人为武备学堂教习,并请选派学生前赴日本学习。七月,为开通

---

① 周传儒记:《王叔钧先生对于四川教育意见》,《四川教育新潮》第12号(1922年5月20日),讲坛第4—5页。

② 参见松本龟次郎《中华留学生教育小史》第9—10页;[日]实藤惠秀《中国人留学日本史》第28页。学界对这批学生是否为留学生尚存争议。多数认为他们仅仅是使馆招至的特殊留日学生,而并非国内最早派遣的普通意义上的留日学生,与以前使馆内的东文学堂学生无异,只是被集体安排进入日本学校就读而已[参见吕顺长《清末中日教育交流之研究——以教育考察记等相关史料为中心》,浙江大学博士学位论文(2007年1月),第60—61页]。

川省风气，奎俊接受井户川辰三建议，仿湖北办法，筹款选派省城尊经书院、锦江书院、中西学堂“聪颖端谨，年在二十内外”之22名学子，八月以内由候补知府李立元带赴日本，“入其国家公学堂肄业”①。其中，聪颖而不端谨的邹容虽成绩优秀却被取消录选资格，只得先到上海广方言馆学习日语，再到东京同文学院自费补习日文和初级课程②。这批学生中，有彭祖濬进入日本宏文学院普通科、陈崇功进入日本宏文学院师范科③，陈崇功系四川官费派遣留学日本师范之始。这次四川官费资遣留日学生的办法，既受到湖北、江苏等省的影响，同时也对其他省份的留日师范教育产生了影响。光绪二十七年八月四日，清廷谕令称：“造就人才，实系当今急务。前据江南、湖北、四川等省选派学生出洋肄业，着各省督抚，一律仿照办理。”④

因受选派学生出洋留学及湖北官派留日速成师范⑤的影响，四川各属举贡生员等在省城创设游学公会，积极筹集资斧就学东

① 《前督部堂奎奏派学生赴日本肄业片》，《四川学报》乙巳第2册，奏议第5—6页。

② 《邹容传》，第24—31页。

③ 陈崇功，字新知，28岁，四川巴县人，川东道官费留学日本宏文学院师范本科学生，学制三年，属额定24名官派留日学生之一；光绪二十七年九月抵东、光绪二十八年冬请假回川、光绪三十年赴日销假，回国后曾任重庆教育会会长，参与办学实践。参见《日本留学中国学生题名录·卒业学生附录》，房兆楹辑《清末民初洋学生题名录初辑》（台湾中央研究院近代史研究所史料丛刊，1962年4月），第53页。而《总督部堂咨驻日杨公使官费遗额以川生尽补文》、《总督部堂咨覆驻日杨公使咨开查明川生本籍客籍人数并议客籍生服务年限文》两文的记载与房兆楹的辑录略有出入[参见《四川学报》乙巳第2册，公牍第3—4页；乙巳第6册（光绪三十一年四月），公牍第5—8页]。

④ 朱寿朋编：《光绪朝东华录》（四），第4720页。

⑤ 早在光绪二十八年五月，张之洞于经心、两湖书院中选派黄兴（轸）、张继煦等31人赴日速成师范。参见苏云峰《张之洞与湖北教育改革》，第165页。

瀛，“期于速成师范，为学堂教习之用”，并禀请提督学院吴郁生立案并筹给津贴。在各地士绅和学生的要求下，光绪二十八年（1902）七月，吴郁生咨请筹提武举闲款，选派举贡生员留学日本，以速成师范；十二月，官自费留日学生考选，荣县黄芝、吴永锟榜上有名①；次年春，四川派遣官自费留日生20名②，驻日公使杨枢核定人数24人，其中进入日本宏文学院速成师范科的官费生有成都华阳王章祜、李维祺、成都双流陈暄3人，自费生有成都华阳刘镜、温江张卜冲、新津刘毓槃、万云松、重庆江津戴夔钟、夔州云阳程理权、泸州合江刘汝蘭、嘉定荣县黄芝、吴永锟、犍为周泽共10人③，合计13人（约占该年四川留日生总数57人④的22.8%），肄业时间半年。这是四川第二批官派留日师范生，也是四川第一批官派速成师范生。

因日本宏文学院为中国学子特办速成师范班，光绪二十九年（1903）十月，锡良通檄州县，每县集资选士一至二人，于次年正月（后延至二月底）在重庆取齐，赴日本宏文书院学习速成师范科，以明教授、管理之法⑤，造就蒙师与管理学务人材。为了预备东文，锡良利用省城原中西学堂附设算学馆空废房屋设立东文学堂，以在籍候补刑部主事周凤翔为监督，延聘日本教习服部操、德永熊

① 吴玉章：《从甲午战争到辛亥革命的回忆》，《吴玉章回忆录》，第16页。

② 《派周凤翔督学生赴日学习师范速成科片》，《锡良遗稿·奏稿》第一册，第399页。

③ 《四川游学日本诸生调查表》，《四川学报》乙巳第8—11册，表第1—18页。同时，在日本留学的有江苏的侯鸿鉴、浙江的经亨颐等人。

④ 《教育·派遣游学汇志》，《东方杂志》第1年第2期（光绪三十年二月二十五日），第45—46页。

⑤ 《总督部堂通饬各属照章赶办学堂札》、《总督部堂锡奏陈学务情形并推广办法折》，《四川学报》乙巳第3册，公牍第5—7页及第13册，奏议第1—3页。

五郎为教习，考选举贡生监60名，俟学生卒业，选其学行兼优者，资派出洋，"此为郡邑学堂急求师范之计，故程度无取其过高，期限不能不稍迫"，目的是"备游学而广师范"①。十一月，锡良咨请驻日公使杨枢转咨日本外相立案，并通知宏文校长先为部署②。十二月，锡良再次通饬各府厅州，"慎选年长而通达事理，品行平正，可充学务首事者一人"，特别强调"此项学生专为管理学校事务，不重在聪颖异众之天资，而重在为守兼优之人品，将以之赞成事功，开通风气"③。光绪三十年二月下旬，各府厅县考选留日学生在重庆取齐；三月，锡良一面考选合格者，一面奏派周凤翔为留日速成师范生监督④，一面咨请杨枢转商宏文学院校长，四川保送之官自费学生将就读速成师范科，专学管理学校之法，八个月卒业⑤。五月，四川留日速成师范生154人取齐（实际考取的有张澜等158人，其中官费139人、自费19人，另有备取8人）⑥，六月到达日本宏文学院。随同赴日留学的四川学生亦不少，比如东文学堂毕业生、乐山县郭橙坞，在赴日速成师范时，"由他的宣传号召，

① 《前提督学院吴奏设东文学堂折》，《四川学报》乙巳第2册，奏议第7—8页。

② 《督部堂咨驻日杨公使拟派速成师范生先行立案文》，《四川学报》乙巳第2册，公牍第1—2页。

③ 《总督部堂通饬府厅州考验所属选送赴东学学校管理各生》，《四川学报》乙巳第5册（光绪三十一年四月），公牍第9—10页。

④ 《派周凤翔督学生赴日学习师范速成科片》、《改设通省师范学堂片》，《锡良遗稿·奏稿》第一册，第399—400、524页。

⑤ 《总督部堂咨驻日杨公使保送速成师范生文》，《四川学报》乙巳第2册，公牍第2—3页。

⑥ 《督宪照会监督赴日本学生周主政凤翔文》，《四川官报》甲辰第10册，公牍第6—9页。

同县中跟他同去有十几个人"①。这是四川第三批官派留日师范生和第二批官派留日速成师范生,也是人数最多、影响最大的一批留日师范生。

这次官派留日速成师范生,既是锡良采纳方旭"四班并进"培养师资建议的结果,又是四川当局推行新政、竭力兴办近代学堂的产物。它有几点值得特别关注。一是这次随同赴日的有一名女子官费生——即成都府王诗,1904 年 6 月到达日本、1904 年 10 月进入日本实践女校工艺科②,至迟于宣统二年六月返回成都,被聘为淑行女子学堂美术油画教习③。她是笔者所见到的有确切记载的四川最早官费留日女生。二是锡良初意是先求办学之法,并由各属岁筹专款,多派生徒,"初意原主由各属岁筹专款多派生徒之计,但虑瘠区绌力,故以一人开先而心固未慊……盖意不只在造教学之员,而先在求办学之法"④。三是这次留日速成师范生的派遣,引起了国内外广泛关注,推动了全国留日速成师范教育的发展。光绪二十九年十二月,管学大臣在奏派学生前赴东西洋各国游学折中称:"前据江南、湖北、四川等省选派学生出洋游学,用意甚善,着各省一律办理"⑤。光绪三十一年,留学日本的山西师范生致书山西李宗棠观察称,"浙、蜀各省即用地方派生法,均派生

① 郭沫若:《少年时代》,第 43 页。

② 谢长法:《清末的留日女学生》,《近代史研究》1995 年 2 期,第 276 页。

③ 《女士受聘》,《广益丛报》第 8 年第 15 期,原总第 239 期(宣统二年六月二十日),纪闻第 10—11 页。

④ 《重庆府张振之太守详请提款资遣游学公文附总督部堂批》,《广益丛报》第 2 年第 28—29 期合刊,原总第 60—61 期合刊(光绪三十年十一月三十日),奏牍第 4—7 页。

⑤ 《管学大臣奏派学生前赴东西洋各国游学折》,《四川官报》甲辰第 2 册,奏议第 1—2 页。

数百东游速成，归即在本地方教育。盖广开民智，普及教育，此最为至美至易之举也”，建议山西仿浙、蜀办法派遣速成师范生，以养成山西教员①。

光绪三十年(1904)十一月，学务处总理冯煦详请总督锡良酌量变通实业教员讲习所入学资序章规定，酌选学生24名到日本学习实业，以培养即将在省城府试院开办的农工学舍教员②。光绪三十一年三月，锡良饬令学务处挑选省城高等学堂、成都府师范学堂、华阳小学堂学生共21名，另由游学师范生监督周凤翔就留东自费生中挑选8名，分学日本高等师范4名、铁道4名，其余以7名学农业、14名学工业；嗣又在日本挑选铁道学生13名，一律给予官费；后因日本高等工业速成科不收别国学生，于是学工业的学生又分派6人认习商业，以预储四川实业教育师资③。三月十四日，从成都高等学堂选派的学生冉献璞、江树、张荫棠、朱大镛、谢炳筠、彭炳、印焕门、王锡文、周世屏、黄璋、陈绍仁等11人，其中江树、黄璋、冉献璞三名系优级理科师范学生，辞别四川总督，东赴日本学习实业教育④；三月二十一日，成都府师范学堂挑选的周国辅、周烈等人，亦辞别四川总督，东赴日本⑤。这是四川第四批官派留日师范生。

---

① 《山西留学日本师范生致李观察宗棠函附书后》，《四川官报》乙巳第8册(光绪三十一年四月上旬)，论说第1—3页。

② 《学务处总理冯详总督部堂请派学生出洋学习实业一案》，《四川学报》乙巳第11册(光绪三十一年七月)，公牍第3—4页。

③ 《总督部堂奏派学生出洋学习实业片》，《四川学报》乙巳第14册(光绪三十一年八月)，奏议第5—6页。

④ 《辕门抄录》，《四川官报》乙巳第8册，附录第2页。

⑤ 《辕门抄录》，《四川官报》乙巳第9册(光绪三十一年四月中旬)，附录第4页。

重庆府中学堂还以官费资遣学生赴日本宏文学院专习速成师范。光绪三十年四月初旬，重庆知府张铎集绅筹商，重庆府中学堂“择其年齿稍长(16—35岁)、中学尚优、志趣平正、不涉轻躁之士，挑派九人”，送赴东京宏文学院专习速成师范科，以八个月卒业，“俟师范足用后，即行添派武备、实业专科，以广造就”，并就学堂文案、教员中选派监督1名，“率同前往，仍一体入宏文学院专习师范”；而且“每年选派一次，即选派监督一员”，目的是“堂中教习、文案诸有教育之责者均可陆续前往，俾得咸迪旧学，时长新知，师友互为观摩，邪诐无由荧惑”。重庆府中学堂选派的第一名监督是“学有根柢，志趣纯正”的学堂文案、华阳优廪生孔庆余(字保之)。十二月，重庆府中学堂年终大考，张铎会同学堂监督、教习，“斟酌选定，正取八人，副取八人，外又有四人均愿自费前往”①。次年二月二十日，速成师范生九人随同监督孔庆余东赴日本，九人系李时存、何禹皋、许琼林、李成志、邓春稌、刘纯熙、李丕成、戴亮吉、李成章，“中学堂自费八九人，皆先期首途起行”②。重庆府中学堂选派的第一批公自费留日速成师范生，共计十八九人。这正中锡良下怀，赞其“先得我心”，“语语中肯”③。

同时，各地官费自费游学日本师范者络绎不绝。光绪三十年(1904)九月，会理州康受嘉、马彝德、太泽宇三人“先后游学东洋，

① 《中学出洋》，《广益丛报》第2年30—32期合刊，总第62—64期合刊(光绪三十年十二月三十日)，纪事第14页。

② 《联翩东游》，《广益丛报》第3年第6号，总第70期(光绪三十一年四月初十日)，纪事第9页；又见《选派游学》，《四川官报》乙巳第13册(光绪三十一年五月下旬)，新闻第2页。

③ 《重庆府张振之太守详请提款资遣游学公文附总督部堂批》，《广益丛报》第2年第28—29期合刊，奏牍第4—7页。

速成师范”①；十月，郫县蒲助孜呈请“公费游学日本”，学务处“准先行存记”②；郫县师范学堂学生杨自英等愿出洋学习实业，学务处“准先予记名”③；冬月上旬，荣县“去年东渡留学者凡七人，今年续往九人”④。截至光绪三十年底止，先后在日本宏文学院学习师范的四川留学生计198名⑤。光绪三十一年初，华阳林思进、蒲伯英（殿俊）、杨沧白（庶堪）东游日本，考察教育事业⑥，其中林思进进入日本宏文学院速成师范学习一年多，光绪三十三年回国⑦；“二三月内，全省自费公费东下者多至四五十人，东文学堂又派四十人，皆先后由渝沿江东下”⑧；三月初，叙永傅子和、傅启霖、晏星阶、杨星九4人买舟东下⑨。光绪三十二年闰四月，“华阳某堂校长以卒业师范生张子才、李俊章两名程度颇高，年龄合格，堪以派

---

① 《会理兴学》，《四川官报》甲辰第23册（光绪三十年九月上旬），新闻第3页。

② 《学务批示》，《四川官报》甲辰第27册（光绪三十年十月中旬），新闻第1页。

③ 《学务批示》，《四川官报》甲辰第28册，新闻第2页。

④ 《学风独盛》，《四川官报》甲辰第29册（光绪三十年冬月上旬），新闻第2页。

⑤ 《四川游学日本诸生调查表》，《四川学报》乙巳第8—11册，表第1—18页。

⑥ 林思进，号山腴，别署清寂翁，清末民国四川著名教育家，教学生“行己有耻”，“大德不踰闲”，历任四川图书馆馆长、成都府中学堂监督、华阳中学校长、成都高师、成都大学、四川大学、华西协合大学等校教授，解放后历任川西人大代表、四川大学教授、四川文史馆副馆长，1953年病逝。参见刘君惠、王文才等选编《清寂堂集·前言》，巴蜀书社1989年版，第1页。

⑦ 傅崇矩编：《成都通监》上册，巴蜀书社1987年版，第147页。

⑧ 《联翩东游》，《广益丛报》第3年第6号，纪事第9页。

⑨ 《游学述闻》，《四川官报》乙巳第14册（光绪三十一年六月上旬），新闻第2页。

往东瀛游学肄习专门，特禀请学务处方观察批准，拟于本月杪首途"①；九月初，长寿民立第一小学堂张佑贤、杨仲篪、卢翰卿、左元臣、舒兰轩、夏初昆仲皆出洋留学，其自费出洋者亦颇不乏人②。

随留学教育的发展，成都东文学堂已难满足需要，四川各地游学预备学堂纷纷筹设。光绪三十一年九月，冯煦请于即将开办的通省师范学堂附近择地设立游学预备科，赓即刊布《游学预备学堂简章》；光绪三十二年三月，锡良奏请将贡院西偏外监试、外收掌两公所及附近的弥封、对读两所，中间的廉官所及旁列各室，改葺设立游学预备学堂，将东文学堂学生移入，并酌添新班，分设英、法文等科，以便愿赴欧美各国者预备，并通饬各属游学生须赴游学预备学堂肄业，否则不予考送③。该年二月中旬，重庆游学预备学堂，即东文速成学堂率先成立，"系为造就小学师资及预备出洋留学起见，其学科分普通、商业、测绘专门，日文、日语各项，教员为饶孝廉暨日本小野学士、隐歧神田两先生，并云凡该堂卒业生均可迳入日本明治大学肄业，贫无力者更可赀送数名"④。闰四月，广安州城东石笋河"近立有东文师范学堂一所，一切规则甚为完善"⑤。

① 《师范出洋》，《广益丛报》第4年第11号，原总第107期（光绪三十二年闰四月初十日），纪闻第11页。

② 《长寿学界近闻》，《广益丛报》第4年第24号，纪闻第11页。

③ 《学务处总理详请设立游学预备科并师范补习科一案》，《四川学报》乙巳第14册，公牍第1—2页。《补习招生》，《广益丛报》第4年第29号，纪闻第9页。

④ 《游学预备》，《四川官报》丙午第3册（光绪三十二年二月中旬），新闻第1页。

⑤ 《广安学务汇志》，《广益丛报》第4年第13号，纪闻第11页。

随着留日教育的发展,要求派遣四川女子师范留学生①的呼声渐高。光绪三十三年二月,留日四川简州学生胡锡璋等致书学务局,认为:"女学发达,男教必倡","欲提倡女学,必先开办女校;欲开办女校,必先遣派女子留学。何也?盖女子有学,女界乃新。如成都之刘漱蓉、滇南之楚雄西、沪上之吴芝瑛,是皆一女子而振新女界者也",因而建议"州官遣派数名学生来日留学或学一年之速成师范,归而开办女学,以开风气于先,或学数年之专修高等,归而扩张女学,以谋进步于后"②。宣统元年五月,留日学生发表《敬告蜀中女界》,指出:女界自设学界,女子亟须入学,女子留学或游历,是吾蜀女子亟不可缓之图,"非是则救中国救四川之目的不能达"③。据谢长法考证,清季四川女子留日生共计 5 人,除了前面述及的四川成都官费留日生王诗外,还有 1906 年 9 月到日本、1907 年 3 月进入日本实践女校本科的四川自费留日生邱兆东,1906 年 3 月到日本、1910 年 3 月进入日本女子美术学校编物科的四川达县官费生吴巽华,1907 年 5 月到日本、1908 年 3 月进入日本女子美术学校造花科的四川自费女生魏向环,1907 年 7 月到日本、1908 年 10 月进入日本大成女学校师范科的四川自费生王余景蓉四人④。另

① 清末女子留日与女子留日师范教育,谢长法的研究较为深入,并将其分为无组织(1900—1905)、相对有组织(1906—1911)两个时期。参见谢长法《清末女子留日与师范教育》,《高等师范教育研究》1994 年第 2 期,第 65—70 页;《清末的留日女学生》,《近代史研究》1995 年第 2 期,第 272—279 页。

② 《留日四川简州学生胡锡璋等致书学务局书》,《广益丛报》第 5 年第 2 期,原总第 130 号(光绪三十三年二月三十日),纪闻第 11—12 页。

③ 《广益丛报》第 7 年第 15 号,原第 207 号(宣统元年五月二十日),女学第 1—3 页。

④ 谢长法:《清末的留日女学生》,《近代史研究》1995 年第 2 期,第 276—277 页。

据报道，光绪三十三年六月，荣昌张氏因夫君余孝廉被邑令派赴东京留学实业师范，“夫人亦随夫赴东，考究女学”①；宣统元年，南充女子师范学堂曾延聘留日女子毕业生罗燕斌充监督，兼任国文、修身、历史各科教习②；宣统三年上半年，陈罗澂之女陈宝琼留学日本归，淑行女子师范学堂遂开办保育科③。由此合计，清季四川官自费留日女学生应不少于 8 人，她们分别进入日本女校工艺、编物、造花、师范、保姆等科学习，毕业回国后担任女子学堂或女子师范学堂监督和教员，从事女子教育事业。

由于明治时期的日本教育设施无法应付突如其来的中国留日浪潮，大部分留日学生只能在所到之处作权宜之计的课程安排，“最重要的后果就是对中国民族主义的形成产生了重大的影响”④，更有一部分人加入同盟会，进行民主革命宣传。权衡利弊，光绪三十二年六至十二月，中日双方出台了留日速成师范的系列禁令，规定“嗣后此项速成学生，无论官费私费，师范政法，应即一律停派”，“习法政师范速成者，嗣后概不咨送”⑤；日本亦限制中

① 《巾帼壮游》，《广益丛报》第 5 年第 13 期，原总第 141 号（光绪三十三年六月二十日），纪闻第 7 页。

② 《女子师范》，《广益丛报》第 7 年第 24 号，原总第 216 期（宣统元年九月二十日），纪闻第 13 页；《提学使司批南充县详开办女子师范学堂一案》，《四川教育官报》己酉第 9 期（宣统元年九月），公牍第 13 页；《新修南充县志》卷七，民国 18 年仲春付刊，第 41—43 页。

③ 《史略（本校三十五年来之经过）》，《四川省立成都女子师范学校一览》，1938 年夏印行，第 1—3 页。四川省档案馆：历史资料・文教资料，原卷号 10/155/2，新卷号 10/159/2。

④ 吉尔伯特・罗兹曼主编：《中国的现代化》，第 200—201 页。

⑤ 《通行各省限制游学并推广各项学堂电》，学部总务司编《学部奏咨辑要》，第 105—106 页；《学部咨奏订管理游学日本学生章程》，《四川官报》丁未第 3 册，奏议第 7—8 页。

国速成学生入境，并打击非法的留日教育机构与下宿屋、旅人宿等住宿客店的非法经营①。自光绪三十二年七月以后，四川停止了留日官费自费速成师范生的派遣，四川留日师范教育迅速衰落。据统计，光绪三十二年六月十九日至九月十七日，中国留学生总数1644人，其中留学日本宏文学院1050人，四川只有6人，仅多于八旗、甘肃、陕西三省区，远远落后于湖北502人、湖南207人、直隶177人、江苏139人、山东88人、贵州77人等②。宣统元年，泸州川南师范学生陶嗣侃呈请补给杨云翮半官费遗缺的要求，亦被四川总督驳回③。光绪三十二年十一月，通省师范学堂监督徐炯详陈嗣后师范教习轮派到东，务须按照指定科学入校肄业④。据学者统计，光绪三十四年至宣统二年三年间，考入东京高等师范学校的中国官费学生人数分别为31、27、21人，四川人数分别为1、2、2人⑤。另据杨枢咨报，宣统二年，日本东京高等师范有中国留学生21名，内有四川巴县邓胥功、永川黄振国2名⑥。

① 《文部省将实行取缔中国学生》，《广益丛报》第4年第21号，纪闻第12页。

② 《留学日本各省学生人数表》，《四川学报》第3年第1期，表第1—3页。

③ 《督宪批泸州详补半官费遗缺川南师范生陶嗣侃赴日留学文》，《四川官报》己酉第4册，公牍第7页。

④ 《师范学堂详嗣后教习出洋先令学习有益科学文》，《四川学报》第2年第11册（光绪三十二年十一月），附编第19—20页。

⑤ 吕顺长：《清末中日教育交流之研究——以教育考察记等相关史料为中心》，第52页。

⑥ 《川省留学界近情》，《四川官报》庚戌第26册（宣统二年十月上旬），新闻第2页。

二　留日师范生的身份、官费及教育

(一)身份构成

据笔者统计,留学日本宏文学院师范生共计 244 名(参见附表 3—1),其身份具有如下五个特点。

其一,入学时间集中在光绪三十年五六月份。这与宏文学院应四川总督要求为四川特设三个速成师范班有关。截至光绪三十年十二月止,四川游学日本宏文学院在读学生共计 202 人,其中光绪二十七年 1 人、光绪二十九年 13 人、光绪三十年 188 人,已卒业回国者 11 名、休业回国者 6 名。四川留日速成师范生的派遣与回国时间较早,对四川教育的推进极为有利。

其二,官费生多于自费生。留学日本宏文师范学生总计 244 名,其中官费 174 名、自费 41 名、不明者 29 名。他们分别是:光绪二十七年,完全科官费 1 名;光绪二十九年,速成师范科官费 3 名、自费 10 名;光绪三十年,速成师范科官费 157 名、自费 31 名;其他时间,官费 13 名。而光绪三十年,考取日本宏文学院速成师范自费生 1 名,到日本后留学日本体育会;其余考取的日本宏文学院官费生 11 名、自费生 11 名、备取生 7 名,共计 29 名,因种种原因,未能赴日本宏文学院速成师范学习。

其三,所属地区分布不平衡。在 244 名中,最多的成都府属 39 名,成都府华阳县 12 名,而最少的茂州、石柱厅仅各 1 名,甚至部分县没有一人。具体分布如表 3—1 所示。

表 3—1　日本宏文书院四川籍留日师范生籍贯表

成都府	绵州	重庆府	夔州府	绥定府	酉阳州	忠州	茂州	叙州府	眉州	泸州	嘉定府	资州
39	13	35	8	9	6	3	2	14	10	9	14	10

保宁府	雅州	龙安府	顺庆府	潼川府	宁远府	邛州	叙永	石柱厅	懋功厅	不知籍贯者	合计
9	11	2	13	9	7	3	2	1	2	16	244

其四，绝大多数人已有科举功名或教职身份。在244名学生中，有记载的已获有官职、教职及科举功名的人共计144人（参见表3—2）。其中，有的留日速成师范生具有训导、候选训导、学长、教职身份，有的举贡生员在出国前办过学堂，或任过学堂教员，比如曾纪瑞在出国前曾与汪桂五等人捐办巴县开智小学堂。

表3—2　日本宏文书院四川籍留日师范生身份表

训导	候选训导	学长	教职	举人	贡生	优贡	拔贡	副贡	廪贡	岁贡
1	1	1	5	10	4	1	4	3	3	1
优廪	廪生	文生	文童	童生	增生	附生	副榜	不清楚	合计	
1	31	41	3	2	18	14	1	100	244	

其五,年龄悬殊。在留学宏文师范的244名学生中,年岁不明者42名,在已知的202名中,最小的16岁,最大的65岁,20—45岁年龄段的学生191名,占绝大多数。具体年龄分布情况是:年龄16—19岁者3名、20—29岁者76名、30—39岁者85人、40—45岁者30人、46—65岁者7人。

（二）官费来源

留日宏文学院师范生的官费，主要来源于科举及学校旧款。

奎俊选派的第一批留日学生,经费来源于学堂“旧款”。光绪二十七年七月,奎俊选派的第一批留日学生22名,其游学经费

“系因旧款”，先由省城尊经书院、锦江书院、中西学堂经费支给，三校合并为省城高等学堂后，由高等学堂支给，最初拟定每年银5000两，后规定每年银6000两①。

岑春煊选派的留日速成师范生，经费来源于“各州县学田局武生油红银两及津捐等局赢余，并各庙会縻费之类”。光绪二十八年七月，吴郁生奏请“提各州县学田局武生油红银两及津捐等局赢余，并各庙会縻费之类”，选派举贡生员留学日本以速成师范；光绪二十九年九月，锡良饬令各州县照办，并“定于每年九月以前解存盐道库备支”。光绪三十年，锡良咨明驻日公使，留日速成师范生额定24人，每年需银8000两，订于二、八两月汇东，“活支之数随时再酌”②。

锡良派遣的留日速成师范生，经费数额大且来源不一。光绪二十九年十二月，四川总督通令各府厅州县为速成师范生筹备学费，除赴渝路费外，具体数额为每名筹备300银元日币、折合库平银270两③。光绪三十年四月，除由学务处先行付给开办费及监督、公费等项银6000两，四川总督重申各地方官为每名学生所备费用合计日币300元、折合九七平银270两④。由于学习时间由八个月展长至一年，实际需要增加学费、归途盘费、翻译费、文案薪水与监督公费薪水、学生月费等五项共计日币4.2888万元，以川银九钱折计，共应续寄4万两（可余1000余元作为电报、医药费

① 《游学经费表》，《四川学报》乙巳第2册，表第1—3页。

② 《游学经费表》，《四川学报》乙巳第2册，表第1—3页。

③ 《总督部堂通饬府厅州考验所属选送赴东学学校管理各生》，《四川学报》乙巳第5册，公牍第9—10页。

④ 《督宪照会监督赴日本学生周主政凤翔文》，《四川官报》甲辰第10册，公牍第6—9页。

等），若按163人匀派，每人须增加日币241元、约折九七平银220两①。除由学务处支给开办费及监督薪水、各项公费外，各县实际应为每名速成师范生筹备541日元、折合银490两，这仍远低于进入日本“特约五校”平均每名学生学费、生活费及学校补助费840日元②。四川各地筹集留日速成师范生经费途径不一，大致不外武举停止后的棚费节存银以及学田局、宾兴、膏火、津捐等费③。截止光绪三十一年二月，各地筹得留日速成师范生经费20700两④，不敷19300两。光绪三十一年四、十一月，各处陆续解款者寥寥，锡良不得不两次通饬各属申解，并将其作为官吏考核内容⑤，“限文到三日内将应缴款项一并申解学务处”，否则除派员守提外，并给予地方官从重记过⑥。光绪三十二年七月，学部“一律停止选派游学速成”电咨到达四川后，四川政府迅即停止速成师范生的派遣，赴日官费速成师范生经费难筹，实为停派原因之一。

---

① 《总督部堂通饬各属补解速成师范生经费札》，《四川学报》乙巳第10册（光绪三十一年六月），公牍第24—25页。

② “五校特约”留学计划是1907年8月中日双方达成的中国学生进入日本文部省直属第一高等学校50人、东京高等师范学校25人、东京高等工业学校50人、山口高等商业学校25人、千叶医学专门学校10人的150人留学计划，中国支付五校补助费为每名中国留学生平均约190日元、每名学生的学费和生活费为650日元，两项合计为840日元。参见吕顺长《清末中日教育交流之研究——以教育考察记等相关史料为中心》，第51页。

③ 《重修达县志》卷十三，民国22年铅印，第26—27页；《大竹县志》卷五，民国17年铅印，第22页。

④ 《游学经费表》，《四川学报》乙巳第2册，表第1—3页。

⑤ 《总督部堂通饬各属申解速成师范经费札》，《四川学报》乙巳第13册，公牍28—29页。

⑥ 《总督部堂通饬各属欠解速成师范生经费赶速申缴札》，《四川学报》乙巳第17册（光绪三十一年十月），公牍第63页。

重庆中学堂留日速成师范生经费，来源于重庆府学堂经费，不足部分由各属摊缴。光绪三十一年二月二十日，重庆中学堂资送速成师范生九人和监督孔庆余一名赴日速成师范，留学经费由重庆府学堂经费项下每年提3000两专为留学10名之用；如学堂实有不敷，再拟酌派本府公款摊缴；如提拨专款不敷留学之用，则由各属共同筹补①。

（三）课程设置与教学内容

根据规定，宏文学院"肄业之年限，凡普通者定为三年"，"此外，又有速成师范科、速成理化科、速成音乐科等，其年限均系随时酌定"，有一年半、八个月、甚至六个月的，当然这些速成科均有传译随同授课②。四川选送的留日速成师范生虽拥有官职、教职及举人、贡生等头衔，中学基础较好，但却较少涉猎物理、化学、博物等普通学科，他们留学日本后，需要补学的，就是中国普通教育缺乏的理化、博物、外语及教育学科知识。光绪三十年六月，日本宏文学院专门成立"四川速成师范科"③，经周翔与宏文学院校长嘉纳治五郎商订，编班为甲乙丙三班，"一文科，一理化，一博物"，课程"最要者若十八门"④，学制一年四学期；除通学师范应学各科外，每班"各重一门，甲班理化，乙班博物，丙班法制经济，以为归国分任教科"⑤。这种分班设计与课程安排，应该说是比较切合实

① 《重庆府张振之太守详请提款资遣游学公文附总督部堂批》，《广益丛报》第2年第28—29期合刊，奏牍第5页。

② ［日］实藤惠秀：《中国人留学日本史（增补版）》，第60页。

③ ［日］实藤惠秀：《中国人留学日本史（增补版）》，第47页。

④ 周翔《序言》，四川师范生编《师范讲义》，日本东京并木活板所榎本邦信出版，光绪三十二年二月十日发行，第1页。

⑤ 《光绪三十一年研究所第七次会议》，《四川学报》第2年第1册，研究汇录第7—8页。

际，且易于收效的。兹将功课列如表3—3。

表3—3 游学日本速成师范生功课表

	课程	算术	代数	几何	三角	物理	化学	心理	教育	法制经济	学校管理法	教授法	教科书编纂法	地理	历史	图画	日文	体操	总计
甲班	第一学期	6						2	4					4	4		6	4	30
	第二学期	2	4	4				2	4	2	2				2	2	3	4	31
	第三学期		3	3	2	4	2		2	2		4				2	3	3	30
	第四学期		2	2	2	8	8		2				1				3	3	31
	总计	96	108	108	48	144	120	48	144	48	24	48	12	48	72	48	180	168	1464
	课程	算术	代数	心理	教育	地理	历史	理化	教授法	法制经济	学校管理法	博物	教科书编纂法	日文	体操				总计
乙班	第一学期	2		2	4	4	4					4		6	4				30
	第二学期	4	4	2	4					2		6		3	4				31
	第三学期	2	2		2			2	4		2	8		3	3				30
	第四学期				2	4		4			2	12	1	3	3				31
	总计	96	72	48	144	96	48	72	48	24	48	360	12	180	168				1464

	课程	学校制度	伦理	教育	心理	管理法	教授法	万国地理	理化	万国历史	教科书编纂法	算术	教育及地方行政大意	经济大意	法学通论	教育史	日文	体操	总计
丙班	第一学期		2	4	2			2		2		2			4	2	6	4	30
	第二学期	2	2	4	2			2		2		4	2		2	2	3	4	31
	第三学期			4		2	4	2		3			6	3			3	3	30
	第四学期	4		6				2	4	2	1		3	1			3	3	29
	总计	72	48	216	48	24	48	96	48	84	12	72	132	48	72	48	180	168	1440

说明:原表所列丙班第四学期每周学时总计数 30 和一年四期学时总数 1640 均有误,现已按实际合计数分别改正。参见《游学日本速成师范生功课表》,《四川学报》第 2 年第 7 册,表第 2 页。

从表 3—3 可以看出,留日速成师范各班,通学心理、教育、教授法、教科书编纂法、日文、体操 6 门,而三班又各有侧重,学制一年四学期,学科 17 门,总授课时数甲乙班各 1464 小时、丙班 1440 小时。

关于四川学生在日本宏文学院的受教育情况,因资料有限,笔者只能略加申述。宏文学院川籍速成师范科,学科最要者 18 门。光绪三十二年二月,日本东京木活板所榎本邦信印刷发行的四川师范生编辑的《师范讲义》17 编 13 册,是四川留日宏文速成师范生将授课讲义编帙付梓发行的成果①,应是最能完整反映宏文速成川籍师范生学习内容的资料。目前,这套书已难觅得,四川大学

① 周翔《序言》,四川师范生编《师范讲义》,第 1 页。

图书馆仅存有《师范讲义》第一部《教育学》、《教育史》两编，其中的《教育学》分上中下三篇，共184页，是日本本庄太乙郎先生的讲义；《教育史》分概论、古代东洋教育史之概要、西洋教育史三部分，共64页，是日本增户鹤吉先生讲授的讲义①。留学归国生王章祐、刘震等人曾辑录整理日本宏文学院学科讲义四种：一是华阳王章祐辑录的讲义《学校编制法》，光绪三十一年《四川学报》第1册讲义栏刊载；二是日本谷延治原讲授的《伦理学》讲义，华阳王章祐阐述、华阳文澄笔记，光绪三十一年《四川学报》第2—3期讲义栏连载；三是日本棚桥源太郎口授的《理科讲话》，王章祐辑录，光绪三十一年《四川学报》第2—3期连载；四是日本安田清忠编辑《小学校管理法》，成都刘震译述、成都龚道耕删润，光绪三十一年《四川学报》第13—16册连载。这些翻译讲义大致能反映留日速成师范生在日本宏文学院受到的学科教育与学术熏陶（本章第二节将专门介绍）。

除了学习规定课程外，部分川籍速成师范生还主动吸取与家乡发展关系密切的新知识新技术，以便回国后为家乡建设服务。华阳籍速成师范生王章祐，“留习一岁，暇即从容研讨其政俗良窳，非若拘儒鄙生活沾沾科段教授而已”②。据资州籍官费速成师范生张荫堂观察：“仁寿之辜大渤、李邦凡，资阳之杨学渊，井研之周坦，内江之熊会昌等均能积极向学。至实业科如制糖、造纸颇多兼习，将来学成归里，于资属向产糖、纸，必能力图进步云。”③川省留日宏文学院速成师范生还积极学习体育技术并参与体育比赛。

① 四川师范生编：《师范讲义》。

② 民国《华阳县志》卷十六，第15页。

③ 《瀛简东来》，《四川官报》乙巳第20册（光绪三十一年八月上旬），新闻第2页。

比如光绪三十年冬，涪州廪生邹鸿定在宏文学院全院700余人的运动会上三获优等，嘉纳治五郎亲奖宝星一枚，“足为乡里增色”①；成都华阳萧执中对游戏体操独有心得，曾因在四川省城各学堂运动会上倡行游戏操，为中外人士赞赏，学务处总理特许其将来担任“中央师范学堂体操教习兼游戏体操”②。

然而，留学速成师范生出国前既缺乏必要的语言与普通科学训练，留学后速成师范时间又只有一年甚至不足一年，故他们之中的多数人只能囫囵吞枣地接受并不精深的学科知识，即便是卒业师范生的学业程度亦十分有限。郭沫若在《我的童年》中记述了这种的情况，光绪三十二年春季开学的嘉定府乐山县立高等小学堂，乐山廪生、官费留日速成师范归国生帅平均，在第一学期担任算术、音乐、体操、读经讲经等科教课，已受过相当科学洗礼的郭沫若认为，“他（指帅先生）的算术真是可怜，除了照着抄本教了我们一些就像图画一样的罗马数字以外，他演起习题来差不多连加法都要弄错。他学的是甚么柔软体操，教了我们许多日本式的舞蹈的步法。他的音乐最是自鸣得意的，他按会了风琴，教了我们好几首《吾党何日醒》的爱国歌。这些便是他关于新学一方面的学问，县里人费了不少的公费特别派遣人到日本去学习得来的一点成绩”③。甚至，还有部分自费出国速成的师范生，“中学并无根柢，游学并未入校，或虽入校而受课不全，或暂上堂而研究未至”，并

① 《涪人特色》，《四川官报》乙巳第3册（光绪三十一年二月中旬），新闻第1页。

② 《游戏体操》，《广益丛报》第4年第5号，原总第101号（光绪三十二年三月初十日），纪闻第8页。

③ 郭沫若：《少年时代》，第63—65、74、77页。

有未获“卒业凭照”，或仅获修业凭照而“挖补修业字迹情弊”①。

三　留日师范生的任用及其影响

关于留日速成师范带给中国社会的影响，中外学者已有较多研究。除法国学者卡梅伦外，多数学者持基本肯定看法。卡梅伦认为，清政府鼓励中国学生留学日本的政策存在很多的问题，由于留日学生集中前往日本，结果许多学生接受的是一种极大淡化了的西学知识，许多学生本身只是为了获得留学生名声，许多人受康梁立宪派和孙中山革命派影响而成为共和主义的鼓吹者，大多数归国学生受科举时代读书做官思想的影响而不愿从事教育职业②。与卡梅伦的看法相反，日本、中国大陆及台湾学者多数持基本肯定看法，尤其是对留日速成师范生在基层教育中所发挥的积极作用予以肯定。实藤惠秀认为：清末留日速成教育对中国来说，“决不是没有好处的，因为它对中国的改革是相当重要的”，“对促进中国发展新文化，决不是没有功劳的”③。舒新城指出：“光绪三十年以后，各省学校之教职员最大多数均系留日师范生，各地谘议局人员，多留日法政生，大半为此等速成生也。”④台湾学者王焕琛认为：清末“留日习速成师范学生甚多，回国后成为基层教育之主

① 《总督部堂通饬各属切实整顿应办应禁各事札》，《四川学报》第2年第4册，公牍札第4页；又见《整饬学务》，《四川官报》丙午第14册（光绪三十二年五月上旬），新闻第1页。

② Cameron, Meribeth E. *The Reform Movement in China*, 1898—1912. Stanford University Press, 1931. chapter 4.

③ ［日］实藤惠秀：《中国人留学日本史（增补版）》，第61、64页。

④ 舒新城：《近代中国留学史》，第53—54页。

力”①;黄福庆则认为,清末的留日学生不仅在政治活动上占有极重要的地位,而且在文化上对于启迪国人思想所作的贡献亦不能磨灭,大多数速成科学生毕业后即返国服务,“实际上所付出的代价,以及对国家的贡献,并不下于高等专门毕业的学生”,“当时留日学生中学习师范尤其是学习速成师范者为数甚多,虽然返国服务的留学生大都集中于大城市,形成都市与乡村之脱节,实际上亦有不少回到乡村,在基层的教育岗位上为培养下一代而默默耕耘”②。

就四川情况而言,由于“赀派师范东游,原为各属办学管理无人”,“原派之时固属注重于管理法,其余科学酌令分班选习,且日本宏文学院附设之速成师范班,既非高等师范学校可比,学期只有一年”,援照游学外洋寻常师范毕业之例,“令该举人等于各本籍高等小学堂或充校长或充教员,并将师范传习所酌为整理”,将各该生于高等小学堂量才任用,“或令同事于学堂,或分别派入师范学堂及传习所以资襄助,此正办也”③。尽管东游速成师范生卒业时并未获得资照,并因办学不当而造成僻陋地方“指学堂为教堂者,有目体操为洋拳者,因而打毁学堂之案层见叠出”④,锡良要求各属慎选慎用⑤,然因办学人员实在缺乏,他们回国后绝大多数从

① 王焕琛编:《留学教育——中国留学教育史料》第一册,台湾国立编译馆1980年版,第103页。

② 黄福庆《清末留日学生》,第160—161、313—314页。

③ 《宜宾县详速成师范生自立师范学堂一案并批》,《四川学报》第2年第1册,公牍第1—2页。

④ 《学部札饬各省提学司查察办学官绅文》,《四川学报》第3年第5册(光绪三十二年五月),公牍第1页。

⑤ 《总督部堂通饬各属切实整顿应办应禁各事札》,《四川学报》第2年第4册(光绪三十二年四月),公牍札第4页;《整饬学务》,《四川官报》丙午第14册,新闻第1页。

事的是基层教育管理、学校管教工作,先到师范传习所、师范学堂襄办,然后到各府厅州县初等小学堂乃至高等小学堂担任监督或教员,后随各府厅州县劝学所成立而被任为县视学,亦有少数人任中高等学堂教员管理员,其作用与影响更多是在地方教育的改革与发展方面。当然,留日速成师范生品类复杂,其回籍后的表现与影响也是千差万别、高低不等的。

首先,开办师范传习所,办理师范学堂,担负起师资培训任务。

由于小学需师孔亟,而各属应急赶办的师范讲习所,或学科程度低下,或办学效益不良,"开办迟早不一,卒业先后不等,而教授管理诸法在优者亦不过特绎刊本,浅尝者尚不知门径,责以教育之任,本属勉强",东游师范生回国为川省解决师资缺乏及其程度低下问题提供了条件。光绪三十一年夏秋之际,四川学务研究所召开第七次会议,会议事项之一便是关于留日速成师范卒业生的任用与培养问题,最后决议从速开办成属三月速成师范,"即以归来诸君担任教育,以三班所得之学识,集而授之一人之身"①。九月,锡良饬令就省垣设所,由成属各州县选派员生赴所学习,东游各生亦附从听讲,以交换智识而得完全②。十月初一日,成属师范讲习所正式开办,初三日开堂授课,来学者共计 316 人,其中成都府 16 州县来学者 292 人、其他州县和贵州来学者 24 人③。

① 《光绪三十一年研究所第七次会议》,《四川学报》第 2 年第 1 册,研究汇录第 7—8 页。

② 《总督部堂饬成属各州县选派员绅赴省城讲习所札》,《四川学报》乙巳第 16 册,公牍第 35—36 页;《总督部堂咨覆学部电》,《四川学报》第 2 年第 3 册,公牍第 3—4 页;《奏陈学务情形并推广办法折》,《锡良遗稿 · 奏稿》第一册,第 520 页。

③ 《成属师范传习所学生姓名籍贯年岁表》,《四川学报》乙巳第 20 册(光绪三十一年十一月),运动会录 · 学生姓名表,第 1—5 页。

同时,锡良通饬外属各府直隶州,调集东游回籍及新班诸生,择取相当之地,利用年期终届之际的三个月左右时间,仿成属师范讲习所办法,"展期增额,更定课程",赓续接办师范传习所或设立教育研究所,"酌以明年正月中旬竣事,庶于亟就之中仍可从容讲肄,而又不误各学堂开学之期,交换智识"①,毕业后派充初等小学堂教员。据程昌祺日记记载:"中外日报载四川督抚通饬各府厅州设师范传习所,以三月为卒业,命东归师范生任教授。"②自光绪三十一年秋季至次年春季,各地纷纷利用留日速成师范归国生传习师范,或新设,或续办,或展长期限,大规模训练初等小学堂师资。比如华阳开办师范传习所,传习学生 73 名③;川北开办教育讲习所,讲习学生 19 名④;平武县创设高等小学堂并附设师范传习所,请"曾游学日本,热心教育"的黄书云广文为校长⑤;东乡县添延留日速成师范生景昌运任所长,襄教兼接办师范传习所⑥;南川县高等小学堂兼办师范传习所,留日师范生罗祖泽任教员⑦;什

① 《总督部堂通饬各属调取回籍师范生开办讲习所札》,《四川学报》乙巳第 16 册,公牍第 36 页;第 17 册,公牍第 63 页。

② 程昌祺《静观斋日记》,光绪三十一年十二月六日。四川大学图书馆收藏,又见四川省教科所藏《四川省志教育志·师范教育抄件资料汇编》,编号 3660。

③ 《华阳师范传习所学生姓名年龄表》,《四川学报》乙巳第 20 期,运动会录·学生姓名表,第 10 页。

④ 《川北教育讲习所学生姓名籍贯年岁表》,《四川学报》乙巳第 20 期,运动会录·学生姓名表,第 5—6 页。

⑤ 《平武兴学》,《广益丛报》第 3 年第 15 号,原总第 79 期(光绪三十一年七月初十日),纪闻第 13 页。

⑥ 《东乡县署来函照录》,《广益丛报》第 4 年第 17 号,原总第 113 期(光绪三十二年六月初十日),纪闻第 9—10 页;《万源县志》卷五,民国 21 年排印,第 31 页。

⑦ 《新修南川县志》卷七,民国 20 年铅印,第 12 页。

邡县官费留日宏文书院刘宗海回国后，任县高等小学堂附设师范传习所所长，续招师范传习第二班①；云阳学堂附设三个月卒业速成讲习师范，曾延用从日本归国的速成师范毕业生赖迴澜充任教员、管理员②；叙州府调集府属留日师范生刘德麟、郭选芳等在府治考棚照章传习③；泸州就试院闲地改修中学堂并附设传习所，聘留日速成师范归国生为教习④；宜宾县立高等小学堂聘留日归国生何心泉任监督，附设一年制简易速成师范一班，连办两年⑤；雅州武太守“札调所属各县官费游学日本卒业之速成师范生，春初齐集府城，仿成都府例，设一师范传习所”⑥；达县留日宏文速成师范生万如璋回国后，“又传习师范一班”⑦；日本回县的王黻堂开办内江县简易师范班⑧；酉阳师范传习所设立，留日师范生程昌祺任教习兼所长⑨；邛州师范传习所“延请日本卒业闵仲瀛，到堂补讲

① 《重修什邡县志》卷六，成都球新印刷厂民国18年铅印，第13页。

② 《查学委员知县颜绍泽奉札纠正云阳学务禀》，《四川学报》第2年第2册，公牍第2页。

③ 《宜宾县详速成师范生自立师范学堂一案并批》，《四川学报》第2年第1册，公牍第1—2页。

④ 《泸州禀改修中学堂并附设传习所一案》，《四川学报》第2年第1册，公牍第3页；《泸县志》卷四，民国27年铅印，第12—14页。

⑤ 刘济川：《建国前宜宾教育概况》，《宜宾文史资料选辑》第5辑，1986年，第3页。

⑥ 《雅州学界》，《四川官报》丙午第2册（光绪三十二年正月下旬），新闻第1页。

⑦ 《重修达县志》卷十三，第25—26页。

⑧ 《内江县志》卷二，民国14年重刊，第27—28页。

⑨ 程昌祺：《静观斋日记》，光绪三十二年二月九日、三月十八日，第13页。四川大学图书馆收藏；《四川省志教育志·师范教育抄件资料汇编》，编号3659。

教育、管理、教授、心理、体操诸科学”①；筠连县令韩骧九聘留东卒业生刘元志充当监学，创办官立高等小学堂并附设传习师范②。

此外，留日速成师范归国生还积极参与师范学堂的规划、筹建与管理、教学工作。光绪三十二年四月，酉阳知府唐恭石拟筹款设立酉属师范学堂1堂，“函约回国游学日本之谭、陈诸生，商议于州城设一师范学堂”③，六月底酉属师范学堂开堂，谭焯首任监督④；光绪三十二年八月，全川优级师范选科学堂（即成都一师前身）创办，王章祜为首任监督；宣统三年，临时教员养成所成立，留日速成师范毕业生彭兰芬首任监学。川东师范学堂的筹建、管理与教学，均是留日速成师范生所担任。据载，光绪三十一年，重庆府留日师范生陈崇功、黄润民、龚秉权、刘雪樵、李春稼、曾吉芝、杨霖等人参与筹建川东师范学堂，该学堂建筑合式、规制完整与留日师范生参与建设不无关系，次年春开班授课，管教各员“皆博雅端谨之士，能求学于东而毕业于师范者”⑤，杨霖首任监督，直到1912年4月，此后冉献徵（1912年4月—1913年2月）、童宪章（1913年2—8月）、刘德萃（1913年8—12月）、杨霖（1915年3—

①　《邛州师范传习所发展情况》，《广益丛报》第4年第3号，纪闻第10—11页。

②　《筠连学务》，《广益丛报》第4年第27号，原总第123期（光绪三十二年十月三十日），纪闻第9页。

③　《唐恭石初到酉阳晓谕示文》，《广益丛报》第4年第15号，纪闻第10—11页。

④　《善政汇闻》，《广益丛报》第4年第18号，纪闻第9—10页；《教育·各省学务汇志·四川》，《东方杂志》第3年第9期，教育第236页。

⑤　《川东师范学堂竣工》、《师范开堂》，《广益丛报》第4年第3号，纪闻第11页；第5号，纪闻第10页。

8月)、龚秉权(1915年8月—1918年10月)先后担任校长①,留日师范生连续担任该校校长10余年。

其次,担任普通学堂职教员、省县视学乃至地方官吏,对清末民初四川教育与社会发展作出贡献。

四川留日速成师范生回国后,多数成为各地初等高等小学堂监督或教员,成为清季四川基层教育的办学骨干。自光绪三十年春季岑春煊派出的留日速成师范生陆续回川后,他们很快被聘请为初等学堂教习。比如光绪三十年二月,温江张亦飞(张卜冲)、华阳王叔均(王章祜)等人回川②,三月中旬省城内城少城书院改为八旗学堂,"教习闻已聘速成师范卒业生华阳王章祜"③;新津刘石浦、万松云"自日本游学归来,带有仪器、图籍,协议立学堂一所,近已兴工建造"④,三月新津江西会馆设立蒙养学堂,聘万云松为教习⑤;七月底至八月初,成都文庙街刘公馆新设公立第六小学堂,"堂内教习为龚煦春,曾经游学东京归来者,折衷科学,一切大加改良,于小学资格最有斟酌"⑥;十一月上旬,荣县在省城创办义务学堂,由留日速成师范卒业生黄芝(书云)订定课目章程⑦等等。自光绪三十一年秋季,锡良选派的留日速成师范生相继卒业归国,

① 《川东师范学校民国24年度概况报告书·川东师范学校历任校长》,重庆市档案馆:民国四川省立川东师范学校档案,案卷号0129—1—310。

② 《仪器将到》,《四川官报》甲辰第2册,新闻第2页。

③ 《八旗设学》,《四川官报》甲辰第6册(光绪三十年三月中旬),新闻第2页。

④ 《教育·各省学堂汇志·四川》,《东方杂志》第1年第4期(光绪三十年四月二十五日),第202页。

⑤ 《会馆兴学》,《四川官报》甲辰第9册(光绪三十年四月中旬),新闻第2页。

⑥ 《续兴小学》,《四川官报》甲辰第23册,新闻第2页。

⑦ 《学风独盛》,《四川官报》甲辰第29册,新闻第2页。

除在年期终届之际被任用为师范传习所传习员或师范学堂襄办外，次年春季各学堂开学时，大部分被任用为高等或初等小学堂监督、教员。光绪三十一年，定远县（民国初年改名武胜县）就书院改设高等小学堂，并附设师范传习所，留日卒业师范生杨秉堃充任教员，次年定远县设劝学所，杨秉堃充任视学①。光绪三十一年，眉州筹议就前试院考棚改建眉州联合中学堂，其"议倡自同属东游诸君"，两年后开堂，"监督为州增生日本师范学校毕业夏光普"②。光绪三十二年，云阳县改玉溪书院为高等小学堂，以留日生陶懋鑫主持校事，"懋鑫新游日本归，有令誉，学子骇慕，麇集至百余人，它校莫及"③。

部分留日速成师范生在清末民初被委任为县劝学所视学和省视学，成为四川各级教育的策划与管理者。光绪三十二年四月二十日，学部奏陈各省学务官制，规定各省提学使下设省视学六人，"承提学使之命巡视各府厅州县学务，各省视学由提学使详请督抚，札派曾习师范或出洋游学、并充当学堂管理员教员、积有功绩者充任"；各厅州县均设劝学所，置县视学一人，兼充学务总董，"选本籍绅衿，年在30以外，品德端方，曾经出洋游历或曾习师范者，由提学使扎派充任"④。据民国四川府县志及清末民初报刊统计，除了彭兰芬担任省城劝学所总董外，留日速成师范归国生担任过县视学的计有26人（参见表3—4）。

① 《新修武胜县志》卷五，民国20年铅印，第3,5—6页。
② 《眉山县志》卷六，民国12年铅印，第13—14页。
③ 《云阳县志》卷十一，民国24年铅印，第5页。
④ 《各省学务官制并劝学所章程》，清学部编印，时间不详，第4—5页。

表 3—4　清末民初留日速成师范生任县视学一览表

县份	姓名	县份	姓名	县份	姓名	县份	姓名
灌县	张凤翮	华阳	刘镜	巴县	曾吉芝	新津	万云松
江津	邓鹤丹	梓潼	陈金镛	江北厅	黄泽渊	安县	安永祥
云阳	程理权	荣昌	杜芬(永川人)	南川	罗祖泽	定远	杨秉堃
夹江	彭赞尧	合江	刘德麟(富顺人)	屏山	陈文彬	南溪	郭选芳
通江	邓天璧	垫江	李春藜(合江人)	井研	周坦	巴州	邱本岑
邛州	闵鸿洲	清溪	陈宗颜	名山	胡存琮	蓬州	胡祖虞
昭广	白世杰	会理州	康受嘉				

部分留日速成师范归国生还出任省视学一职，承提学使司之命对四川各地办学进行督导。比如宣统元年闰二月，四川提学司改派省视学六名，除了上川南区省视学伍鋆一名外，其余五名省视学皆为留日师范生，分别是川东区省视学张凤翮(灌县人)、川西区省视学何元体(宜宾人)、下川南区省视学程昌祺(黔江人)、川中区省视学周泽(犍为人)、川北区省视学杜明熠(芦山人)①。宣统三年，全川设八个视学区，增设省视学二人，增补曾吉芝为川南区省视学②(后改任上川东区省视学)，另有中川南区省视学邓鹤丹、川北区省视学王秉基、下川南区省视学程昌祺、上川南区省视学孔宪章③等。民国初年，四川恢复省视学建制，陈文彬、杜明熠、曾吉芝、邓鹤丹皆担任过省视学。

---

① 《视学改派》,《四川官报》乙酉第 7 册(宣统元年闰二月下旬),新闻第 1—2 页。

② 《视学调查》,《广益丛报》第 9 年第 2 期,原总第 258 号(宣统三年二月初十日),纪闻第 11 页。

③ 参见各视学报告,《四川教育官报》辛亥第 25 期(宣统三年八月),公牍第 1—6 页。

此外，清季四川组织的学务公所、教育会及各地私塾改良会、私塾传习所等，或为留日速成师范生所首倡，或为他们所主持；部分留日速成师范归国生在民初还走上政坛，出任地方长官、省县议员、地方团练等职，对民初四川地方政治及社会变迁产生影响①。

笔者注意到，清末民初，在四川教育界与政界甚为活跃的留日速成师范卒业生，有王章祜、张澜、曾吉芝、余舒、彭兰芬、林思进等。

张澜，南充人，清末历任顺庆府官立中学堂教习、四川游学预备学堂教员、东文学堂学监、顺庆府中学堂监督，端明女塾、女子师范学堂创办者，民初曾任嘉陵道尹、四川省长及南充中学、端明女子中学、国立成都大学校长等职②。

---

① 如华阳王章祜，民初曾任四川巡按使公署教育司司长、政务厅长、西川道尹、直隶教育厅长、教育部次长（民国《华阳县志》卷十六，第16—17页）；南充张澜曾任嘉陵道尹和四川省长；盐边李又新曾任该县知事（《南江县志》卷首县志纂修姓氏）；景昌运曾任绥定府东乡县知事，两次票选省议员（《宣汉县志》卷五第23页，卷六第36、42页，卷十二第34页）；陈宗彦曾任清溪县省议员、县团务局局长和保卫团副团长（《汉源县志》之《职官志上·各局所职员》第9—10页及《人物志上·选举》第3页）；陶明道曾任荥经县团练局长、县议员（《荥经县志》卷四第25、30页，卷十第26—29页）；胡存琮任名山县教育会副会长，办理杂貐外交，任雅州联立中学校长，察隅、稻城等县知事，名山县修志局局长兼纂辑，善后会议代表（《雅安县志》卷三第13、22—23页及《名山县新志》卷首第6页、卷六第20、24页、卷十二第17页）；杜明熚历任川北区省视学、第一区省视学、教育科科员及川东道尹等职；陈金镛除创办龙安高等小学、梓潼县立高小、梓潼县立中学、女子小学，任校长外，还担任县劝学所视学、县议会议长，西藏德荣、义敦两县知事，荣获五等文虎勋章及四等嘉禾勋章，并倡办梓潼教养工厂、县蚕桑局，以及担任省立龙绵师范学校、江油初中校、梓潼县中学教员（陈季武等《同盟会员、早期留日生——陈心斋先生》，《梓潼文史资料选辑》第2辑，第44—47页）。

② 杨昌泗：《对四川教育事业卓有贡献的教育家张澜》，四川政协文史资料研究委员会、四川省文史馆编《四川近现代文化人物续编》，四川人民出版社1989年版，第293—304页。

曾吉芝,巴县人,除与李春秾等人参与川东师范学堂的创办外,1907、1913、1924、1927年四任巴县县立中学校长,1908年任巴县视学,1911年调川南省视学,后改上川东省视学,1915—1918年任第二区(上川南区)省视学,1919年当选省议员,1927年后先后任巴县视学、教育局长兼巴县国民师范学校、女子中学、甲种农业学校、赣江中学校长,1933年任四川省立重庆女子师范学校校长等①。

余舒,成都人,日本宏文学院师范科留学三年,加入同盟会,1908年夏回国,任成都府中学堂教务长,1912年任重庆府中学校长,1913年任熊克武讨袁军司令部参议兼秘书,1918年任督军署秘书长,后历任成都高师、国立成都师范大学、成都大学教授②。

彭兰芬,双流人,光绪三十一年九月十八日由日本宏文师范卒业回川,光绪三十二年四川省城劝学所创办后任总董,创办省城四区(后改六区)师范传习所和小学教育研究所,光绪三十四年当选成都自治局议绅,宣统二年任省城实业教员讲习所监督,1912年与赁溶一道参加全国临时教育会议③。

林思进,华阳人,曾力赞胡峻开办四川高等学堂、刘紫骥开办成都府师范学堂(后更名成都府中学堂),光绪三十一年游学日本宏文学院师范科一年多,光绪三十三年卒业回国,经朝考,授内阁中书。民初,议设四川省图书馆,自请出任馆长,1918年辞图书馆

① 彭伯通:《在重庆办学的教育家曾吉芝》,《四川近现代文化人物续编》,第285—292页。

② 梁文骏:《余舒》,任一民主编《四川近现代人物传》第六辑,四川大学出版社1990年版,第379—381页。

③ 参见清季出版的《四川学报》、《四川教育官报》以及教育部编《教育部行政纪要(自民国元年四月至四年十二月)》第4页。

长职,任华阳中学校长,直至1924年8月,此后执教于四川国学院、四川高等师范学校、成都大学、四川大学、华西大学等校①。

第三,具有双重文化经历的留日速成师范归国生,不仅学识修养参差不齐,而且言行精神与中国传统文化疏离,给中国教育转型与社会变迁带来一定影响。

宾夕法尼亚州立大学任以都教授曾指出,有过国外学习经历的人,"他们在某种程度上具有双重文化,既熟悉中国的精英文化,也熟悉外部世界的精英文化。他们作为学者的精英地位,加上熟悉异国方式,使他们与乡村中国愈加格格不入。……有些学者感到他们的外国倾向有使他们脱离自己背景的危险,即一种游离于祖国社会的失落感,简言之,即精神上的颓废和情感上的疏远。双重文化的经历能搅乱一个人的个性。这一问题的程度有多深尚不清楚"②。就四川而言,留日速成师范归国生与四川社会亦存在某种程度的冲突和疏离。首先,被指为新学知识浅薄、教学照本宣科。据陆殿舆回忆,他就读四川高等学堂时,"微积分,初由一位姓彭的教师讲授,不知姓名,同学只叫彭微分,他是日本留学生,学问有限,不受同学欢迎,后来由日本教师平野担任。"③光绪三十二年三月,查学委员颜绍泽在调查各属蒙学时亦发现:各属蒙学教师虽经传习,然管教终少合度,原因固在于传习时间不长,而病源在传习师范生不照章讲授而好高骛远,其病根则在担任师范传习所

① 王仲镛:《古典文学家林思进》,四川政协文史资料研究委员会、四川省文史馆编《四川近现代文化人物》,四川人民出版社1989年版,第147—151页。

② [美]费正清、费维恺编:《剑桥中华民国史(1912—1949)》下卷,第414—415页。

③ 陆殿舆:《四川高等学堂记略》,《四川文史资料选辑》第20辑,第156—167页。

的教员即卒业于东洋的速成师范生，“以有限期日，不传切近九科教法，而侈语高深，不实练教管方法，而偏重原理，如生理、心理、博物、外语等科……至于奏定章程规则，多有师范生至今不见闻者，正以从不传习故”①。其次，被视为利益与权利的竞争者。留日师范生谭焯回籍后，先任秀山高等小学校长，后兼任酉属师范学堂监督，酉阳学界以“灼庵抱金钱主义，全权在握，垄断独登”，诬他“假官权以辱学生”，移酉阳学款以办酉属师范②，对其肆意抵毁；崇化屯速成师范生王俊德回里商办学务，“率请该屯岁筹三千金学堂经费，不知该屯情形迥非内地可比，……犹复固执己见，迳请照办，甚且语多挟制，不容该屯转禀，在该生自以为热心学务，实则意见乖谬”③，这些都反映了四川传统官绅与留日速成师范归国生在办学权利上的争夺。安县官派留日速成师范生李淦元捏名谋干，经叶令查明，从权派充监学，学务处“着李淦元、刘炳离二人查取黉案，暂革衣顶，一面由该令追缴东游费，归入学堂充用”④，则反映了四川官绅对留日速成师范归国生进入仕途的排斥。第三，被斥为言行另类。“奇服炫装，诡欺夸诞，下傲乡里，上凌长官，狐假马蒙”，“营私唆讼，遇事出头，自命为国民而行事过驵侩”⑤，反映了

① 《查学委员知县颜绍泽请饬各学堂限制年龄及传习师范生务照定章讲授禀》，《四川学报》第2年第3册，公牍禀第5—6页。

② 《辨诬》，《广益丛报》第5年第2期，原第130号（光绪三十三年二月三十日），纪闻第8页。

③ 《总督部堂批崇化屯禀陈学务情形并派师范生王俊德充小学堂教员一案》，《四川学报》乙巳第18册（光绪三十一年十月），公牍第74页。

④ 《安县详整顿学堂情形一案》，《四川学报》第2年第1册，公牍第3—4页。

⑤ 《总督部堂通饬各属切实整顿应办应禁各事札》，《四川学报》第2年第4册，公牍札第4页；《整饬学务》，《四川官报》丙午第14册，新闻第1页。

他们与中国传统士绅及其文化的冲突。

尽管如此,留日师范教育为四川培养了第一批受过专门训练的具有近代教育理论素养的新型师资,他们在清末民初积极投身四川教育事业,担任师资培训、教学管理、省县视学,或进入地方职官行列,成为地方办学与行政管理的生力军。不仅如此,留日速成师范生对四川社会至少还有两点贡献。一是部分留日速成师范生在留日期间理解了民族主义的重要性,使他们在同乡观念中增添了一种日益强烈的中国人的意识①,并在回国前后加入同盟会,成为四川民主革命的骨干力量。一是部分留日师范生为四川教育积极引进日本教习、教材等教育资源,使日本先进的教育学术思想直接进入内陆四川,对四川教育及其学术变迁产生直接影响。关于前者,学界已有较多的讨论,本文不赘。关于后者,笔者拟于下节讨论。

第二节　日本教习与教材引进

由于"留学不仅是一种文化的传播过程,也是一种'意识'的塑造过程。此一塑造过程具有潜移默化一个人的思维模式、价值取向与行为制范的作用,足以改变一个人的文化价值和政治取向"②。清季留日教育的一个直接后果是造成了留日学生对日本教育的认同感,并使其积极从事日本教习、教学仪器、教材等教育资源的引进。

① 费正清编:《剑桥中国晚清史(1800—1911 年)》下卷,第 410 页。

② 王奇生:《中国留学生的历史轨迹 1872—1949》,第 217 页。

一 日本教习引进

20世纪初叶，随着留学日本热潮和“向日本学习之风”的发展，中国官绅逐渐认识到聘请日本教习来中国教授学生，比派遣学生去日本求学更经济实惠，因此开始聘请日本教习到中国任教，并得到日本东京高等师范学校校长嘉纳治五郎、东亚同文会会长近卫笃麿等人的鼎力相助，于是聘请日本教习担任中国学校教职的情况几遍及全国。据学者统计，历年中国学堂聘请的日本教习人数达527人，其中有兼聘者38人①；光绪三十二年，“最盛期的日本教习，据云有500—600名”②。在西南内陆的四川，聘请外国教习尤其是日本教习充当中学、师范及其专门以上学校教习，并不逊色于直隶、江浙等省份。

据日本山川早水考察，四川聘请外国教习，始于光绪二十八年四川武备学堂聘请松浦宽威为总教习，皆川季孝、宫崎喜代治、田村田四人为教习，随后创立的泸州经纬学堂、永川达用学堂也分别聘请了一名日本教习；其次，光绪二十九年十一月受聘高等学堂的池永太六、和田喜八郎以及东文学堂的服部操三人，是成都普通教育的最初引进者。当时成都的新式学堂只有上述三所，而负责招聘的是将赴日考察教育的成都府华阳人、四川高等学堂总理胡峻。此后，成都其他学堂也陆续聘请了日本教习。如光绪三十年创办的成都淑行女塾聘请池永太六夫人任教，后因故辞职；光绪三十二年春，成都淑行女塾和泸州官立女师范分别聘请加藤峰、今野八重

① 根据汪向荣《日本教习》第109页的《表二日本教习在中国分布地区》统计得来。

② ［日］实藤惠秀：《中国人留学日本史》，第73页。

和冰其梅三位日本女教习。截至光绪三十二年五月止,成都各学堂聘用日本教习16名,其中有帝国大学毕业生4名、东京高等师范学校毕业生6名。此外,散居四川各地的日本教习有12名,其中有帝国大学毕业生1名、其他不详。有的学堂还聘请他们作兼职,更有甚者竟以日本教习作为招牌吸引学生。到光绪三十二年八月,彭山县立高等小学堂聘有泷口定次郎夫妇任教,眉州高等小学堂聘日本茨城县的后藤美之氏任教,泸州城内的师范学堂有日本男教习一名,泸州女学堂有日本女教习一名,重庆城内有日本小野德太郎自办普通学堂一所(即重庆东文速成学堂——笔者注),夔州府中学堂有日本教习户城传七郎与丰田郎两氏。① 此后,淑行女子学堂又聘请了大野嘉代(女,授音乐、体操,东京女子体操音乐学校毕业)、相田智保(女,授手工)为教习②;宣统二年八月,又聘日本田添幸枝女士教授油画、泥塑③。可见,聘用日本教习从事四川师范教育,始于川南经纬学堂聘用伊东松雄和四川高等学堂附设师范馆聘用池永太六、和田喜八郎等。

关于清季四川聘请的日本教习数量,已有学者作出统计。据日本南里知树统计,清季四川学堂聘请的日本教习人数为90人(参见表3—5)。

① 以上资料来源:[日]山川早水,李密等译,蓝勇审定:《巴蜀旧影——一百年前一个日本人眼中的巴蜀风情》,四川人民出版社2005年版,第79—82、89—92、232、239、246—247、258页。

② 隗瀛涛主编:《四川近代史稿》,第390页。

③ 《女士受聘》,《广益丛报》第8年第15期,纪闻第10—11页;《女校添学泥塑》,《广益丛报》第8年第22期,原总第246期(宣统二年八月三十日),纪闻第9页。

表3—5 光绪二十七年至宣统三年(1902—1911)

四川学堂聘请日本教习人数简表

年份	1902	1903	1904	1905	1906	1907	1908	1909	1910	1911	合计
人数	5	6	4	2	26	9	14	14	9	1	90

资料来源:[日]南里知树编《近代日中关系史料》第Ⅱ集。转引:[日]柴田岩《日本教习在重庆的事迹及活动——近代日中教育交流之初步考察》,《一个世纪的历程——重庆开埠100周年纪念》,第471页。

由表3—5可知,四川学堂聘请日本教习最多的年份是1906年26名,1907—1910年四川聘请日本教习数量虽有下降,但与1906年以前相比仍高出许多,1911年仅聘请日本教习1名,可能与当年四川保路运动引起社会不稳定有关。关于1906年四川聘请日本教习数量,另有两种资料可资参考:一是山川早水在四川境内的调查,截至1906年5月底,在四川侨居的日本人共计59人,其中学堂聘用的日本教习达28名,且程度较高,计有东京高等师范学校毕业生6名、帝国大学毕业生4名①;二是1906年5月12日四川总督咨复学部关于四川所聘洋教习薪水电中提到的日本教习22人②。尽管几种数据有出入,然而可以肯定的是1906年四川学堂聘请的日本教习人数在22人以上。到1906年底,据日本领事馆调查,侨居四川的日本人增加到80人,其中女性9人,而此时重庆驻日领事馆管辖区内的日本人总数110人,内含陕西16人、甘肃2人、云南8人、贵州4人③。显然,在西部几省中,1906

① [日]山川早水:《巴蜀旧影——一百年前一个日本人眼中的巴蜀风情》,第82页。

② 《总督部堂咨复学部电》,《四川学报》第2年第3册,公牍第4页。

③ [日]山川早水:《巴蜀旧影——一百年前一个日本人眼中的巴蜀风情》,第82—83页。

年，四川的日本侨民及学堂聘用的日本教习是最多的。

另据国内学者统计，清季四川学堂历年聘请的有姓名可考的洋教习共计128人（含兼聘续聘14人），其中日本教习115人（含兼聘续聘14人）、欧美教习13人（参见附表3—2）。扣除兼聘人数，四川聘请的日本教习人数与南里知树的统计基本吻合。从附表3—2来看，四川聘用外国教习具有如下特点。一、聘请洋教习的地区，除成都、泸州、重庆巴县、江北、夔州、内江、宜宾、资州等交通和文化较为发达的地区外，还有彭县、眉州、广安、彭山、永宁、潼川等较为偏远的内地县份。二、聘请日本教习的学堂，共计40所，自高等学堂、中学、师范、高小至幼稚园，各个层次的学堂都有，且含部分女学堂在内。三、聘请的日本教习多系实有所学者，部分人还是日本师范学校毕业生并有一定从教经历。四、日本教习所教授的学科，都系四川学堂缺乏师资的学科，如教育、语言、理、工、农、医、自然科学。五、日本教习的待遇较优，不仅薪资较高且很受尊重。据光绪三十二年四月十九日四川总督咨报学部，四川13校聘请日本教员22人、月薪银元50—500两①；“成都才办学的当时，请来的日本教习特别多（其中连日本的皮匠师傅都请来了），聘金特别贵，就像这样连骗小孩子的体操都用日本教习来教，连那样基本的口令都没有翻译成中文”②；“在侨居期间，各地方的日本人都是教习，因而也受尊敬，所以居住条件犹如京城”③。六、特别值得注意的是四川聘请日本教习从事师范教育的人数较多，比例亦较高。在四川聘请日本教习的学堂中，计有四川通省师范、省城

---

① 《学部电》、《总督部堂咨复学部电》，《四川学报》第2年第3册，公牍第4页。

② 郭沫若：《少年时代》，第40—41页。

③ ［日］山川早水：《巴蜀旧影——一百年前一个日本人眼中的巴蜀风情》，第84、89页。

女子师范（前身为淑行女塾、淑行女子中学堂）、四川优级选科师范、蚕桑师范传习所、川南师范（前身经纬学堂）、泸县女子师范和小市女师传习所、巴县女子师范（前身东亚女学堂）、川东师范学堂等 8 所师范类学堂，聘请外国教习 29 人，其中只有蚕桑师范传习所聘用的是 1 名法国教习；另有附设各类师范班的高等、中等、高小学堂，如四川高等学堂、补习学堂、成都府中学堂（成都府师范学堂）、华阳中学堂、公立嘉定中学堂、富顺自流井私立树人学堂、眉州高等小学堂（有记为“眉州中学堂”）、夔州府中学、重庆府中学堂、重庆幼稚园附设保姆师范科、顺庆府中学堂、彭县高小、彭山高小（彭山师范学堂）、江津高小、云阳县立中高校等 15 校，聘请日本教习 41 人，两项合计共 23 校、洋教习 69 名（日本教习 63 名、欧美教习 6 名），约占四川聘请洋教习的学校总数 40 校的 62%、洋教习总人次 128 人次的 53% 以及日本教习总人次 115 人的 55%，这意味着清季四川聘用的洋教习尤其是日本教习有超过 40% 的人可能从事过师资培养工作。

晚清学部编撰的光绪三十四年和宣统元年教育统计图表，进一步证实了四川师范学堂聘请日本教习数量并不逊色于京津及沿海沿江地区的情况。据学部统计，光绪三十四年，四川师范学堂聘用外籍教员 18 人，仅次于江宁 20 人，位居全国第二；宣统元年，四川师范学堂聘用外籍教员 21 人，超过江宁 20 人，位居全国第一（参见表 3—6），可见清季四川师范学堂聘请洋教习（主要是日本教习）数量名列全国前茅。宣统元年六月，四川聘用日本教习 40 名，仅次于直隶 114 名、江苏 50 名而名列第三①；其中，四川师范

① 转引：[日]柴田岩《日本教习在重庆的事迹及活动——近代日中教育交流之初步考察》，《一个世纪的历程——重庆开埠 100 周年纪念》，第 471 页。

学堂聘请日本教习21人，占四川聘用日本教习总数的52.5%。

表3—6　光绪三十四年与宣统元年四川与江宁、全国师范学堂教员资格对比表

年份	省份	优级师范				初级师范				传习所等				合计
		在本国毕业者	在外国毕业者	未毕业未入学堂者	外国人	在本国毕业者	在外国毕业者	未毕业未入学堂者	外国人	在本国毕业者	在外国毕业者	未毕业未入学堂者	外国人	
光绪三十四年	四川	6	5	7	6	2	11	12	11	11	7	15	1	94
	江宁	14	10	5	12	38	48	47	8	20	16	12		230
	全国	166	94	93	86	462	326	344	37	426	141	197	4	2376
宣统元年	四川	3	20	11	16	18	29	36	5	11	11	14		174
	江宁	7	19	5	12	40	60	15	8	21	11	10		208
	全国	152	144	80	91	523	353	349	27	334	126	116	4	2299

说明：由于光绪三十三年四川、广东两省缺报，故本表仅列光绪三十四年、宣统元年数据。本表根据《光绪三十四年份第二次教育统计图表》、《宣统元年份第三次教育统计图表》两书的《各省师范学堂教员资格表》改制。

四川尽管地理、交通、文化条件较差，聘请外国教习尤其是日本教习充当中学、师范及其专门以上学校教职，却并不迟于直隶、江浙等沿海沿江省份。这一方面缘于四川重庆、万县较早成为约开商埠，社会风气比较开通，教育与经济较为发达；另一方面，缘于四川当局很早就把聘请外国教习作为实现教育近代化的手段之一。由于学科程度甚高的师资缺乏，尤其是理化、博物、教育师资缺乏，川省当局认为，聘用外人讲学与留学他国无异，费省而见效快，还可免除学生接受西方“异说”之虞，因而聘请了相当数量的洋教习入川担任教职。为了规范与管理外籍教习聘用，光绪三十一年七月，川省学务处要求，“中学堂以上有聘用外国教员者，均应于合同内订明须受本学堂监督节制，除所教讲堂本科功课外，其全学事务概由总办监督主持,该教员勿庸越俎干预";进而规定,嗣后各学堂聘用外国教员,须报请学务处审核,"须查明某人系某国某校出身,有无卒业文凭,现由何人介绍,拟订明功课若何,期限若何,俸给若何,各项权限逐一声明,以凭覆加查访"①,从而杜绝了各学堂在聘请外国教员中可能出现的各种弊端。

留日归国学生积极为四川教育引进日本教习,是四川聘用日本教习人数较多、层次较高的原因之一。比如光绪三十一年,泸县人章咸等留学日本归,聘日本教习冰其梅(也译滨崎梅)女士来泸,次年二月泸州小市女师传习所开学,"任西学者为日本冰其梅先生,教授体操、音乐、理化等科"②,闰四月十八日泸州官立女子师范学堂开办,滨崎梅"教授音乐、图画、体操、理科"③。光绪三十一年三月十六日,重庆创办幼稚园并附设保姆师范科,由日本归国的重庆教育会会长陈崇功娶回的日本夫人山口智慧女士(日本薄记精修学校并技艺学校卒业)及渝城曾光杰女士纠合同志创办,并担任一切教育之事,教授普通学、教育、教授、管理法④。光绪三十三年十月,富顺自流井板仓坝王氏树人家塾东渡考察日本教育人员归校,"聘有东京高等师范卒业理科冈本常次郎(任理化教员)、文科鹰野该吉(任自然和日语教员)、东京女子高等师范文科卒业四方氏(任教育心理教员)、音乐体操专修科卒业山根花子(任音乐和体育教员)主任教授各科,兼聘留学卒业五人专任助教

---

① 《学务处通饬各属延订外国教员须先呈明》,《四川学报》乙巳第13—14册(光绪三十一年八月),公牍第31—32页。

② 《泸州女学》、《女学述闻》,《广益丛报》第4年第17号,纪闻第10页;第4年第29号,纪闻第8—9页。

③ 《泸州女学》,《广益丛报》第4年第17号,纪闻第10页;《泸县志》卷四,第11—12、13—14页。

④ 《重庆创办幼稚园》,《广益丛报》第4年第5号,纪闻第9页。

通译，又购办一切学校用品”①。光绪三十四年春至宣统元年三月，川东师范学堂聘阿部好一（日本寻常师范学校并物理学校毕业），担任算术、几何、物理教学②。光绪三十四年三月，重庆开办东亚女学校，聘留日宏文师范卒业生黄泽民为校长，其夫人太田喜智（东京高等师范学校毕业）为教务长兼管理，学级分初等、高等、师范三种班次，学科有国文、修身、地理、历史、算术、体操、音乐、唱歌、手工、裁缝、家政、习字、图画、理化、东文、英文，师范班加心理、生理、教育学、教授、管理法，学规纯仿日本女校办法③。

日本之所以接收四川留日速成师范学生并向四川师范学堂派遣日本教习，与其向中国及内陆四川渗透势力的企图与野心有一定的关系。正如曾到四川叙永厅永宁中学任教的日本中国学专家神田正雄与日本沪友会所言：“四川省者，不可不谓为吾日本人之好个活跃场也。而与吾人并立、争输赢者，非四川省主人翁之支那人，实外来诸国人中之英法二国也。然而，吾日本之便利亦不让于英国，何也？即四川各州县均送留学生于我国，而我国人之任教育于该地不绝，是尚能认识我之文明而信赖我国矣，此吾国易于谋事业之原因，故望吾同胞切勿失望而一图谋之”④；“所有中等以上学堂全都在我同胞的指导下，吸取着文明的空气。我相信在这一点

① 《自流井王氏树人学堂改良扩张招生广告》、《树人学堂延聘教师之完备》，《广益丛报》第4年第24号，告白第2—3页；第27号，纪闻第9页；《教育·各省教育汇志·四川》，《东方杂志》第3年第12期（光绪三十二年十二月二十五日），第374页。

② 《川东共立师范学校一览》，重庆中西铅石印局1933年版，第326页。

③ 《女学之发达》，《广益丛报》第6年第5号，原总第165期（光绪三十四年三月初十日），纪闻第11—12页。

④ 冉凯：《警告全蜀》，《广益丛报》第6年第5—6号，原总第165—166期（光绪三十四年三月初十、二十日）。

上不逊色于列国"①。这些言论反映了日本接收四川留日速成师范生以及向四川派遣日本教习的真实企图——进行文化侵略与教育渗透,并与英法二国争夺四川利益。

清季日本教习除携带家属者外大都住在学堂,他们的学识、观念、思想、言行甚至为四川教育献身的精神,对四川教育暨师范教育及社会习俗变迁产生了一定的影响。四川高等学堂开办第一年,和田喜八郎教授教育学、心理学课程,池永太六教授算术、几何、物理、化学等课程,对四川师范教育与理科教育产生过影响。前述的成都淑行女塾曾聘请多名日本女教习担任西学、教育等课程,冰其梅女士在泸州官立女师和泸县小市女师传习所担任多门西学课程教学,太田喜智、山口智慧在重庆参与女子师范、保姆讲习等管理与教学,则对四川女子师范的发展产生了不可低估的影响。甚至有日本教习在四川任教时因病不治而殉职,如顺庆府师范学堂的日本教习(可能是中村富哉),"因夏天患上痢疾,由于治疗不及时,最后悲惨地死在学堂内"②。据郭沫若回忆,四川高等学堂的和田喜八郎和东文学堂的服部操,曾与郭沫若的大哥一道游览峨眉山,并绕道沙湾的郭家住了三天,郭沫若因此学了一些日语,"东洋人一来也为我们乡下开通了不少的风气,最显著的是我们的父亲从那时候起便开始吃起生鸡蛋来了"③。正如柴田岩所言,来川日本教习,"不仅对教育界有很大的刺激,而且对整个社

① [日]沪友会编,杨华等译:《上海东亚同文书院大旅行记录》,商务印书馆2000年版,第91页。

② [日]山川早水:《巴蜀旧影——一百年前一个日本人眼中的巴蜀风情》,第84、89页。

③ 郭沫若:《少年时代》,第41—43页。

会也给予了极大的影响”①。

关于清末民初中国中高等学校聘请外国教习由日本转向英美的过程及其原因，学界尚无专题研究。笔者认为，其拐点可能是1906年，而完成时间可能是日本支持袁世凯复辟并提出二十一条的1915年。由于聘用人数增多，清末在华日本教习渐渐形成一种势力，加上日本利用教育中国人材之机而行政治、经济、文化、教育侵略之阴谋渐渐显露，中外舆论相继发出“日后中国教育之权，恐为日人所占”的警戒言论②，因此自1906年之后中国开始增聘英美教习以排斥日本教习势力，日本教习在中国的势力与影响开始逐年下降。就四川来说，1906年以后，日本教习数量下降情况并不明显，四川教育仍主要受日本教习的影响，只有四川高等学堂、军医学堂、工业学堂、农业学堂等开始聘用英美教习。山川早水的记载对此有所反映：

> 外国人中日本人占主要部分，人数也超过西洋人，一时使日本教习的势力骤增。此时，有的学堂还请他们作兼职。更甚者，有的竟以日本教习作为招牌吸引学生。……北京朝廷的方针倾向于直接引进西方文化，这也表现在留学生的录用上，在日本留学生与西洋留学生之间也分有轻重。其余波也波及四川。明治三十九年（1906）以后，突然增聘英、美教习。尽管如此，不时也能看见有日本教习被招聘。总之，自始至今成都—四川的教育依然掌握在我们日本人手中。

① ［日］柴田岩：《日本教习在重庆的事迹及活动——近代日中教育交流之初步考察》，《一个世纪的历程——重庆开埠100周年纪念》，第472—475页。

② 《自序》，黄福庆《清末留日学生》，第9页。

中国人一般并不想依赖于日本教习，内心只想聘西洋人。但由于招聘手续麻烦，旅费、俸禄开销数额大，教授上语言的困难等，似乎不能擅行其志。①

四川聘请日本教习在中高等学校任教的情况，一直持续到1915年左右。虽然1912年2月四川行政公署通令中学及其同等各校（包括师范学校）毋庸聘请外国教员，原因是“国内外在高等大学毕业者众，特通令各校无再续聘”②，而四川高等学校、四川高等师范学校不受此限。事实上，在民初几年，日本教习受聘四川中等学校（包括师范学校）及高等师范学校者并不乏人③，加上民初成都高师、川东师范、省立第一女子师范等校校长和教员多由留日

① ［日］山川早水：《巴蜀旧影——一百年前一个日本人眼中的巴蜀风情》，第90—91页。

② 四川省教育司编辑：《四川省教育行政报告书（民国纪元前一年十月起至三年六月止）》第三编，第160页。

③ 前述的巴县女子师范学堂监督太田喜智女士、重庆府中学堂教谕藤川勇吉直到1913年尚在重庆任教（参见［日］柴田岩《日本教习在重庆的事迹及活动——近代日中教育文化交流之初步考察》，《一个世纪的历程——重庆开埠100周年纪念》，第472—475页）；自宣统二年八月受聘任省城淑行女子师范学堂教习的田添幸枝女士，1912年7月16日至1914年7月16日连续被聘任该校图画教习，1914年7月15日约满回国，即未续聘（参见成都市档案馆藏：民国四川省立成都女子师范学校档案，案卷号63—103）。1912年11月，四川优级师范学校续聘井上理吉、志贺洁、野村茂、加藤政司郎等日本教习及商人矢作乙五郎翻译到校任教，四川外务分司函重庆府保护五人由渝赴蓉（参见《四川外务分司公函》，四川省档案馆：重庆府档案，案卷号192—80）。1913年，四川高等师范学校有野村茂（数学）、志贺洁（物理学、天文学、气象学）、加藤政司郎（教育学、心理学）、井上理洁（地理学）、藤堂良让（化学）、大地原诚玄（博物）等7名日本教习；直到1915年以前，每年都聘请有一定数量的外籍教员，以日本教习为主，几乎全是专业课教师，聘请的语言课教师极少；而在1915年以后，则全部改聘英美教习，并以语言教习为主（参见《四川大学史稿》，第37页）。

师范生或到日本考察学务者担任①，直到学制变革前四川师范教育由留日归国生掌控、深受日本教育与师范教育思想影响的特点仍十分明显。

二　日本师范教材引进

教材是事关新式教育内涵与质量的一个重要方面。新式学堂创办之初，新学教材相当缺乏。清季师范学堂创立时，同样存在着教材缺乏问题，这推动了各地自编教材与编译日本师范教材活动的兴起。就清季四川来看，师范学堂使用的教材，或由学部颁发，或由学堂教师自己编写，或由日本教习编写、留日学生编译，甚至直接订购汉译日本教材。据笔者所见到的资料来看，清季四川师范学堂所用教材，凡属"中学""旧学"，如修身、历史、国文者，多系部颁或自编教材，凡属"新学"或"西学"，如教育、心理、伦理、财政、自然科学等，多系日本教材。清末就读新式学堂的郭沫若，品评一个学校的高下，曾以外国教习有无多寡及教材是否用外国教本为标准，"连中学校的物理化学都须得聘请外国教习，至少也得

① 比如民初至学制变革前，省立第一女子师范学校校长为陆慎言，曾在清末两次到日本考察教育，并聘请著名的日本田天教授日文、英人侯师母教授英文、英人启师母同国内有名的御厨英晋龄教授家事科、美国人钟先生教授音乐科[参见《学校调查：省立女子第一师范学校的内容》，《星期日》第33期（1920年3月7日）；又见咏德《记忆中的陆绎之校长》，《四川省立成都女子师范学校纪念刊》，1943年印行，第64页]。1918年，华西教育会书记长华雷士调察，国立成都高师"校中于'教育'诸科颇为注重"，"教员中之出色人材，皆日本留学生"（华雷士报告书《中国西部之师范教育》，第58、60页）；直到1920年3月国立成都高师教育学科教员三人，其中邓胥功、勾孝齐二人系日本东京高等师范毕业生、蔡锡保一人系京师大学堂优级师范科毕业生（《成都高等师范学校造送师范教育股教育学科调查表》，四川大学档案馆：国立成都高等师范学校档案，卷2）。

用外国教本"①。

日本教材与教学仪器是清季四川引进的重要的教育资源。四川最早使用的汉译日本师范教材,可能是湖北游日学生马毓福等编译、光绪二十九年二月印行的《师范讲义》一册,该书包含日本波多野贞之助《教育原理》、日本山路一游《国家教育学》和《学校种类及系统》、日本平田芳太郎《师范学校》四种讲义②。光绪三十年四月下旬,长寿县教谕陈洪泽因热心苦志、襄策育才而受到学务处嘉许,"并随批发去《师范讲义》一部,令其参以钦章,认真讲习"③,由此推测光绪二十九至光绪三十年间的四川师范教育,似受到了汉译日本《师范讲义》及其学术思想的影响。

此后,四川不断派人从日本购置教学用图书仪器。据报道,光绪三十年二月中旬,省城高等学堂在日本所购图书、仪器,交由师范速成科卒业生、温江张亦飞(张卜冲)、华阳王叔均(王章祜)运解回川④;光绪三十年三月,新津刘石浦、万松云"自日本游学归来,带有仪器、图籍,协议立学堂一所"⑤;光绪三十一年四月,学务处筹办通省师范学堂,"电知派赴日本留学监督主事周凤翔……就东购置图书、标本、仪器"⑥;富顺自流井板仓坝王氏树人家塾派员东渡考察日本教育,"一切图书、标本、仪器,凡为内地不能有者,一律购自东都",光绪三十三年十月考察人员返归时,购办了

① 郭沫若:《少年时代》,第317页。

② 湖北游学日本师范生马毓福等编辑:《师范讲义》(四种一册),日本东京秀英舍第一工场,光绪二十九年二月印行。

③ 《学务汇志》,《四川官报》甲辰第10册,新闻第1—2页。

④ 《仪器将到》,《四川官报》甲辰第2册,新闻第2页。

⑤ 《教育·各省学堂汇志·四川》,《东方杂志》第1年第4期,第202页。

⑥ 《改设通省师范学堂片》,《锡良遗稿·奏稿》第一册,第524页。

"一切学校用品"①。

早在光绪三十至三十一年间，四川早期留日宏文速成师范生如王章祜、刘震等人开始将在日本学习过的教材编译发表，并在《四川学报》上刊载。光绪三十一年，华阳王章祜辑录讲义《学校编制法》，在光绪三十一年二月出版的《四川学报》第1册上刊载，该讲义"以中国现行章程参合日本学制"编成，共分两节，第一节为小学校之本旨，认为小学校本旨有四：一为身体养育，二为道德教育，三为国民教育，四为知识及技能教育；第二节为小学校之种类，分别解释官立、公立、私立学校之旨意②。日本谷延治原讲授的《伦理学》讲义，通过王章祜阐述、华阳文澄笔记，在光绪三十一年二、三月出版的《四川学报》第2—3期讲义栏连载。谷延治原的《伦理学》讲义完全不同于中国传统的封建伦理学，该讲义称："伦理学者，行为之学也，从前中国之讲伦理学则谓人对人所必由之理即为伦理"，"伦理学为精神上之科学"③。日本棚桥源太郎口授的《理科谈话》，通过王章祜辑录，在光绪三十一年二、三月出版的《四川学报》第2—3期讲义栏连载，其所谓"理科"，指的是物理学、化学、博物学等学科④。日本安田清忠编《小学校管理法》，由成都刘震译述、成都龚道耕删润，在光绪三十一年出版的《四川学报》第13—16册上连载。同时，四川高等学堂聘请的日本教习和田喜八郎讲授的《教育学》、《心理学》讲义，也经高等学堂速成

① 《自流井王氏树人学堂改良扩张招生广告》、《树人学堂延聘教师之完备》，《广益丛报》第4年第24号，告白第2—3页；第27号，纪闻第9页；《教育·各省教育汇志·四川》，《东方杂志》第3年第12期，第374页。

② 《四川学报》乙巳第1册，讲义第1—3页。

③ 《四川学报》乙巳第2期，讲义。

④ 《四川学报》乙巳第2—3册，讲义第1—5页。

师范生、华阳籍廖嘉淦笔述，在光绪三十一年二、三月出版的《四川学报》第1—4期讲义栏连载。四川学务处发行的《四川学报》、《四川教育官报》还大量登载有关教育的译著、论文和教材，如《地理学讲义》、《英文计学》、《生理卫生学》、《财政学》等等。这些汉译日本讲义，既传播了日本教育学术思想，又丰富了四川师范教育内容，对清季四川师范教育的早期发展产生了重要影响。

日本早稻田大学汉译法政理科、师范讲义，也被留日学生介绍并运送回川。早在光绪三十二年底，四川提学使司电汇纹银定购日本早稻田大学汉译讲义录500份。光绪三十三年正月，四川署提学使司方旭在《四川官报》示谕劝购①；三月二十日，方旭在《广益丛报》、《四川学报》上刊载《告示》、《章程》，劝谕四川士子购读。告示称：日本早稻田大学"创编汉译讲义录两种，先出法政理科，次出师范科，共二十四册，月出一册，两年完结，俾未通知和文暨无力出洋之士购读。此录按月研究，遇有疑义，尽可邮函质问，将来答问即在该录卷末质疑解答栏中。故凡购读讲义录者，即为该大学校外生。全科完结后，愿应试验者，可就各讲师所出问题笔答，邮寄该大学，及格者授以卒业证书。其有习该讲义录之日语日文科，而能直接听日本语讲义者，得免试验迳入该大学相当之部。所有该大学讲义录章程及新出第一编式本，已由该伯爵邮寄来川"。章程规定购读办法：书价每册日币五角，概收大龙元20枚，作24册之价；缴价报名，即由本省学务公所图书课内发给执票一张，票据24格；如有寒士三四人共购一份者，准一人出名购书，以

① 《劝购讲义》，《四川官报》丁未第1册（光绪三十三年正月下旬），新闻第1页。

三人附名相隔，毕业时一律考验给凭[1]。三月底，日本早稻田大学创编汉译讲义录第一编政法理财科讲义汇寄到川，提学使示谕各生领取；此时四川报名购读者已有100余人，“东乡县廪生白永贞、附生胡鸿魁、监生胡次强、华阳县监生林日新、成都监生郭树森等，最先报名定购研究，各属陆续报名既省外士绅托友人代购者，已及百有余人”[2]。日本早稻田大学汉译政法理财科及稍后出版的汉译师范科讲义在四川流传开来。

在早稻田大学汉译师范讲义尚未出版并运到四川之前，据报道，留学日本宏文学院的四川速成师范生已将日本教师授课的讲义整理编次，汉译印刷成书，由东运川，廉价发售，以供热心教育者“以资取镜”[3]；“成都教育总会发来东京留学诸君公同组织《师范讲义》多部，是书印刷精良，学科完备，而其价值每部洋装十三册仅售洋七元二角，洵属价廉物美。闻现存川东师校、府中学堂两处，有志教育者曷购一册，以为教授之资料。”[4]这就是自光绪三十一年九月四川留日师范生开始编译、至光绪三十二年二月十日编印完成的《师范讲义》，承印者为日本东京浅草黑船町廿八番地的东京并木活板所榎本邦信，光绪三十三年被运送回川，廉价发售。它可能是四川直接从日本引进的最早最完整的一套汉译师范教

① 《四川提学使司方劝购读日本早稻田汉译讲义录告示并简章》，《广益丛报》第5年第4期，原总第132期（光绪三十三年三月二十日），文牍第1—2页及《四川学报》第3年第4册（光绪三十三年四月），公牍第3页；第5册，章程第3—4页。

② 《示领讲义》，《广益丛报》第5年第5期，纪闻第12页。

③ 《师范讲义》，《四川官报》丁未第28册（光绪三十三年十月下旬），新闻第1页。

④ 《师范讲义出现》，《广益丛报》第6年第10号，原总第170期（光绪三十四年四月三十日），纪闻第5页。

材。虽然它比光绪二十九年二月印行的湖北游日学生马毓福等编次的《师范讲义》四种一册晚了两年左右，然而它的内容却更加丰富、更加系统。

四川《师范讲义》共17编13册，主要包含教育、心理、伦理、财政、自然科学等学科知识，属"新学"或"西学"范畴。除了前面介绍的王章祜、刘震等人译编的讲义，如《学校管理法》、日本棚桥源太郎口授《理科讲话》、日本谷延治原讲授的《伦理学》、日本安田清忠编《小学校管理法》及四川《师范讲义》第一部《教育学》、《教育史》两编外，还应有算术、法制经济、博物、教授法、教科书编纂法、历史、地理、数学、图画、体操、日语等科讲义。宣统元年，四川速成师范生根据日本教材，还编写了《地理总论》、《外国地理》、《行政法大意》、《算术》、《法学通论》、《西洋史》、《教育学》、《教育史》、《伦理学》等科讲义①。

四川《师范讲义》留存下来的已不多见，四川大学图书馆收藏有第一部《教育学》、《教育史》两编。《教育学》系日本本庄太乙郎的讲义，分上中下三篇，共184页。教育学上篇共六章，分别为教育之意义、教育之可能、教育之势力、教育之必要、教育之目的、教育之作用，从各个方面讲述教育的综合性问题，阐述教育可以改变人的性质等等。教育学中篇共三章，分别为教育之本务、教育之主体、教育之客体，着重讲述教育的方式问题。教育学下篇共五章，分别为教授、养护、练习、游戏、训练五论，着重讲述进行教育的方法，具体而且详尽。《教育学》讲义非常系统地概括了有关教育学的各方面知识，对师范生的职业训练十分有益。本庄太乙郎在

① 张立程：《西学东渐与晚清新式学堂教师群体研究》，中国人民大学博士学位论文（2006年6月5日），第105页。

《教育学》中将知识分为“自然知识”和“心的知识”，自然知识包括物理、化学、天文、地理、动物、植物、矿物、地质诸学科，心的知识包括哲学、伦理、教育、论理、史学、言语、法学、经济、行政诸学科，这种划分法与我们今天的文理分科极其相似。《教育史》系日本增户鹤吉先生讲授的讲义，共64页。该讲义分为“概论”、“古代东洋教育史之概要”、“西洋教育史”三部分。“概论”共四章，分别为教育史之性质、种类、必要、顺序。“古代东洋教育史之概要”共三章，分别为支那教育史、印度古代教育史、日本维新以前教育史，“概要”对中国孔子的教育思想、教育方法作了详尽的阐述，对中国历代教育之得失也有精辟论述。“西洋教育史”共六章，分别为欧洲古代教育史（希腊、罗马）、耶稣教徒之教育、欧洲中世纪之教育、18世纪之教育家、19世纪之教育，对欧洲教育的历史及其特点作了大致概括。本庄太乙郎认为，学习教育学，必须先有心理学、伦理学、社会学、进化论四科作为预备，“教育始可得而言”；“教育者，所以扶持人类之道义，增进国家之文明。故必先以四科为主要，而后施教者有其本领，受教者易于感化”，说明教育学是一门综合性很强的课程。增户鹤吉则在“教育史概论”中指出：“教育史者，专记教育之已事也。其范围似隘，然而人心思想，与社会政治之发达，皆以教育为原动力。故一代之文明进化，必以一国之教育为起点。一国之教育进化，必以一家一人之教育为起点，则至重至大者，莫教育若。中国数千年来，皆依赖官吏以治国，但以养成官吏为目的，其教育居少数；泰西则依赖国民以立国，故以养成国民为目的，其教育重普及。通塞殊，而强弱亦因以异。则欲矫中国之弊，要在博观精择，舍短取长。”“凡身任教育，必深悉东西教育史，而后能舍短取长以改良自国，如日本维新以前取法中国教育，维新以后兼采欧美教育，吸精取华，以致今日之盛。中国既有本来教育，倘一搀以西法，进步必更速于日本。”正如石瑜所言：“这些来自一百年前的声音，不仅在当时影响很大，而且在今天看来亦不无启发意义。”①

相对而言，清季四川本地编纂与出版的教材较少，且主要是“中学”教材。早在川南师范学堂创办之初，曾由周善培等人“删节论语刊发学堂”②。光绪二十九年十月，四川学务处编成蒙学第一年级修身、字课、舆地、历史教科书四种，锡良饬令各属授徒者须到师范讲习所传习③，这可能是四川学务处编辑的最早的师范传习所与蒙学教材。通省师范学堂监督兼高等小学堂校长徐炯编有《修身讲义》、《家庭教育》等书，高等学堂兼通省师范学堂教习廖平曾自编《经学》、《伦理学》讲义。关于算学书，先有成都徐伯庚先生著有《形学习题解证》、嘉定彭雨潭先生著有《代数备旨补草》两书，光绪三十三年三月，四川巴县余长枢与璧山连毓祥两君同著《八线备旨习题全草》，“洵为现今铁道上测绘必需之学，于行军、航海、推步等学亦有助焉”④。直到光绪三十四年十月中旬，省城劝学所印刷出售部颁教科书国文、修身、算术、手工、毛笔五种，“凡初等小学教师、学生务须各置一编，庶遵章讲授各科，方能划一”⑤。可见，清季四川师范学堂所用教科书或讲义中，凡属“中学”、“旧学”，如修身、历史、国文者，大多系省编、部颁或自编

① 石瑜：《一百年前的〈四川师范讲义〉》，《文史杂志》2005 年第 3 期，第 78—79 页。

② 吴光耀：《西藏改流本末纪》卷六，赵心愚、秦和平、王川编：《康区藏族社会珍稀资料辑要》（上），巴蜀书社 2006 年版，第 75 页。

③ 《学务处催办各属学堂警告》，《四川官报》甲辰第 1 册，公牍第 8—9 页。

④ 《算学新书出现》，《广益丛报》第 5 年第 4 期，纪闻第 10 页。

⑤ 《画一教科》，《四川官报》戊申第 27 册（光绪三十四年十月中旬），新闻第 2 页。

教材。

日本教学仪器及教材的引进，不仅丰富了四川乃至中国师范教育的内容，而且传播了日本的教育思想与教育理念，为四川师范教育的教材体系建构提供了基础，对推动四川教育发展和师资培养产生了重要而深远的影响。直到1920年3月，国立成都高师教育学科教科书的编撰仍主要受日本教育学术思想的影响，比如教育学教科书编纂依据，"于西洋节取赫尔巴特、米因瓦尔士曼诸氏之学说，于日本节取森冈常藏、吉田熊次①、野田义夫诸氏之著作"；而教育史教科书编纂，系依据日本大濑正太郎《欧洲教育史》及《最近世欧美教育史》；教授法教科书编纂，"于西洋采取来因洒尔、高处濑依诸氏之学说，于日本采取槟山荣次、乙竹岩造、棚桥源太郎、森冈常藏、冈千贺术、西山哲治诸氏之精论"；各科讲义及教授法皆系教师自己编纂，而教学参考书全部指定日本学者编纂的书②。

综合本章所述，由于聘用日本教习从事师范教育，并从日本引进师范教材与教育学术思想，加上留日速成师范生回国后积极讲授从日本学来的科学与教育知识，并参与师资培训、学堂教学和地方学务管理工作，清季四川教育暨师范教育受到日本教育学术的明显影响。不过，与近代西方传教士对长江上游文化影响相比，日本文化及教育学术影响仅及于四川上层社会及中等以上学堂教育，而西方传教士则通过创办教堂、学校、医院、慈善等事业，尤其

① 吉田熊次，蒋维乔译：《新教育学》，上海商务印书馆1909年版。参见《附：清末教育学书籍举要》，陈学恂主编《中国近代教育史教学参考资料》上册，人民教育出版社1987年版，第684页。

② 《成都高等师范学校造送师范教育股教育学科调查表》，四川大学档案馆：国立成都高等师范学校档案，卷2。

是兴办教会学校暨师范学校，培养信教或受过西方宗教思想熏陶的四川公私立中小学教师，从而更广泛、更深远地影响到四川教育、文化及基层的广大民间社会。

第四章　四川传习与简易师范

在清季师范教育制度建立伊始,人们就深刻认识到:"方今国势危急,如就焚拯溺,夜以继日,犹恐不及,至师范速成科尤为紧要。"光绪二十九年,《奏定初级师范学堂章程》规定:初级师范学堂"初办时,宜于教授完全科外,别教简易科,以应急需","俟完全科毕业有人,简易科即酌量裁撤";由于普及教育师资缺乏,遂又设计出塾师改良会、师范传习所和讲习科等补充办法,规定:"初级师范学堂应设置旁听生,以便乡间老生宿儒,有欲从事教育者来学堂观听,即可便宜多开小学,而寒士亦可借资馆地","各州县于初级师范学堂尚未设齐之时,宜急设师范传习所",限十个月为期,毕业后给以准充副教员之凭照,以此"可以速设小学,多获教员,成就寒士"①,目的是将塾师改造成合格的初等学堂师资。

除向日本派遣留日速成师范生外,清季各地相继大量举办启蒙师范讲习所、师范传习所、单级教法传习所、临时小学教员讲习所等,简易师范以及塾师改良均获得一定程度发展,为各地初等教育培养出大量师资,传习与简易师范因此成为清季师范教育的主要形式和初等教育师资培养的主要途径。可以说,传习与简易师范是清季师范教育的重要组成部分,是初等学堂师资的主要训练与供给场所,对初等学堂发展发挥了重要的基础作用。然而,迄今

① 《大清教育新法令》第四册第五编,第27页。

为止,学界很少有人对此予以关注与研究,是清季师范教育研究的一个薄弱环节①。

清季四川传习师范发展历史②,大致与全国一样,但又有四川特色。清季四川传习师范名称前后有多次变化,学部统计图表关于四川师范传习所或讲习科的数据与笔者见到的记载有较大出入,而且,传习师范与塾师改良亦有交叉之处,简易师范招生对象主要是年龄稍长者及生员,其培养目标亦类似传习生。故本章以讨论传习师范的发展与办学为主(第一、二节),兼及简易师范及塾师改良的发展情况(第三节)。

第一节 传习师范的发展

清季四川传习师范大致经历了光绪二十九年初岑春煊时期的萌芽、光绪二十九年至光绪三十二年锡良时期的迅速发展、光绪三

① 据笔者考察,目前仅有阎广芬、王树林《中国近代义务教育师资的培养与管理》(《河北大学学报》2003 年第 1 期)及李剑萍《中国近代师范教育争论问题的透视》(《华东师范大学学报》(教科版)1996 年第 3 期,第 23—24 页)两文对此略有论述,前者从近代义务教育师资培养的角度简略谈及清末的简易师范、师范传习所和讲习科、塾师改良,后者从中国近代师范教育争论角度论及正规与非正规师范教育问题,指出中国近代师范教育的特色之一便是"非正规化与正规化机构长期大量并存",认为非正规化是正规化的有益补充,对普及教育、扫除文盲功不可没,但从长远来看也带来一系列负面效应,最严重的是使公众对教师和师范教育的专业性产生怀疑。

② 关于清季四川传习师范的发展变迁情况,目前已有王笛《清末四川师范教育的发生和发展概述》(《四川师范学院学报》1984 年第 2 期,第 76 页)、《清末"新政"与四川近代教育的兴起》(《四川大学学报》1985 年第 2 期,第 95 页)、《跨出封闭的世界——长江上游区域社会研究 1644—1911》,第 481—482 页以及隗瀛涛主编《四川近代史稿》第六章第四节,第 401 页,熊明安等主编《四川教育史稿》第五章第三节,第 210 页等作简单概述。

十三年至宣统三年赵尔丰至赵尔巽时期的发展、提高与扩展三个阶段。

一　岑春煊时期的萌芽

在岑春煊任四川总督期间，四川什邡高等小学堂、省城由锦江书院改办的成都府中学堂之地已先期开办师范传习所。

如前所述，光绪二十九年二月，岑春煊、吴郁生奏请裁撤锦江书院，其斋舍改办成都府中学堂①，并"饬学务处……在省城特设一通省蒙养师范学堂，以期造就师资"②；三月，即以成都府中学堂校地暂设蒙养师范学堂，以岑春煊为总理、赵藩为堂长，考取学生305 人，四月开始授课，阅六月而毕③；十月，锡良"拟酌展学期，以诸生迫于天寒费罄，厥议不果，忽遽竣事，不无慊然"④，得有凭照者 114 人⑤。光绪二十九年（1903）春季，什邡高等小学堂在所买万寿寺内设立师范传习所，高等小学堂总理兼管，招收内外庠生60 名入所肄业，一年毕业，邑令钟寿康试验及格列榜，分别聘为各乡初等小学堂教员，是为第一班⑥。

在岑春煊任内，四川师范传习所已开始萌芽，并为下一阶段各

---

① 《成属联立中学三十周年纪念刊》，校史第 11—12 页。

② 《前督部堂岑前提督学院吴会奏高等学堂暂缓开办并派员赴东考察学校片》，《四川学报》乙巳第 1、2 册，奏议第 4—5 页。

③ 《成属联立中学三十周年纪念刊》，校史第 11—12 页；《四川大学史稿》，第 16 页。

④ 《总督部堂通饬各属变通师范讲习所办法札》，《四川学报》乙巳第 9、10 册（光绪三十一年六月），公牍第 23—24 页。

⑤ 《总督部堂通饬各属申送前次师范生赴省补习札》，《四川学报》乙巳第 10 册，公牍第 27—28 页。

⑥ 《重修什邡县志》卷六，第 13—17 页。

地开办师范传习所预备了部分师资。

二 锡良时期的迅速发展

锡良任四川总督期间,四川师范传习所获得了迅速发展。据学部统计,四川师范传习所或讲习科,光绪二十九年无统计;光绪三十年为2处,在堂生44人,毕业生1004人;光绪三十一年为2处,在堂生27人,毕业生285人;光绪三十二年为2处,在堂生56人,毕业生348人。笔者见到的资料与学部统计对比,发现校数有出入,光绪二十九年,锡良任前2处、任内添设6处,合计8处;光绪三十年增为34处;光绪三十一年一至九月33处;光绪三十一年十月至光绪三十二年十二月34处。另据锡良奏报,截至光绪三十一年九月,四川师范传习所已开办110处。关于锡良时期四川传习师范的发展政策与设置情况,笔者拟考述如下。

为了急速培养新学师资,光绪二十九年十月,锡良采纳了方旭提出的"四班并进"师资培养办法,通令各州县设立"启蒙师范讲习所",一年毕业。十一月,锡良再次通令道府厅州县除选派留日速成师范生外,各州县应于次年在县城内设启蒙师范讲习所,二月开所,培养教授蒙学堂一年级之课程(修身、字课、舆地、历史)及其教法,以预备来年设立蒙学堂一年级之师资。他说:

> 办学务须恪遵钦定章程而分别先后,先寻下手处。如州县有高等小学堂、寻常小学堂、蒙学堂,今先从蒙学堂下手。蒙学四年为四级,今先从第一级下手。第一级亦难凭空兴办,今以光绪三十一年为开办第一级之年,而以明年为预备第一级之年,应自各州县于城内设启蒙师范讲习所,凡授徒者皆须到所讲习,先习第一级之教法,以备来年应用。其教法,应由学务处按照钦定蒙学堂章程第二章课程门目详加编辑,另饬

遵行。此条专为蒙学预备。以上系造成教授蒙学之人。蒙学与向来义学自有别。钦定蒙学章程课目，自修身至体操，缺一不可。而向来教义学者，罕能门门皆知，故须设讲习所，使之门门皆讲究一番。现在第一级教科书，已编成者修身、字课、舆地、历史。……新编课本，官书局绘图赶刊，大概三月始能刊成颁布。然钦章细极，必先体察无遗，则二月即可开讲习所，使阅章程，详加考核。明年秋间，必须于讲习所设一附属蒙学堂，以资试验。①

锡良通饬各属开办之启蒙师范讲习所，实际就是"一具体而微之师范学堂"，"所研习者蒙学八科，八科复先究四门，则专为第一年第一级蒙学张本"，"凡无教习，暂缓开堂者，其筹定经费即存备造就师范之用，不准妄支"②。这与癸卯学制中《学务纲要》内"急设师范"以及《奏定初级师范学堂章程》明确规定之"各州县于初级师范学堂尚未齐设之时，宜急设师范传习所，择省城初级师范学堂简易科毕业生之优等者，分往传习"③名实相符。显然，锡良前饬已先得其意。

根据学制规定，光绪三十年三月，四川总督与学务处通令州县各设师范传习所，"每所额定150人，僻苦地方准予酌量从减，一律以十个月卒业"④。然而，奉行各属，"多有延置不办，或办理未善者，大都具有师范学堂形式，或参宏文学院制，或据旧日省章，而学生班数、人数，卒业三月、六月，畛域所限，各不相谋。至于科学，或失太简，或失过高，虽在事者实力苦心，但恐应用之时，终不免削

① 《学务处催办各属学堂警告》，《四川官报》甲辰第1册，公牍第8—9页。

② 《师范传习所章程》，《四川学报》乙巳第2、3册，章程第8—9页。

③ 《大清教育新法令》第四册第五编，第18—19、27页。

④ 《改设通省师范学堂片》，锡良《锡清弼制军奏稿》第二册，第524页。

足适履,圆枘方凿”,九月,学务处拟订《师范传习所章程》,锡良通令各属遵章变通讲习所办法,改“启蒙师范讲习所”为“师范传习所”,“无论已办甫办,一应学科、教法,以及卒业、效力,种种规制,一概据此为准。其已经随案批准及驳饬另议,与夫不知办法各属,亦一律迅速分别改正仿行”,目的是“纯以教育国民计而预为童子求师”①。

《师范传习所章程》12条,要求各属将以前饬办之师范讲习所一律改名传习所,还规定了经费来源、校地、设备,教员聘用及附属蒙学堂职教员配备,学生来源及旁听生、私费生管理,课程、学科程度、学习期限、毕业生去向等项。

关于经费、校地、设备,章程第二、三、十一条作了规定。第二条:原饬有凡无教习暂缓开堂者,其筹定经费即存备造就师范之用,不准妄支;今办传习所,即以讲习所现支经费备用,不足则另筹,以能敷改办传习所为度,不得多占学堂经费。第三条:传习必有所,借用旧有书院、公所、寺院等类,此新章也;现在各属办理讲习所,多就未开已有之小学堂地方暂为所地;若学堂已开,于堂内外附设一师范传习所,尤为省便。第十一条:图书、仪器、模型、标本及几案、椅凳、黑板、一切什物酌量购置,以适于应急及小学教授之用者为宜,以供教授及教员所参考。

关于教员聘用、配备及附属蒙学堂职教员配备办法,章程第四、十二条作了规定。第四条:传习所员不必求备,即酌以管理员兼教授员;如所内附有蒙学堂,则小学办事官亦以教员兼充,有监督者仍应听其兼管小学,教员则以传习学生练习教授,学生即教员

① 《总督部堂通饬各属变通师范讲习所办法札》,《四川学报》乙巳第9、10册,公牍第23—24页。

矣，余员听酌设之，或即以现在事者分别改名任职。第十二条：各属传习所例须省堂师范毕业有人往为传习，现在省堂尚无毕业之生，又不能任听各所自用师心、纷无纪律，各蒙学又急于得师，故前此省堂六月卒业领有凭照之蒙养师范生可酌情延访任用。

关于学生来源及旁听生、私费生管理，章程第五、六条作了规定。第五条：考选传习生，以向在乡村镇市教授蒙馆为生业而品行端谨、文理平通、身体健全、年在30—50，及25—30岁，无论廪、贡、附、增、监、童，均可招集入学，每州县酌以150人为额，按其年岁分为三班，僻小地方，力实不足，不拘此数；凡入学者概不纳费，即作为官费师范生。第六条：在正额学生之外，可置旁听生、私费生两项。乡间老生寒儒，有欲从事教育者，应听其入所观法，随班听讲，不限额，不定课，来去听便，但须守本所条规，是为旁听生。私费生，系自备火食入堂者，与正额学生一律分班教授，额数量本所情形酌定，且须经地方官核准。

至于课程、学科程度、学习期限、毕业生任用，章程第七、八、九、十条作了规定。第七条：新章传习所未定科目，酌以简易师范科九门为教授，即修身、教育、中国文学、历史、地理、算学、格致、图画、体操九门。第八条：学科程度，亦酌照简易科所列条目，以取适合两等小学堂之用为度。第九条：各生入校，即仿初级师范四个月试学之例，察其品性，实在相宜者始准终学，学以十个月为期，期满由官考验，给以准充两等小学副教员之凭照，并陆续另招新班。第十条：得照之生，即准其在各乡村市镇开设小学，或派充两等小学之教员，而定其效力义务之年限；旁听生亦不禁其设学，但须由官核准。①

---

① 《师范传习所章程》，《四川学报》乙巳第2、3册，章程第8—11页。

锡良饬令发出后，热心教育的各县县令及教谕、训导等纷纷相继创办启蒙师范讲习所。为了解各地传习所开办情况，光绪三十一年二月，学务处制发调查简表，要求各州县据实填报设置处所、办法大概、经费、管理员（分职人数、职名、札委年月）、教员（分职人数、职名、延充年月）、学生（官费、自费、旁听）、学科、卒业期、开校期、有无附设蒙学①等十项内容。七月，学务处通令各属师范传习所，“各择人地相当之员，聘令充当教习或管理员，以资襄办而昭奖劝”②。

据资料记载，光绪二十九年三月锡良任四川总督后至“癸卯学制”颁布前，省城、安县、顺庆府、广元、江油、太平等地相继设立启蒙师范讲习所，加上锡良任职前开办的通省蒙养师范学堂（实为讲习所）、什邡高等小学堂附设师范讲习所，合计8处；在“癸卯学制”颁行后至光绪三十年底，四川师范传习所获得了较快发展，定远、长寿（两处）、绵竹、阆中、隆昌、岳池、安县、会理州、万县、巴县、合州、南充、省城、泸州、德阳、璧山、江油、资阳（连续两次）、安县、广元、太平（连续两次）、兴文、丹稜、郫县、温江、双流、江津（连续两次）、西昌、彭山、渠县、仁寿、雅州府、南溪县等相继开办，合计34处；光绪三十一年一至九月，隆昌、简州、荣县、叙永厅永宁县、丹稜、开县、绵州、夹江、夔州府属（10余处）、邛州、通江、巴州、南部、彭水、富顺、彭山、青神、长寿、平武、东乡（即宣汉）、成都府、安县、眉州等相继开设师范传习所，江津县师范传习所续办两届、雅州府属师范传习所亦继续办理，合计33处（参见附表4—1）。

① 《调查府厅州县中小学堂并师范传习所简表》，《四川学报》乙巳第1册，表第3页。

② 《学务处通饬各属择聘高等学堂速成师范生札》，《四川学报》乙巳第16册，公牍第33页。

其中,光绪三十一年七月,成都府师范传习所两次考验合格毕业生,计有成都、华阳、简州等17州县313人,其中优等53人、中等207人、次等53人(参见表4—1)。

表4—1　光绪三十一年七月成都府属师范传习所两次毕业生籍贯等次一览表

县份	总人数	优等	中等	次等	县份	总人数	优等	中等	次等
成都	20	2	15	3	崇宁	5		4	1
华阳	27	2	23	2	新都	11	1	8	2
简州	41	10	21	10	灌县	17	4	13	
崇庆	24	3	19	2	金堂	17	1	13	3
汉州	21	4	11	6	新繁	7	3	4	
温江	17	5	11	1	彭县	15	4	10	1
郫县	12		12		新津	22	4	14	4
双流	17	6	9	2	什邡	8	1	7	
蒲江	32	3	13	16	合计	313	53	207	53

资料来源:《省城师范传习所毕业生姓名表》,《四川学报》乙巳第16—18册,表第1—8页。

另据锡良奏报,截至光绪三十一年九月,四川已开办师范传习所110处,“或由官立,或由公立及私立”,“办而未成,成而未据禀报者,不在此数”①。四川传习师范数量远超湖北②等省,并为四川学堂激增奠定了基础。按光绪三十年三、九月通令规定的每处

① 《奏陈学务情形并推广办法折》,《锡良遗稿·奏稿》第一册,第520—522页;又见《四川官报》乙巳第28册(光绪三十一年),奏议第2—3页。

② 湖北直到光绪三十一年底仅有武昌府设有师范学堂,施南府及荆门州设有师范传习所,其他府县根本没有筹设师范传习所。参见《札各府暂停中学先办师范讲习所》,苑书义等主编《张之洞全集》第六册,第4270—4271页。

150 人计算,截至光绪三十一年九月,四川 110 处师范传习所所训练的初小师资应达到 16500 人。实际上,各地传习所规模有大有少,人数多寡不一,实际传习学生达不到预期数量。若以平均 60 人计算,传习生可达 6600 人,相当可观。据学部统计,四川学堂数量自光绪三十年 170 处激增至光绪三十一年 4472 处(参见前面第二章表 2—1),若以平均每学堂教员 1.5 人计算,那么教员应由光绪三十年 255 人激增到光绪三十一年 6708 人,这与笔者估算的传习师范生人数大致吻合。如此看来,光绪三十一年四川学堂数量激增是有培训师资作为基础的。

不过,应急赶办的师范传习所,"开办迟早不一,卒业先后不等,而教授、管理诸法在优者,亦不过特绎刊本,浅尝者尚不知门径,责以教育之任,本属勉强"①。大量质量低下的传习师范毕业生出任初等小学堂管教员,使应急赶办之初等小学堂呈现出弊窦百出、管教混乱与质量低下的状态,最严重的是使公众对新学教师、师范教育的专业性及新式教育质量产生了怀疑。

为解决传习师范生学业程度参差不齐问题,早在师范传习所开办之初,四川总督、各地官绅及办学者曾设想以暑年假召集传习师范生回所再造或集中补习、研讨等方式,以提高传习师范生学业程度,达到养成完美师资的目的。早在光绪二十九年,顺庆府鄂兰谷太守呈请变通师范传习所办法,酌设八属师范传习所,六月卒业,暂设两班,酌选头班优秀者先出教授,俟二班卒业更替补习以资完备②;安县益昌书院设立三个月卒业的师范传习所,次年八月

① 《总督部堂饬成属各州县选派员绅赴省城讲习所札》,《四川学报》乙巳第 16 册,公牍第 35 页。

② 《总督部堂批顺庆府详师范传习所开学日期并传习所文童请免县府试一案》,《四川学报》乙巳第 3 册,公牍第 11 页。

官立高等小学堂又附设师范传习所，因开校迟，获准变通，“来春于传习所各生选其优等者派出教授，暂时应急，俟传习生十月卒业，再为逐处派换，原未卒业者仍令照章补习，以期完备”①。可见，顺庆府、安县在创办传习所之初，就有传习师范生轮换回所补习的打算。

事实上，在光绪三十一至三十二年期间，四川除了省城劝学所召集通省蒙养师范学堂卒业生回所补习外，安县、梁山等县亦实施了召集传习师范毕业生回所补习的政策。光绪三十一年正月，锡良通饬各属申送省城蒙养师范学堂六个月卒业、未得有凭照、未有职业之师范生回省城补习，“除曾经改派赴东及现充各学堂教习并传习所学教外，其余未有职业者约计数十人”，“由各该管地方官具文申送补习，赶于本年二月内一律到省学务处齐集，听候汇送入校，此次补习仍以六个月为期，一切择校、聘员、食膳等费，概由学务处支给”②。光绪三十一年十二月，梁山县师范传习所于年假内将各小学堂教员调回研究竣事，竣后切实考验，堪任师范者派充来岁教员，余仍接续留习③。光绪三十二年，安县官立高等小学堂监学田钟英汇集先后两次传习诸生及未经传习有志教育者一体考试，分为最优等、优等、合格三类散给凭照，先尽传习诸生分教各初等小学，不敷之处再以未经传习者酌派，其余虽经传习而未得照或

① 《督宪批安县奉札办理师范传习所详文》，《四川官报》甲辰第31册（光绪三十年冬月下旬），公牍第7页；《安县详整顿学堂情形一案》，《四川学报》第2年第1册，公牍第4页。

② 《总督部堂通饬各属申送前次师范生赴省补习札》，《四川学报》乙巳第10册，公牍第27—28页；《慎重学务》，《广益丛报》第3年第3号，原总第67期（光绪三十一年二月二十日），纪事第14页。

③ 《总督部堂批梁山县详遵办传习所及预备高等小学堂情形一案》，《四川学报》乙巳第17、18册，公牍第68—69页。

得照而非由传习之人,令于开所后一同肄业①。

大批留日速成师范生毕业归来前夕,光绪三十一年九月,四川学务研究会第七次会议决议,“拟开办成属三月速成师范,即以归来诸君担任教育,以三班所得之学识,集而授之一人之身,为期虽短,获益实多,诸君尤有益焉”②。锡良旋即饬令就省垣岳氏宫保府设立“速成师范讲习所”,成属各州县备费选派员生赴省城讲习所入学③。锡良饬文称:

兴学之道,首重师资。前因急切造师,早经酌定简章,通饬各属赶办师范传习所,以为应急之计。……现在东游速成师范生已陆续回国,原有应尽义务。复经省中办学各员绅与各师范生共同议明,拟于本年冬季借地于省城官保府,设立速成师范讲习所,先尽成属各州县。由地方官克日商同各堂校长、学董,遴选年在三十五岁以下、二十岁以上,不拘举贡生童,中文清通,身体强健,品行端方,素无嗜好者,每县十名,如人数参差,多寡不得过五名,每名由本籍学堂经费提银十二两。于九月下旬内选定人数,令其自赴讲习所报名,以便编制入所,即由回国师范生之在省者各尽所学,分科传习。此次东游各生,分甲、乙、丙三班,各班偏重一门,原为回国交换知识,以得完全,新班附从听讲,获益尤巨。定期于十月初一日开堂,迄于年假为止。所有开办一切用费,暂由学务处垫交,监

① 《督宪批安县奉札办理师范传习所详文》,《四川官报》甲辰第31册,公牍第7页;《安县详整顿学堂情形一案》,《四川学报》第2年第1册,公牍第4页。

② 《光绪三十一年研究所第七次会议》,《四川学报》第2年第1册,研究汇录第7—8页。

③ 《奏陈学务情形并推广办法折》,《锡良遗稿·奏稿》第一册,第520页;《总督部堂咨覆学部电》,《四川学报》第2年第3册,公牍第3—4页。

督协同庶务司事各员,赶速举办,毕业之后,综计用款,按名酌派,仍由各属筹还。一面传谕各师范生先行回籍,就近会商官绅妥速克期选定学生,随带入省,以凭开办。此系为成属师范及时提倡应急之举。否则各师范生来年分派出省,不能聚处一堂,各项科学及教授管理之要则,均不得互相研究,终成缺点,坐失事机,诚为可惜。①

十月初一日,成都府属师范讲习所开学,计有传习生316人,除成都府16州县292人外,还有四川其他州县及贵州学生24人②(其学籍如表4—2),尚不含附从听讲与交换智识的东游回籍速成师范生。这种大规模培训师资事例,甚为罕见。

表4—2 光绪三十一年十月至十二月成都府属师范讲习所学生籍贯分布表

地区	县份	人数	县份	人数	县份	人数	县份	人数	县份	人数	县份	人数
成都府	成都县	24	华阳县	26	简州	30	崇庆州	29	彭县	15	新津县	24
	汉州	19	温江县	19	郫县	17	宗宁县	7	双流县	16		
	新都县	12	灌县	17	金堂县	19	新繁县	8	什邡县	9		
其他府	绵州	2	威远县	1	荣县	1	井研县	16	邛州	1		
外省	贵州省	3										
总人数		316										

资料来源:根据《成属师范传习所学生姓名籍贯年岁表》(《四川学报》乙巳第20册,运动会录·学生姓名表,第1—6页)改制。

需要注意的是,与该年七月成都府属师范传习所两次取录合

① 《总督部堂饬成属各州县选派员绅赴省城讲习所札》,《四川学报》乙巳第16册,公牍第35—36页。

② 《成属师范传习所学生姓名籍贯年岁表》,《四川学报》乙巳第20册,运动会录·学生姓名表,第1—5页。

格毕业生313名相对照，此次成都府属师范讲习生计有成都府属16州县292人，内含七月成都府属师范传习所第一次取录毕业生253名中的252名（其中仅有华阳县吕鼎元1名未参加，部分学籍记录有变动），新参加的成属各县传习生仅40名。这说明此次传习的师范生绝大部分已经受过短期师范教育，再次集中传习，两次传习时间合计达一年左右，无疑对提高传习师范生的知识素养和学业程度、传播日本师范教育的系统学术知识具有重要意义。

与此同时，锡良通令外属各府直隶州择取相当之地，调集东游回籍及新班诸生，续办师范讲习所，“展期增额，更定课程”，及设立教育研究所，“均照成属讲习所办法，计开堂之日当较省城为迟，酌以明年正月中旬竣事，庶于亟就之中仍可从容讲肄而又不误各学堂开学之期，交换智识，无有便于此者”①，毕业后均派充为初等小学堂教员。光绪三十一年九月至光绪三十二年底，除成都府属师范讲习所外，川北教育讲习所、华阳师范讲习所、梁山县师范讲习所相继开办，此外泸州小市、云阳、洪雅、遂宁、酉阳(2次)、大竹(2处3次)、南溪、犍为、德阳、中江、苍溪、南川、达县、内江、筠连、合江(2次)、叙州府、太平、珙县、江北厅、雅州府、松潘、泸州、安县、什邡、綦江、西充、资阳、三台、邻水、彭县、邛州、东乡等县亦相继开办或继续开办师范讲习所，合计共34处（参见附表4—1）。如果每处以平均60人估算，参加讲习的速成师范生达2040人，当然内含相当数量的已传习过的师范毕业生。不过，正如前文所述，留日速成师范归国生在任传习所教员时，往往“以有限期日，不传切近九科教法，而侈语高深，不实练教管方法，而偏重原理……至

① 《总督部堂通饬各属调取回籍师范生开办讲习所札》，《四川学报》乙巳第16册，公牍第36页；第17册，公牍第63页。

于奏定章程规则，多有师范生至今不见闻者，正以从不传习故”①，造成师范传习生日后在管理和教学上不得法的问题。

可见，锡良时期，由于亟需养成初等学堂师资，锡良与学务处首先致力于启蒙师范讲习所和师范传习所的倡办和简章的制定，以指导师范传习所的办学实践，并计划实施年暑假召集传习师范生回所再造或补习提高的策略；在留日速成师范生归国后，又饬令成都府及省城外各府县举办速成师范讲习所，让留日速成师范生将在日本所学到的教育学术知识传授给四川各地的师范讲习生。因此，这一时期的四川传习师范，经历了由启蒙师范讲习所→师范传习所→速成师范讲习所的发展变迁过程。四川师范传习所的大量开办以及传习师范生的相继毕业，既为四川初等学堂数量的迅速增加奠定了师资基础，但也存在传习师范毕业生质量与水平参差不齐等问题，给四川普及初等教育带来一定程度的不良影响。

三　赵尔丰至赵尔巽时期的发展、提高与扩展

赵尔丰至赵尔巽时期，四川各地续办了一些师范传习所。据学部统计，光绪三十三年，四川师范传习所、讲习科等2所，毕业生445人，在堂学生40人；光绪三十四年，四川师范传习所、讲习科等10所，毕业学生191人，在堂学生336人；宣统元年，四川师范传习所、讲习科等18所，毕业学生85人，在堂学生342人②。笔者见到的资料与学部统计对比，发现校数有出入，光绪三十三年应不少于17所、光绪三十四年应不少于25所、宣统元年应不少于

① 《查学委员知县颜绍泽请饬各学堂限制年龄及传习师范生务照定章讲授禀》，《四川学报》第2年第3册，公牍禀第5—6页。

② 学部总务司编《宣统元年份第三次教育统计图表·四川》，第5—7、18—22页。

39所,宣统二、三年至少有5所。而且,自光绪三十三年九月学部通令停办速成师范学堂后,因师资缺乏,四川各地传习师范仍继续开办,并侧重于传习师范生的补习提高;宣统二年二月学部通令各省"自本年起一律停招优级选科、初级简易科"后,四川除个别地方仍有开办外,各地基本停止设立师范传习所,并于十月之后开始筹设单级教法传习所和临时小学教员讲习所,再予筹办与推广师范传习一事。

首先,四川各地续办了一些师范传习所。

光绪三十三年,除后面将要讨论的省城劝学所设立四区师范传习所、小学教育研究所及省城模范幼稚园附设保育讲习所外,四川邻水、广安、宁远府、定远、长寿、仪陇、纳溪、开县、夹江等县以及关外学务局开办师范传习所,其总数应不少于17所。该年春季,邻水县高等小学堂附设师范传习所招收第一届新生40名,由各乡学董推荐秀才参加学习,冬季毕业,次年春招第二届学生40名,冬季毕业后停办①;四月,广安州呈请将师范传习所正名为初级师范学堂,获护理四川总督赵尔丰批准②;五月,宁远府城立有师范传习所,经费由太守筹划,丝毫不扰民间③;六月,定远县王代濬等禀改师范传习所为中学以宏造就,提学使司对其"能否即照部章速开初级师范一堂以造师资"④表示怀疑;七月,长寿官立高等小学

① 《邻水县教育文化志》,邻水县文教局1986年编印,第147页。

② 《护理总督部堂批广安州禀遵饬开办初级师范学堂一案》,《四川学报》第3年第5册,公牍第4页。

③ 《宁远学务》,《广益丛报》第5年第11期,纪闻第9页。

④ 《定远县王代濬禀改设中学以宏造就一案》,《四川学报》第3年第6册(光绪三十三年六月),公牍第5页。

遵改中学,暂将高等小学并师范传习所附设其中①;仪陇县续办师范传习所;纳溪县于县城开办师范传习所,并附设女子小学堂②;开县于高等小学堂内附设师范传习所,不定时地选拔原有教师或青年学生参加师范科目学习,结业后充任新学教师③。此外,夹江县训导甘嘉珍开办师范传习所,招生40人④;关外学务局师范传习所共两班,学生60名⑤。该年,四川传习师范数量比头一年有所减少,原因是新式学堂师资饱和乃至剩余,学部亦有停办速成师范的考虑。

光绪三十四年,据学部统计,四川有师范传习所或讲习科10处、在堂学生336人、毕业学生191人,分别是成都府温江县1处、人数不详,新繁县1处、学生11人,金堂县1处、学生28人,新津县1处、学生48人;龙安府江油县1处、人数不详;雅州府芦山县1处、学生20人;邛州直隶州1处、学生66人;重庆府大足县1处、学生36人;顺庆府蓬州1处、学生52人;叙州府长宁县1处、学生30人⑥。根据笔者所掌握的资料来看,除后面将讨论的省城劝学所继续设立七区师范传习所、小学教育研究所,省城模范幼稚园附设保姆讲习科续办第二、三班,以及邻水县续办师范传习所外,四川江北厅、泸州、芦山、名山、邛州及巴塘关外学务局设有师范传习

① 《长寿学务近闻》,《广益丛报》第5年第16期,原总第144号(光绪三十三年七月二十日),纪闻第12页。

② 《民国时期纳溪县教育概况》,《纳溪县文史资料选辑》第14辑,第41页。

③ 《开县志教育科技志》,开县志编委会1985年编印,第50页。

④ 《夹江县教育志》,夹江县教育局1988年编印,第39页。

⑤ 张敬熙:《三十年来之西康教育》上卷,第18—19、21页。

⑥ 《四川省师范学堂统计表》、《四川省师范学堂学生统计表》,四川提学使署编辑《四川省教育统计表(光绪三十四年)》,四川省档案馆藏:历史资料·文教资料,案卷号7—28/1。

所,合计17处。该年五月,江北厅新办师范传习所,学务处批覆“姑准照办,以后不准再行赓续”[①];泸州就考棚东西文场开第三次师范讲习所,由劝学所拨垫庙捐银420两为开办经费,取定学额300名,分为三班,九月初六日开所讲习,所长仍为陈铸,限期四个月毕业[②];芦山县杨梯青举办蒙师养成所[③];邛州城内南街中段有师范传习所一所,教员2人,学生66人[④];名山县蒙师养成所学生71人[⑤];巴塘的关外学务局开设官话师范传习所两次,每次一班,三个月卒业[⑥]。如果将笔者掌握的材料与学部统计资料所记载的情况进行比较,仅芦山、邛州两处重合,各地续办或新办的传习所累计应不少于25处。

宣统元年,据学部统计,四川有师范传习所或讲习科18处、学生427人,分别是龙安府江油县2处、学生34人;宁远府1处、学生47人;邛州1处、学生46人;重庆府巴县1处、学生11人,铜梁县2处、学生79人;酉阳州1处、学生28人;保宁府1处、学生32人;遂州府遂宁县1处、学生60人,蓬溪县1处、学生108人;叙州府富顺县3处、学生103人,珙县1处、学生17人,隆昌县1处、学

① 《江北厅详创设师范传习所开校情形视学仍以刘靖光复充一案》,《四川教育官报》戊申第5期(光绪三十四年五月)。

② 《督宪批泸州改良私塾续开讲习所暨推广学堂查办庙产预筹学务的款赍呈各章程表式禀》,《四川官报》己酉第1册(宣统元年正月下旬),公牍第7—9页;又见《泸县志》卷四,第12—14页。

③ 《请看阻挠学务之结果》,《广益丛报》第7年第1号,纪闻第10页。

④ 《邛崃县志》卷四,民国11年铅印本,第4页。

⑤ 《雅安地区教育志》,雅安地区教委1999年编印,第149页。

⑥ 《官话师范》,《四川官报》戊申第20册(光绪三十四年八月上旬),新闻第1页;张敬熙:《三十年来之西康教育》上卷,第18—19、21—22、31—32页。

生17人;泸州合江县1处、学生20人①。而笔者能够找到资料证明的计有12处,分别是继续开办的省城小学教育研究所、省城幼稚园附设保育科讲习所、省城通省师范学堂附设手工传习所以及冕宁、盐源、新宁、渠县、南川、大竹、新都、西昌、达县等县师范传习所。据上川南省视学伍鋆报告,冕宁县有高等小学一堂并附设师范传习所,现有师范生21名;盐源县高等小学附设师范讲习所1所,师范生现数20名②;八月,新宁县请准于官立高等小学堂内附设师范传习所,修业期一年,学员招收文生及改良私塾塾师③;渠县就劝学所规办师范传习所,计毕业者70人④;十一月,南川县开办师范研究会和私塾改良会,招集各小学堂教员在高等小学堂开办传习所,"计所到者已三百六十余名之多"⑤;大竹县第三次传习师范,学制一年⑥;新都县设立六月师范⑦,地址新都县考棚右叚房舍⑧;西昌师范研究所,主办人那寿椿,五个月毕业,学生70余

① 《四川省师范学堂学生统计表》,学部总务司编《宣统元年份第三次教育统计图表》。

② 《宣统元年上学期上川南省视学调查学务报告》,《四川教育官报》己酉第10期(宣统元年十月),报告第2、12页。

③ 《督宪批提学使司、经征总局会详议覆新宁县禀请仿照绥属酌提中赀办学文》,《四川官报》己酉第24册(宣统元年八月),公牍第4—5页。

④ 《渠县志》卷三,民国21年排印,第15页。

⑤ 《军督部堂批南川县详开办师范研究会及私塾改良会一案》,《四川教育官报》庚戌第1期,公牍第14—15页。

⑥ 《续修大竹县志》卷五,民国17年排印本,第22—23页。

⑦ 《新都县政简报》,民国23年3月发行,第177页。

⑧ 《新都县志》第三编,民国18年铅印本,第35页;李义让《四川省新都师范学校七十五周年》,《新都文史》第1辑,1984年,第26、28页。

人[①];达县留日速成师范生万如璋回县后在考棚传习师范一班[②]。如果将笔者掌握的材料与学部统计资料比较,可以发现,仅宁远府1处重合,四川新办及续办的师范讲习所累计应不少于39处。传习师范数量不降反升,原因是提学司遵督署条示,"再予通饬各属于师范传习一事,未办者即予筹办,已办者再为推广"[③]。

自宣统二年学部饬令停招简易师范之后,四川仅有巴州、南充、天全、崇庆州、泸州等地续设师范传习所,其他各地基本停止设立师范传习所。宣统二年九月,巴州请准续开师范传习所,招选曾经传习师范暨廪增附监、国文素有根柢者100名[④];南充借考棚房舍开办简易科师范传习所,俾各生研究管理教授各法,而尤注重于单级教授[⑤]。宣统三年五月,天全州劝学所及官立高小校均兼办师范补习所,为预备教员之急需筹设[⑥];闰六月十二日,崇庆州停办半日学堂,将原有半日学堂之款筹办官立师范传习所,并就劝学所原有讲舍开办手工传习所,于星期召集各高初教员实地练习,教授时间以三小时为限[⑦];八月,泸州女学会女子师范学堂董事会决

① 《西昌县志》卷七,民国31年铅印,第18页;而学部总务司编《宣统元年份第三次教育统计图表》中的《四川省师范学堂学生统计表》统计学生为47人。

② 《重修达县志》卷十三,第25—26页。

③ 《督宪批提学使司、经征总局会详议覆新宁县禀请仿照绥属酌提中赀办学文》,《四川官报》己酉第24册,公牍第4—5页。

④ 《本司批巴州详续开师范传习所一案》,《四川教育官报》庚戌第9期(宣统二年九月),公牍第19—20页。

⑤ 《南充县申请权借考棚设立师范传习所一案》,《四川教育官报》庚戌第11期(宣统二年十一月),公牍第5页。

⑥ 《本司札天全州据省视学报告学务情形文》,《四川教育官报》辛亥第25期,公牍第1—2页。

⑦ 《崇庆州详筹办官立师范传习所一案》,《四川教育官报》辛亥第31期(宣统三年八月初十日)。

定开办川南女子师范传习所①。由此可见，宣统二、三年，四川师范传习所至少设有5处。

其次，继续召集师范传习生回所补习，并出现师范传习所向师范学堂转化的情况。

在光绪三十三年九月学部通饬停办速成师范学堂之后，直至宣统二年二月二十八日学部咨请“各省师范学堂自本年起一律停招优级选科初级简易科”之前，鉴于“各属传习师范，少有一年毕业者，或四、五月，或二、三月，各师范生于平日不尽有修养之品格，学识又苦不逮，故不能胜任者颇居多数”②的现状，除省城劝学所开办的各区师范传习所及小学教育研究会招选已习师范教员到所讲习和研究外，其他州县也实施了召集传习生回堂补习的政策。

由于教育普及为立宪始基，省城应入而未入学堂者计1.07万余人，以50人一堂计算，尚无许多教员可以聘任，光绪三十三年四月上旬，省城劝学所总董彭兰芬奏请开办东西南北四区师范传习所，招收已习师范而未聘教习、未习师范而有志愿学者以及现任与将任私塾塾师，每日就近学习3点钟，至1200点钟毕业，由提学使司考验给凭③。八月，省城劝学所再次要求初等小学堂和私塾教员不知教法管法而无所凭藉以为改良之资者，来所报名，入学肄业④。光绪三十四年，省城劝学所公布《小学教育研究会简章》，规

① 易润生：《四川第一个集资创办的泸州女子师范学校》，《江阳文史资料》第5辑，第59页。

② 《宣统元年上学期上川南省视学调查学务报告》，《四川教育官报》己酉第7期，报告第1—5页。

③ 《劝学计划》，《四川官报》丁未第8册，新闻第1—2页。

④ 《省城初等小学堂告示》，《四川学报》第3年第8册（光绪二十三年八月），公牍第4页；《整顿学务》，《四川官报》丁未第22册（光绪三十三年八月下旬），新闻第1—2页。

定:小学教育研究会分甲乙两部,甲部为师范简易科,乙部为讲习会。甲部简易师范科,“以研究普通教育之方法,图改良私塾而设,故一切宗旨规则均准初级师范学堂,惟学科与时间稍较简单,故名为简易师范科”,对省城初等教育有扶持指导之责;借四门适中之学堂分设,东区设于石马巷雷氏育英学堂、南区设于文庙西街体育学堂、西区设于八旗官立小学堂、北区设于官立幼稚园、中区设于补习学堂、外东区设于锦官驿街江西馆;修业年限二学年四学期,学科预算1200小时、每周18小时、每日3小时;入学资格为已习、未习师范而现任教员、或已习师范而未任教员、品德端正无嗜好、年在25—40岁者;入学时,须填具入学志愿书及介绍书,不征学费,操衣、课本自备,不寄食宿。乙部讲习会,系专为改良教授方法及小学教育,暂设昭忠祠模范初等小学堂内,定期于每周六午后3—5点钟齐集会所,商榷改良教授方法及小学教育,附设批评会。① 三月,彭兰芬奉方旭面谕,师范传习所添招新班,各区师范归并教授,并于北区附设小学教育研究所,各区小学教员赴所听讲时间变通为星一东区、星二南区、星三西区、星四北区、星五中区、星六外东区,“每周循环研究”②。后添设外西区,共计七区。十二月,省城劝学所附设七区师范传习所及小学教育研究所学生学满二年四学期,试验毕业③。据宣统元年傅崇矩统计:省城劝学所东、南、西、北、中、外东、外西七区共毕业师范传习生137名,各区

① 《小学教育研究会简章》,《四川教育官报》戊申第4—8期(光绪三十四年四至八月),章程第1—31页。

② 《成都省城劝学所之行事》,《广益丛报》第6年第7号,原总第167期(光绪三十四年三月二十九日),纪闻第6页。

③ 《研究招生》,《四川官报》己酉第1册(宣统元年正月下旬),新闻第1页。

小学教育研究所毕业私塾教员189名①。宣统元年二月，小学教育研究所正式添招研究新班，招生对象为小学教育研究所毕业师范生、私塾教员中成绩未优尚须补习者及未研究教育学、教授法、管理法的塾师②，并定期于二月二十六日开所研究，实际于闰二月、三月、四月初五日分别举行了第一、二、三次集会，研究事项分别为教育方针、修身科学、国文及白话三类，“各生于此等学说颇能有所发明”，“该教员等亦颇能见诸实行，并以其暇互相参观，以期比较而求进步”③。五月二十日，小学教育研究所学期试验，试验科目为博物、国文、教育及理化四科，“第二学期尚须催促未学师范之塾师来所研究”④。通过培养，省城劝学所所辖各区高初两等小学堂教师水平与教学质量明显提高。据报道，宣统元年七月下旬，省城劝学所试验各区高初两等小学生，来所请试者多至808名，试验学科分为国文、默经、算术、图画四门，甚至有请试验历史者，“其成绩均可观”⑤。

除省城外，各地方州县亦实施了召集传习生回堂补习的政策。宣统元年六月，上川南区省视学伍鋆的学务报告建议，“饬各属遵督宪条示，续办传习所，慎选师范，以品行无玷、体质强健而勤朴耐劳者为合格。遵定章，简易科毕业，其目前急缺师资之处，或酌定分期传习之法，以两班师范为额，传习一学期出任教务，复轮次回所补习，限定两年一律毕业。至传习时，除讲授各学科外，尤须注

---

① 傅崇矩编:《成都通览》上册，第180—183页。

②《研究招生》，《四川官报》己酉第1册，新闻第1页。

③《小学研究》、《小学研究》、《研究分科》，《四川官报》己酉第6、9、12册（宣统元年闰二、三、四月中旬），新闻第1页。

④《停课试验》，《四川官报》己酉第17册（宣统元年六月中旬），新闻第1—2页。

⑤《小学发达》，《四川官报》己酉第24册，新闻第2页。

重提倡道德主义,养成其诚实坚韧之性质"①。四川各州县中,实施召集传习生回所补习的,有南川、巴州等地。宣统元年十一月,南川县开办师范研究会和私塾改良会,招集各小学堂教员在高等小学堂开办传习所,"以旧充教员、曾习科学者为师范研究会,进以教授管理等法,其未经传习者为私塾改良会,补习科学、教授、管理等法,均于年底甄别,分等给予凭照,为未来选充各官私小学及私塾教员之预备,现计所到者已三百六十余名之多"②。宣统二年九月,巴州请准续办师范传习所,招选曾经传习师范暨廪增附监国文素有根柢者 100 名,提学司要求,"毕业年限应定为两年,至短亦要一年,使传习各科略可适用。招选之始,年龄在二十岁以上、五十岁以下、身体强壮、无嗜好者为合格。功课以讲授与实地练习各半为宜,庶教授不合法之处,教员得以随时指正。惟此项教员须以深明教授法者任之,不可不慎,毋任谬误流传。……所需经费不能持久,即应照私塾改良会办法,调集现任教员之教授、管理不合法者,随时研究,实地练习,并分期交换传习,较为利便"③。

为提高师范生程度,大约在光绪三十三、三十四年左右,四川各地开始呈请改师范传习所为初级师范学堂,四川提学使方旭、护理四川总督赵尔丰也主张各地改师范传习所为初级师范学堂。光绪三十三年四月,广安州因"毕业之速成师范生程度既嫌过浅,而城北旧校风潮甫息,又非特设一完全学堂,不足以规久远",因此

---

① 《宣统元年上学期上川南省视学调查学务报告》,《四川教育官报》己酉第 7 期,报告第 1—5 页。

② 《军督部堂批南川县详开办师范研究会及私塾改良会一案》,《四川教育官报》庚戌第 1 期,公牍第 14—15 页。

③ 《本司批巴州详续开师范传习所一案》,《四川教育官报》庚戌第 9 期(宣统二年九月),公牍第 19—20 页。

呈请将师范传习所正名为初级师范学堂,获赵尔丰批准①;六月,定远县王代濬等禀请改师范传习所为中学以宏造就,提学使司批覆:"师范传习两月,本为草创权宜,不足为训。来禀请传习十月,仍恐为期尚促,难资深造。惟能否即照部章速开初级师范一堂,以造师资"②。光绪三十四年十二月,长寿县改林庄中学校附设师范传习所为县立师范,设五年制、三年制师范各一班③。

第三,开办单级教法传习所和临时教员讲习所。

为了切合中国广大的乡村教育实际,宣统二年三月,学部咨行各省初级师范无论完全科、简易科,自本学期起应就现有班次于定章授课钟点外,加授单级教授法课程,便于学生毕业后应用④。因清政府缩短预备立宪期限,普及小学教育亟需提前赶办,而临时小学教员严重缺乏,宣统二年十二月,学部奏拟的《临时小学教员讲习所章程》及《单级教员养成所章程》获得俞允;宣统三年三月,《学部奏酌拟改订筹备教育事宜折并单》再次将拟订单级教授、二部教授办法,扩充初等教育补充机关,拟订小学教员优待、任免、俸给各项章程,养成小学临时教员并拟订章程列入清单⑤;闰六月十一日,学部拟订《单级教授二部教授简章》及《临时小学教员讲习所暨单级教员养成所简章》获得俞允颁布,要求各省迅速筹办临

① 《护理总督部堂批广安州禀遵饬开办初级师范学堂一案》,《四川学报》第3年第5册,公牍第4页。

② 《定远县王代濬禀改设中学以宏造就一案》,《四川学报》第3年第6册,公牍第5页。

③ 《长寿县志》卷七,民国31年刊本,第38页。

④ 《学部咨行各省初级师范加授单级及二部教授法课程文》,《大清教育新法令续编》第三册第五编,第2页。

⑤ 《四川官报》辛亥第10号(宣统三年三月十一日),公布第3—4页。

时小学教员讲习所及单级教员养成所，教授单级教法及二部教法①。

鉴于小学单级教授经费既省，收效容易，在东西各国亦受重视，我国江苏等省也有仿办，宣统二年九月，四川提学使特定办法，札饬各属劝学所，饬令小学教员互相研究，并拟在省城组设单级教员传习所，调取各属师范生入所肄习，以为将来教育普及之预备；并请总督派委省视学周泽、杜明燡两人前往日本调查，以资仿办②。十月，四川提学使司颁布《单级教授法简章》，共8章③。因各属经费支绌、兼乏师资，宣统三年正月下旬，四川提学司饬各属按《单级教授法简章》筹办单级教授，于假期内分别召集各教员练习，复由视学指导讲述，克期实行。

在宣统二年十月至宣统三年七月保路运动爆发之前，四川各地陆续呈报遵章办理单级教授情况。宣统二年十一月，成都县遵章改良县属小学，并按单级教授简章规定办理④。十二月，盐亭县开始传习单级教授法，办法是“集各劝学员及教习等，齐赴劝学所，会同视学，将单级教授法简章逐条讲演，并将课程时间表饬令

① 《奏拟订临时小学教员讲习所及单级教员养成所简章并单》，《学部官报》第19册(第162期，宣统三年闰六月二十一日)，章奏2—7页；又见《四川教育官报》辛亥第32期(宣统三年十月十七日)，奏议第1—4页。

② 《派绅调查学务》，《广益丛报》第8年第28期，总第252号(宣统二年十月三十日)，纪闻第10页；《单级教授之研究》，《四川官报》庚戌第25册(宣统二年九月下旬)，新闻第1页。

③ 《提学使司拟定单级教授法简章附条件二则》，《四川官报》庚戌第28册(宣统二年十月下旬)，专件第1—5页。

④ 《提学使司批成都县详遵章改良县属小学规定办法文》，《四川官报》庚戌第31册(宣统二年十一月下旬)，公牍第3页。

该视学照式刊印，发贴各学堂遵守"①。宣统三年正月二十九日，珙县视学呈报办理单级教授情况，就教授法中取其简易浅显者，先令各属试办，以救目前②；二月初二日，大邑县视学呈报办理单级教授情况，除官立高等小学堂不事更张，其余各初小一律改用单级，每月并召集各堂管教各员赴所会商③；二月二十一日，资阳县视学呈报单级教授情况，由劝学所分别召集各教员实地练习，视学及劝学员示以准则④，该县单级教员养成所设立于宣统二年、一直办至民国初年⑤；三月初一日，大足县呈报单级教授情形；五月初四日，达县呈报筹办单级教授情形。直到民国建立后，四川单级教员养成所仍是培养小学教员的重要机关⑥。

从报刊披露的情况来看，各地并未完全遵章办理单级教授，提学使司特别强调各县视学应研习章程以负指导之责、各地劝学所应设单级教授练习所以集中会商研讨并借地练习。比如批示盐亭县视学，"于年假内就劝学所设一单级教授法练习所，酌定练习时间，召集全县小学教员，由该视学示以法则，并假中区小学为实行

---

① 《提学使司批盐亭县详奉文遵办单级教授情形文》，《四川官报》庚戌第32册(宣统二年十二月上旬)，公牍第5页。

② 《珙县申报办理单级教授一案》，《四川教育官报》辛亥第8期(宣统三年二月二日)。

③ 《大邑县详筹办单级教授一案》，《四川教育官报》辛亥第8期。

④ 《资阳县详报单级教授一案》，《四川教育官报》辛亥第11期(宣统三年二月二十一日)。

⑤ 四川省内江市教委编:《内江地区教育志》，四川辞书出版社1991年版，第157页。

⑥ 关于民国初年继续办理单级教法传习的情况，请参见民初四川行政公署教育司发行的《文牍月刊》及四川省教育司编辑《四川省教育行政报告书(民国纪元前一年十月起至三年六月止)》第三、四编的相关内容。

练习之地,令该教员等遵章分科教授,以期练成多数灵敏之教员”①;批斥大足县视学对简章未曾研究,迟迟未办②;批复达县视学,应分别召集模范小学实地研究,俾之练习纯熟,以免顾此失彼③等。

四川临时教员养成所的兴办,筹议于宣统三年二月十二日,学务公所常会提议由通省师范学堂附设临时教员养成所。议决经过如下:

> ……设国学专修科,以多储国学教习。且从前科举时代国学素有研究之人,现皆年长,又多系寒畯,不能再入别项学堂,即可收录此辈,稍事讲习,不难为良善教师,是不惟多造师资且广寒士之生计。赵君椿煦谓:“现在暂缺乏者为初等小学教习,此项学堂为教师范者必须兼授各科,非若高等小学以上教习但讲授一二科,如专习国学尚不适用,此等师范似宜以国学优长为主,仍须兼习普通学科,而于管理教授方法尤能认真研究,方为合格。”龚君煦春谓:“中学堂程度与初级师范相等,不如于中学堂第五年级课程,加入教育管理,为随意科。毕业后,如无力升学,即可出为教师。”赵君椿煦谓:“中学堂与师范学堂统系及性质判然为二,似此牵合办法,恐于两方面重要学科之进行,各有妨碍。曾见日本高等师范及高等学校均附设临时教员养成所,凡中学及高等毕业者愿为教习,即令

---

① 《提学使司批盐亭县详奉文遵办单级教授情形文》,《四川官报》庚戌第32册,公牍第5页。

② 《大足县详报单级教授一案》,《四川教育官报》辛亥第12期(宣统三年三月一日)。

③ 《达县详筹办单级教授一案》,《四川教育官报》辛亥第17期(宣统三年五月四日)。

入所讲习，现在中学毕业者已数百人，未必尽行升入高等及各项相当学堂，何不妨此办法考虑。此项学生讲习教授、管理，俾入高等教师之用，为时甚暂而收效甚速。"众议赞成。并议决于通省师范学堂附设临时教员养成所。赵君又谓："添设养成所，必须添聘教习，通省师范本年预算案内，并无余款，此项经费从何筹垫。"主席云："既系必办之事，经费不敷，自然由公所担任。①

从材料反映的情况来看，学务公所议绅、通省师范学堂教务长赵椿煦，最初提议在通省师范学堂开办国学专修科，收录科举时代对国学素有研究之人，"兼习普通学科，而于管理教授方法，尤能认真研究"，目的是储备初级师范学堂及高等小学堂以上学堂的国学教员；高等学堂教务长龚煦春则主张，在中学堂第五年级课程中加入教育管理，毕业生可充当高等小学堂以上教习；最后赵椿煦建议仿日本高等师范及高等学校附设临时教员养成所办法，在通省师范学堂附设临时教员养成所，凡中学及高等毕业者愿为教员者即令入所讲习教授管理，毕业后作高等小学堂以上学校教员之用，获得其他议绅赞成，并同意由学务公所承担经费。

由于检定中小学堂教员章程必须实行，亟宜预储师资以备任用，宣统三年三月，四川提学使刘文宗按学务公所常会的议案，在通省师范学堂附设临时教员养成所，招选中学五年毕业生入所肄习，专修教育及不足学科，以100人为率，不征学费，扣足八个月毕业，由监督徐炯拟订简章九条，咨送提学使署立案，俟定期招考，毕

① 《二月十二日本公所大会提议事件(续)》，《四川教育官报》辛亥第21期(宣统三年六月二十八日)，报告第8—9页。引文中提及的赵椿煦，又记名为赵春煦，字香畹，留日宏文速成师范卒业生。

业后由提学使按名指派①;十一月,学生毕业后停办。

可见,赵尔丰至赵尔巽时期,自光绪三十三年九月学部通令停办速成师范学堂后,因师资缺乏,四川各地传习师范仍继续开办,并出现了一些变化,比如招收对象开始转向已传习过的师范生、高小毕业生以及现任高初等小学堂教员、私塾教员,各地还开办了小学教育研究会、师范研究会等,并出现了师范传习所申请改办初级师范学堂的情况,即注重传习师范的补习、提高及升格;宣统二年二月学部通令各省"自本年起一律停招优级选科、初级简易科"之后,四川除南充、天全、巴州、崇庆州等地外,各地基本停止设立师范传习所,并于十月之后开始筹设单级教法传习所和临时小学教员养成所,添设单级教授法、二部教授法科目,以解决初等教育师资供不应求的问题,并满足乡村初等教育对单级教授法、二部教授法的现实需求。总之,四川传习师范趋向于补习、提高和升格,目的不外乎提高传习师范生的学业程度、养成完美合格之初等学堂师资。不过,这些努力终因缺乏完美合格之传习教师、传习时间有限等因素制约,效果十分有限。

第二节 传习师范的办学

通过前面考察,我们基本厘清了清季四川传习师范在发展政策及设置数量上的变迁情况,大致说明了它的纵向发展过程。不过,清季传习师范面临着怎样的办学条件?实施了怎样的育人活动?这些问题仍需我们作进一步考察,方能揭示清季四川传习师

① 《临时教员养成之组织》,《广益丛报》第9年第6期,总第262号(宣统三年三月二十日),纪闻第9页。

范的办学特点及其对初等学堂师资质量的影响。

一　经费、主办者、学生

传习所经费，除省城蒙养师范学堂经费由学务处筹措外，主要使用学堂经费，亦通过集资、捐款等途径筹集经费。比如光绪二十九年，广元蒙养学堂附设蒙师养成所，由义学斗息年款钱 40 串改设的蒙养学堂附设，教员修金由学东补助①；光绪三十年，巴县渝绅就渝郡书院创设教育讲习所，先办蒙学师范，拨巴县学堂经费余款 3000 金为开办费②，并准拨“税契七厘项下之二千金”③为办学经费；江油县启蒙师范传习所“用各乡办学之赀”④；光绪三十一年，成属师范传习所“每名由本籍学堂经费提银十二两”，“所有开办一切用费，暂由学务处垫交”，“毕业之后，综计用款，按名酌派，仍由各属筹还”⑤；光绪三十二年，珙县拟先停办各学堂，“将款项移作师范传习所之用，于三十三年再行开校”⑥；宣统三年，崇庆官

---

① 《重修广元县志稿》卷十七，民国 29 年铅印，第 65 页。

② 《重庆开办教育讲习所》、《重庆师范讲习所开堂》，《东方杂志》第 1 年第 8 期（光绪三十年八月二十五日），第 195 页；第 10 期（光绪三十年十月二十五日），第 239—240 页；第 11 期（光绪三十年十一月二十五日），第 165 页。

③ 《督宪批巴县遵章设立师范传习所拨款开学日期及总理教员诸生姓名详文》，《四川官报》甲辰第 31 册，公牍第 3 页。

④ 《督宪批江油县遵填小学堂及启蒙师范讲习所调查表册文》，《四川官报》甲辰第 31 册，公牍第 2—3 页。

⑤ 《总督部堂饬成属各州县选派员绅赴省城讲习所札》，《四川学报》乙巳第 16 册，公牍第 35—36 页；《奏陈学务情形并推广办法折》，《锡良遗槁 · 奏稿》第一册，第 520 页；《总督部堂咨覆学部电》，《四川学报》第 2 年第 3 册，公牍第 3—4 页。

⑥ 《总督部堂批珙县筹办小学堂情形一案》，《四川学报》已巳第 19 册，公牍第 78 页。

立师范传习所，“以停办半日学堂之款腾作该所经费”[①]。除了使用学堂经费外，各地亦通过集资、筹捐等方式筹集经费。比如光绪三十年，德阳师范蒙学堂“提三费、育婴、义谷各局岁约一千三百余钏”为经费[②]；光绪三十一年，洪雅县高等小学附设师范传习所，“筹捐辗磨等项以助经费”[③]；彭水师范传习所粗具规模，“请复练费事与铁路租捐有碍，应即设法妥筹”[④]；巴州师范传习所于高等小学堂附设，所有常年经费约已集有万金[⑤]；泸州女工师范传习所于城内小市设立，系“民立”；光绪三十四年，泸州教育会议决议就考棚东西文场开第三次师范讲习所，先由劝学所拨垫庙捐银420两为开办经费，再由十三区化同担任摊还[⑥]。与民国时期相比，清季四川传习师范经费来源相当分散，这与新式学堂建立初期中国初等教育投资主要由地方精英即绅士经理，民间款源是地方教育经费的主要来源的教育财政状况有关。

除个别传习所经费宽裕外，多数传习所经费紧张，只能因陋就简地设立。比如光绪三十一年，荣县师范传习所借凤鸣书院开办，

---

① 《崇庆州详筹办官立师范传习所一案》，《四川教育官报》辛亥第31期，报告第3页。

② 《督宪批德阳县举办师范蒙学堂并填申表式禀》，《四川官报》甲辰第29册，公牍第6—7页。

③ 《批洪雅县禀开办小学堂及师范传习所一案》，《四川学报》第2年第6册（光绪三十二年六月），公牍批第6页。

④ 《总督部堂批调查委员范襄禀查明彭山青神学务情形一案》，《四川学报》乙巳第10册，公牍第38页。

⑤ 《巴州学界》，《四川官报》乙巳第15册（光绪三十一年七月上旬），新闻第2页；《兴学在人》，《广益丛报》第3年第18号，原总第82期（光绪三十一年八月初十日），纪闻第14页。

⑥ 《督宪批泸州改良私塾续开讲习所暨推广学堂查办庙产预筹学务的款赍呈各章程表式禀》，《四川官报》己酉第1册，公牍第7—9页。

“约计岁需经费在三四千钏之间”①，约合银二、三千两；叙永厅永宁县师范传习所“占学堂经费”，“以一年为率，系并暑年各假在内扣足计算，官私费合计不足百名，学科并未完备，而管理、教授以及司事、书记等十人，用费需银肆千余两”②。由于经费紧张，又时办时停，传习所大多借用已有的教化设施，因陋就简地设立。如借用或附设于已成立或预备设立的高小、中学或师范学堂，或借用各地书院、试院、考棚甚至庙宇开办，或于各地劝学所内开办，其中以各地官立高等小学堂附设和利用各地旧有书院改设最为普遍。据时人报道，除泸州小市女工师范传习所“规模之宏大，科学之完全”③外，绝大多数师范讲习所或传习所都十分简陋。如成都义学巷李宅天健阁经纪学堂附设的启蒙师范传习所，因“李宅规模狭逼，不能容受多门学生，今教职何安澜等已赴督辕请将该堂借设城隍庙内”④；长寿师范传习所附设于高等小学堂，斋舍仅能容 30 人，只好正取、备取各 30 名，正取以本年入堂、备取则明年入堂⑤；酉阳师范传习所，“教室未善，非改至东文场不可”⑥。由于经费紧张，有的传习所不仅薄给师范生食费，有的甚至收取学费、伙食费等，

① 《总督部堂批荣县禀办高等小学堂及实业学堂劝工善迁所并请留津捐余款一案》，《四川学报》乙巳第 1 册，公牍第 2 页。

② 《督宪批叙永厅永宁县令申遵奉表式逐一查明分类填表一案详文》，《四川官报》甲辰第 32 册（光绪三十年腊月上旬），公牍第 2 页。

③ 《女学渐兴》，《广益丛报》第 3 年第 19 号，总第 83 期（光绪三十一年八月二十日），纪闻第 7 页。

④ 《民立学堂》，《四川官报》甲辰第 4 册（光绪三十年二月下旬），新闻第 1 页。

⑤ 《收考学生》、《实验师范》，《广益丛报》第 3 年第 15 号，纪闻第 14 页。

⑥ 程昌祺《静观斋日记》，光绪三十一年二月九日，第 13 页。四川大学图书馆收藏；又见四川省教科所藏《四川省志教育志·师范教育抄件资料汇编》，编号 3659。

当然更谈不上置备图书与设备了。光绪三十一年，眉州师范传习所于官立高等小学堂附设，师范生共40名，堂内图书用品无置备①；光绪三十一年，青神师范传习所，“师范生既难寄宿，每日薄给食费七十文”②；光绪三十二年，綦江县师范传习所，投考300余人，取录100名，每名每月伙食、学费等共取钱5000文，开堂日到校就学者仅1人③。

传习所教员，按部章：应“择省城初级师范学堂简易科毕业生之优等者，分往传习”。早在光绪三十年九月，锡良在通令颁行师范传习所章程时就指出，“设学首在得师，而立教尤先养正”，“前此省堂六月卒业领有凭照之蒙养师范生”，“现今本署督部堂复饬成都府再就原地开办成属师范学堂，而高等学堂亦附设速成师范，顾犹非为养蒙地也”④，前述速成师范毕业生均可作为传习所教员。清季四川传习师范创办之初，由于初级师范学堂简易科尚无毕业生，癸卯学制及相关规定只得变通办理，改由受过短期师范训练的速成生担任；随留日速成师范生相继归来，四川省又将留日速成师范生纳入传习所教员之列。为了更清楚的说明清季四川传习师范的办学者情况，笔者将考察视野由管教人员扩大到了主办者甚至倡办者范围，理由是地方官绅的态度是影响新兴事业成败的

---

① 《学务处批调查委员陈善荫禀查明眉州学务情形一案》，《四川学报》乙巳第10、11册，公牍第40—41页。

② 《学务处批调查委员范襄查明彭山青神学务情形一案》，《四川学报》乙巳第10册，公牍第38—39页。

③ 《綦江师范纪闻》，《广益丛报》第4年第34号，总第130期（光绪三十二年十二月三十日），纪闻第9页。

④ 《总督部堂通饬各属变通师范讲习所办法札》，《四川学报》乙巳第9、10册，公牍第23—24页；《师范传习所章程》，《四川学报》乙巳第2、3册，章程第8—11页。

重要因素。光绪二十九至三十二年是四川传习师范发展的最好时期，其主办者及教师亦具有明显特点，下面仅依据附表 4—1 列举相关者。

光绪二十九年：通省蒙养师范学堂，由四川总督岑春煊任总理、成都知府赵藩为堂长；安县师范传习所，由余令于益昌书院改设；顺庆府八属师范传习所，由鄂兰谷太守呈请酌设；广元蒙师养成所，由蒙养学堂附设，校长为廪生罗映湘；成都义学巷李宅天健阁经世学堂附设启蒙师范讲习所，创办者为成都教职何安澜，课程 16 门皆聘有专门教师；太平知县朱远绶于县城高等小学堂附设师范传习所，所长冉景贤。

光绪三十年：长寿教谕陈洪泽于县城东门文昌阁右凤山书院附设师范传习所；长寿知县唐我圻（字恭石）在县城新建林庄高等小学堂附设师范传习所；绵竹启蒙师范传习所由紫岳书院改设，由曾庆鉴、詹治道等经理，绵竹县令伍介康选派王定熙、张俊章等人为教习；阆中县丁大令会同教谕傅芑堂并乡绅何云阶、王和廷、张正夫等设立阆中师范传习所；隆昌县令耿葆煃特聘成都师范卒业生三人分路四出就各地教蒙学者与之研究讨论，传授教育方法；岳池县令钟文虎饬令设立启蒙师范讲习所；巴县县令遵章就渝郡书院设立巴县教育讲习所，并岁拨巴县学堂余款为办学经费；合州孝廉张森楷总理学务，并开办合群教育急就科讲习所等；南充优廪生何恒清呈请造就师范，经叶大令批准设立；泸州知州赵渊于泸州学堂附设泸州第一次师范传习所，举人陈铸任所长；璧山师范传习所教员五、六人皆勇于义务，规画一切，颇有条理，闻半系士绅连泽膏与赵达三二人斡旋之力；资阳师范传习所担任教育者为伍西园孝廉；丹稜县令武廼愚于火神庙设立师范传习所；郫县政府改南门外何公祠的岷阳书院为启蒙师范馆，吕焕文任总理；双流县令濮景贤开办双流蒙学师范传习所，县训导任汝霖任监督；江津邑人程德灿、杨士钦、夏风薰等就城隍祠几水书院改设师范传习所，教谕崔映棠兼任监督；西昌师范传习所于考棚设立，由四川省城高等学堂速成师范卒业生那寿椿任所长。

光绪三十一年：夔州太守方旭莅任后，全属设师范传习所十余处；邛州师范传习所因学科未完备，张直刺特再延请日本卒业生闵仲瀛到堂补讲教育、管理、教授、心理、体操诸科学；巴州州牧武廼愚于高等小学堂附设师范传习所；南部县师范传习所，校长为温江训导王嘉桢；平武师范传习所，由曾游学日本、热心教育的黄书云为校长；东乡县师范传习所由留日速成师范卒业生景昌运襄办；成属师范传习所由四川总督饬令于省城官保府设立，教师由留日速成师范卒业生担任，学生则地方官商同各学堂校长、学董遴选；泸州小市女工师范传习由留日归国生姚建勋、陈箴数人董其事，赵渔卿直刺准其立案，聘有中学教员隆昌张咏裳之姊张泽云、嫂屈翼成二人，兼任管理，任西学者为日本冰其梅，教授体操、音乐、理化等科；云阳知县颜绍泽于云阳学堂附设师范传习所；洪雅县训导商同新任赵县令设立高等小学堂附设师范传习所，聘定高等学堂卒业师范生二人到县开堂；遂宁李次山大令于县城双江镇试院开办师范学堂，延订教员唐汉章、岳莫之、张容垓分任教授，复以曹志宣兼理校长事宜；南溪知县袁牖就龙腾书院设立师范传习所，聘举人钟朝煦、廪生董黄为教师；德阳知县钮传善于旌阳书院改设师范传习所；苍溪县知县姜秉善改县城鹤山书院为高等小学堂附设师范传习所。

光绪三十二年：隆化书院改办高小校附设师范传习所，日本速成师范卒业生罗祖泽与四川省城高等学堂速成师范毕业生、内江附生黄廷鼇分任教员；合江知县李竞清在官立高等小学堂附设师范传习所；泸州第二次传习师范设立，仍聘陈铸为所长，调集留日速成师范卒业归国生刘德麟、郭选芳等照章传习；大竹师范传习所第一班，所长张冠群；雅州府武太尊调各官派赴日卒业速成师范生来府充当师范传习所教习；松潘同知黄汝辑在岷山书院旧址并入张公祠改建高等小学堂附设师范传习所；筠连县令韩骧九创办官立高等小学堂并附设传习所，聘叙州府卒业师范生高、张两君分任教科，并本县留东速成师范卒业生刘元志充当监学。

从光绪二十九至三十二年的情况来看，四川传习师范的主办者是地方官、教职及当地士绅，而管理者和教师先是聘请各地有科举功名的士绅及省城蒙养师范学堂毕业生担任，后来省城高等学堂速成师范毕业生、留日速成师范卒业归国生以及各类师范学堂简易科毕业生才依次补充到传习所教师队伍中来，这实际也是四川初等教育师资的来源或补给顺序。当然，这并非说后者一定会完全取代前者，亦可能大家各司其责，共同担负培养师范生的职责。由此可知，清季四川各地师范传习所是地方官、教职、士绅努力创办的结果，除聘用学有专长的旧学儒生担任“中学”教习外，教育学、教授法及西学课程则主要聘用通省蒙养师范学堂、成都府属师范学堂、高等学堂速成师范班、留日速成师范毕业生担任，后来则聘用优级初级师范学堂毕业生担任教习，极个别聘用日本教习担任。

传习所学生，按部章规定，“凡向在乡村市镇以教授蒙馆为生业而品行端谨、文理平通、年在三十以上五十以下者，无论生童，均可招集入学传习”，即廪、贡、附、增、监、童生及塾师均可入所传习。早在光绪二十九年春,四川方旭建议启蒙师范班,“凡业儒授徒者”皆可入堂;光绪三十年九月,四川学务处拟订的《师范传习所章程》规定,向在乡村镇市教授蒙馆为生业而品行端谨、文理平通、身体健全、年在30—50岁者及年在25—30岁的廪贡附增监童,均可招集入学。就实际情况来看,四川各地师范传习所创办之初,都对学生投考资格作了限定,多限以私塾塾师和科举儒生为招选对象。比如前述的什邡县师范传习所招收内外庠生入所肄业,绵竹师范传习所招考“生童”“士类”,西昌师范传习所招收对象主要是生员和私塾塾师,南溪师范传习所招考年富明理的塾师入所肄业,隆昌、简州师范传习所学员一般是秀才,长寿师范传习所“正场试以国文,取其文理清通者”,中江师范传习所“招收童生”,成属师范传习所则遴选20—35岁、不拘举贡生童及中文清通、身体强健、品行端方、素无嗜好者,邻水县师范传习所由各乡学董推荐秀才参加学习。随各地新式学堂有学生毕业以及高初等小学堂逐年增多后,四川各地师范传习所开始招收新式学堂如高小毕业生及高初等小学堂教员为传习师范生。比如前述的江津师范传习所“以高小毕业生为招收对象”,合江官立高等小学堂附设师范传习所“首由高小班中择其年长者作为速成师范生,给予毕业凭照”,崇庆州手工传习所“于星期召集各高初教员实地练习”等。大约自光绪三十一年始,四川各地师范传习所除招收举贡生童、私塾塾师中未习师范者外,还招收已习师范而愿学者。比如前述的省城开办的各区师范传习所和小学教育研究所、泸县开办第三次师范讲习所、新宁县师范传习所、巴州续开师范传习所等。值得注意的是,成属师范传习所、省城各区师范传习所、巴州续开师范传习所都曾明确规定招生与入学对象为“无嗜好者”或“素无嗜好者”,四川部分县师范传习所学生竟出现“有嗜好者”。比如青神师范传习所"有嗜好者六七人"①,云阳学堂附开速成讲习师范生"竟有嗜好素深者"②。所谓嗜好者,指吸鸦片烟者。传习师范生招收严格限定为"无嗜好者"或"素无嗜好者",而实际仍存在"嗜好者"的情况,从一个侧面反映出鸦片在清季四川士绅社会中的蔓延与泛滥及其对士子童生及新式学堂学生的危害与浸染。

传习所的规模有大有小,招生有多有少。通常情况下,交通便利、经济发达之地招生较多、规模较大,交通不便、经济落后之地招生人数较少、规模较小。就全川情况来看,省城传习师范规模最大、次数最多、人数最多。光绪二十九年三至十月开办的通省蒙养师范学堂考取学生 305 人、得有凭照者 114 人;光绪三十一年七月,省城开办的成都府属师范传习所两次考验毕业学生,合格者共 313 人;十至十二月,成都府属师范传习所传习学生 316 人(其中有 252 名为七月毕业的传习生);光绪三十三年至宣统元年上期,省城七区师范传习所毕业学生 137 人、小学教育研究所毕业私塾教员 189 人;光绪三十三年至宣统元年上期,省城保育科讲习科共招 4 届,毕业学生 99 人;另外,通省师范学堂手工传习所招生 60 人、省城淑行女子师范学堂附设女工讲习所 10 人、华阳传习师范生 60 人。其次是巴县、江北、酉阳、南川等地。巴县教育讲习所来学者 400 余人、外邑 10 余人、旁听者数十人,重庆幼稚园附设保姆师范科学生 20 余人;江北师范传习所有 300 余人,毕业最优等 10 人、优等 20 人、卒业 80 人、修业 240 人,未列榜者 100 余人;酉属师范传习所第一次传习 107 人,第二次正取 60 人、备取 40 人;南

① 《学务处批调查委员范襄查明彭山青神学务情形一案》,《四川学报》乙巳第 10 册,公牍第 38—39 页。

② 《查学委员颜绍泽奉札纠正云阳学务禀》,《四川学报》第 2 年第 2 册,公牍第 2 页。

川师范研究会和私塾改良会所到者360余名。第三是泸州。传习师范三次,每次规模在100人以上,三次合计594人,尚不计小市女工师范传习所20余人在内。此外,顺庆府、西昌、永宁、巴州、西充等亦超过100人,其他各县则不足100人。以上数据均参见附表4—1。由于传习师范生毕业后主要担任新式初等学堂教员,各地传习师范的人数与规模,很大程度决定了各地初等学堂发展的数量与速度。比如宣统元年省城各区学堂314处,入学男生7194人、女生737人,学龄儿童入学率达77%①。因此,省城、巴县、泸州等府厅州县初等教育发展较快、学堂数量较多、就学比例偏高,而其他府厅州县初等学堂数量较少、发展缓慢、就学比例偏低。

二 学制、教学与管理

清季四川对传习所的学制、修学课程均有较为明确的规定,并随时间变化而有所调整。如前所述,光绪二十九年十月,四川规定,启蒙师范讲习所研习蒙学八科,复先究蒙学第一年课程——修身、字课、舆地、历史四门,学制六个月。十一月,部章规定,简易科之学科分为修身、教育、中国文字、历史、地理、算学、格致、图画、体操九门,师范传习所修业期限十个月。光绪三十年三月,四川通令各州县设师范传习所,"一律以十个月卒业"②;九月,《师范传习所简章》再次规定,传习所肄业时间以十个月为限,酌以简易师范科九门为教授,学科程度酌照简易科所列条目,以取适合两等小学堂之用为度。

① 《宣统元年省城警区第一次调查户口一览表》,《四川官报》庚戌第2册(宣统二年二月上旬),附表第1页。

② 《改设通省师范学堂片》,锡良《锡清弼制军奏稿》第二册,第524页。

事实上，清季四川各地传习所，学制长短不一，参差不齐。通过附表5—1，我们可以得知，邛州师范传习所原定一年，后延长至一年零二个月；什邡、长寿、江油、兴文、郫县、西昌第一次、南溪、叙永厅永宁县、丹稜第二次、南川、合江、大竹、邻水、新宁师范传习所以及通省师范学堂附设手工传习所、四川实业教员养成所、西昌单级教法传习所等，皆一年卒业；顺庆府八属师范传习所先定"六月卒业"、后"遵章十月卒业"，巴县教育讲习所先定四月毕业、后延长到十个月卒业，安县、江津、泸州小市女工、定远师范传习所皆十个月卒业；通省蒙养师范学堂及中江、新都师范传习所是"阅六月而毕"；西昌第二次师范传习所修业期限为五个月；太平、泸州第一、三次师范传习所四月卒业；安县、南充、德阳、丹稜第一次、温江、成属第二次、云阳、泸州第二次、关外第一次两班等皆是三个月卒业；开县、江北厅不足一月卒业。可见，各地传习所学制长短不一，最长的达一年两个月，最短的不足一月，其他的则是一年、十月、六月、五月、四月、三月卒业，其中一年、十月卒业最多，这势必导致传习毕业生学业程度、知识素养与教学水平参差不齐。

四川省城劝学所开办的各区师范传习所和小学教育研究所，教学与管理成效显著，并特别重视参观实习与研究提高。省城劝学所曾特派各区传习师范生择优往充改良私塾助教。据光绪三十四年八月二十一日省城劝学所牌示："本所前派各区初等小学补助教员，业经示谕，视本年第一学期试验成绩之优劣，以为第二学期应否派往及增减薪资之权衡。兹届暑假将满，应行续派助教。查有徐石麟一名，仍系考列最优等，照章派往外，荣光、张仲友二名由优等考列最优等，应照章加薪。其车秉书、刘钲、古杰、刘桢、鲜茂春五名，由优等考列中等，应照章减薪。均著于本月二十一日仍照前派往补助。至曾志沂试验一科不到，杨霖试验不列等，均照章扣派。此外,有考列优中等各生,具有派充助教资格,应俟分董调查确实有应派之学堂、相当之位置,由本所酌量派往。不得自行请派,具禀要求,有似此者即属不知自爱,难堪师范,本所定行照章扣派,勿谓言之不先也云云。现已开课,合格者以次派往教授,语云教学相长,其斯之谓矣。”①为规范各区师范传习所及小学教育研究所的参观活动,光绪三十四年十月中旬,省城劝学所特发布《参观学堂牌示》、《参观学堂章程》。《牌示》规定:“十月十二日开始,由本所管理员率同该生等在研究所齐集,前往各学堂参观”,“凡愿参观者务须着青布对襟马褂及布靴,无者禁其与列”,“其有无力置备衣靴,不能整齐,不愿参观者亦听”,理由是“教育固在精神,形式者精神之所由见”②。《简章》10 条,要求参观官立幼稚园、成都县高等小学堂、半日学堂、中学堂、成都府中学堂、通省师范学堂附属小学堂、陆军小学堂、高等学堂等学堂;出发时间,“午前八钟齐集研究所,一律出发”;路途上,“来往一律左行,不得乱行,不得饮食,不得喧噪,不得谈话,违者记过,下次即禁其参观。发汗时,不得脱衣,不得脱帽”;参观教室时,“不得与教员、管理员、学生接谈”,“在教室最后列学生之列后参观,不得喧哗、笔记、徘徊、吃烟、批评、冷语、讪笑以及退后有言,致毁教员及学堂等事”,“参观一教室,以三十分钟为限”;参观项目:(一)场所,教室之光线空气、运动场及自习室、寝室、讲堂、职员室之位置,(二)学生,行为、风仪,(三)设备,桌凳及标本、图书、仪器之有无,(四)规则,管理各规则,(五)事务,学籍簿、教授细目、教案、学业成绩、时间表、编制及生徒数,(六)教授,教授方法、教师之言语态度,(七)

① 《助教改派》,《四川官报》戊申第 21 册,新闻第 1—2 页。
② 《四川官报》戊申第 27 册,新闻第 1 页。

学科，小学堂、中学堂、师范学堂①。为了研究教育事宜，宣统元年二月，省城劝学所添招小学教育研究所新班，旨在研究小学、私塾的教育方法与课程教法。据报道，新班于闰二、三、四月初五日举行了第一、二、三次研究集会。第一次集会，研究小学教育方针：（一）教授之事，务须择其与生业有直接之利益，（二）学艺优强，品性尤不宜卑下，贵在陶冶品性，（三）德育、体育不宜偏重，（四）以适用为主，（五）轻分量而重品质，（六）说理不多，而讲演务期明切，（七）余时导引以唱歌、音乐诸事，以愉快其精神②。第二次集会，研究修身科学："（一）对于一己之心得，（甲）保重身体，（乙）修养品性；（二）对于家庭之心得，（甲）孝友，（乙）和睦；（三）对于师长及朋友之心得，（甲）服从，（乙）忠实，（丙）信义；（四）对于社会之心得，（甲）公益，（乙）忠恕；（五）对于国家之心得，（甲）纳税，（乙）爱国。闻各生于此等学说颇能有所发明"③。第三次集会，研究国文及白话："（一）白话既熟，则使译为文，或以文使译为白话；（二）教授之际能，以学生近日所经之事为讲演材料，尤为切当，如写日记之类；（三）读法、缀句法、写法皆合教之，不宜区别。闻该教员等亦颇能见诸实行，并以其暇互相参观，以期比较而求进步"④。为便利教育研究，宣统二年六月初六日，省城贡院小学教育研究所内设立简易识字学塾⑤。由于注重实习、参观、研究及教师补习，省城初等学堂师资水平与质量迅速提高，渐获居民信仰，以致省城初等学堂发展较快、就学儿童比例较高。

---

① 《四川官报》戊申第27册，新闻第1—2页。

② 《小学方针》，《四川官报》己酉第6册，新闻第1页。

③ 《小学研究》，《四川官报》己酉第9册，新闻第1页。

④ 《研究分科》，《四川官报》己酉第12册，新闻第1页。

⑤ 《简字学塾推广》，《广益丛报》第8年第16期，纪闻第8页。

此外,南充、阆中、荣县、江津等地师范传习所亦能按章传习,规则严整,办学效益较高。南充师范传习所"各生研究管理教授各法,而尤注重于单级教授,办理尚无不合"①;阆中师范传习所"学科完备,规则整齐"②;荣县师范传习所"一切规则颇为得法"③;江津师范传习所除普通科外,兼授管理之法④;泸州小市女工师范传习所,学科分为九门,"科学之完全"⑤;重庆幼稚园附设保姆师范科,"学科教普通学及教育、教授、管理法"⑥等。

除前述师范传习所遵章传习、办理成绩优良外,大部分师范传习所因师资、财力等关系,所授学科不完全,教学内容简率,管理规则不严整,毕业生学业程度低下,尤其不重视实地练习。比如成都师范养成所第一批学生,由聘来的日本教习教体操,"连基本的口令都没有翻译成中文",比如"立正"叫"奇奥次克"、"向右转"叫"西他里母克西他西"、"一二三一二三"叫"西呼米西呼米"等,可见当时办学人的外行与草率⑦;安县师范传习所,学生"住堂已届七月,亦鲜能通知法意。现在堂滋事……饬令停办"⑧;隆昌传习

① 《南充县申请权借考棚设立师范传习所一案》,《四川教育官报》庚戌第11期,公牍第5页。

② 《讲习师范》,《四川官报》甲辰第22册;《总督部堂批阆中县详报高等小学开堂并查明初等小学经费请奖出力各绅一案》,《四川学报》乙巳第7册,公牍第25页。

③ 《总督部堂批荣县禀办高等小学堂及实业学堂劝工善迁所并请留津捐余款一案》,《四川学报》乙巳第1册,公牍第2页。

④ 《江津县志》卷八,第15页;《江津县教育志》第七章第一节,江津县教育志编辑室1986年编印,第2页。

⑤ 《女学渐兴》,《广益丛报》第3年第19号,纪闻第7页。

⑥ 《重庆创办幼稚园》,《广益丛报》第4年第5号,纪闻第9页。

⑦ 郭沫若:《少年时代》,第40—41页。

⑧ 《安县详整顿学堂情形一案》,《四川学报》第2年第1册,公牍第4页;《督宪批安县奉札办理师范传习所详文》,《四川官报》甲辰第31册,公牍第7页。

蒙养师范,仅由成都师范卒业生三人分路四出,就各地教蒙学者与之研究讲论,俾稍知教育方法①;温江、雅州师范传习所课程有修身、讲经、历史、地理、格致等②,却无教育、管理等学科;叙永厅永宁县师范传习所"学科并未完备"③;邛州师范传习所已开办一年,"因学科多未完备,张直刺特再展期二月,延请日本卒业闵仲瀛到堂补讲教育、管理、教授、心理、体操诸科学"④;富顺县师范传习所"言乎师范,既简率如彼",学生程度皆不甚高⑤;青神师范传习所"每日……功课只四点钟,毕则集饮喧哗街衢"⑥;眉州师范传习所"不遵章编制,任便陵躐"⑦;中江师范传习所"既保留了传统教学经典,又增加了算学和四工科的教学内容"⑧,却未开设教授、管理等学科;西昌师范研究所,"授以简单新学办学知识、教学方法后,派各学堂任教习"⑨。清季开办师范传习所,原本是解决兴学师资

---

① 《蒙学兴起》,《四川官报》甲辰第19册(光绪三十年七月下旬),新闻第5页。

② 《温江县志》卷四,民国10年刻本,第8页;《督宪批雅州府查明前署杨守禀办中学堂来春开办小学堂及师范传习所筹议情形详文》,《四川官报》甲辰第32册,公牍第6页。

③ 《督宪批叙永厅永宁县令申遵奉表式逐一查明分类填表一案详文》,《四川官报》甲辰第32册,公牍第2页。

④ 《邛州师范传习所发展情况》,《广益丛报》第4年第3号,纪闻第10—11页。

⑤ 《总督部堂批委员富顺县遵札会查禀覆学堂情形一案》,《四川学报》乙巳第8册(光绪三十一年五月),公牍第31—32页。

⑥ 《学务处批调查委员范襄查明彭山青神学务情形一案》,《四川学报》乙巳第10册,公牍第38—39页。

⑦ 《学务处批调查委员陈善荫禀查明眉州学务情形一案》,《四川学报》乙巳第10、11册,公牍第40—41页。

⑧ 蒋海福:《清末民初中江的师范教育》,《中江文史资料选辑》第7辑,1989年,第27—30页。

⑨ 《西昌县志》卷七,第18页。

不足问题的应急之举，其修业时限短促、教学参差不齐问题势难避免。

通过前面的分析，我们可以对清季四川师范传习所的办学情况得出如下认识：首先，办学条件十分简陋，大都因陋就简设立，经费不足问题普遍存在，图书设备无钱置备，师生待遇低下；其次，主办者主要是地方官、教职与当地士绅，管理者和教师主要是聘请有功名的士绅和已毕业的速成与简易师范生担任；第三，招选学生，最初限以私塾塾师和科举儒生，后扩大到高小毕业生、高初等小学堂教师及传习师范毕业生，并以中文清通、品德端正、身体强健、无嗜好者为合格；第四，传习所招生人数及其规模，既与各地的交通和经济状况呈正相关，又影响到各地新式学堂的兴办数量与发展速度；第五，各地传习所学制长短不一，教学内容与水平参差不齐，毕业生学业程度有高有低，进而对初等教育的师资质量与教学质量产生直接影响。

第三节 简易师范与塾师培训

在传习师范迅速发展的同时，四川简易师范和塾师培训为主的私塾改良①获得了一定程度发展，为四川初等教育训练了相当数量的师资。

一 简易师范

为解决新学师资缺乏问题，光绪二十八年七月颁布的“壬寅

① 关于清季四川塾师改良，目前主要有朱艳林的论文有所涉及。参见朱艳林《近代四川官方改良私塾的努力及其成效》，四川大学硕士学位论文(2006 年 5 月)。

学制”规定，各省高等学堂、中学堂皆附设师范；光绪二十九年三月，管学大臣咨各省亟应开办师范学堂一文称，“本大臣奏定章程内高等学堂、中学堂均设师范，奉旨饬办已阅八月，恭奉此次谕旨，已经筹办各省务望酌量情形扩充规制，其尚未报办各省应即日兴办，以重教育”①。在壬寅学制和管学大臣咨文发布之后，锡良随即饬令各府厅州县中学堂和高等小学堂在开办之初附设师范，光绪三十二年三月十八日在接到学部发出的“通行各省推广师范生名额电”后，锡良再饬各府中学堂附设简易师范科，“以为多造各县教员之地”②。在这种情况下，清季四川各类学堂附设简易师范得以发展起来，除了省城高等学堂附设师范馆、成都府中学堂暂设蒙养师范学堂和成都府师范学堂、各类师范学堂开办简易师范科、各地高等小学堂附设师范传习所外，四川初办的中学堂、高等小学堂、女学堂大多附设速成师范科、简易师范科。

除各地高等小学堂附设师范传习所已于上一节作了讨论外，高等学堂附设师范馆、师范学堂及女学堂附设简易师范三类，笔者拟纳入后面的优级师范、初级师范及女子师范相关章节讨论，下面仅就高等小学堂、中学堂附设简易师范两类加以列举。

高等小学堂附设速成师范的，据资料记载，光绪二十九年至宣统元年期间，四川有富顺高小、华阳高小、乐山高小、绵州高小、汉州高小、南溪高小、垫江高小、渠县高小、梁山高小、宜宾高小、长寿高小、巴县高小、西充高小、安岳高小、酉阳高小、隆昌高小等。其中，光绪三十一年是四川各地高等小学堂附设简易速成师范最多

① 《管学大臣咨各省应亟办师范学堂文》，《四川学报》乙巳第4册，公牍第1—2页。

② 《总督部堂咨覆学部电》，《四川学报》第2年第3册，公牍专电第3页。

的一年。

光绪二十九年，富顺县第一小学堂内设师范班；华阳高小学堂附设速成师范科，以备将来蒙学教习，次年正月二十八日，因小学及师范学生皆有缺额，又“将小学及师范投考各生合并考选，共计续取师范正取十名、备取九名，学生正取十名、备取十名”①。光绪三十年秋季，乐山县立高等小学堂添招“一班半年毕业的师范班。许多老的学生也转入师范班”②；绵州小学附设师范学堂③。光绪三十一年春季，汉州官立高等小学堂附设初级师范一班，学生40名，至次年四月地方官谕各处团绅妥择校地添设蒙养小学数十区，以派师范卒业生充当教习④；二月，南溪县知县韩克敬示令官立高等小学堂校长高僖附设简易师范科，招收师范生一班，学生20人，一年毕业，毕业两班后停办⑤；十一月，垫江县高等小学堂附设速成师范一班⑥。此外，渠县用宾兴局公车、宾兴各款改渠江书院为官立高等小学堂，并附一年毕业之师范生一班⑦；梁山县嵩大令就桂香书院改建高等小学，附设师范生一班20余名，次年各处增设蒙养小学20余处，遴派卒业师范生为教习⑧；宜宾县敷文书院改为宜宾县官立高等小学堂，附设一年制简易（速成）师范一班，连

① 《小学续考》，《四川官报》甲辰第4册，新闻第1页。

② 郭沫若：《少年时代》，第77页。

③ 《绵阳市教育志》，绵阳市教委1992年编印，第141页。

④ 《汉州学界》，《广益丛报》第4年第11号，纪闻第12页；《四川省广汉师范学校建校七十周年校庆专集》，校庆筹备委员会1999年编印，第6页。

⑤ 《南溪县志》卷三，第24页；《南溪县教育志》，第113页。

⑥ 《总督部堂批垫江县禀整顿学务情形一案》，《四川学报》乙巳第15册（光绪三十一年九月），公牍第59—60页。

⑦ 《渠县志》卷三，第14页。

⑧ 《增设蒙学》，《广益丛报》第4年第11号，纪闻第12页。

续两年约招生100人,内有彭心诚、侯敦德、曾繁镇等①。光绪三十二年九月,长寿官立高等小学堂暑假后开堂,计师范班30人②;巴县官立小学暨简易师范③;西充县改麓岩书院为县立高等小学堂,聘留日速成师范生袁渊任校长,附设初级师范简易科两班,招收学生70余人,多系秀才和廪生,教授科目为国文、修身、读经、讲经、历史、地理、算术、理科、格致、图画、体操11门④。光绪三十四年,安岳县官立高小附设简易师范科,一年后停办⑤;酉阳州高等小学堂内附设"师范速成班",招收一州(酉)三县(秀、黔、彭)学生80余名,一年毕业,分派到州属各县开办蒙小学堂20余所⑥。宣统元年五月,隆昌县官立高等小学堂附设简易师范科,两年后停办⑦。

四川各中学堂附设简易师范科或速成师范班的,据资料记载,光绪三十年至宣统元年间,除成都府中学堂外,还有重庆府中学堂、江津中学堂、巴县中学堂、绥定府中学、叙州府中学堂、叙州府尚志中学堂、丰都县立初级中学、嘉定府公立中学堂、内江县中学堂、开县学堂、保宁府中学堂、长寿林庄初中校、顺庆府中学堂、

① 刘济川:《建国前宜宾教育概况》,《宜宾文史资料选辑》第5辑,第3页。

② 《长寿学界近闻》,《广益丛报》第4年第24号,纪闻第11—12页。

③ 《总督部堂批巴县呈详拟学堂办法恳请核示一案》,《四川学报》第2年第10期(光绪三十二年),公牍批第1页。

④ 西充县政协文史资料研究委员会:《清末和民国时期西充学校教育》,《西充文史资料选辑》第1辑,1983年,第19—26页。

⑤ 王光武:《清末民国年间安岳师范教育简述》,《安岳文史资料选辑》第23辑,1988年,第91页;《内江地区教育志》,第157页。

⑥ 孙在松:《清末民初酉阳初等教育概况》,《酉阳文史资料选辑》第5辑,1985年,第5页。

⑦ 《隆昌县详遵设初级简易师范科恳予立案一案》,《四川教育官报》己酉第5期(宣统元年五月),公牍第14页;《内江地区教育志》,第157页。

达县中学堂、云阳学堂、富顺自流井王氏私立树人学堂等，其中，光绪三十一年是四川各地中学堂附设简易师范开办最多的一年。

光绪三十年四月初一日，重庆府中学堂速成师范开学，"先行试办三月，作为预备之期"①，光绪三十一年八月划分师范、本科两班②，光绪三十二年暑假"年岁已过者由堂中另开师范班，以一年半卒业，合前中学堂肄业三年余，共足五年，作为完全初级师范毕业"③，宣统三年四月简易师范科29名毕业生获师范科奖励④。光绪三十年秋季，江津中学堂附设师范班或寒暑假传习师范生⑤，宣统元年又添办简易速成师范一班，分出学生中年长者22人改学师范，学制一年⑥。光绪三十一年十月，巴县举人文国恩等禀请设立中学，并"附设初级师范简易科一班，一年卒业"，"中学堂附设之师范，批准先就小学堂旧院开办"⑦，次年六月"巴县学堂学生，年格已过者亦不乏人，暑假前集议变通办法，由堂中另开师范班，

① 《重庆府张振之太守详请提款资遣游学公文附总督部堂批》，《广益丛报》第2年第28—29期合刊，奏牍第4—7页。

② 《中学开堂》，《四川官报》乙巳第22册（光绪三十一年八月下旬），新闻第1页。

③ 《中学堂开新班》，《广益丛报》第4年第17号，纪闻第10—11页。

④ 《学部奏绥定府中学堂补请奖励暨重庆府初级师范简易科毕业请奖折》，《四川教育官报》辛亥第29期（宣统三年九月二十日），奏议第3—4页及《四川官报》辛亥第14号（宣统三年四月初一日），参考类第5—6页；又见《毕业给奖》，《广益丛报》第9年第8期，总第264号（宣统三年四月初十日），纪闻第12页。

⑤ 《江津县志》卷八，第15页。

⑥ 《江津县教育志》第七章第一节，第2页。

⑦ 《学务处批巴县举人文国恩等禀请立中学并附师范学堂一案》，《四川学报》乙巳第12册，公牍第47页；又见《禀请巴县中学堂批示》，《广益丛报》第4年第13号，纪闻第12页。

以一年半卒业，作为巴县中学堂初次师范简易科毕业，余复收录新生补额"①，宣统三年十一月巴县劝学所学务大会及职员大会议决，巴县中校师范赓续办理，加授手工②。光绪三十一年正月，绥定府开办中学堂并附设师范科③；八月，叙州府中学堂加意扩充，添办一年卒业的简易师范生 40 名，"以备叙属各州县教习之选"④，九月附设初等小学一堂，为该堂附设师范实地练习之所⑤；该年，叙州府尚志中学附招一年制简易师范一班，叙府各县有保送名额，连续三年共培养师资 150 名左右⑥；丰都县立初级中学堂，附设二年制师范⑦；省城公立嘉定府属中学堂，附设之师范班至宣统元年十一月已毕业学生 160 名，学生并不以该府为限⑧；内江县留日学生王黼堂回县创办中学，附设简易师范班，科目有修身、教育、师范、物理、文学、体操、中外历史、中外地理、图算（因缺教师而未开设）九门，当年毕业⑨；名山县学务局首开简易师范一班，以

---

① 《巴县学堂开师范班》，《广益丛报》第 4 年第 17 号，纪闻第 11 页。

② 《巴县学务改良办法》，《广益丛报》第 9 年第 31 期，原总第 286 号（辛亥年十一月三十日），纪闻第 17—18 页。

③ 《总督部堂批绥定府详办中学堂大概情形一案》，《四川学报》乙巳第 16 册，公牍第 61 页。

④ 《增添师范》，《广益丛报》第 3 年第 20 号，原总第 84 期（光绪三十一年八月三十日），纪闻第 11 页。

⑤ 《总督部堂批叙州府造呈中学堂附设师范及中学预备学堂表册各件一案》，《四川学报》乙巳第 11 册，公牍第 43 页。

⑥ 刘济川：《建国前宜宾教育概况》，《宜宾文史资料选辑》第 5 辑，第 3 页。

⑦ 《重修丰都志》卷一，民国 16 年刊，第 4 页。

⑧ 《督宪批提学司详请援章奏奖内阁中书昊大成并原详》，《四川官报》己酉第 33 册（宣统元年十一月中旬），公牍第 4 页。

⑨ 黄世杰：《辛亥革命前后的内江中学堂》，《内江市东兴区文史资料》第 2 辑，1991 年，第 223—227 页。

培养师资[①]。光绪三十二年二月，开县学堂扩充为“一堂三科，中小并建，佐以长期师范，辅以准备学董”[②]；七月，长寿林庄初中校附设一年毕业之师范一班[③]；九月初一日，保宁中学堂附速成师范一班，学生60人[④]；秋季，顺庆府中学堂附设速成师范，招收学生57名，教授学科10门，教育、心理、算术、格致、图画、体操等被列入教授科目[⑤]。光绪三十三年二月，达县中学堂附设初级简易师范一班，招生数十人，两年毕业，次年十二月又附设简易师范一班[⑥]；光绪三十三年四月，云阳县变通中小学班次，并续招速成师范生[⑦]。

富顺自流井板仓坝王氏树人学堂附设师范科、体育专修科，不仅聘有多名日本教习，而且从日本购买图书仪器，在川省负有盛名。光绪三十一年，王氏树人家塾（两等学堂）创办；光绪三十二年冬，派员赴日考察教育，并拟聘留日生、日本教师及购买图书标本仪器；光绪三十三年十月，赴日考察教育人员归，“聘有东京高等师范卒业理科冈本常次郎（任理化教员）、文科鹰野该吉（任自然和日语教员）、东京女子高等师范文科卒业四方氏（任教育心理

① 《名山县新志》卷十一，民国19年刻本，第5页；《雅安地区教育志》，第149页。

② 《查学委员知县颜绍泽遵饬扩充开县学堂并更定新章禀》，《四川学报》第2年第2册，公牍禀第4—5页。

③ 《长寿县禀修改考棚移作小学堂并设中学堂一案》，《四川学报》第2年第3册，公牍批第3页。

④ 《保宁学务》，《广益丛报》第4年第24号，纪闻第11页。

⑤ 《顺庆府中学堂附设速成师范第一学期成绩表》，《四川学报》第2年第11期，表第10—12页。

⑥ 《重修达县志》卷十一，第25—26页。

⑦ 《护理总督部堂批云阳县禀复变通中小学堂班次一案》，《四川学报》第3年第5册，公牍第4页。

教员)、音乐体操专修科卒业山根花子(任音乐和体育教员)主任教授各科,兼聘留学卒业五人专任助教通译,又购办一切学校用品”,将家塾扩张为中学,名为“王氏私立树人学堂”,附设男女师范部、留学预备科、体育专修科、英语专修科,办法参考日本;光绪三十四年春季招生,分中学、高等、寻常小学、师范、体育等级科。其中,师范科,招生对象为品行端方、国文通顺、年20—40岁者,一年半卒业,课程设伦理、论理、经学、国文、历史、地理、数学、理科、教育学、教授法、管理法、心理学、教育制度、教育史、法制经济、日文、图画、音乐、体操19门,养成高等小学堂教员;体育专修科,招生对象为体气壮实、无嗜好、年16—30岁者,以一年半卒业,课程设普通体操、兵式体操、器械体操、游戏体操、体育原理、瑞典式舞蹈法、教育学、武士道、生理卫生、音乐等10门,养成国民强健身体或充当体育教员①。宣统元年春季,招考体育专修一班,数额60名,课程增至12门②。

此外,清季四川还开办了补习学堂、致用学堂、简字母师范学堂等师资短训机构,以吸纳旧学生员、增广师资来源。

光绪三十一年九月,四川学务处总理冯煦请于即将开办的通省师范学堂附近择地设立师范补习科,并刊布《补习学堂简章》。规定:补习学堂分为4部12科,即一文学,分经义国文、历史地理、法制经济三科,二理学,分数学、物理化学、博物三科,三语学,分英语、法语、日语三科,四技术,分图画、音乐、体操三科;每科为一讲

---

① 《自流井王氏树人学堂改良扩张招生广告》、《树人学堂延聘教师之完备》,《广益丛报》第4年第24号,告白第2—3页;第27号,纪闻第9页;《教育·各省教育汇志·四川》,《东方杂志》第3年第12期,第374页。

② 《体育招生》,《四川官报》己酉第5册(宣统元年闰二月上旬),新闻第1页。

堂,分四班,即午前二班、午后一班、夜间一班;每班人数不限,惟数学学科不得过60人、语学部不得逾50人;每教员担任一班或二班教授;学费分科按月缴纳,大约0.2—1.5元不等①。次年三月初四日,锡良奏请以省城贡院之清白堂、严肃堂、衡文堂三处及两旁屋宇、提调公所改建补习学堂,主要为科举停止后人数众多的年长士子童生而设,“诸生于师范、中、小各学堂年龄均不合格,以及稍知中外各学、学未完全者而设”,“堂内不给膳,不寄宿”,“酌徵学费”,“学生不定额,不限龄,不拘卒业之期,随时皆可入学”②。五月下旬,补习学堂开办,学科分4部15科,程度与中学、高等小学相当;第一部文学,设经学国文、教育心理、历史地理、法制经济四科,第二部理学,设数学、物理化学、博物三科,第三部语学,设练习官话、英语、法语、德语、日语五科,第四部艺学,设图画、音乐、体操三科;以上各部各科,或专学一科,或数科,或兼他部他科,均听其便;每一科为一讲堂,分四班,每班不限人数,惟数学一科不得逾60人、语学五科不得逾50人;月征学费,第一部四科各0.6元,第二部理化科1.2元、余科各1元,第三部科各1.2元,第四部图画0.6元、音乐0.8元、体操0.2元,普通兵式、算学者加0.2元,各按月缴纳,已缴纳者给授课券、入堂听讲③。十一月,该堂聘得东洋物理科专门野崎常藏、化学专门池田方正、数学专门落合兼稜各教员,物理、化学、数学科得以招生开办④。

---

① 《补习学堂简章》,《四川学报》乙巳第15册,章程第1—5页。

② 《附设补习学堂片》,《锡良遗稿·奏稿》第一册,第565页;《总督部堂奏设补习学堂片》,《四川学报》第2年第3册,奏议第1页。

③ 《督宪开办补习学堂告示》,《四川官报》丙午第16册(光绪三十二年五月下旬),公牍第5—6页。

④ 《补习招生》,《广益丛报》第4年第29号,纪闻第9页。

由于“经史国文今多未取遽任，若不及时预备，中师必有缺乏之虞”，光绪三十二年四月，锡良与提学郑沅会奏，以省城东文学堂旧址改设致用学堂，选录各属举贡生员入堂肄业，“参酌成法，并为三科，意主专精，不事涉猎。至西人艺术，日新未已，亦资研习，以取彼长，庶中西并举，本末完备”，并就原筹经费内每年公拟银1万两办理，目的是“广儒教而储师资”①，性质与“选科相近”②。因不符定章，学部训令四川总督，按湖南船山、成德及河南尊经学堂改办师范之例，改致用学堂为师范学堂，“凡举贡生员之文理较优者，俱可选入该堂，按年毕业，俾充各学堂教习”③。

光绪三十二年二月，在郫县试办简字母有效的陕西陶厚安，“禀准督宪于省城会府东街试办简字母师范半日学堂一所，学生多至五六十人，三个月卒业，学修每月一元”④。次年六月，经川东道宪及川省督宪批准，川东官话字母⑤学堂开始于川东道署礼房招生报名，八月初旬开堂，校地为黉学码头巴县学署，学科有官话拚音字母、修身、算学、唱歌、体操，学额60名为一班，分师范、本科两班，师范班以文理粗通、不沾嗜好者为合格，本科班以品行端谨、素无劣迹者为合格，无论营幕宦商皆可，学龄12—40岁，限期三月

① 《总督部堂锡、提督学院郑会奏拟添设致用学堂折》，《四川学报》第2年第4册，奏议第3页；《四川官报》丙午第13册，奏议第7页。

② 《总督部堂咨覆学部电》，《四川学报》第2年第3册，公牍专电第3页。

③ 《学部官报》第3期，本部章奏第69—70页。

④ 《简字母设学》，《广益丛报》第4年第26号，总第122期（光绪三十二年十月二十日），纪闻第9页。

⑤ 官话字母始于北直王小航，为数50年。喉音12，互相拚合，有此音即有此字，能操语即能读书。《川东官话字母学堂招生》，《广益丛报》第5年第13期，纪闻第11—12页。

毕业，学费每月五角，取备堂中课本杂费，不寄宿食①。

综上所述，清季四川中小学堂附设简易师范科，主要在光绪二十九年至光绪三十三年间，尤以光绪三十一年设立最多，学生或由本学堂年长学生升入，或者招考品行端方、国文清通的士子童生，学制一般是一年或一年半，开设科目一般遵章在九门以上。富顺自流井王氏私立树人学堂附设师范和体育专修科办学实力更强，不仅自派教师到日本考察学务和留学，而且聘有日本男女教习 4 人、留日归国生 5 人任教，师范班开课 19 门、体育科开课 10—12 门，毕业生很受各地欢迎。此外，补习学堂以吸纳旧学生员、增广师资来源为目的，致用学堂专为养成经史国文师资，简字母师范学堂是为了推广官话拼音，实为国语普及之先声，这些专科简易师范的设立，既与师资培养与教育普及有关，又揭示出科举废除后教学内容以文言文、经史国文独占局势已一去不返的学术变化。

二 塾师培训

私塾在中国有数千年历史，地位根深蒂固；塾师是乡间读书人、文化人，颇受人尊敬与信任。随清末新政的推行与变废科举、兴办学堂的教育改革的实施，新式学堂教育在全国范围内迅速发展起来，广泛存在的民间私塾则迈上了向近代学堂转型的漫长历程，广大的旧式塾师亦逐渐向新学教师转轨。

由于清末普及教育遭遇到师资与经费严重缺乏的双重困境，有识之士提出了改良数百万旧有私塾的补救措施，“顾以中国现时力量及人民程度，而欲大兴教育，广设蒙小学堂，恐无此无量数

① 《川东官话字母学堂招生》，《广益丛报》第 5 年第 13 期，纪闻第 11—12 页。

之经费，亦无此无量数之教员，则莫如先就旧有之数百万私塾而改良之，因势利导，其事较易，其机较顺”①。新成立的学部亦认识到改良私塾对于普及教育的重要性，指出：“朝廷振兴学务，实以初等小学为普及教育之基。惟我国地大人众，固贵有完全之小学，以养其道德知识之源，而公家之财力有限，自不可无私塾以资辅助”，“私塾所以辅助小学之不及，应改良，不应歧视，庶国内多一就学之人，教育即有一分起色”②。于是，私塾改良被提上了清季教育改革的日程，并经历了由民间到官方强制的过程，而私塾改良的重点又在训练与改良塾师。

以塾师改良为主的私塾改良，江浙开始最早。自光绪三十年五月起，上海士绅就邀集同志绅商设立私塾改良总会，拟订私塾改良会章程，要求私塾教学方法上重讲解而不宜背诵，教学内容除修身、读经讲经、国文外，还应开设算术、历史、地理、卫生、体操等，此外还提出设立师范讲习所，请师范毕业生按期轮流到会为塾师讲授，并在苏州、松江、太仓、淮安、扬州、镇江、嘉兴各属遍设分会③。光绪三十二年六月，江南私塾改良总会会长沈亮棨拟订《私塾改良总会简章》，禀请两江总督将私塾改良会纳入提学司教育行政范围之内，规定私塾添设算术、历史、地理、体操、理科、图画、乐歌等西学内容，教学方式改为班级讲解式，并筹设师范传习所，训练

① 舒新城：《中国近代教育史资料》上册，人民教育出版社 1961 年版，第 97 页。

② 朱有瓛主编：《中国近代学制史料》第二辑上册，第 309 页。

③ 《江南私塾改良总会请将私塾改良会一部分事归入提学司教育行政范围内拟订简章上江督禀并批》，《四川官报》戊申第 4 册（光绪三十四年二月下旬），公牍第 9—11 页。

塾师,提高教学质量①。光绪三十二年六月,京师督学局拟设研究会,通令私塾教员一律到会研究教授、管理、训练问题;八月,督学局设立“夜学师范讲习所五处”,以造就蒙学教员、改良私塾为目的②。此后,直隶、河南、吉林、湖南、湖北等地陆续开始改良私塾。随各省私塾改良的推进,强迫私塾改良开始在全国推行。光绪三十三年,山东实行强迫私塾改良政策,“强迫改良教法,或二、三塾合为一塾,或四、五塾合为一塾,教授科目一律遵照章程,并延聘曾习师范之人按日分赴各私塾演说教法,各塾师如仍前腐败,即行斥退,不准设塾收徒,以示惩儆”③。宣统元年,河南提学司改良私塾分三步走,第一步塾师入师范研究所,课读所有新颁教授法,课国文用学部审定教科书④。为了利用私塾以推进国民教育,宣统元年十一月,学部要求各地私塾按初等小学简易科课程教学,“俾官学私塾得以渐归划一”⑤。宣统二年六月二十二日,学部颁行《改良私塾章程》22条,规定私塾塾师至少“文理清通,略知算术,听从劝学员劝导”,初等私塾至少“须授修身、国文、读经讲经、算术四科”,高等私塾添授历史、地理、格致、体操等课程⑥,学部借私塾推

① 《私塾改良会章程》,舒新城编《中国近代教育史资料》上册,人民教育出版社1961年版,第103页。

② 《拟设私塾改良会》、《实行改良私塾》,《大公报》1906年6月20日、7月18日。

③ 《强迫私塾改良》,《四川学报》第3年第3册(光绪三十三年三月),选报第2页。

④ 转引自熊贤君《千秋基业——中国近代义务教育研究》,华中师范大学出版社1998年版,第122页。

⑤ 《学部通行京外凡各私塾应按照本部奏定变通初等小学简易科课程办理文(1909年12月11日)》,学部总务司编《学部奏咨辑要》卷二,宣统二年刊本。

⑥ 《学部通行京外学务酌定办法并改良私塾章程文》,《大清教育新法令》第二册第四编,第17—18页。

进国民教育的目的更为明显。

四川以塾师培训为主的私塾改良始于锡良时期,办法是各地师范传习所兼招塾师,并仿江浙开办私塾传习所或讲习会等。光绪三十年九月,学务处拟订的《师范传习所章程》第六条规定:师范传习所在正额学生之外,可置旁听生,"乡间老生寒儒,有欲从事教育者,应听其入所观法,随班听讲,不限额,不定课,来去听便,但须守本所条规,是为旁听生",毕业后可自行设学①。光绪三十一年,学务处指出:"各乡老生寒儒在家设塾训蒙,原所不禁,若求普及教育,欲其谙习学科,整齐划一,尽可列入旁听,不必责以贴费"②。由此可知,四川塾师改良,最初是按学务处要求在师范传习所设置旁听生的办法进行,在家设塾的老生寒儒可入所旁听,并不限额、不定课、不收学费、来去自便。学务处认为,传习所置旁听生,塾师"无所费而有所得,自亦无不乐从"③,是"有造于塾师","为私塾宽留地步"④。因为塾师对于私塾向有之修身、国文和经史课程,只须稍加研究教授新法,即可胜任,至于地理、图画可按教科讲授,格致可从阙,算术、体操两门必须科目,购阅图书,亦可自寻门径,此外遇有开讲习所,塾师能进所就学更好,不能亦只须费二、三金,购买奏定章程、师范讲义和各种教科书等"善事利器之具",便可从事⑤。据郭沫若回忆,在郭氏专馆即家塾执教的犍为廪生沈焕章,就因东家要求、通过自学而教授新知的:因大哥郭橙

① 《师范传习所章程》,《四川学报》乙巳第2、3册,章程第8—11页。

② 《学务处批绵州职员孙鸿勋等禀移高等小学附设师范传习所一案》,《四川学报》乙巳第3期,公牍第13页。

③ 《论国家当着重普及教育》,《广益丛报》第3年第19号,教诠第3—4页。

④ 《改良私塾浅说(续)》,《四川教育官报》庚戌第2期(宣统二年二月),论说第1页。

⑤ 彭玉珊:《劝学答问》,《四川学报》第2年第3期,附编第61—62页。

坞进了成都东文学堂,"新学的书籍就由大哥的采集,像洪水一样,由成都流到我们家塾里来。甚么《启蒙画报》、《经国美谈》、《新小说》、《浙江潮》等书报差不多是源源不绝地寄来……除开这些书报之外,还有各种上海出版的蒙学教科书,如格致、地理、地质、东西洋史、修身、国文等等,差不多现在中学堂所有的科目都有。我们家塾便用这些来做课本。有一部《笔算数学》,是甚么教会学堂出版的东西,我们沈先生他自己自修了一遍,便拿来教我们。我们从加减乘除一直也就学到开方了"①。

四川倡设私塾改良会,大致始于光绪三十二年二月学务研究所第二次会议,准备仿直隶劝学所意见,参考江南改良会章程,订立章程,定期集会,专门研究改良办法,以专员董其事,对私塾教员授以简单的教授法②。闰四月,崇宁县王君邀集同志在城南会馆组织私塾改良会,定期邀集塾师到会,由社员解说教授、管理方法③。十二月,乐至县令于年假期内招集各馆师,由各学堂教员授以简易的学科、管理方法④。四川省城劝学所成立后,积极推进省城各区以塾师培训为主的私塾改良,办法是在师范传习所与小学教育研究所兼招塾师。光绪三十三年四月上旬,省城劝学所拟开办东西南北四区师范传习所,牌告私塾塾师报名传习,"现在私馆教习,或现自起馆者,亦可来所报名。以后分赴东西南北四区师范传习所,每日就近学习三点钟,至一千二百点钟毕业,由提学使司

① 郭沫若:《少年时代》,第36—41、47页。

② 《光绪三十二年研究所第二次会议》,《四川学报》第2年第2册,研究所条议第2—3页。

③ 《私塾改良》,《四川官报》丙午第13册(光绪三十二年闰四月下旬),新闻第1页。

④ 《督宪批乐至县办理学务暨各新政情形禀》,《四川官报》丁未第1册,公牍第7—8页。

考验给凭”①。光绪三十四年二月中旬，省城劝学所创设小学教育研究所，教授教育、管理等科学，原为改良私塾之预备②；次年二月，小学教育研究所续招新班，招考对象包括并未研究教育学、教授法、管理法而为塾师者③，“第二学期尚须催促未学师范之塾师来所研究”④。乐至、重庆、资阳、剑州、仪陇、长寿、叙州、泸州等地也积极利用师范传习所、师范学堂、高小学堂等组织力量，在年暑假或周日对塾师进行简易学科和管教方法培训。光绪三十三年正月，锡良要求乐至县于年假期内招集各塾师，由各学堂教员“授以简易之学科，管教之方法”⑤。四月，渝城学界士绅于师范学堂内附设一私塾改良社，“每值星期，约集四乡教员到社互相研究，闻拟于五月中旬开第一次会议”⑥，宗旨是“研究教育理法，并补习算学、体操、地理、历史、理科各通学，以期教育事业达于完全地步为宗旨”，凡入会者门首书“某氏改良学塾”六字⑦。资阳县就高等小学堂内附设塾师讲堂，考取文行较优塾师390余名，分班补习学科，“俟修业三月后，再分别派回各本塾教授”⑧。七月，提学使方

---

① 《劝学计划》，《四川官报》丁未第8册，新闻第1—2页。

② 《预备改良》、《附设小学》，《四川官报》戊申第3册（光绪三十四年二月中旬），新闻第1页；第16册（六月下旬），新闻第2页。

③ 《研究招生》，《四川官报》己酉第1册，新闻第1页。

④ 《停课试验》，《四川官报》己酉第17册，新闻第1—2页。

⑤ 《督宪批乐至县办理学务及各新政情形禀》，《四川官报》丁未第1册，公牍第7页。

⑥ 《改良私塾》，《四川官报》丁未第10册（光绪三十三年四月下旬），新闻第1页。

⑦ 《巴县私塾研究会简章》，《广益丛报》第5年第8期，总第136号（光绪三十三年四月三十日），纪闻第12页。

⑧ 《护理总督部堂批资阳县详加改良私塾分班补习学科一案》，《四川学报》第3年第5册，公牍第5页。

旭要求剑州,“传集各乡塾师,就师范传习所讲授此项办法,使之归而改良”[①]。十一月,仪陇士绅禀准,“就四乡捐款,多设师范讲习,私塾蒙师均可入所受学”[②]。十二月初八日,长寿县示谕塾师入城传习,“暂定于年假十日、暑假二十日以为例,由会长演讲学校章程及教授、管理等法,再聘教员授以初等之算术、体操等科,并各给教科书数种,明年统依定章教读,否则请官查禁”[③]。光绪三十四年九月,开县议定“就师范学堂内附设改良私塾社,每值星期会集各小学教员到社互相研究”[④]。泸州拟订《私塾改良会规则》七章,刊布各区,责成一律举办,并于考棚东西文场续开第三次师范讲习所,“凡得凭者即准开馆授徒,并就私家之聘,如官立初小校师有阙,亦可择优酌派”,“其各区已成立私塾会,仍饬照常按期讲习”[⑤]。

四川强迫私塾改良,大致开始于宣统年间,塾师培训亦被纳入劝学所职责范围。宣统元年正月,赵尔丰认为:“教育为庶政基础,欲谋普及,非造就蒙师,广设私塾,不足以辅官力、公财所未逮”,泸州“设立私塾改良会,并续开第三次讲习所,招集五十岁以下、二十五岁以上各生童肄习,以备私塾教师之选,办法甚是。

---

① 《护理总督部堂批剑州禀学堂大概情形及筹款缘由一案》,《四川学报》第3年第7册(光绪三十三年七月),公牍第2页。

② 《改良私塾》,《四川官报》丁未第30册(光绪三十三年冬月中旬),新闻第2页。

③ 《长寿学务汇志》,《广益丛报》第5年第32期,总第160号(光绪三十三年十二月初十日),纪闻第10—11页。

④ 《改良私塾》,《四川官报》戊申第24册(光绪三十四年九月中旬),新闻第1页。

⑤ 《督宪批泸州改良私塾续开讲习所暨推广学堂 查办庙产预筹学务的款责呈各章程表式禀》,《四川官报》己酉第1册,公牍第7页。

……均准立案”①。八月,赵启霖所拟的《整顿学务纲要》指出,“教育欲期普及,必自改良私塾始。而各处尚少实行者,半由于地方官吏视为缓图而不肯振兴,半由于乡曲迂儒拘守成规而不思进步”,建议赵尔丰:

令各属牧令会同视学联合学绅就劝学所设立私塾改良会,限文到三个月,一律办成。先由各区劝学员调查本区所有私塾地址、教师姓名,详析列表报劝学所,由地方官示期召集各私塾塾师来城考试,届期地方官会同私塾改良会各绅公同试验,除文理欠通及兼习堪舆、星卜、巫道等人不许充当塾师外,其文理较优及平顺者分别存记,仍令收徒授课,馆地如故,修金如故,惟须遵照奏定简易初等小学课程。其近城者于星期日赴劝学所研究,由改良会各绅示以教授、管理法。乡间各区择本区内熟悉教育者组织分会,就适中之地,集本区私塾师于星期日研究教授、管理。暑假、年假期内,集各私塾师,一律至劝学所研究。随时由改良会派员及劝学员分别调查,其办理得法者,发给某区第几私立小学堂名牌,并酌给奖品,以示优异。将来著有成绩,其毕业、升学、转学,应与官立学堂一律,庶教育有普及之望。

赵尔丰认为:“其饬属设立私塾改良会,造就塾师等办法,均极妥善。而不许兼习巫道、堪舆、星卜之人充当塾师,实足以扫除世俗迷信而免谬说流传”②,并赋予地方官、劝学所办理私塾改良会、训练塾师的权责。宣统二年正月,提学使司正式颁行《改良私

① 《督宪批泸州改良私塾续开讲习所暨推广学堂 查小庙产预筹学务的款赍呈各章程表式禀》,《四川官报》己酉第1册,公牍第9页。

② 《提学使司赵为整顿学务事详请督宪示遵文(并批)》,《广益丛报》第7年第21号,原总第213号(宣统元年八月二十日),文牍第1—3页。

塾简章》，要求各地至少须于年暑假召集各私塾塾师一律至劝学所，研究教授、管理等法，并讲习算术、体操，到官立模范初等小学堂实地练习；塾师教授生徒，“应遵照奏定变通初等小学堂章程完全科或简易科两类教授”，完全科设修身、国文、算术、体操、读经讲经五科，简易科减少读经讲经一科，僻壤穷乡私塾则“徐图改良，加授笔算、体操等科”，塾师应根据儿童情况进行针对性训练，修身一科注重儿童躬行实践，讲授国文时应令儿童缀字编句，教授算术时并习珠算，活动身体时须习体操，训育时禁止体罚，“一二次仍不改良者，即呈明地方官，将该塾师准教私塾凭单追缴，不准收徒授课”①。

四川强迫私塾改良政策颁行后，宣统元年十一月，南川县劝学所开办师范研究会及私塾改良会，召集“未经传习者为私塾改良会，补习科学、教授、管理等法。均于年底甄别，分等给予凭照，为未来选充各官私小学及私塾教员之预备。现计所到者已三百六十余名之多”②。宣统二年九月，巴州请续开师范传习所，提学司批示，“所需经费不能持久，即应照私塾改良会办法，调集现任教员之教授、管理不合法者，随时研究，实地练习，并分期交换传习”③；提学司要求越西厅，“师范缺乏，亟宜召集塾师设所研究，并推广师范，俾资补助”④。合江私塾改良会以知县为会长、县视学为副会长，“令各区之私塾师于每星期就本区附近之初等官小学堂校

① 《改良私塾简章》，《四川教育官报》庚戌第1期，章程第2—5页。

② 《军督部堂批南川县详开办师范研究会及私塾改良会一案》，《四川教育官报》庚戌第1期，公牍第14—15页。

③ 《本司批巴州详续开师范传习所一案》，《四川教育官报》庚戌第9期，公牍19—20页。

④ 《提学司批越西厅详查明学务情形拟订整顿办法文》，《四川官报》庚戌第30册(宣统二年十一月中旬)，公牍第11页。

长处研究教法及管制规则，年终由视学召集到城甄分，择其文理通顺、谙悉教法者，给予凭照，许其教授，与各官立初小之校长一体待遇。故年来县立中学校及各高级小学校收考学生时，各私塾学生以程度相当考入者不一其人焉”①。

清季四川官方改良塾师既借鉴了江、浙、直隶等地的经验，又早于学部颁行的《改良私塾章程》，并结合了师范传习所或讲习会办法，对推进四川私塾改良、普及和发展基础教育发挥了特殊作用。不过，清季四川各属受训塾师不多，改良私塾成效有限，即便是改良私塾，塾师遵章教授者亦十分少。据江津县聂荣臻回忆，辛亥革命酝酿时期，他在外祖父家读私塾，“教私塾的，是一位前清秀才，整日里摇头晃脑，咬文嚼字，教的都是四书五经、之乎也者一类的东西，沉闷得很”②；中江县“全县私塾已查有六十余处，改良者仅十八处”③；清溪县“各塾师领凭回家，指定校地，实行改良者五十余处”，城区各塾师仍称“不谙新章，无所适从”④；筠连县“改良私塾虽经实行，改良者也仅四五处”⑤；荣昌县城乡私塾500余处，实行改良者17处⑥。据统计，至宣统二年，四川遵章教授的改

---

① 《合江县志》卷三，民国18年铅印，第24页。

② 《聂荣臻回忆录》，战士出版社1983年版，第2页。

③ 《中江县详筹办各学堂情形一案》，《四川教育官报》庚戌第9期，公牍第19页。

④ 《清溪县详遵办私塾改良情形一案》，《四川教育官报》庚戌第2期，公牍第15页。

⑤ 《筠连县申覆筹办简易小学并改良私塾设立模范小学一案》，《四川教育官报》庚戌第10期（宣统二年十月），公牍第14页。

⑥ 《荣昌县宣统二年下学期学务各表一案》，《四川教育官报》辛亥第24期（宣统三年七月二十八日），公牍第4—5页。

良私塾 9681 塾，未改良私塾 66900 塾①。清季私塾改良成效有限，原因错综复杂，除新式学堂弊窦丛生、传统教育有合理性、社会观念未转变、塾师敷衍抵抗及地方办学者不积极②等因素外，笔者以为，根本原因在于新式教育取代旧式教育需要经历一个漫长的调适过程，只有相关各方在知识、思想、心态等方面均发生有利于新教育的深刻变化后才能完成。

通过这一章的分析，我们可以得出如下几点认识。

一、清季师范传习所、简易师范、塾师改良会等是适应清季新政对普及教育的需要而兴办起来的临时性、过渡性的师资培养组织，其兴办与发展有其必然性。清季新政与预备立宪需要受过初级教育的国民作为宪政实施的民众与社会基础，而要使未受过教育的国民接受初等教育，必须兴办数量庞大的初等小学堂与民众补习学堂，而要普及初等教育必须准备普及教育所需要的数量庞大的师资，这远非数量有限的正规师范学堂所能承担得了，因此发展传习师范、在各级各类新办学堂附设简易师范、对塾师进行培训与改良，以完成数量巨大的师资培养任务，就成为应办而且急办之事。同时，自光绪三十二年科举制度骤然废除，给新式教育带来空前的财政与师资压力，各地也不得不大量开办短期、临时、简易师

① 转引自四川省地方志编纂委员会编纂《四川省志·教育志》上册，第 83 页。

② 贾国静《清末民初私塾改良述论》（四川大学硕士学位论文，2002 年 4 月）第 33—38 页认为，新教育弊窦丛生、私塾教学有其合理的一面、塾师的敷衍和抵抗以及经费缺乏是清末民初私塾改良成效不显的主要原因。朱艳林《近代四川官方改良私塾的努力及其成效》（四川大学硕士学位论文，2006 年 5 月）第 63—82 页则认为，清季民国四川塾师改良的阻力主要来自三个方面：一、因学识浅陋与旧观念影响，或因维持生计需要，塾师不愿改良；二、塾生父兄不愿塾师改良；三、地方办学员绅对塾师改良不积极或敷衍。

资养成组织，以满足新式学堂迅速发展对新学师资的急切需求。

二、在清季师范传习所的兴办过程中，四川总督、提学使、学务处扮演了制定政策、规划部署、考核落实的角色，而各级地方官则承担了提供办学地点、筹措经费、选用管理人员等筹办任务，地方士绅及各类新式师范毕业生则负责选聘教员、招考学生、设置课程、教授学科等具体办学事务。

三、师范传习所与各类学堂附设简易师范是清季四川初等学堂师资的主要培养途径，为新式学堂培养了大批小学教员，使各地初等小学得以迅速开办，对四川学务发展的推动作用最大。

四、师范传习所与各类学堂附设简易师范是科举制度废除后吸纳与解决旧有举贡生童出路与生业的一个重要渠道，同时也是私塾塾师向新式学堂教师转轨的主要桥梁。清季师范传习所吸纳了相当数量的具有初级科举功名的士子童生与塾师，使他们通过短期培训，顺利进入新式教育行业，担任蒙学教师，如同那些未能进入仕途或致仕的前辈一样，为延续中国传统文化、培养国民智识贡献才能。

五、师范传习所与简易师范的局限与不足十分明显。早在癸卯学制颁布时，严复、王国维等人就极力反对“以速成之法求师范”之术①，认为传习师范“尤苟且主义中之苟且”②。简易师范自创办之日起就面临着质量问题的困扰，而短期训练师资的师范传习所、讲习科之类以及塾师改良则存在更严重的质量问题。清季四川传习师范，由各县自行计划、自行推动，经费每无定款，最大的

① 璩鑫圭、童富勇编：《中国近代教育史资料汇编·实业教育　师范教育》，上海教育出版社1994年版，第607页。

② 李友芝等编：《中国近现代师范教育史资料》第一册，人民教育出版社1983年版，第140页。

困难在于难以物色到具有教育学术与专业精神的合格教师，课程方面往往因迁就教师或主办人的偏见而轻重倒置、支离破碎，难免存在办学水平参差不齐、传习生学业程度高低不一的问题，尽管四川各地采取了召集传习生回炉补习提高的补救措施，终因经费与师资局限而收效甚微，各地被迫走上新式学堂与改良私塾并行的教育普及发展之路①。教育毕竟是百年树人大计，其成效原非俄顷之间可以预期，亦非用极少的金钱代价所能获得，因此，在普及国民教育中，如何既满足师资数量又保证师资质量，是教育现代化进程中必须面对与解决的一个突出问题。

① 关于清末民初新式学堂与私塾二元并立的情况，贾国静《私塾与学堂：清末民初教育的二元结构》（《四川师范大学学报》2002 年第 1 期）及其四川大学硕士学位论文《清末民初私塾改良述论》（2002 年 4 月）第 14—15 页等皆有所揭示。

第五章　四川师范学堂

早在光绪二十九年初夏，方旭在致岑春煊禀稿中就指出，仿日本“自设师范学校”是四川培养师资的“经常之道”①。在“壬寅”、“癸卯”学制颁行后，四川师范学堂陆续创设，截至1911年辛亥革命爆发止，据笔者不完全统计，四川先后设立优级师范学堂3处、初级师范学堂32处，合计35处（参见附表5—1）。本章拟通过对清季四川师范学堂兴办情况②、经费与学生、职教员与育人状况的考察，以揭示清季四川师范学堂发展变迁规律及其与社会政治经济的互动关系。

第一节　师范学堂的兴办

从四川优级、初级两类师范学堂兴起情况来看，四川优级师范

① 方旭：《上岑制军请四班并进以造师范禀稿节略》，省城劝学所编辑《四川学务文件汇编》第二册《州县学校谋始》；又见四川省教育科学研究所藏《四川省志教育志·师范教育抄件资料汇编》，编号3274。

② 关于清季四川师范学堂兴起与发展情况，学界已有所概述。如王笛在《清末四川师范教育的发生和发展概述》（《四川师范学院学报》1984年第2期，第77—79页）、《清末“新政”与四川近代教育的兴起》（《四川大学学报》1985年第2期，第101—104页）、《跨出封闭的世界——长江上游区域社会研究1644—1911》第482—484页，隗瀛涛主编《四川近代史稿》第六章第四节第401—403页，熊明安等主编《四川教育史稿》第五章第三节第209—212页以及陆远权《重庆开埠与四川社会变迁1891—1911》（华东师大博士学位论文，2003年4月）第147—148页等。

皆创设于癸卯学制颁行后,即光绪二十九年至光绪三十三年初锡良任四川总督期间;四川初级师范学堂的创办情况略为复杂,在奎俊、岑春煊任四川总督期间,四川初级师范学堂开始创办,在锡良任四川总督期间,四川初级师范学堂逐渐增多,并几乎全是简易师范,而在锡良离开四川后,即光绪三十三年至宣统三年赵尔丰至赵尔巽任四川总督期间,四川初级师范简易科继续创设,而完全科开始设立并逐年增多。

一 优级师范学堂

在"壬寅"、"癸卯"学制颁行后,四川高等学堂附设师范馆、四川通省师范学堂以及四川优级师范选科学堂相继筹办,四川优级师范教育发展起来。

高等学堂附设师范馆 四川高等师范肇始于省城高等学堂附设师范馆优级理科师范。而四川高等学堂筹备于"壬寅学制"颁行之前,建立于"壬寅学制"颁行之后、"癸卯学制"颁行之前。光绪二十七年十月,总督奎俊会同学政吴郁生奏请"将尊经书院作为四川省城大学堂,而以中西学堂并入其内,裨中西两种学问均有涉猎"①。光绪二十八年十二月三十日,岑春煊奏请翰林院编修胡峻留川总理高等学堂,获清政府同意,四川省大学堂遵章定名为"四川省城高等学堂"。光绪二十九年正月二十七日,岑春煊在奏报清廷后,饬令学务处和省城高等学堂,"遵改书院为学堂之谕旨,即将锦江书院裁撤,经费田产尽数拨入高等学堂……住院诸人于五日内即行移寓,不准延留",二月再次奏请裁撤锦江书院,以

① 中国第一历史档案馆:《宫中硃批》,文教类第9号。转引自《四川大学史稿》第一卷(2006),第31页。

其经费并入高等学堂，其斋舍改作成都府中学堂①，十一月十二日由尊经书院、锦江书院、中西学堂合组的高等学堂开堂试习，首次招生250名，光绪三十年三月二十二日行开学礼，常年经费银4.6万两（其中6000两为出国留学专项经费②），附设师范馆，分速成师范和优级理科师范两班，学生共86名。高等学堂附设师范馆，既是方旭、胡峻等人建议的结果，又缘于川省学堂"择师之不易"③。速成师范班系"为适应全省新式中小学堂开办，普遍缺少合格师资而设"，招生62名④，"并三年学科为三学期"，一年半毕业，光绪三十一年六月毕业学生72名⑤，"给予证书，俾各回籍传习"⑥，此后不再开班，速成师范毕业生大多成为各地师范传习所及中小学堂监督或教员。优级理科师范班，共招生24名⑦，系为

① 《中学堂校舍片》，《四川学报》乙巳第2册，奏议第5页。

② 《四川大学史稿》(1985)，第19页。

③ 《署四川总督锡奏兴办学堂并附设师范馆缘由片》，《东方杂志》第1年第1期，教育第17—18页。

④ 《高等学堂积分表·速成师范（第一年第一学期）》，《四川学报》乙巳第3—4册，表第1—6页；及《辕门抄录》，《四川官报》乙巳第8册，附录第2页。

⑤ 《高等学堂卒业速成师范生表》，《四川学报》乙巳第14—15册，表第1—4页。

⑥ 《高等学堂速成师范科毕业典礼总督锡良训辞》，《广益丛报》第3年第18号，纪闻第13页。

⑦ 按《高等学堂积分表·优级理科师范（第一年第一学期）》（《四川学报》乙巳第4册，表第6—7页）及《辕门抄录》（《四川官报》乙巳第8册，附录第2页）的学生名册统计，学生共计24名，其中江树、黄璋、冉献璞三名被派赴日本留学实业教育；第三年第二学期期考及毕业请奖学生名单中有且仅欠一次期考的蒋秉堃、张祖武、叶维琛、刘光汉，皆不在此次期考名单中，疑为欠考或转学或插班学生，如果属欠考学生，则学生总人数应为28名[《四川高等学堂第三年第二学期照章考验各班学生姓名年贯表·优级理科师范》，《四川教育官报》戊申第3期（光绪三十四年三月），表第1页；及《学部奏议覆四川优级师范学生毕业请奖折》，《四川教育官报》己酉第8期（宣统元年八月），奏议第8页]。

四川培养理科专门师资,“专择诸生中经、史、算学素有根柢者”,先补习公共科一年、再升入正科学习三年,光绪三十一年春学生江树、黄璋、冉献璞三人被选派日本学习实业师范①,光绪三十三年十二月张培爵等19名学生毕业②后停办,因“外国文一科及主课理化科程度均甚浅近”,宣统元年五月十七日学部奏议覆按优级师范选科给奖③。

四川通省师范学堂　为适应教育发展,光绪三十年三月中旬,四川学务处报请总督锡良择地合修学务处、官报书局及调查所并附设师范学堂,“拟于学务处、官报书局之内,增设一常年师范学堂,各属中小学、蒙学教习均由学务处指派,俾通省学校厘然一律”④。八、九月间,锡良奏请次年春在省城设立“中央师范学堂”,以培养中小学师资⑤。光绪三十一年正月,学务处总理冯煦认为,高等学堂速成师范和优级理科师范、师范传习所、留日速成师范、成都府属师范学堂等,皆属一时权宜之计,应于省城设立一通省师范学堂,以为长久之计⑥;三月,《学务处开办通省师范学堂简章》八条正式公布,规定:

一、省城初办师范学堂时,优级、初级并设,暂定额300

① 《辕门抄录》,《四川官报》乙巳第8册,附录第2页。

② 《四川高等学堂第三年第二学期照章考验各班学生姓名年贯表·优级理科师范》,《四川教育官报》戊申第3期,表第1页。

③ 《学部奏议覆四川优级师范学生毕业请奖折》,《四川教育官报》己酉第8期(宣统元年八月),奏议第8页。

④ 《学务处筹议择地合修学务处官报书局及调查所并附设师范学堂详文》,《四川官报》甲辰第6册,公牍第3—4页。

⑤ 《四川大学史稿》(1985),第22页。

⑥ 《学务处总理冯详总督部堂请开办通省师范学堂一案》,《四川学报》乙巳第11册,公牍第4—5页。

人，分班以优级占少数，初级占多数，俟各属全设初级师范学堂，即将省堂初级增其程度，并入优级，优级毕业，充当高等初等小学堂教员。

二、校舍，以原规划拟作实业学堂之所的府试院变通借用开办，俟款项筹足，或再拓地另建。

三、设监督一员主持全校事务，教员中西各学分科并设，尤必慎选延充。

四、学生由各属考选保送，大县三、四人，中县二、三人，小县一、二人。不论举、贡、生、监，年在十八岁以上、四十岁以下，品行端正，无嗜好，无疾病，中学确有根柢者，定为官费师范生。其愿自费旁听，不限额，不拘年龄。

五、优级之公共、分类两科，初级之完全、简易两科，修业年限均各照定章办理，外加补习一科，前六月师范得有凭照及曾经传习卒业者入焉。

六、开办经费由学务处筹备，常年经费照直隶、山东办法，各属按年分解，每保送官费生一名，派银六十两，如无款可筹，可由断捐廉派送。

七、入学考验分别弃取，四月考验分别去留，一年考验分别等级，卒业考验酌给文凭，派充各学堂效教育义务。

八、师范入学，先行认具毕业照章服务甘结，并取具公正殷实妥保，方能由地方官申送，其余一切规则均照新章及参酌本省现在情形再为妥定。①

学务处以“通省师范学堂”定名，主要由于“开办之初，注意虽

① 《学务处开办通省师范学堂简章》，《四川学报》乙巳第3册，章程第11—12页。

在优级，而一时合格无人，简易、初级错杂一堂，定名綦难，故以四川通省师范始之”①。显然，通省师范学堂与山东省立师范学堂②等一样，并非只办优级师范，而是优级、简易、初级兼设，目的是为各郡邑树立师范标准与模范，“俾通省学校厘然一律”。正如赵尔丰在简易科速成班学生卒业典礼上所言：“期教育之普及而广设中小学堂，又以中小学堂之乏师资而广造师范，复虑完备师范毕业之迟不及待而亟亟焉谋所以速成者……且各郡邑既设师范传习所，或且特立师范专校，与夫中小各学亦多附设师范速成班，而省城复创学堂以造师范者，诚以首善之区宜树中央之鹄，是诸生非唯具有中小学教员之资格，且将为各郡邑师范之标准也。”③

光绪三十一年三月二十七日，学务处派委张致德监修④，四月开工，“由学务处筹集经费，择地皇城贡院东偏的成都府试院（今成都市展览馆东侧）改建校舍，计能容学生五百人”，并“电知派赴日本留学监督主事周凤翔订定日本教员二人，并就东购置图书、标本、仪器”，“其余应需华洋各教员，亦正分别延订”，“定期明春开校”⑤。七月，牌示招生，饬令各属筹款申送或自行赴省投考，各属

① 《四川省教育行政报告书（民国纪元前一年十月起至三年六月止）》第四编第一章，第1页。

② 山东师范学堂于光绪二十九年八月由师范馆独立，设速成、长期师范两班，速成班先后有一年制、二年制，长期班（完全科）三年结业，从光绪三十一年始从完全科选拔部分学生组成优级师范班，习预科一年，再分为文、理二科学习专业课程四年，宣统元年冬改称山东省优级师范学堂，直到宣统二年均为中师、高师两种体制并存。徐兴文、孟献忠等主编：《师范春秋》，第18—19页。

③ 《护理总督部堂训通省师范学堂速成班毕业生辞》，《四川教育官报》戊申第1期（光绪三十四年正月），论说第1页。

④ 《辕门抄录》，《四川官报》乙巳第9册，附录第2页。

⑤ 《改设通省师范学堂片》，《锡良遗稿·奏稿》第一册，第524页。

"投考生监日见其多"①,贵州遵义府亦咨送学生来蜀求学②。光绪三十二年二月,学堂建修告竣,"所有操地、讲堂规模最为宏敞"③。五月,招录新生 360 人,试习四个月,九月正式开办初级、简易、优级三部,每科分两班,简易科一年半卒业④,初级部三年毕业,优级部六年毕业,即公共科(预科)三年、本科三年,公共科讲授中学课程、本科注重教育学和心理学。光绪三十三年,从日本考察管理教授规则归来的华阳举人徐炯⑤被委任为监督;十二月上旬,咨请添招公共科新生 120 名,次年入学⑥;十二月下旬,简易部 108 名学生毕业后,改办预科,在堂学生 334 人⑦。光绪三十四年二月,在贡院西偏附设高等小学堂,以备师范生实地练习教授;六、

① 《宪示招考》,《四川官报》乙巳第 17 册(光绪三十一年七月下旬),新闻第 1 页。

② 《调查学堂》,《四川官报》乙巳第 21 册(光绪三十一年八月中旬),新闻第 1 页。

③ 《师范开学》,《四川官报》丙午第 3 册,新闻第 1 页。

④ 《总督部堂咨覆学部电》,《四川学报》第 2 年第 3 册,公牍专电第 3 页。

⑤ 徐炯(1862—1936),字子休,四川华阳人,尊经书院肄业生,癸巳科举人,先后在成都、西安设馆授徒,精通程朱理学,力主学习自然科学,光绪二十九年充华阳高等小学校长,旋充东文学堂监督,嗣复游历日本考察管理教授规则,光绪三十三年回籍后被方旭聘充通省师范学堂监督兼附设高等小学堂校长,后兼四川教育总会副会长,曾多次率学生赴日考察,直到 1913 年免职,袁世凯复辟帝制时曾列名劝进表,捧袁称帝,后又创办大成学校、成立大成会,历任国立成都高师、国立四川大学教授。

⑥ 《推广师范》,《四川官报》丁未第 32 册(光绪三十三年腊月上旬),新闻第 1—2 页。

⑦ 《各省师范学堂学生统计表》、《四川省学务统计表》,学部总务司编《光绪三十三年份第一次教育统计图表》第 23—24 页及四川第 1—2 页。但是,徐炯请奖奏文详列办学成绩时,列速成师范甲乙班毕业生为 103 人。参见《督宪批提学司详请择尤保举办学员绅文并原详》,《四川官报》庚戌第 12 册(宣统二年五月中旬),公牍第 4—5 页;《前署司详办学员绅得力事实择尤保奖文》,《四川教育官报》庚戌第 8 期(宣统二年八月),公牍 5—7 页。

七月间，添招公共科新生120名，以备添办优级部第一英语、第四博物两类及续办第二类史地乙班、第三类数理乙班；据学部统计，该学堂共有学生342人，其中优级部60人、初级部109人、预科（公共部）173人①。宣统元年闰四月，公共科学生毕业，升入优级科即本科第二史地、第三数理两类学生约占一半，未进本科的公共科毕业生76名则给予预科毕业凭照，分派各处工作②，定名为满二年以上的初级师范简易科甲班③；六、七月间，按学部要求，续招初级师范新生120名④，实际招生137名，分为完全科、简易科两类；同时，招收手工传习所学生60名，一年卒业，除传习手工外，并附课图画、体操等⑤；八月，添修理化试验室，以资实习试验⑥；据学部统计，该堂计有优级师范完全科224人、专修科59人，初级师范完全科23人、简易科146人，合计452人⑦。宣统二年四月，初

① 四川大学档案馆：通省师范学堂档案，第1卷。转引自《四川大学史稿》（1985），第23页。

② 张达夫：《清末的“维新变法”在成都》，《成都文史资料选辑》第4辑，1983年，第107页。

③ 《本署司详准通省师范学堂咨初级师范甲乙两班学生毕业奏请奖励文》，《四川教育官报》庚戌第5期（宣统二年五月），公牍第4—5页。在四川提学使咨请学部给予徐炯奖励一文中，称毕业学生65名。参见《督宪批提学司详请择尤保举办学员绅文并原详》，《四川官报》庚戌第12册，公牍第4—5页；《广益丛报》第8年第16期，文牍第1—2页；《前署司详办学员绅得力事实择尤保奖文》，《四川教育官报》庚戌第8期，公牍第5—7页。

④ 《前署司通饬各属准通省师范学堂咨请饬选送学生文》，《四川教育官报》己酉第6期（宣统元年六月），公牍第6—7页。

⑤ 《成都师范添设传习所》，《教育杂志》第1年第8期（宣统元年六月九日），记事第62页。

⑥ 《校室添修》，《四川官报》己酉第24册，新闻第3页。

⑦ 《四川省师范学堂学生统计表》，学部总务司编《宣统元年份第三次教育统计图表》，第5页。

级师范简易科学生32名毕业,定名为初级师范简易科乙班,并咨请学部照章奖励,六月十七日学部奉旨准奖。宣统三年三月,附设临时小学教员养成所,修业期限八个月;五月,附设高等小学堂添招初等一班,改为模范两等小学堂①;十月,"大汉四川军政府"于皇城成立,学堂因"校舍未经指定,租佃民房以作黉舍,迁移数四……向有之仪器图籍纷失殆尽"②。民初,1912年通省师范先改名"四川优级师范学校",后正名"四川高等师范学校",1913年"始由都督兼民政长胡景伊拨盐道街旧道署及盐政公所作校舍",12月部电高师暂停招生,1914年5月13日部电先招预科,9月14日开学,1916年11月准部电更名"国立成都高等师范学校",1918—1920年间迁返皇城旧址,自1924年起与国立成都大学展开校址与学校性质的争夺战,直到1931年11月与国立成都大学、公立四川大学三校合并成立国立四川大学③。

需要说明的是,通省师范优级部与附设初级师范完全科学生皆毕业于民国初年。其中,优级部第一届学生,即本科第二类史地甲班27名、第三类数理甲班26名,毕业于1912年4月④;优级部第二届学生,即本科第一类英语甲班28名、第四类博物甲班13

① 《学堂改定名称》,《广益丛报》第9年第13期,总第269号(宣统三年五月廿九日),纪闻第15页。

② 参见《成都高等师范学校沿革(1919年)》,中国第二历史档案馆编《中华民国史档案资料汇编》第三辑教育,江苏古籍出版社1991年版,第258页。

③ 参见《文牍月刊》、《教育公报》、《四川省教育行政报告书》、《成都高等师范学校沿革(1919年)》、《四川大学史稿》(1985、2006)以及王东杰《国家与学术的地方互动——四川大学国立化进程(1925—1939)》(三联书店2005年版)等。

④ 《令各属分别聘用通省师范毕业生》、《函高等师范学校准教育部咨该校学生毕业年限与原案相符》,《文牍月刊》第1期(1912年8月),法令第7—8页、公牍第9页。

名，毕业于 1913 年 7 月，同时毕业的有初级师范完全科甲班学生 36 名、乙班学生 25 名；优级部第三届学生，即第二类史地乙班 27 名、第三类数理乙班 27 名，毕业于 1913 年 10 月[①]。至此，通省师范学生全部毕业，学校奉部令停办，并拟于次年暑假后在原址开办国立高师。

四川优级师范选科学堂　早在光绪三十二年二月，全川教育研究所第五、六次会议就讨论开办选科师范数班一事，决议用补习学堂开办，备 500 人斋舍供学生食宿，学生在省居住者可回家食宿（即通学者）；凡寄食宿的学生每月须酌纳食费、杂费、学费，通学者须酌纳学费；拟分四科十班，即一、国学科，分中史中地班、经学（并字学）伦理班、国文班（诗、古文辞），二、理学科，分数学班、博物学班、理化学班，三、文学科，分外史外地班、英语班（或东语班），四、技术科，分图画音乐班、手工班；各科各班均须讲授教育学、心理学及伦理学要义并体操、数学，教习拟电聘日本早川万弥；拟暂定 300 名，以 200 名寄宿、100 名通学；寄食宿者每月纳费 4 元，通学者每月纳费 1 元[②]。四川筹办优级师范选科，比三月二十日学部通电各省酌增选科略早，与六月学部公布的优级师范选科分科标准亦略有不同。光绪三十二年三月二十日，学部《通行各省推广师范生名额电》到达四川，锡良咨覆学部"拟就通省师范酌增选科"[③]，五月中旬锡良复准学部咨，就通省师范学堂内添设二

① 四川省教育司编辑：《四川省教育行政报告书（民国纪元前一年十月起至三年六月止）》第三编，第 162、179 页。

② 《光绪三十二年研究所第五次会议》、《光绪三十二年研究所第六次会议》，《四川学报》第 2 年第 2 册，研究所条议第 4—6 页。

③ 《总督部堂咨覆学部电》，《四川学报》第 2 年第 3 册，公牍专电第 3 页。

年卒业的选科师范生200名①,旋由提学使考录选科师范生②。六月,学部公布《优级师范选科学堂简章》。八月,四川优级师范选科学堂开办,校舍以皇城贡院内至公堂左侧房舍(今成都市展览馆左侧)改设,王章祜首任监督。首期招生100余人(有四川荣县龙鸣剑等),分设两班。一班为简易科(文科),学生较多,主要学习国文、历史、地理,一年毕业;一班为选科(理科),又称预科,学制一年半,毕业后升入本科,学习数、理、化二年,课程程度相当于高小和中学前期。四川之所以特设选科师范,目的是"旧日诸生有文优时过又不能绌之中学者,就所不足,分目讲授,弥缝其阙,使无弃材"③,"同此师范而特设选科,以注重历史、地舆、博物、算数、理化诸学,盖将以救其阙失也。同此师范而定章于优级课程,特首列人伦、道德及经学源流大义诸科,贯始终而不易,则所以葆其根本也"④。光绪三十三年春季,龚道耕继任监督,添招选科新生;七月,简易科毕业首批学生107人;据学部统计,该年计有在堂生632人、毕业生107人⑤。光绪三十四年七月,续招预科学生四班⑥;据学部统计,该年计有在堂生352人⑦。宣统元年,部令停办

---

① 《师范选科》,《四川官报》丙午第15册(光绪三十二年五月中旬),新闻第1页。

② 《慎重服章》,《广益丛报》第4年第17号,纪闻第9页。

③ 民国《华阳县志》卷十六,第15页。

④ 《护总督部堂训选科师范学生毕业辞》,《四川教育官报》戊申第1期,论说第1—2页。

⑤ 《光绪三十三年份第一次教育统计图表》第23—24页的《各省师范学堂学生统计表》及四川部分第1—2页的《四川学务统计表》。

⑥ 《新班开学》,《四川官报》戊申第24册,新闻第1页。

⑦ 《四川省师范学堂统计表》、《四川省师范学堂学生统计表》,《四川省教育统计表(光绪三十四年)》,四川省档案馆:历史资料·文教资料,案卷号7—28/1。

选科；五月，毕业简易科学生 56 名①；据学部统计，该年计有在堂生 271 人②。宣统二年春季，停招新生，并改办为川中初级师范学堂；六月，选科师范理化第一班毕业；宣统三年六月，史地、数学、博物第一班毕业；十月，校地被军政府征用③，学堂“迁移后子门糖业讲习所内”；十二月，选科第三届学生毕业，即史地第二班 37 名及理化第二班 56 名毕业④，计毕业选科师范理化、史地各二班及数学、博物各一班共学生 271 人⑤。需要说明的是，因受政权变更影响，第三届选科师范学生迟至 1915 年 2 月始获准教育部备案⑥、10 月获准“凡考列优等、中等者，义务年满后，均奖给举人资格，与优级师范分类科相同”⑦。

通过前面的考察，我们可以知道：首先，清季四川优级师范皆创设于锡良任四川总督期间，四川高等学堂附设师范馆是按壬寅学制要求设立，四川优级师范及优级师范选科学堂则是按癸卯学制及学部通电要求创设；其次，清季四川优级师范学堂均按学制规定设立于省城，且主要利用了科举试院即皇城贡院房舍设立，设立

---

① 傅崇矩编：《成都通览》上册，第 173 页。

② 《四川省师范学堂学生统计表》，学部总务司编《宣统元年份第三次教育统计图表》。

③ 张达夫：《清末的“维新变法”在成都》，《成都文史资料选辑》第 4 辑，第 108 页。

④ 《令各属分别延聘优级师范选科毕业生》，《文牍月刊》第 1 期，法令第 10—12 页。

⑤ 教育部编：《第一次中国教育年鉴》丙编，上海开明书店 1934 年版，第 326 页。

⑥ 《咨四川巡按使前四川优级师范选科毕业生袁常正等准予备案文》，《教育杂志》第 8 年第 2 期（1915 年 12 月），公牍第 25 页、纪载第 3—4 页。

⑦ 《北京教育部寒电电文》，《四川公报》第 42 册（1915 年 10 月 27 日），公电第 1 页。

于最受时人尊崇的皇城贡院旧址，揭示了科举制废除后师范教育在四川官绅心目中的位置；第三，清季四川优级师范在开办之初并非只设优级部，而是同堂并设优级、初级、简易诸部科，目的是增培师资、树立师资培养模范，只是在师范毕业生逐渐增多、师资缺乏问题得到缓和后，才停止简易部、初级师范简易科及优级师范选科招生，改招优初级师范完全科，或改办为川中初级师范学堂；第四，清季四川优级师范仅毕业初级、简易、选科及专修科学生，优级师范完全科及附设初级师范完全科学生均毕业于民国初年；第五，结合前面叙述与学部总务司三个统计图表，似可将清季四川优级师范简表修正如表5—1。

表5—1　清季四川优级师范学堂概况一览表

年代	高等学堂附设师范馆			四川通省师范学堂			四川优级师范选科学堂			合计		
	学堂	毕业生	在堂生	学堂	毕业生	在堂生	学堂	毕业生	在堂生	学堂	毕业生	在堂生
光绪二十九年	(1)		86							(1)		86
光绪三十年	(1)	72	24							(1)	72	24
光绪三十一年	(1)		19							(1)		19
光绪三十二年	(1)		19	1		360	1		100余	2(1)		479
光绪三十三年	(1)	19	19	1	108	334	1	107	632	2(1)	236	985
光绪三十四年				1		342	1	280	352	2	280	694
宣统元年				1	76	452	1	56	271	2	132	723
宣统二年				1	91	284	(1)	?	?	1(1)	91+?	284+?

年代	高等学堂附设师范馆			四川通省师范学堂			四川优级师范选科学堂			合计		
	学堂	毕业生	在堂生	学堂	毕业生	在堂生	学堂	毕业生	在堂生	学堂	毕业生	在堂生
宣统三年				1	114	218	(1)	? +93		1(1)	? +207	218
民国元年				1	53	163				1	53	163
民国二年				1	156					1	156	
备注	括号内数字系指附设师范校数											

二　初级师范学堂

在壬寅学制颁行前后，即奎俊岑春煊任内，四川初级师范学堂开始创设；在癸卯学制颁行后，即锡良、赵尔丰至赵尔巽任内，四川各地初级师范学堂逐渐增多，并呈现出由简易师范向完全师范发展的势头。到宣统三年七月保路运动暨辛亥革命爆发前夕，除了通省师范学堂附设初级师范完全科、简易科外，四川各府直隶厅州指定所属各县分摊款项设立之初级师范学堂计有川中、川东、川南、川北四校及省城女子师范一校，此外各属之初级师范学堂所在多有①。

(一)奎俊至岑春煊任内，四川初级师范学堂开始创设

四川初级师范学堂肇始于光绪二十七年开办的"涪州官立师范中学堂"及光绪二十七年开始筹办、二十八年春季开办、光绪二十九年春改名为"川南师范学堂"的"川南经纬学堂"。

涪州官立师范中学堂是四川最早开办的师范中学堂。为了培养新学师资，光绪二十七年，涪州知州邹放以官款就钩深书院地址仰止亭两旁各添斋舍创立，聘纪云为总教习，另聘汉阳周之杠、江

① 四川省教育司编辑:《四川省教育行政报告书(民国纪元前一年十月起至三年六月止)》第四编第一章，第1页。

津樊徽五为分教，招考内外庠学生各20名，其科学分经史、舆地、掌故、时务、文学、算学七门，至光绪三十一年知州邹宪章复于学堂左侧添筑教室，改名“官立涪州中学堂”①。

川南师范学堂的前身是川南经纬学堂，川南经纬学堂系四川废书院改学堂后的第一个新式学堂，川南师范学堂则系四川地方自办的第一所师范学堂。光绪二十七年春，泸州知州善化沈秉坤（使君）、内阁中书泸州高楷（字竹园）以及从日本考察警政归来的诸暨周善培（字孝怀）、丁忧在家的荣县翰林赵熙（字尧生）、巴县向楚（字仙桥）、成都叶先甲（字清如）等集资创办川南学堂，九月十日川南道尹黄立鳌（字海楼）禀准就泸州试院（由废文昌宫栋宇改置）改办的川南书院院舍及经费创办“川南学堂”，以周善培主其事，罗忠浩督修大厦，八个多月后学堂建成，用银5000两有奇。光绪二十八年二月正式开学②，定名“川南经纬学堂”，首任监督赵熙，监学罗顺藩（字次瀛，内阁中书，举人），教习向楚、冉慈等，首办简易师范班，并呈请四川总督转报礼部，礼部议名为“川南师范学堂”。光绪二十九年春，内阁中书高楷继任监督，学堂更名“川南师范学堂”，由川南道辖泸州府、资州府、叙州府、永宁厅4属计25县③所共有；年底，毕业学生16名，在堂学生80名④。据赵熙

① 《涪陵县续修涪州志》卷五，民国17年9月刊本，第19页；又见《涪陵市教育志》，涪陵市教育志编写组1985年编印，第25页。

② ［日］山川早水：《巴蜀旧影——一百年前一个日本人眼中的巴蜀风情》，第92页。

③ 清末川南道下辖泸州、资州、叙州府、永宁厅所属之泸县、宜宾、富顺、隆昌、合江、叙永、南溪、江安、内江、资阳、荣县、纳溪、古蔺、古宋、威远、资中、屏山、庆符、高县、珙县、长宁、兴文、井研、马边、雷波等25县。

④ 《四川省学生人数历年比较表》，《宣统元年份第三次教育统计图表·四川》，第20—22页。

《川南学堂记》追忆：

> 光绪二十七年，善化沈秉坤权泸州，是时天子西巡未返，君急国之务，于是与州中书高楷商请永宁道建川南学堂，而推诸暨周君善培主其事。造士有程，简不肖有律，本中国先王之典，参以外国今行之法，屹然众志一新。乃举州人罗君忠浩督构大厦，用白金五千两有奇，严冬大暑之中，殚心庶务，八越月而完工。呜呼！群工百瘁而成此堂，举礼家三达德之要，师范方来，诸生必有深鉴是旨者。天下大事，造士本一乡，敢质言以瞻千世。①

光绪三十一年十、十一月间，变更川南师范学堂之说纷起，或禀改为中学堂并附设师范传习所，或禀改为川南高等学堂。次年正月，经巡察泸州学务的四川学务处监督赵藩“折衷区画，委婉图全”，“改定章程，粗有端绪”②，又就泸州试院闲地改修中学堂并附设传习所，川南师范学堂得以继续独立设置③，赵藩兼任监督，四月重新开学。宣统二年，刘观察对川南师范学堂进行整顿与改良，聘泸县温翰桢为学堂监督、留日生隆昌杨星午为监学，“省视学赵亦称合法，并登台演说，颇为学生折服，时全属闻风响应来学者多，大有人满为患之势”④，因此成为川南及全蜀师资培养的表率。宣统三年秋季，因辛亥战乱和解款迟延，学校暂停；1912 年秋

① 四川省泸州师范学校校史组编：《泸州师范（川南师范）校史（1901—1949）》，1991 年，第 2—3 页。

② 《川南师范学堂开学》，《广益丛报》第 4 年第 14 号，总第 110 期（光绪三十一年五月初五日），纪闻第 9—10 页。

③ 《泸州禀改修中学堂并附设传习所一案》，《四川学报》第 2 年第 1 册，公牍第 3 页。

④ 《川南师范学堂大整顿》，《广益丛报》第 8 年第 25 期，总第 249 期（宣统二年九月三十日），纪闻第 13 页。

季恢复办理，次年奉令正名为“川南联合县立师范学校”。

（二）锡良时期，四川初级师范学堂相继开办，且以简易师范为主

光绪二十九年，除前述的四川涪州官立师范学堂继续办理、川南经纬学堂改办为川南师范学堂外，成都府师范学堂开始筹办；光绪三十年，成都府、合州、叙永厅、眉州、郫县、简州、川北保宁府、会理州、巴县等地官立公立民立初级师范学堂相继设立，四川初级师范学堂该年应不少于11校。

在蒙养师范学生卒业后，光绪二十九年十二月，成都府拟请在蒙养师范学堂原址设立师范学堂，“聘彭县刘大令紫骥为总理，并拟在日本聘博物科教习一人，惟院中斋舍甚少且多颓坏，尚须修改，方合学校建筑之式”①。光绪三十年四月，正式聘刘紫骥为学堂总理，定府属16县年解学堂经费银1万两②，同时榜取府属师范生120名，经面试、笔试，录取合格师范生40名，五月开堂试习，学制一年半，学科有经学修身、伦理、教育、心理、国文、中史、中地、外史、算术、东文、物理、化学、博物、音乐、图画、体操共16门③，七月招收中学班，八月因“成都府前考取各属师范生，不敷分派”，“补考成属，计正取四名，次取十六名，自备食费一名，备取四名”④，同时招收盐源县何成珧、会理州何志忠、西充县柳树芬、乐山县彭毓仕、金堂县何仲襄、沈树荣等“客籍”自费学生附住肄

① 《郡学萌芽》，《四川官报》甲辰第1册，新闻第1页。

② 《成属联立中学三十周年纪念刊》，校史第11—12页。

③ 《成都府中学堂速成师范学生第二年第三学期卒业积分表》，《四川学报》第2年第1册，表第1—3页。

④ 《总理面试》、《示期入堂》、《补考师范》，《四川官报》甲辰第11册（光绪三十年五月上旬），新闻第3—4页；第13册，新闻第2页；第21册，新闻第2页。

业①。光绪三十一年春季，更名"成都府中学堂"，师范班改为附设，并选派周国辅、周烈等赴日留学实业师范②；冬季，毕业速成师范学生41名③。

光绪三十年，四川合州、叙永厅、眉州、郫县、简州、保宁府、会理州官立初级师范学堂以及巴县民立师范学堂相继设立。七月，叙永厅蒋司马就丹山书院改办师范学堂，厅属正、副取学生各30名，县正、副取学生各20名，延聘举人黄金绶充当检查教习、泸州附监学万慎教习经史各科并授文法、内江廪生王思藻教习算学地舆各科，惟体操、政治二科尚待择聘，八月开学④；八月，眉州张刺史以眉山书院改立师范学堂，招考学生40名，十月开学⑤。该年，署忠州训导·合州孝廉张森楷(广文)总理合州学务，办有本科师范馆1处⑥；郫县师范学堂由南门外何公祠岷阳书院改办，又称师范馆，由吕焕文任总理，招男生30余人，学制一年，开设简易师范之国文、英语、算术、格致、历史、地理、哲学、体育、音乐等9门课程，两年后停办，校舍改设县立高等小学堂⑦；简州霍幼梅就城内通材书院改设师范学堂，日必到堂演说，次年正月师范学堂附设于

① 《优待远学》，《四川官报》甲辰第22册，新闻第2页。

② 《辕门抄录》，《四川官报》乙巳第9册，附录第4页。

③ 参见《成都府中学堂速成师范学生第二年第三学期卒业积分表》(《四川学报》第2年第1册，表第1—3页)，内有文凤周、王大任、贺肇勋、徐士杰四名系普通甲班改为速成班并补试验，钟开元一名因事试验未全。

④ 《师范开学》，《四川官报》甲辰第24册(光绪三十年九月中旬)，新闻第4页；又见《叙永县志》卷四，民国24年铅印，第3页。

⑤ 《师范开学》，《四川官报》甲辰第26册(光绪三十年十月上旬)，新闻第3页。

⑥ 《奖励广文》，《四川官报》甲辰第15册，新闻第1页。

⑦ 《郫县志》卷二，民国37年铅印，第60页；《郫县教育志》，四川郫县教育局1984年编印，第24页。

高等小学堂内[①];川北保宁府师范学堂开办[②];会理州开办师范学堂[③]。此外，光绪三十年十一月，巴县绅董杨宗权（瑞卿）呈请创办民立师范学堂，四川总督准其以“科学预备科之名”立案，而“所拟派送官费生入学之条，应毋庸议”[④]，“始以师范缺乏，特注重于科学预备，年捐巨款”[⑤],光绪三十三年三月改办为中学，至宣统三年因独力捐款7000余金而学绅歧视、同志无人，恳请注销[⑥]。

光绪三十一年，除成都府师范学堂、川南师范学堂、郫县师范馆、巴县民立师范学堂继续开办，简州师范学堂改为高等小学堂附设外，四川荣县、遂宁、内江、长寿、川东府等相继设立初级师范学堂，该年四川初级师范学堂合计应不少于10校。光绪三十一年五月，荣县师范学堂开办[⑦]；十一月，遂宁李次山大令于双江镇县试院开办师范学堂，延订教员唐汉章、邱奠之、张容垓分任教授，复以曹志宣兼理校长事宜，招收师范传习生[⑧]。该

① 《简州学界》,《广益丛报》第3年第5号,总第69期(光绪三十一年二月初十日),纪事第8页。

② 《（营山县）教育志》，营山县文教志办公室1984年编印，第29—30页。

③ 《各省教育汇志·四川》,《东方杂志》第2年第1期(光绪三十一年正月二十五日),教育第19页。

④ 《总督部堂批重庆府详巴县杨宗权创办学堂恳请立案一案》,《四川学报》乙巳第1册,公牍第3页。

⑤ 《重庆民立中学堂第二学期开校训辞》,《广益丛报》第5年第4期,纪闻第10—11页。

⑥ 《督宪批重庆府详巴县绅董杨宗权创立民立中学堂现因经费支绌恳请注销文》,《四川官报》己酉第2册(宣统元年二月上旬),公牍第3页。

⑦ 《学务处批荣县文生张国选等为教员违章糜款恳委调查一案》,《四川学报》乙巳第7、8册,公牍第28—29页。

⑧ 《师范卒业》,《广益丛报》第4年第14号,纪闻第9页。

年，内江经正书院改建师范学堂，招生 30 余人，其中 8 人是秀才，一年后停办①；长寿师范学堂创办，尊经书院毕业生罗纶任监督两年②。

清季著名的川东官立初级师范学堂则筹设于光绪三十一年、开堂于光绪三十二年。鉴于川东 30 余州县兴学数年而成绩不彰，原因在于“师范未立，教授无方，管理无法”，光绪三十一年十一月，川东观察使张振兹按杜成章等士绅“造就师范”的要求，用制府经费，“创办川东师范学堂一区，即藉渝城学院衙门改修”③，定名为官立川东师范学堂，“以道署为主管机关，学生由川东道所属三十六县选送，学校开支及学生用费均由各县按照该县官费生名额申解，以重庆旧学院为校址，学院所有杂粮市地皮及四贤街房产亦拨归该校”④。所谓“渝城学院衙门”、“重庆旧学院”，就是重庆府试院。光绪三十二年二月，学堂建筑落成，计有甲乙丙丁讲堂 4 间、左右自习室 4 间、东西寝室 26 间⑤，规模宏大，三月正式开学，

---

① 《内江县志》卷二，民国 14 年重刊，第 27—28 页；《内江地区教育志》，第 157 页。

② 黄绶《记辛亥保路人物罗纶》，四川省文史馆、政协四川文史资料研究委员会编《四川保路风云录》，四川人民出版社 1981 年版，第 252 页。

③ 《川东师范学堂竣工》、《师范开堂》，《广益丛报》第 4 年第 3 号，纪闻第 11 页；第 5 号，纪闻第 10 页。

④ 《校史》，1934 年刊行，第 1 页。重庆市档案馆：民国四川省立川东师范学校档案，案卷号 129—1—55&37。

⑤ 据宣统二年川东区省视学张凤翩调查，川东师范学堂“系由试院改设”，计有讲堂 4 间，甲讲堂可容 70 人、丁讲堂可容 40 人，光线尚可，乙、丙两讲堂均可容 80 人，惟檐廊过深，光线不十分充足；自习室 4 间，上二室可容 40 人，下二室可容 50 人，当东西晒，且背面逼墙，光线亦不十分充足；东西寝室 26 间，每间可容 8 人，惟盥漱在自习室前，不易行清洁之法。参见《本司移川东道据省视学调查川东官立初级师范学堂推广办法文》，《四川教育官报》庚戌第 10 期，公牍第 9—10 页。

首开简易师范科，一年毕业，十二月初八日①卒业简易速成师范学生260余人②；次年正月，按定章开办初级师范完全科，并附设小学，初级师范招收高小毕业程度者，学制五年，共招入百六七十人，内有部分简易师范生留堂升学，如綦江县綦伯廉等③；保路运动发生后，鄂黔军入川，驻兵川东师范，学堂暂时停闭；1912年春，学校恢复办理，1913年5月改名"川东联合县立师范学校"。

光绪三十二年，除川南、川东、长寿及巴县民立师范学堂继续开办外，四川酉阳、郫县、巴县等地相继添设初级师范学堂，该年合计应不少于7处。光绪三十二年三月，唐恭石任酉阳州知府，发布《晓谕示文》，要求于四月筹款设立州属师范学堂1处和初级小学堂100处，后函约游学日本回国的谭、陈诸生筹设酉属师范学堂④，学生多至200人⑤。六月，郫县"遥设师范"一班，由高等学堂速成师范班卒业生、郫县赁溶在成都创办，招收郫县籍学生10

① 程昌祺：《静观斋日记》，光绪三十二年十二月初八日。四川大学图书馆收藏；又见四川省教科所藏《四川省志教育志·师范教育抄件资料汇编》，编号3211。

② 关于川东师范学堂卒业速成师范生人数，资料记载互有出入。一种是260余人的记载，见《川东学务》，《广益丛报》第4年第7号，总第103期（光绪三十二年三月三十日出版），纪闻第7—8页。一种是236人的记载，见《四川省立川东师范学校历年毕业学生人数表》，《四川省立川东师范学校1935年概况报告书》，重庆市档案馆藏：民国四川省立川东师范学校档案，案卷号0129—1—80。笔者以为《广益丛报》的记载似乎更准确，《四川省立川东师范学校1935年概况报告书》可能排除了留堂习完全师范的学生。

③ 《挽联志哀》，《广益丛报》第6年第15号，总第175号（光绪三十四年六月二十日），纪闻第11页。

④ 《唐恭石初到酉阳晓谕示文》，《广益丛报》第4年第15号，纪闻第10—11页。

⑤ 《善政汇闻》，《广益丛报》第4年第18号，纪闻第9—10页；《酉阳州创办四属师范学堂》，《东方杂志》第3年第9期，教育第236页。

余人,另有温江、成都、华阳等县数人,因被批驳“所列学科系用初级完全办法而卒业期限乃较简易科为短”,有“侈言广博,致启凌躐”之嫌,由最初的限八个月卒业改为一年卒业,学生毕业后停办①。八月,巴县师范学堂就前字水书院医学堂改设的巴县学堂地址开办②。

由此可见,癸卯学制颁行后,锡良任内,四川各地相继就试院或书院改设官公立初级师范学堂,并以简易师范为主,修业期限少则一年、多则二年。据笔者不完全统计,四川初级师范学堂光绪二十九年2处、光绪三十年11处、光绪三十一年10处、光绪三十二年7处。

(三)赵尔丰至赵尔巽时期,四川初级师范学堂继续开办,层次与质量有所提高,并向分区设校发展

在锡良离开四川后,赵尔丰任护理四川总督至赵尔巽任四川总督期间,四川顺庆府广安州、合州、资州、绥定府(3所,其中东乡1所系完全科)、金堂、绵竹、长寿(简易科、完全科各一所)、隆昌、雅州府、德阳、峨边、威远、眉州、顺庆府西充、合江、富顺、涪州、内江等府州县立初级师范学堂继续创设,并呈现出简易科修业年限提高到二年、完全科开始设立并逐年增加的变化。据学部统计,四川初级师范学堂,光绪三十三年完全科1所、学生334人,简易科29所、学生1762人;光绪三十四年完全科5所、学生294人,简易科1所、学生21人;宣统元年完全科8所、学生505人,简易科10

① 《总督部堂批郫县详现造新班及半日学堂一案》,《四川学报》第2年第6册,公牍批第5页;《郫县志》卷二,第60页;《郫县教育志》,第24页。

② 《医学堂迁地》,《广益丛报》第4年第21号,纪闻第9页。

所、学生512人[①]。而据笔者不完全统计，在赵尔丰至赵尔巽任内，四川初级师范学堂光绪三十三年完全科4校、简易科不详，光绪三十四年完全科7校、简易科5校，宣统元年完全科8校、简易科12校，宣统二年添设完全科1校、简易科1校，宣统三年添设完全科1校。

首先，四川各地师范学堂简易科继续设立。据学部统计，光绪三十三年，四川初级师范完全科1处、学生334人，简易科29处、学生1762人；又记为初级师范学堂27处、教员106人、学生1712人、毕业生1116人[②]。统计数据互有出入，姑且并记存疑。光绪三十四年七月，绥定府阖属设立师范学校3所[③]，其中2所为简易科；八月，绵竹县王令办理师范学堂[④]；金堂县在县治考棚开办速成师范学堂一所（又称师范传习所），招生28人，学制一年，学生毕业后停办[⑤]；绵州德阳县官立初级师范学堂二年制简易科开办，有学生21人[⑥]。该年，四川初级师范学堂简易科合计应不少于5

① 《四川省师范学堂统计表》、《四川省师范学堂学生统计表》，《四川教育统计表（光绪三十四年）》，四川省档案馆藏：历史资料 · 文教资料，案卷号7—28/1或学部总务司编《光绪三十四年第二次教育统计图表 · 四川省师范学堂学生统计表》；《四川省师范学堂学生统计表》，学部总务司编《宣统元年份第三次教育统计图表》。

② 前者数据来源于学部总务司编《光绪三十三年份第一次教育统计图表 · 总表》第24页的《各省学务统计表》，后者数据来源于该书四川部分第1—2页的《四川学务统计表》。

③ 《绥学近情》，《四川官报》戊申第18册，新闻第1—2页。

④ 《督宪批绵竹县详覆江耿光等上控劝学所文》，《四川官报》戊申第21册，公牍第12—13页。

⑤ 《金堂县教育志》，金堂县教育局1991年编印，第96页。

⑥ 《四川省师范学堂统计表》、《四川省师范学堂学生统计表》，《四川教育统计表（光绪三十四年）》，四川省档案馆藏：历史资料，案卷号7—28/1及学部总务司编《光绪三十四年份第二次教育统计图表 · 四川省师范学堂学生统计表》。

所。宣统元年三月,建昌道黄观察就雅安城内游击衙门改设雅州府官立初级师范学堂,而以已裁的训导署作为游击衙门移驻之所①,计有二年制简易师范学生27人;绵州德阳县初级师范学堂简易科1所继续办理,学生21人;通省师范学堂附设初级师范简易科,学生146人;嘉定府峨边县初级师范简易科1所,学生22人;嘉定府威远县初级师范简易科1所,学生30人;眉州初级师范学堂1所,学生20人;重庆府长寿县初级师范简易科1所,学生26人;绥定府达县初级师范简易科1所,学生32人;顺庆府西充县初级师范简易科1所,学生24人;叙州府隆昌县附设初级师范简易科1所,学生41人;泸州初级师范简易科1所,学生59人;泸州直隶州合江县初级师范简易科1所,学生43人②。该年,四川师范学堂简易科合计应不少于12所。宣统二年(1910)春,富顺县劝学所就考棚创设官立简易师范学堂,学制二年,毕业两班后停办③。至宣统三年(1911)四月,德阳初级师范学堂毕业生21名、雅州府官立初级师范简易科24名获得师范功名奖励④。

其次,四川初级师范学堂完全科开始设立,并逐年增加。光绪三十三年,除了川东师范学堂开设完全科外,四川顺庆府广安州、合州、资州相继开办初级师范学堂完全科,合计共4校。四月,顺

① 《择地建堂》,《广益丛报》第8年第7期(宣统二年三月廿九日),纪闻第12页;《雅安地区教育志》,第149页。

② 《四川省师范学堂学生统计表》,学部总务司编《宣统元年份第三次教育统计图表》。

③ 《富顺县志》卷六,民国21年刻本,第20页;《自贡市教育志》,四川人民出版社1991年版,第94页;《富顺县教育志》,富顺县文教局1988年编印,第46页。

④ 《学部奏绥定府官立中学堂暨德阳县雅州府官立初级师范简易科毕业并案请奖折》,《四川官报》辛亥第10号,参考类第2—3页。

庆府广安州因“毕业之速成师范生程度既嫌过浅，而城北旧校风潮甫息，又非特设一完全学堂，不足以规久远”，因此呈请将师范传习所正名为初级师范学堂，获护理四川总督赵尔丰批准①；六月，合州劝学所附设初级完全师范学堂，并请变通学生卒业期限，提学使方旭批明应遵五年期限②；资州知州宋联奎在大东街就考棚西文场（今资中县公安局附近）改设资州官立初级师范学堂，周善堂任监学③。光绪三十四年，四川除川东、川南两校外，广安州初级师范学堂有完全科学生 52 人、资州初级师范学堂有完全科学生 35 人；绥定府东乡县初级师范完全科 1 所、学生 39 人；资州内江县初级师范完全科 1 所、学生 24 人④；十二月，长寿县改林庄中学校附设师范传习所为县立师范，设五年制、三年制师范各一班⑤。该年，四川初级师范完全科合计应不少于 7 校。宣统元年，除川东、川南两校外，广安初级师范学堂有完全科学生 30 人、简易科学生 20 人；绥定府东乡县初级师范学堂有完全科师范生 30 人；资州内江县初级师范学堂有完全科师范生 19 人；重庆府涪州初级师范完全科 1 所、学生 50 人；通省师范学堂附设初级师范完全科 23 人；资州官立初级师范学堂完全科学生 39 人⑥，该校计毕业学

① 《护理总督部堂批广安州禀遵饬开办初级师范学堂一案》，《四川学报》第 3 年第 5 册，公牍第 4 页。

② 《合州详劝学所附设初级师范学堂教员毕业请奖一案》，《四川教育官报》庚戌第 5 期，公牍第 16—17 页。

③ 《资中县续修资州志》卷四，第 58—59 页。

④ 《四川省师范学堂统计表》、《四川省师范学堂学生统计表》，《四川教育统计表（光绪三十四年）》，四川省档案馆藏：历史资料，案卷号 7—28/1 及学部总务司编《光绪三十四年份第二次教育统计图表·四川省师范学堂学生统计表》。

⑤ 《长寿县志》卷七，第 38 页。

⑥ 《四川省师范学堂学生统计表》，学部总务司编《宣统元年份第三次教育统计图表》。

生黄彬士、黄达邦等31名[1]。该年,四川初级师范完全科合计应不少于8校。

第三,自宣统元年四川开始分区筹设初级师范学堂,除已设之川东、川南二校外,计划于川西、川北、上川南各设一校,实际开办川北、川中两校。四川提学使规划筹设川西、川北、建昌道立初级师范学堂始于宣统元年,结果川中、川北两堂分别成立于宣统二年春季、宣统三年春季,而黄炳焜观察奉命筹办的建昌道初级师范学堂,却因校舍、经费以及已开办雅州府官立初级师范学堂而未能成立。直到宣统三年七月保路运动暨辛亥革命爆发,四川各府直隶厅州指定所属各县分摊款项设立之初级师范学堂,计有川中、川东、川南、川北四校,皆设完全科,“办有成效者仅川东、川南、川中三校”,“历年办理无异,且以协谋共济、资力较厚之故”,办学成绩“均比一县设立者为优”[2]。

川中初级师范学堂,宣统二年春季,由皇城贡院内至公堂左侧的全川优级师范选科学堂校地改设,首任监督为龚道耕,招收学生200余人,分甲乙丙三班,定为五年毕业,免征学膳各费,各县“每名每年筹学费银四十两”[3];辛亥年十月,校地假作“大汉四川军政府”,学堂“迁移后子门糖业讲习所内,时学生星散,纷纷转学他校,乃合三班为一班”,1913年5月奉令更名为“川中联合县立师范学校”,并请准拨少城东马棚街官地建筑校舍,1914年春奉部令

① 《资中县续修资州志》卷四,第58—59页。

② 《咨教育部对于在前各县联合设立中学及同等各学校拟设立联合维持会(简章附章程类)》,《文牍月刊》第10册,公牍第1页。

③ 《提学司批彰明县申送川中师范学生并筹费情形一案》,《四川教育官报》庚戌第4期,公牍第23页。

更名为“四川省立第一师范学校”,1915年第一班学生毕业①。

川北初级师范学堂,宣统二年正月,川北观察使吴佐呈报以道署故地阆中旧试院考棚基址、原保宁府师范学堂原址改设,常年及开办建筑各项经费由各属分筹摊解,饬所属各州县以春帖、婚书两项捐税为学堂常年经费②,九月呈报学堂章程及经费预算书,十月底学堂建成,宣统三年春季开学授课③。第一届招生两班160人,入学资格为高小毕业生,先读一年半预科、再读五年正科;第二届招生一班80人,改为四年毕业④。保路运动发生后,学校因“经费挪移停办”,“尚未著有成效”⑤。1914年,四川巡按使陈廷杰饬委杨桢规复,3月开学⑥,5月更名为“川北联合县立师范学校”⑦,6月川北道更名嘉陵道,学校随之更名“嘉陵道联合县立师范学校”,1928年并入保属联中。

综合上述,清季四川初级师范学堂的兴起与发展历史呈现出如下特点。首先,清季四川初级师范学堂的设立,可以光绪三十三年为界,划分为两个阶段。在光绪三十三年以前,四川各府厅州县

① 《四川省立成都师范学校一览表(民25年11月制)》、《四川省立成都师范学校沿革简史》第3页,成都市档案馆:民国四川省立成都师范学校档案,案卷号65—1、96。

② 《川北道详筹设师范学堂情形一案》,《四川教育官报》庚戌第1期,公牍第13页。

③ 《川北之师范学堂》,《广益丛报》第8年第28期,纪闻第11—12页。

④ 四川省阆中市地方志编纂委员会编纂:《阆中县志》,四川人民出版社1993年版,第764页。

⑤ 《咨教育部拟定省立中学及师范学校(表附)》,《文牍月刊》第10册,公牍第2页。

⑥ 《川北联合县立师范学校校长向绍云详整顿本校办法文》,《四川教育杂志》第2期(洪宪元年3月10日),公牍第1—2页。

⑦ 《咨教育部查照部令更正各属联合中学校及与中学同等各校名称(表附)》,《文牍月刊》第10册,公牍第7—9页。

相继由官府设立的初级师范学堂，由于亟需新学师资及人力、财力关系，多数仅开设简易或速成师范，学制一至二年，与师范传习所性质类似，其学堂组织、学科内容多不完备，办理成绩差强人意，除完全科外，各地师范学堂简易科多在学生毕业后停办或改办中小学堂。在光绪三十三年以后，由于速成简易师范毕业生增多且质量不高，受到各方质疑，学部要求各省整顿师范教育，四川各府厅州县陆续开办二年制简易师范及五年制完全师范，四川各地的师范传习所及私立或民立师范学堂也开始向官立初级师范学堂转化，四川师范教育整体办学层次与水平有了明显提高。其次，清季四川初级师范学堂主要由各地试院或书院改设。除川中初级师范学堂由四川优级师范选科学堂改办外，川南、川东、川北、资州、金堂、富顺等初级师范学堂皆系旧试院改设，只有雅州府师范学堂是就城内游击衙门改设、而将游击衙门移驻已裁之训导署，而涪州官立师范中学堂以及成都府、叙永厅、眉州、郫县、简州、遂宁、内江初级师范学堂皆由旧书院改设。第三，清季四川初级师范学堂毕业生以简易科为主，而完全科设立较晚，尚无毕业生。第四，学部统计的初级师范学堂校数与学生数均存在明显缺漏。据笔者不完全统计，四川初级师范学堂，在锡良任内，光绪二十九年 2 处、光绪三十年 11 处、光绪三十一年 10 处、光绪三十二年 7 处；在赵尔丰至赵尔巽任内，光绪三十三年完全科 4 处、简易科 27—29 处，光绪三十四年完全科 7 处、简易科 5 处，宣统元年完全科 8 处、简易科 12 处，宣统二年添设完全科 1 处、简易科 1 处，宣统三年添设完全科 1 处。

通过前面的考察，我们可以形成如下认识。

一、从设立过程来看，四川各类师范学堂基本上是按照学制或清政府的师范教育政策发展起来的，光绪三十三年似乎是师范学堂发展的一个明显而重要转折点，此前各类师范学堂皆以简易师范为主，此后优级初级师范学堂向提高层次与质量发展，不仅完全科开始设立并年有增加，而且简易科修业年限也由一年延长到两年。

二、从设立地点和校舍校地来看，清季四川优级初级师范学堂设立地点，呈现出由成都、重庆、泸州等繁华都会零星设立，向偏远的各道府厅县及边疆城镇设立发展，由无序发展向省提学使司统一规划发展演变。而且，清季四川师范学堂多起源于旧有贡院、试院、书院等文教遗产，四川师范教育的建立与发展过程实际上就是一个旧有文教遗产“化腐朽为神奇”的改造过程，通过改造与利用旧的文教遗产，四川师范教育能够以较少的开办和建筑成本迅速建立与发展起来。四川师范学堂在创办与发展过程中虽较少发生“寺产兴学”风潮①，但是在兴学与各项新政的兴办过程中，师范学堂校地与经费仍是人们争夺的对象，比如资州教育会禀报城自治会拟以师范学堂作自治公所筹备处地址②，泸州士绅呈请将川南师范学堂转办为中学堂或高等学堂等，并且有相当部分府州厅县立师范学堂转办为高等小学堂或中学堂。

三、从培养人才情况来看，清季四川各类师范学堂的毕业生以简易科为主，完全科几乎没有毕业生。比如四川高等学堂除了毕业速成师范科学生外，还有优级理科师范毕业生，但程度甚为低

---

① 关于清末民初庙产兴学的有关研究，参看徐耀《庙产兴学》，四川大学博士学位论文(2006年12月)；台湾清华大学历史学硕士、私立辅英科技大学人文社会学院院长研究助理陈育民《清末民初庙产兴学风潮——以虚云禅师为例》，胡春惠、只景平主编《现代化与国际化进程中的中国社会变迁》，复旦大学历史学系、香港珠海大学亚洲研究中心2003年编印，第165—187页等。

② 《总督部堂批资州教育会禀城自治会拟以师范学堂作自治公所一案》，《四川教育官报》庚戌第7期(宣统二年七月)，公牍第14页。

下，学部亦仅同意作为优级师范选科学生奖励，四川通省师范学堂仅有简易部、初级师范简易科、手工传习所及临时小学教员传习所毕业生，优级师范完全科、初级师范完全科学生均毕业于民初，四川优级师范选科学堂除毕业了学制三年半（预科一年半、本科二年）的选科生 271 人外，还毕业了大量的一年制简易科学生；四川各地开办的初级师范学堂简易科，在清廷灭亡前，已有相当数量的毕业生，而初级师范完全科则多设于光绪三十三年以后，到清廷灭亡时几乎尚无毕业生，因此清季四川各类师范学堂培养的人才绝大部分是简易师范生或速成师范生。

第二节　师范学堂的办学

经费是制约师范学堂发展规模与质量的重要因素，师范生考选及毕业服务是衡量师范教育层次、生源质量与社会影响的重要依据，职教员任用与来源构成、课程设置与教育状况则是反映师范学堂办学宗旨、学科取向、教育内涵与质量的重要因素。本节旨在通过师范学堂经费、学生、职教员与教育活动的考察，说明师范学堂的办学环境、学科取向、教育质量及其与社会政治经济学术的互动关系。

一　经费来源及分配

商丽浩研究认为，随着中国近代化和地方自治进程的发展，中国教育财政体制由传统的中央集权、支持精英教育开始向地方分权、支持省城率先设学与县乡普及大众教育转变，并出现了就地筹款和省府县分级分区办学的地方教育行政理念及其发展思路，省级学校经费主要来源于官款拨给，府州县级学校经费主要来源于公款，省府县学务机构作为地方教育筹资与投资主体的地位逐渐确立，这种体制使中央政府以财政手段调节各区域教育的能力下降，各地教育发展明显受区域因素的影响，清末政府多以临时的专项筹款措施来拓展教育财政规模，这导致各级公共教育经费的筹集和分配缺乏稳定性与平衡性①。关晓红则注意到，由于清末地方学务经费筹集处于相对自由化时期，筹集数额未作统一规定，筹集办法极不相同，经费来源亦不稳定，在一定程度上影响了地方学务的正常发展，人在政举、政随人变的情况在地方学务中十分突出②。以上情况，在清季四川师范教育经费的筹集与支出中都有生动的体现。

（一）经费来源途径

四川师范学堂的办学经费来源，除省立学堂办学经费由省学务处暨学务公所筹集经费拨款开支外，各道府州县立学堂经费由各地自行设法筹措、来源五花八门，而私立学堂则由私人捐资设立，普遍处于没有稳定来源、额度规定及支出限制的无序状态。

四川省立的师范学堂开办费及常年经费均由学务处开支，如通省蒙养师范、通省师范学堂的开办费均由学务处筹集。通省师范的常年经费，学务处照直隶、山东办法，由各属按年分解，即“每保送官费生一名，派银六十两”，如无款可筹，则“由断捐廉派送”③。光绪三十二年，在学务处裁撤、学务公所成立后，通省师范、四川优级师范选科等校经费以及省城淑行女子师范学堂补助

① 参见商丽浩《政府与社会——近代公共教育经费配置研究》（河北教育出版社 2001 年版）以及商丽浩、田正平《中国教育财政制度近代化的历史走向》，《教育研究》2001 年第 4 期。

② 关晓红：《晚清学部研究》，第 290—292 页。

③ 《学务处开办通省师范学堂简章》，《四川学报》乙巳第 3 册，章程第 11—12 页。

经费均由学务公所筹款拨支①。

四川各府直隶厅州指定所属各县分摊款项设立之初级师范学堂，其办学经费筹集相对复杂，除了各属县按学生人数年解经费外，一般来源于学田、罚没款产、道府拨款、私人捐赠、各地税捐等项。成都府师范学堂的常年经费，既有府属16县年解学堂经费，亦有罚没田产。“温江总保徐中濂兄弟通匪坐拥膏腴数千亩……分别监禁外，并……田产提追百亩作成属师范学堂常年经费”②。光绪三十年正月，“成都府知府雷钟德没收温江徐姓田三百七十二亩，入成都府中学，以充经费”；四月，彭县刘紫骥为成都府师范学堂总理，初定府属16县年解经费银1万两；光绪三十二年十二月，增定府属16县年解经费银1.5万两③，此时师范班学生已经毕业。川南师范学堂创办经费，系川南书院经费和泸州官绅集资，建筑校舍用银5000两有余；常年经费主要来源于校产的地课房租、各县的常年和临时摊款、私人的捐赠等。光绪二十九年春，泸州经纬学堂更名川南师范学堂后，以“永宁道属二十五县每年解款”为常年经费，很大部分来源于学田，“当初筹办川南师范学堂时，各县均划有学田给川南师范，以地租作为教师薪俸和办学经费”，“学产以年租为大宗，有租谷九十余石散在泸纳合三个县辖地内，负责管理川南师范学产的是管事刘鸿章。刘鸿章1909年来川师，……学校在川南25县里都有学田，佃户也归学校，全部学田都由他管”④。据统计，永宁道的川南师范学堂官田房租，光绪三

① 《第一议题 提学司谘询筹增学务公所经费》，《四川谘议局速记录》，1911年9月22日刊行，速记第1—2页。

② 转引自《成都市志·教育志》（送审稿），第175页。

③ 《成属联立中学三十周年纪念刊》，校史第11—12页。

④ 《泸州师范（川南师范）校史（1901—1949）》，第8—9、109页。

十四年实收银584两、宣统三年预算银584两[1]。此外，在创办之初，纳溪县职妇吴高氏遵已故丈夫吴义忠遗嘱，将自置的纳溪县中兴场田产，田价值银2500两、岁收租谷108石，捐给川南师范，并因此获得清廷“正四品封典”[2]。宣统三年四月十六日，冕宁县“经公同筹议，请将劝学所原有契格仍照前案改为照价抽收外，每契价银一两再酌加川南师范学堂经费钱八文，一律改名契捐，全数作为川南师范学堂专款，仍由经征分局代收划拨”，获四川总督同意[3]。川东师范学堂开办之初，其建筑费及开办费由道府拨款及缙绅杜成章等人捐助，常年经费“由各属申送学生按额每名年解卅两以为常年经费，其分配方法则视县之大小以定名额之多寡，以后增加均以此为准则”[4]；光绪三十三年，川东道尹公署“拨道库银五万两为基金，年入息金五千两，合各县解款为常年经费”；“拨杂项银五万两发商生息，年可入息金五千两，连同各县解款，及较场地课、房租等为学校基金”[5]。川中初级师范学堂于宣统二年春季设立，常年经费为各县学生“每名每年筹学费银四十两”[6]。各县解款来源五花八门。比如华阳县“以当商捐银作为专款，不敷再

① 鲁子健编《清代四川财政史料》(上)，四川社会科学院出版社1984年版，第806—807页附表22—1。

② 《前署督部堂岑奏职妇吴高氏捐款请给封典片》，《四川学报》乙巳第3册，奏议第10页。

③ 《本司详据冕宁县详加抽契捐以作川南师范建筑经费一案文》，《四川教育官报》辛亥第21期，公牍第1—3页。

④ 《师范开校》，《四川官报》丙午第8册(光绪三十二年四月上旬)，新闻第1页。

⑤ 《校史》，第1页。重庆市档案馆：民国四川省立川东师范学校档案，案卷号129—1—55、37。

⑥ 《提学司批彰明县申送川中师范学生并筹费情形一案》，《四川教育官报》庚戌第4期，公牍第23页。

由该县筹拨，于财政困难之时，独能首先筹妥”；绵州“于麦冬秤息项下筹定”①；汉州以买卖中资捐作川中师范及蚕桑传习所经费，被驳“有妨正税”、“碍难照准”；成都县议“加抽斗捐，由买卖两家各出一文，作为认解府中学堂及川中师范学堂经费”②；安县“于各场镇银平平银一大锭加收钱三文，每年计提钱五百一十四钏，易银申解”③。川北师范学堂官费学生名额视各县派费多寡为标准，每生每人派费银100元（共送官费生100人、解官费银1万元）④；其常年及开办建筑各项经费由道属25县分筹摊解，宣统二年正月筹办时，川北观察使吴佐就训令各州县以春帖、婚书两项捐税为经费来源，余款归地方办学使用⑤，后来顺庆府八属视学请准拨库银生息为办学基金。比如剑州办理春帖捐，“拟每张纸收钱二十文，除极贫之家免给，约计四十万户，可售钱九百钏之谱，内扣工本各资外，计得净钱约三百余钏，即易银解道，以作川北师范学堂建筑经费”，并“请于解道以后即将春帖捐款留作该州学务经费”⑥；邻水县奉饬改良春帖捐，“除提解川北师范经费及津贴辛力各项外，每

① 《本署司批华阳县详当商捐银专作川中师范学堂常年经费一案》、《本署司批绵州详覆川中师范经费业已筹定一案》，《四川教育官报》庚戌第3期（宣统二年三月），公牍第16、17页。

② 《汉州禀取买卖中资作师范及蚕桑经费一案》、《军督部堂批成都县禀议加斗捐备解府中学及中区初级师范经费一案》，《四川教育官报》庚戌第4期，公牍第17页。

③ 《本署司批安县详筹川中师范学堂经费一案》，《四川教育官报》庚戌第5期，公牍第17页。

④ 《川北联合县立师范学校校长向绍云详整顿本校办法文》，《四川教育杂志》第2期，公牍第1—2页。

⑤ 《川北道详筹设师范学堂情形一案》，《四川教育官报》庚戌第1期，公牍第13页。

⑥ 《剑州禀办春帖捐作解川北师范学堂建筑及常年经费一案》，《四川教育官报》庚戌第2期，公牍第11页。

年约可余钱一千三四百串,所请悉数拨作实业学堂之用”①。后来,因“春帖分等取资,言之甚易,行之甚难”,顺庆府八属视学又“请拨借库款生息,或借铁路股银十万两,发各属掌放一分二厘行息”②,作为办学基金。故民初川北观察使杨湘曾训令南部县知事王为弼,提解“该县当商伍杰盛生息银一千两正,除已解来七百二十两外,尚余贰百八十两未据解送前来”,王为弼旋饬当商武杰如数措齐生银 280 两,交来员梁开化解回③。

四川县立师范学堂,经费来源不详;四川民立师范学堂,由私人捐款设立,因经费困难而请停办。如巴县绅董杨宗权于光绪三十年十一月创办师范学堂,至宣统三年独力捐款 7000 余金,因学绅歧视、同志无人、经费困难而请注销④。

由此可见,清季四川官立初级师范学堂的经费来源途径较多,而且征收捐税逐渐演变成为增筹经费的主要途径和发展趋势。清季官绅筹措经费的种种努力,不仅推动了师范教育的发展,而且为民初四川师范学堂专项经费的确立提供了案例与努力方向。比如清季川北师范学堂附加春帖捐作为经费来源渠道,1914 年 2 月四川省巡按使公署指定春帖捐作为四川各属开办小学教员养成所

---

① 《邻水县详奉饬改良春帖提解川北师范学堂经费一案》,《四川教育官报》庚戌第 3 期,公牍第 13 页。

② 《提学司批顺庆府八属视学禀川北初级师范学堂无力支应协恳变通办理一案》,《四川教育官报》庚戌第 4 期,公牍第 24 页。

③ 《四川观察使公署训令南部县知事王为弼》、《署理南部县知事为呈解事案便批》,南充市档案馆:民国南部县知事公署教育股档案,案卷号 M40—1—142(27)。

④ 《督宪批重庆府详巴县绅董杨宗权创立民立中学堂现因经费支绌恳请注销文》,《四川官报》己酉第 2 册,公牍第 3 页。

(后更名为师范讲习所)的专项经费来源①;各属以中资捐、契税等筹解师范学堂经费的案例实践,也为1914年四川巡按使公署出台各属联立中学及师范学校以契税附加即中资捐为经费专款制度②的建立奠定了案例与事实基础。

(二)经费分配

随师范教育的发展,通过努力增筹,清季四川师范教育岁入、资产均有所增加(参见表5—2)。

表5—2 光绪三十四年、宣统元年四川省师范学堂岁出类别统计表

年份	优级师范学堂			初级师范学堂			师范传习所等			合计		
	岁入	岁出	资产	岁入	岁出	资产	岁入	岁出	资产	岁入	岁出	资产
光绪三十四年	45173	46102	37086	13023	5233	36950	4236	4457	55	62432	55792	74091
宣统元年	42785	38836	37086	23140	22071	105021	4405	4815	770	70330	65722	142877

资料来源:根据学部总务司编《光绪三十四年份第二次教育统计图表·四川》第31页及清学部总务司编《宣统元年份第三次教育统计图表·四川》第34页的《四川省学务岁出类别统计表一》改制。

从表5—2可以看出,宣统元年与光绪三十四年相比,四川师范岁入有所增加、资产几乎成倍增加。其中四川优级师范学堂的

① 1914年2月,四川行政公署教育司拟定小学教员讲习科规程并续订小学教员讲习所规程呈准教育部,3月通饬各属举办小学教员讲习会,并于1915年1月各地一律单独设所讲习,以春帖捐收入济用办学。四川以春帖捐为小学教员养成所专项经费的制度自此确立。参见《江津县教育志》第七章,第3页。

② 1914年8月10日,四川巡按使公署按照清末民初川南、川东等地抽收中资捐以助学款先例,拟定《四川各厅县屯抽收中资捐作为学务经费章程》及其表票样式,训令各厅县屯知事并公示所属人民一体遵照办理,四川以中资捐为联立中学师范学校专项经费的制度由此建立。参见《巡按使训令各厅县屯知事遵照本公署发下拟定抽收中资捐补作学务经费章程表票出示晓谕一案》,《四川政报》第2年第21期(1914年8月10日),第86—87页。

岁入有所减少、资产不变,而初级师范学堂岁入、资产则显著增加,师范佳习所等的岁入有所增加、资产亦显著增加。

不过,四川师范教育经费不仅在四川学务经费中所占比例偏低,而且离全国师范教育经费占学务经费的平均比例也相距甚远,与四川师范学堂校数与学生数在全国名次靠前的状况极不相称。光绪三十四年,四川师范学堂数位列全国第十四名、学生数位列全国第十二名,四川师范学堂岁出经费银55792两,仅占全省学务岁出经费银1656726两(全国第一)的3.37%、全国22行省师范岁出经费银2084294两的2.67%,而该年全国师范岁出经费占23行省学务岁出经费银17948035两的11.61%①。宣统元年,四川师范学堂校数、学生均位列全国第二名,四川师范学堂岁出经费银65722两,约占全省岁出经费银1717745两(全国第三)的3.82%、全国22行省师范学堂岁出经费2237561两的2.93%,而该年师范学堂岁出经费占全国23省学务岁出经费银20759992两的10.77%②。

上述状况之所以出现,似与四川学务经费占财政经费比例很低有关,与四川农业占主导、工商业不发达的经济状况也有关系,而自咸同以来四川人口激增、经济落后及税捐、赔款、铁路租股等次第竭泽而渔以至社会贫困、财政困窘实为根本原因。据统计,光绪三十四年,学堂、学生数均高居全国之冠的四川省,总岁出为库平银14964926两,其中解款和协款分别占43%和13%,余下的本省支款6663179两中,民政、行政、军政费用分别为360792两、2239634两、3773004两,三项合计占96%,而教育经费仅289749

① 《各省学务岁出类别统计表二》,学部总务司编《光绪三十四年份第二次教育统计图表·总表》,第19—20页。

② 《各省学务岁出类别统计表二》,学部总务司编《宣统元年份第三次教育统计图表·总表》,第19—20页。

两,仅占本省支款的4%、总岁出的1.9%,学生人均教育费仅1两①。“四川虽以殷富闻,自咸同以后,地丁而外,津捐各款,名目繁多。近年来兴学、练兵、办警察、筹赔款,竭泽而渔,势已不支。而外洋货物,充塞内地,工徒失业,农商亦因此受亏,生计艰难,迥异昔日。疮痍满目,乞丐成群,节衣缩食,卖儿鬻女而不足以图生活、供丁赋者比比然也。凡我川人,环顾故乡族友,岂非一落千丈,十室九空,富者渐贫,贫者且死矣!今又益以川汉铁路之租股,我川人其何能胜?然犹勉强以应之者,非急公好义、有迫之使然者也。是故州县之所敲朴,胥吏之所鱼肉,乡里蜩螗骚然不靖”②。

清季四川师范教育经费无固定来源、筹集困难,直接影响到图书设备购置、办学规模扩张、教职员薪资发放及师范生待遇,进而影响到师范教育的办学质量和水平(参见表5—3)。

表5—3　光绪三十四年和宣统元年四川师范学堂岁出类别统计表

年份	校级	金额比例	职员薪津	教员薪修	仆役工食	租息粮税	服食用品	试验消耗	图书标本器具	营建修缮	杂用	合计
光绪三十四年	优级师范	金额	5741	20216	807		10488	488	157	4461	3744	46102
		比例	12.5%	43.9%	1.8%		22.7%	1.0%	0.3%	9.7%	8.1%	100%
	初级师范	金额	889	1864	154		1540	10	106	64	615	5233
		比例	17%	35.6%	2.9%		29.4%	0.2%	2.0%	1.2%	11.7%	100%
	传习所等	金额	448	1406	167	12	1835	67	113	194	215	4457
		比例	10.1%	31.5%	3.7%	0.3%	41.2%	1.5%	2.5%	4.4%	4.8%	100%

① 《督宪致度支部电文》,《四川官报》己酉第35册(宣统元年十二月上旬);已见桑兵《晚清学堂学生与社会变迁》(广西师范大学出版社2007年版)第152页引用。

② 《改良川汉铁路公司议》,《川汉铁路改进会报告》光绪三十二年第1期。转引自鲁子健编《清代四川财政史料》(上),第700—701页。

年份	校级	金额比例	职员薪津	教员薪修	仆役工食	租息粮税	服食用品	试验消耗	图书标本器具	营建修缮	杂用	合计
宣统元年	优级师范	金额	5521	20184	982		8494	471	137	11	3036	38836
		比例	14.21%	51.97%	2.53%		21.87%	1.21%	0.35%	0.03%	7.82%	100%
	初级师范	金额	2374	9606	524	66	8117	57	270	448	609	22071
		比例	10.7%	43.5%	2.4%	0.3%	36.8%	0.3%	1.2%	2.0%	2.8%	100%
	传习所等	金额	71	1868	126		1678	96	649	216	111	4815
		比例	1.5%	38.8%	2.6%		34.8%	2.0%	13.5%	4.5%	2.3%	100%

资料来源：根据学部总务司编《光绪三十四年份第二次教育统计图表·四川》第31页及清学部总务司编《宣统元年份第三次教育统计图表·四川》第34页的《四川省学务岁出类别统计表一》改制。

从表5—3的数据来看，四川师范学堂岁出经费用于教员薪修的比例最高，占31.5%—51.97%；用于师范生服食用品的比例居于第二位，占21%—41%之间；用于职员薪津的比例位居第三位，占10%—17%之间；用于仆役工食的比例仅占1.8%—3.7%；用于图书、标本、器具及试验消耗等项费用比例大多不足4%；用于营建修缮、杂项开支两项费用皆不足10%。这些数据表明，清季四川师范学堂办学费用，主要用于教职员薪水和学生服食用品，用于图书、标本、器具、试验用品购置及学校营建修缮、杂项开支的经费很少，揭示出清季师范学堂的教学图书设备添置与校舍修缮受到经费的明显制约。

需要指出的是，通省师范学堂是一个例外，其办学经费较为充裕，除了教师、学生待遇优厚外，还能请款和利用办学余款添购实验设备。光绪三十二年，通省师范聘请的日本教习小西三七月薪银250两、丰冈茂夫月薪银200两①，当然本国教习待遇不及日本教习；光绪三十四年，通省师范学堂经费为37265两，师生待遇优

① 《总督部堂咨复学部电》，《四川学报》第2年第3册，公牍第4页。

厚，学费宿费一律由官费和省学务公所拨款开支，书籍文具制服伙食费自备，优级部学生可减免食费①；宣统元年四月，呈准拨款，兴修实验室，购置仪器，由学务公所办理②；八月，添修理化试验室，“兹闻于常年经费项撙节万金，已鸠工庀材，于原有校地之东偏兴始建筑，并电致东京学界代购各种理化试验机器”③。

虽然师范生服食用品的岁出费用占四川师范学堂总岁出的第二位，达到21%—41%，然而生均耗费低廉、学生待遇低下的情况在清季四川师范教育中却十分突出，四川对师范生免征各费的学部规定亦未完全实行。除了通省师范学堂学生待遇优厚外，四川优级师范选科学堂最初全部自费，直到光绪三十三年七月奉到师范生免缴学费及食宿费的部章后，四川提学司才规定由各生本籍州县筹解官费银16两(遇闰加银3两)，各属亦拖延不解④；川东师范学堂开办之初除设官费生外，还招自费生。清季四川师范学堂生均耗费十分低廉。据统计，光绪三十四年，四川师范学生生均耗费53.079元，不及全国平均数107.419元的一半；宣统元年，四川师范学生生均耗费38.92元，约等于全国平均数108.007元的1/3强，在全国22个行省中，两年均排名倒数第二⑤。用较少的经

① 《四川大学史稿》(1985)，第24页。

② 《前署司详请拨款兴修实验室及购置仪器文》，《四川教育官报》己酉第4期(宣统元年四月)，公牍第5—6页。

③ 《校室添修》，《四川官报》己酉第24册，新闻第3页。

④ 《提学使司方札各属催解选科师范学生官费文》，《四川官报》已酉第8册(宣统元年三月上旬)，公牍第8页。

⑤ 根据学部总务司编《光绪三十四年份第二次教育统计图表·四川》第26—27页及学部总务司编《宣统元年份第三次教育统计图表·四川》第26—27页的《各省师范学堂岁出按学生名数平均计算表》计算而得，光绪三十三年四川、广东缺报，故生均耗费无法了解。

费培养出较多的学生,原本是办学效益较高的表现。然而,过分低廉的办学成本,实际隐含着资金投入严重不足、办学设施简陋不堪、教学内容空虚、师生待遇低下等问题,从根本上制约着办学规模扩大与教学质量提高、影响到师范生的受教育程度与学业程度。在办学经费严重不足的情况下,清季四川师范学堂教育呈现出低水平、低质量而高产出的粗放、畸形的发展态势。

办学经费不足,还导致官公私立师范学堂办学规模偏小,影响与困扰着师范学堂的存续与发展。因经费筹集困难,川南师范学堂出现变更之说与学潮纠纷。光绪三十一年十月,泸州学务局绅刘世勋等禀请,川南师范学堂改办中学堂,并附设师范传习所,从前各属派款一律豁免,以后各属有申送者另行议费以资津贴。锡良同意改办中学之请,并特别指示,附设师范"仍宜用初级完全规则,分班授课。各属如有附学,应准征收学费,既免一律摊派之艰",师范传习所"事轻易举,另由泸州择相当之地为之"①。十一月,富顺县绅士王公辅等又禀请扩充川南学界,川南师范学堂"请改为川南高等学堂,仍由各属分认帮费",学务处批覆"碍难准行","该堂附设之师范,既系办理完全初级,所需亦钜,必非仅收附学之贴费所能敷用"②;十二月,学务处再批"高等学堂之议,势成陵躐,碍难照准","该堂款项自应清厘,划作为专办附设师范之需"③。宣统三年三月,川南师范学堂甲班学生因毕业期近,希图

① 《总督锡良批永宁道详据泸州禀请川南师范学堂改为中学堂一案》,《四川学报》乙巳第12册,公牍第47页。

② 《学务处批富顺绅士王公辅等禀扩充川南学界恳示办法一案》,《四川学报》乙巳第14册,公牍第55—56页。

③ 《学务处批富顺绅士王公辅等禀为粘恳查核以符奏案一案》,《四川学报》乙巳第17册,公牍第65页。

讲义完全,要求油印,由此引发学生与教务长的冲突,以致教务长辞职和学生三人被悬牌斥退①。可见,经费不足问题一直是困扰川南师范学堂存续与发展的首要因素,亦是学潮发生的一大起因。川东师范学堂亦因经费岁入不充裕而不能扩大规模。光绪三十四年,因各属解款拖欠,学堂“款项尚欠充裕”②。据省视学张凤翩调查:宣统元年,川东师范学堂学生 3 班共 170 余人,原有常款银 5000 两,虽各州县按学生每名年解银 30 两,“然年多蒂欠”,“该堂为川东一道而设初级师范,所以供各属高初两等教职员及别项之求,川东一道在蜀中地面最辽阔、户口最殷繁,区区三班学生一百七十余人,恐求过于供,无以餍士夫之望。若能逐渐推广,备成学级,庶年有卒业之学生,而各属亦可渐免师资缺乏之虞”③。该堂终因经费缺乏而不能扩大规模,并因各县欠费日趋严重而有不能维持之虞。据统计,宣统二年至 1914 年 3 月 15 日四年间,川东师范之摊费各县累计 18 县共欠费银 7036.85 两④。

二 学生来源及待遇

(一)学生来源

自废科举、兴学堂,新式学堂发展的瓶颈问题在于新学师资缺乏,“蜀地偏僻,乏才更甚”,因此培养新学师资实为当务之急,不

① 《将毕业而被开除诚可惜也》,《广益丛报》第 9 年第 5 期,总第 261 号(宣统三年三月初十日),纪闻第 10 页。

② 《川东师范学校发展概况》,《广益丛报》第 6 年第 7 号,纪闻第 7—8 页。

③ 《本司移川东道据省视学调查川东官立初级师范学堂推广办法文》,《四川教育官报》庚戌第 10 期,公牍第 9—10 页。

④ 《川东师范学校校长为呈请飞令严催以济急需而维学务事由并附开各属欠费清单》,第 74—75 页。四川省档案馆:民国四川东川道道尹公署档案,案卷号 191—1250。

仅官吏提倡,而且一般士子亦顺应形势投考师范,为投身新式教育作准备。

由于尚无新式中小学堂毕业生,故清季师范学堂兴办之初,特变通选择经学、史学或算学稍有根柢、品行良好、无嗜好、无疾病的科举儒生,并规定师范生为官费,简易科以上毕业生奖叙,且有供职教育的义务。除选派举贡生监留学日本宏文学院速成师范外,四川各优初级师范学堂最初亦明确规定学生入学资格,须具有"中学根柢",甚至具有初级科举功名,一般年龄在20岁以上、35岁以下。比如四川高等学堂速成师范班,系"专为熟悉中国儒经、诸史、词章之学,具有贡生、廪生等功名,年龄较大的学生而设",卒业学生72名中,计廪生23名、附生39名、增生6名、附贡3名、拔贡1名,且年龄在18—33岁之间①;优级理科师范班"系择诸生中经、史、算学素有根柢者特编一班",第三学年第二学期参加期考的19名学生,计监生8名、增生3名、附生8名,且年龄在19—37岁之间②。《学务处开办通省师范学堂简章》第四条规定:"学生由各属考选保送,大县三、四人,中县二、三人,小县一、二人,不论举贡生监,年在18岁以上40岁以下,品行端正,无嗜好,无疾病,中学确有根柢者,定为官费师范生,其愿自费旁听,不限额,不拘年龄"③。四川优级师范选科学堂创办,学生"应即考选经学、中文具有根柢、年在二十以上之纯谨学生,令先入预科,然后再入本

① 《高等学堂卒业速成师范生表》,《四川学报》乙巳第14—15册,表第1—4页。

② 《四川高等学堂第三年第二学期照章考验各班学生姓名年贯表·优级理科师范》,《四川教育官报》戊申第3期,表第1页。

③ 《学务处开办通省师范学堂简章》,《四川学报》乙巳第3册,章程第11—12页。

科，以期核实。不合格者不得滥收”①。当然，考录科举儒生学习师范教育，亦缘于几方面的考虑：一、解决科举废除后知识分子的出路问题，二、各中小学亟需合格教员，借此吸引科举士人投身新式教育；三、中学及高小尚无毕业学生。

随各地新式学堂学生陆续毕业，光绪三十四年六月学部颁发各项学堂分别停止招考及考选详细办法章程，规定：优级师范学堂应考选中学堂、初级师范学堂毕业学生升入肄业，初级师范学堂应尽高等小学堂毕业学生升入肄业，惟现在需小学堂教员甚急，暂准招考年在18岁以上22岁以下，已读四书五经，文学确有根柢者入堂肄业，先入预科二年，补习各项普通课程，准其升入本科②。然而，由于四川尚无中学堂、初级师范学堂毕业生，即便高等小学堂四年毕业者尚属寥寥，“若招考未经住过学堂之人，先习预科，再入本科，合计七年毕业，年限太久，无以应各小学堂缺乏教员之急需”，“且现时川中聪颖子弟多入学堂，在外招考，下驷必多”③，故通省师范学堂只得将入学资格调整为高小和中学肄业生。光绪三十三年十二月上旬，通省师范商准提学使添招学生120名，“调取在中学四学期以上、品学兼优者送省肄业”④；次年春，招生资格确定为初级师范学堂、中学堂、高等小学堂毕业生，年龄22岁以下，“质性端悫”、“心思颖敏”、“体魄强实”、“成绩优等”，甚至“语音

---

① 《学部订定优级师范选科简章》，《大清教育新法令》第四册第五编，第15—17页。

② 《前署司通饬各属准通省师范学堂咨请饬选送学生文》，《四川教育官报》己酉第6期，公牍第6—7页。

③ 《前署司通饬各属准通省师范学堂咨请饬选送学生文》，《四川教育官报》己酉第6期，公牍第6—7页。

④ 《推广师范》，《四川官报》丁未第32册，新闻第1页。

清亮"①,结果"专取此项学生,难期足额",宣统元年四月,再咨请四川提学司通饬各属选送本科学生,"招考曾在高等小学堂肄业已满二、三年之学生升入初级师范本科,五年毕业",录取资格:"一、曾在高等小学堂肄业满二、三年以上者;二、年在十八岁以上二十二岁以下者;三、学科成绩优先者;四、身体健全者;五、性质纯良者;六、志愿教育者。"②

四川其他道府厅州县初级师范学堂学生入学资格与优级师范学堂类似。涪州官立师范中学堂招考内外庠学生入学肄业③。酉阳州四属师范学堂,州属各县"无论生监,只要有保甲或族邻甘结,均许先期在礼房报名投考"④。川南经纬学堂更名为川南师范学堂后,"为下川南道所属泸州、资州、叙府、永宁厅,计二十五县所共有","各地输送的学生多至五十名、四十名,少至一名不等。基本上是一年招一班"⑤。川东师范学堂,官费生由各县照名额申送,自费生则由学校酌量招收。直到宣统二年九月,四川提学司指示即将开办的川北初级师范学堂,"暂时应就现有之贡廪增附生及文理优长之监生内考取,年龄在十八岁以上二十五岁以下为合格。该原章第十三节泥于廪增附监,谓现在停科已经数年,合格者不可多得,请展长年限,就三十岁以内考取。查目前高小学多未毕业,尚可权宜照办,惟一二年后各属毕业者多,自不患其年龄不符,

---

① 转引自:《四川大学史稿》(1985),第23页。

② 《前署司通饬各属准通省师范学堂咨请饬选送学生文》,《四川教育官报》己酉第6期,公牍第6—7页。

③ 《涪陵县续修涪州志》卷五,19页;《涪陵市教育志》,第25页。

④ 《唐恭石初到酉阳晓谕示文》、《善政汇闻》,《广益丛报》第4年第15号,纪闻第10—11页及第18号,纪闻第9页;《酉阳州创办四属师范学堂》,《东方杂志》第3年第9期,教育第236页。

⑤ 《泸州师范(川南师范)校史(1901—1949)》,第8—9页。

故请将原拟展限至三十岁以内考取一节,断自两年后即不行用,以示限制”①。直到民初,国立成都高师、四川师范学校招生对象才转向中学、师范及高小毕业生②。

值得注意的是,在川南、川东师范学堂创办之初,士子童生踊跃投考。川南师范学堂成立之初,富顺谢持(慧生)、黄树中(复生),师三班的黄方、吴玉章(永珊),以及早期学生如荣县余切(公孙长子)、富顺曹笃、隆昌陈道循(伯珩)、黄光士(容先)、荣昌胡易(玉鸣)、泸州陈宝镛(漱云)、杨家彬(兆蓉)、李琴鹤(鸿彦)、徐琳(琢成)、邓西林、席乾生、合江金秋丽等都投考入学;宣统二年,经过整顿与改良,“颇为学生折服,时全属闻风响应来学者多,大有人满为患之势,已由监督札阻各属申送,并牌示截止入堂”③。川东师范学堂初次招生,学生投考踊跃,“各属学生已到者约一百七八十人,自费者各属亦多,闻綦江一县自费生多至二十余人,中有典产卖田来学者(綦邑近顷东游者亦多至六七人,中有罗君更偕妇同行)”④;“方月余,已闻增多至二百五六十人,逾原额之数”,虽“出牌示截止自费,远处犹多有续到者……闻仍将添聘教员,另开新班,以慰学者远道求学之勋志”⑤,首期开办一年制速成师范,秋季卒业学生 260 余人;次

① 《本司详覆该川北官立初级师范学堂章程文》,《四川教育官报》庚戌第 10 期,公牍第 5—9 页。

② 比如 1914 年 6 月国立成都高等师范学校创办人周择拟具的招考预科生简章,规定招收身体健全、品行端正、师范学校和中学校毕业或具有同等学力、年龄 18 岁以上 25 岁以下者。参见《巡按使训令各厅县知事遵照奉教育部电饬就高等师范原校招收预科学生一案》,《四川政报》第 2 年第 17 期(1914 年 6 月 30 日),巡按使公署令第 73—74 页。

③ 《川南师范学堂大整顿》,《广益丛报》第 8 年第 25 期,纪闻第 13 页。

④ 《川东师范学堂竣工》、《师范开堂》,《广益丛报》第 4 年第 3 号,纪闻第 11 页;第 5 号,纪闻第 10 页。

⑤ 《川东师范学堂近况》,《广益丛报》第 4 年第 11 号,纪闻第 14 页。

年正月，照定案开办初级师范完全科，并附设小学，初级师范共招入百六七十人，到宣统二年十月有学生 170 余人①。四川的科举儒生踊跃投考师范学堂，与师范生官费待遇与毕业奖励似有直接关系，说明教育职业仍是传统士子童生谋生的主要职业。

（二）毕业生待遇与任用

清季师范学堂简易科以上毕业生，可获得功名奖励，且略优于同等学堂。清季四川通省师范优级部毕业生奖励，与四川省城高等学堂大体相同，都按成绩优劣授予相应功名，如优级部考列最优等、优等和中等者，由学堂报请四川提学司转报学部审核，作为“师范科举人”，分别按内阁中书、中书科中书、部司务，补用为初级师范学堂、中学堂正教员，考列下等者发给文凭，补用为副教员，最下等者则仅给修业证明，到高小学堂任教；初级部、简易部毕业生则仅比照初级师范中等奖励办理。宣统元年五月十七日，学部奏准，四川高等学堂优级理科师范毕业生周泽、张培爵等 19 名，“按照选科奖励章程给奖”②。宣统元年上期，通省师范简易科甲班 76 名、乙班 32 名共计 108 名毕业生，均由各小学堂用为正副教员③。此外，获奖的还有四川优级师范选科学堂选科史地第二班、理化第二班学生共计 93 名④，德阳官立初级师范简易科学生 21

① 《本司移川东道据省视学调查川东官立初级师范学堂推广办法文》，《四川教育官报》庚戌第 10 期，公牍第 9—10 页。

② 《学部奏议覆四川优级师范学生毕业请奖折》、《学部议奏四川优级师范学堂学生毕业请奖折》，《四川教育官报》己酉第 8 期奏议第 8 页、第 12 期奏议第 6—7 页。

③ 《学部奏四川通省师范学堂初级简易科学生毕业照章请奖折》，《四川教育官报》庚戌第 10 期，奏议第 2—3 页。

④ 《咨四川巡按使前四川优级师范选科毕业生袁常正等准予备案文》，《教育杂志》第 8 年第 2 期，公牍第 25 页、纪载第 3—4 页。

名，雅州官立初级师范简易科学生 24 名，重庆府中学堂初级师范简易科学生 29 名①。师范毕业生的功名奖励，对提高师范毕业生的身份与地位，吸引优秀儒生就学师范，推动教育事业的发展，产生了积极作用。然而，它毕竟是封建科举制的遗风，给师范教育带来毒害，以致社会上出现"官爷"与"师爷"攀比的陋习②，故自宣统二年十二月学部开始讨论废止学堂奖励，并拟于宣统三年筹划略去办法，宣统四年实行，凡实官奖励一律停止，各项出身仍旧③，民国建立后正式以学位制取代功名奖励制。

至于毕业服务与任用，"壬寅"、"癸卯"学制对师范生义务虽定有专章，但如何任用尚无细则。早在光绪二十九年七月，锡良在通饬各属慎选学堂管理员绅中规定，"来年速成师范学成归时及本省速成师范学生有卒业者，即专以充监督、校长、教员等职，迳由学务处查照新效力义务定章分别指派"④；光绪三十一年七月，学务处通饬各属高等官立小学堂及师范传习所，"各择人地相当之员，聘令充当教习或管理员"⑤。清季四川提学使曾限制在校和毕业师范生转学其他学堂或出国深造，在校和毕业师范生违章之事仍时有发生，直到宣统二年五月四川提学使严禁官费师范生与考

① 《学部奏绥定府官立中学堂暨德阳县雅州府官立初级师范简易科毕业并案请奖折》、《学部奏绥定府中学堂补请奖励暨重庆府初级师范简易科毕业请奖折》，《四川官报》辛亥第 10 号参考类第 2—3 页、第 14 号参考类第 5—6 页。

② 郭沫若曾对四川官界以及各校教职员之类的准官界竞坐弓杆轿子的恶习进行过抨击。参见郭沫若《少年时代》，第 230 页。

③ 《停止学堂奖励》，《四川官报》庚戌第 32 册，京外新闻第 5 页。

④ 《总督部堂通饬各属慎选学堂管理员绅禀候委用札》，《四川学报》乙巳第 7 册，公牍第 14—15 页。

⑤ 《学务处通饬各属择聘高等学堂速成师范生札》，《四川学报》乙巳第 16 册，公牍第 33 页。

留美学生，对现住优级师范选科学堂四学期、投考第二格的钟灵以及现住通省师范学堂一学期的余幹臣、陈朝铭、姜宗扬等三名，“着仍在原学堂肄业，不准与考”①。清季四川各属师范学生毕业后，曾因任用与待遇问题而频发纠葛，“有求充管理员、教员不得，而置之闲散者；有因无所事事，而另谋生计者；有就聘他方，而本地绅士及地方官谓其不尽义务，而禀请追赔学费者；有谓义务，即不受薪修，而勒令枵腹从事者；又有故薄其待遇及薪额，使不能安其位，然后加以不尽义务之罪名者；亦有本处学堂实在无位置，而师范生必欲强其位置，致彼此倾轧攻讦”，宣统三年二月十二日，议绅、通省师范学堂教务长赵椿煦在学务公所会议上建议，明定师范生任用章程②；三月初一日，学务公所会议审议并通过了赵椿煦拟定的《师范生任用办法（草案）》，要求在全川施行。该草案共五条：第一条为调查全省的师范毕业生人数、年限及学业程度；第二条为省府厅州县师范生毕业登记备案制度；第三、五条为官立师范学堂毕业生任用与解任制度，无论官费自费均由提学使司及该管地方官分别札饬学生本属地方官及相当学堂在文到一月内详覆聘用或声明不能聘用理由，提学使司得尽先派遣程度相当的师范生到教员缺乏之地，凡由提学使司及该管地方官札派的师范生解任时，地方官及学堂应将解任理由详细禀报以备查考；最值得注意的是第四条师范生义务之规定。所谓义务，不是不受薪水，而是尽师范职务而义无可辞，且以本省为范围，不定限于一州一县。凡各地方官及学堂聘用本属师范生，不得以官费为辞不给薪水或过于减

① 《提学使司牌告》，《广益丛报》第8年第11期，总第235号（宣统二年五月初十日），纪闻第10页。

② 《二月十二日本公所常会提议事件（续）》，《四川教育官报》辛亥第24期，报告第10页。

少,使不能安其职位;薪额多寡,仍根据当地和学堂情形酌定;即便是较其他教员稍从裁减,而每年所减之数仍不得超过前日支给官费一年之数。如果官费师范毕业者,在本地学堂缺乏教员、既委相当职位又给予相当薪水的情况下,仍欲就聘他处职位,"应将历年支出官费,按年加半填还"①,这就从制度上避免了师范生任用中因义务与待遇认识、理解分歧而引起冲突、纠纷的问题。

三 职教员任用与来源构成

"癸卯学制"及学部规章对学堂教员管理员列为职官及学堂内部管理作了明确规定:学堂职教员宜列为职官,任期三年或二年,自高等学堂以至小学堂监督、堂长、教员等由提学使聘用、节制、举劾;学堂内部管理以监督及其任用的教务长为主。宣统三年四月,全国教育总会联合会提议,严定师范学堂监督资格,"监督有统率校员之责,当以其教育上之经验胜于教员者为合格","监督为全校主宰,其职掌除综理校务、统率校员外,并负本地方小学教育改良进步之责","暂以曾在师范学堂毕业、深明教育原理、富有经验者为宜"②。

清季四川师范学堂的主办者最初称"总理",光绪三十一年后改称"监督",下设斋务长、教务长、庶务、文牍、学监等职。四川省立师范学堂总理、监督由四川总督或学务处聘用委派,学监、庶务、文牍、教习等职则由监督聘请。比如蒙养师范学堂,以岑春煊为总

① 《三月初一日本公所大会交议事件》,《四川教育官报》辛亥第25期,报告第11—12页。

② 《各省教育总会联合会议决案》之《请变更初等教育方法案》、《改良初级师范教育方法案》,邰爽秋等合选《历届教育会议议决案汇编》,第9、13页。

理、赵藩为堂长,堂长下设斋务长、庶务(司事)、文牍、学监①;学务处最初规定,通省师范学堂“设监督一员,主持全校事务,教员中西各学分科并设”,先拟聘周凤翔为监督,后聘请正在东京的邵从恩任监督,并以学务处总理冯煦兼任②(后改由提学使方旭兼任),光绪三十三年始委自日本考察学务归来的徐炯接任③。四川各道立初级师范学堂监督则由道尹遴选,移请提学使司聘用委派,或迳由提学使司聘用委派④,教习、庶务、文牍、会计、学监等则由监督聘请。比如川南师范最初设总理,负全面之责,学堂教习、分教习分管教务,每班专设训育主任一人、监学二人,另有后勤人员若干,职教员均由监督挑选⑤;川东师范初办时,初“调酉阳州优贡生谭卓安为监督”,后来“堂中教习公举教员铜梁杨席镏升当监督之任”⑥,下设学监、庶务、文牍、会计、教习等职。各府州县立师范学堂监督由府州县官员遴选,报请提学使审核批准,监学、教员由监督会同地方官聘请。比如成都府师范学堂,由成都知府聘请彭县令刘紫骥为总理,后改总理为监督,下设斋务长、教务长、庶务、文

① 《三十年来学校行政组织概况表》,《成属联立中学校三十周年纪念特刊》,第1页。

② 《光绪三十二年研究所第五次会议·一通省师范学堂事件》,《四川学报》第2年第2册,研究所条议第4页。

③ 张达夫:《清末的“维新变法”在成都》,《成都文史资料选辑》第4辑,第107—108页。

④ 《本司详覆该川北官立初级师范学堂章程文》,《四川教育官报》庚戌第10期,公牍第5—9页。

⑤ 《泸州师范(川南师范)校史(1901—1949)》,第9—10页。

⑥ 《师范另定监督》,《广益丛报》第4年第20号,总第116期(光绪三十二年七月二十日),纪闻第11页。

牍、学监等职①。

对清季学堂的办学质量与人材培养来说，影响最大的莫过于监督，因为监督有权决定学堂的办学宗旨、经费分配、人员任用以及课程设置、教学内容，其次是教务长或监学，再次是教员，最后是斋务、庶务等职。因此，一所学堂的监督、监学及教员的身份与结构，大体可以反映该学堂的办学宗旨、学科取向、教育质量。在清季办学人材缺乏的情况下，清政府和各地方政府在遴选新式学堂办学人材时，一般侧重于选择到国外考察过教育或到国外留学过的人担任。

总理、监督是学堂的主办者，他们的身份、思想、言行对学堂影响极大。我们首先来分析清季四川师范学堂总理、监督的身份构成（参见表5—4）。

表5—4 清季四川师范学堂总理或监督一览表

学堂	姓名	简历	任职时间
通省蒙养师范学堂	岑春煊	男，四川总督，兼蒙养师范学堂总理	光绪二十九年四至十月
	赵 藩	男，字越林，四川剑川人，泸州盐茶道二品衔，任堂长，实际主持校务	
四川高等学堂附设师范馆	胡峻	男，成都华阳人，进士，翰林院编修，曾到日本考察学务，四川高等学堂监督、兼学务公所议长、学部二等咨议官，宣统元年病逝	光绪二十九年至宣统元年
四川通省师范学堂	徐炯	男，成都华阳人，举人，尊经书院毕业生，光绪二十九年曾任华阳县高等小学堂、东文学堂监督，嗣复游历日本考察教授管理规则，光绪三十三年自日本考察教育归被委任为通省师范学堂监督，兼附设高等小学堂校长、四川教育总会副会长，并多次率学生到日本考察教育	光绪三十三年至1913年

① 《三十年来学校行政组织概况表》，《成属联立中学校三十周年纪念特刊》，第1页。

学堂	姓名	简历	任职时间
全川优级师范选科学堂	王章祜	男,字叔钧、叔均,成都华阳人,举人,日本宏文学院速成师范毕业生,回国后居成都三年,后就职学部三年,曾任学部普通司主事,民初任四川巡按使公署教育司长、民政厅长、教育次长等职	光绪三十二年八月至光绪三十三年
	龚道耕	男,四川成都人,贡生,内阁中书,尊经书院毕业生,光绪三十三年任四川优级师范选科学堂监督,宣统二年春改任川中初级师范学堂监督	光绪三十三至宣统二年春
川南师范学堂	赵熙	男,字尧生,四川荣县人,翰林院国史馆编修	光绪廿七至廿八年
	高楷	男,字竹园,四川泸县人,光绪二年举人	光绪廿九至卅一年
	赵藩	男,字越林,四川剑川人,泸州盐茶道二品衔	光绪卅二年四月至卅四年
	陈铸	男,字铁荪,四川泸县人,光绪廿八年举人,曾任通省蒙养师范堂长	宣统元年
	温翰桢	男,字筱泉,四川泸县人,光绪廿八年举人	宣统二至三年
川东师范学堂	杨霖	男,字席錙,四川铜梁人,日本宏文师范毕业	光绪三十二年四月至1912年4月
川中师范学堂	龚道耕	宣统二年春,由四川优级师范选科学堂监督改任川中师范学堂监督,1914年1月任四川省立第一师范学校校长	宣统二年春至1914年1月
成都府师范学堂	刘紫骧	男,成都华阳人,曾任彭县县令,并与陈罗澂女士、籍绅陆慎言等人共同捐赀开办淑行女塾。	光绪三十年四月至光绪三十一年七月任总理,后改监督
酉阳府属师范学堂	谭焯	男,字灼庵、卓安,拔贡,酉阳州秀山人,留日宏文师范卒业生	光绪三十二年至光绪三十三年

资料来源：胡峻、王章祜简历，参见民国《华阳县志》卷十六，第9、15—17页；川南师范学堂监督简历，参见《泸州师范（川南师范）校史（1901—1949）》，第10页；川东师范杨霖的简历，参见《附录·（十七）历任校长一览表》，《川东共立师范学校一览》，第321页；其他人的简历情况参见前文叙述及附表6—1简况一栏内容。

通过表5—4，我们可以得知，清季四川师范学堂总理、监督主要来源于两类人员。一是具有国学根柢和科举功名的封建官僚士大夫。比如赵藩、赵熙、高楷、陈铸、温翰桢、刘紫骥、龚道耕等人，分别主持了优级师范选科1所、初级师范3所，在清季四川师范学堂监督中占有较高比例。他们基本完成了封建传统教育，受过"四书五经"的熏陶，经历过科举八股考试，有着举人、进士等功名，或已进入仕途，或已成为社会贤达。二是具有相当的国学根柢或科举功名，又到日本考察过学务或学习过速成师范，具有双重教育与知识阅历，既是官僚士大夫又能借鉴日本办学经验，他们是胡峻、徐炯、王章祜、杨霖、谭灼等五人，主持优级师范3所、初级师范2所，占据了清季四川主要的优级初级师范学堂监督职位。由此可见，清季四川师范学堂办学者具有明显的过渡时代特征，不仅深受日本影响还深受传统儒学影响，具有双重文化背景，而且在办学中严守"中学为体，西学为用"的办学宗旨，表现出传统与现代的两面性。

监督的思想和言行是学堂办学宗旨的最好体现。通省师范监督徐炯，"学问夙有根柢，复能贯通新旧，尤能潜心儒先义理之学，恪循实践，本身作则。其在学堂，规程谨严，于人伦道德、修身教科皆躬自任之。所编讲义，精粹深警，不涉迂阔，最足激发学生志意。操履耿介"①，著有《修身讲义》、《家庭教育》等讲义，将正统经学

① 《前署司详办学员绅得力事实择尤保奖文》，《四川教育官报》庚戌第8期，公牍5—7页。

奉为圭臬,力争不"废六经,四子书不读"①,对吴虞殴父,"首讦其罪"②,其办学理念与思想言行对该堂师生及四川教育界产生了深刻影响,以致该校形成职教员"多能尽职"而略显保守,学生"颇驯谨"而无叫嚣浮动之习③的校风。川南师范的五位监督皆是具有举人、翰林、内阁中书等身份的封建士大夫,首任监督赵熙为学堂确立了办学宗旨与校训,宗旨是"为学当为上下古今之学,不为心寸耳目之学,此纵也;为学当为大通世界之学,不拘方隅之学,此横也",校训是"德智交育,文武一涂","无本不立,主善为师"④,第三任监督赵藩"改定章程"⑤,重申"学堂之宗旨,师范之责任","望诸生学乡贤,更望诸生存国粹。……以艺事充其用,以典籍博其才,而以人伦道德固其本"⑥,体现了该堂"中学为本、西学为用"的办学旨意。

教务长、监学的聘用及其身份,亦大体能反映学堂的办学取向。据笔者所知,通省师范学堂在宣统元年时教务长为阆中内阁中书赵椿煦、斋务长为绵竹文生傅畅和,两人皆为留日宏文学院速成师范毕业生;川南师范学堂最初总教习为从日本考察警政归来的周善培、监学为举人罗顺藩,后来监学相继由史学教习刘树丰,

① "宣统庚戌,聚天下儒生于京师曰学会。学会议废六经四子书不读,争不肯废者,唯东三省一人,四川一人。四川为华阳老儒徐子休,亦尹昌衡师也。"参见吴光耀《西藏改流本末纪》卷六,《康区藏族社会珍稀资料辑要》(上),第75页。

② 陶亮生:《我所知道的徐子休》,《成都文史资料选辑·纪念辛亥革命七十周年》第1辑,第191—192页。

③ 《咨四川省长成都高等师范学校应行改进各事项请查照令遵文》,《四川公报》第5年第4期(1918年3月20日),公牍第26页。

④ 何伯李:《泸州川南师范史话》,《四川文史资料选辑》第33辑,第168页。

⑤ 《川南师范学堂开学》,《广益丛报》第4年第14号,纪闻第9—10页。

⑥ 《川南师范学堂开学监督赵观察演说》,《广益丛报》第4年第14号,纪闻第9页。

留日速成师范卒业生、泸州举人熊焘,以及留日归国生隆昌杨星午担任,在熊焘任监学期间,"学生衣领坐席不正,责使长跪,学生严惮之"①;川东师范的学监先是留日速成师范毕业生璧山附贡生李春稌、永川廪贡生杜芬,宣统三年由留日归国生、同盟会员朱之洪担任;叙永师范学堂监学为举人黄金绶;资州官立初级师范学堂监学为周善堂,身份不详。由此可见,清季四川主要优级初级师范学堂聘用监学,均以聘用留日归国生为主。

教员聘用与及身份构成亦是反映学堂学科取向的一个重要方面。四川各优级师范学堂聘用学科教员,均系中学与西学教习兼聘。据统计,宣统元年,通省师范学堂聘用教习 26 人,文科教习有徐炯(兼教国文)、赵椿煦(兼教植物学,学堂教务长兼学务公所议绅,留日宏文师范生)、刘豫波(国文)、祝同曾(中国历史)、傅畅和(伦理,学堂斋务长,留日宏文师范生)、黄赞元(法制经济)、陈玉蟠(国文)、蒋云风(中国地理)、任鹏霄(国文)、辜增荣(经学)、林启一(算学,留日宏文师范生)、龙灿(英文)、邓希禹(体操,留日学生)等 13 人,另有 6 名助教为留日学生;理科教习有德永(几何)、山本丰次(理化)、须藤一(博物)、小西三七(矿物)、相田三代治(代数)、山茑一海(博物)、小川正(代数)、大岛弘公(手工)等 8 名,主要是日本教习②。可见,原有的传统士人占据了通省师范学堂一半以上的教学职位,这与三(两)江师范学堂的教习构成情形

① 吴光耀:《西藏改流本末纪》卷六,《康区藏族社会珍稀资料辑要》(上),第 75 页。

② 四川大学档案馆藏:通省师范学堂档案,第 3 卷。转引自《四川大学史稿》(1985),第 24 页。

类似①,体现了四川优级师范中西学兼顾的办学宗旨与学科取向。四川初级师范学堂的教员构成与优级师范相似,除聘用传统士人为国学教员外,还大量聘请留日宏文师范卒业生为学科教员。川南师范学堂初办时,分教习为尊经书院毕业生向楚、冉慈以及教习叶清如等,并聘请日籍教师伊藤华官教授格致课即物理、化学等科②,后聘刘树丰(字英伟)任史学教习③以及留日速成师范卒业生"熊、曾、刘诸君"④任教习。广安州东文师范学堂,"除体操一科系任晓臣君教授外,其余东文、东语及算学皆系成都东文学堂旁听生遂宁杨南生独任……今年系聘成都速成师范生曾君纪纯、周君体泉、杨君宣休、任君赉周、赵君润泉、李君海如分任各科,此外则学董谭君显卿担任财政、办理各事"⑤。川东师范学堂创办之初,到校教习9人,"皆博雅端谨之士,能求学于东而毕业于师范者也"⑥,"灌县王君昌麟任经史,巴县龚君秉枢任国文,日本阿部君好壹任数学、理化,长寿孟君洪波任地理、修身,江津冉君瑸穀任译员,江津刘君雪樵任博物、教育,巴县王君鲠任英语,湖北姚君鸿勋任体操,闻一切学科教授正足以厌学人之望"⑦。据统计,光绪

① 据苏云峰考察,1903—1905年三江师范学堂担任修身、经学、历史、文学、舆地等课程的中国教师,大都是"由进士和举贡廪增出身",1906年改名两江师范学堂后,中国教习40名中,具有进士和举贡廪增等出身和功名的传统士人有22人,分别担任修身经学、伦理、历史、文学、算学、舆地、英文、日文、日语译员等职。苏云峰《三(两)江师范学堂——南京大学的前身1903—1911》,第116—117页。

② 《泸州师范(川南师范)校史(1901—1949)》,第9—10页。

③ 《开会志哀》,《广益丛报》第6年第22号,总第182号(光绪三十四年八月二十九日),纪闻第8页。

④ 《泸州女学》,《广益丛报》第4年第17号,纪闻第10页。

⑤ 《广安学务汇志》,《广益丛报》第4年第13号,纪闻第11页。

⑥ 《师范另定监督》,《广益丛报》第4年第20号,纪闻第11页。

⑦ 《川东师范学校发展概况》,《广益丛报》第6年第7号,纪闻第7—8页。

三十二年至宣统三年间，川东师范学堂监督、职教员共计 34 人，其籍贯、职务、履历及任职年月参见表 5—5。

表 5—5 光绪三十二年至宣统三年川东师范学堂职教员一览表

姓名	籍贯	职务	履历	任职年月
杨霖	四川铜梁	监督（校长）	日本宏文师范毕业	光绪三十二年四月至民国元年四月
李春秾	四川璧山	学监	附贡生，中书科中书，日本宏文师范毕业	光绪三十二年到职
杜芬	四川永川	学监	廪贡生，日本宏文师范毕业	光绪三十三年到职，在职一年
王作宾	四川华阳	会计		光绪三十三年到职，在职一年
童际泰	四川巴县	文牍	附生，重庆中学肄业四学期	光绪三十三年到职，在职一年
王炯章	四川巴县	庶务		光绪三十三年到职，在任一年
李熙	四川巴县	庶务		光绪三十四年到校
冉献琛	四川江津	算术、心理	附生，日本宏文师范毕业	光绪三十二年到校，光绪三十四年任译员，宣统元年任图书，五月因事辞职
王鲠	四川巴县	英文、英语	英文专科学校毕业	光绪三十二年到校，在校任职二年

姓名	籍贯	职务	履历	任职年月
李长谟	四川荣昌	博物、图画	附生	光绪三十二年到校
廖子亚	四川金堂	体操	体操专修学校毕业	光绪三十二年到校
李鸿英	四川江北	修身、体操	增生,日本宏文师范毕业	光绪三十二年到校
陈常	四川荣昌	教育学、史地、文学	岁贡,日本宏文师范毕业	光绪三十二年到校
罗本持	四川綦江	植物、动物、管理法	廪贡,日本宏文师范毕业	光绪三十二年到校
陈永观	四川江津	算术、图画	附生,日本宏文师范毕业	光绪三十二年到校
曾纪瑞	四川巴县	生理、音乐	廪生,日本宏文师范毕业	光绪三十二年到校
涂德芬	四川长寿	代数、化学	附生,日本宏文师范毕业	光绪三十二年到校
黄泽民	四川江北	修身、国文、习字	拔贡,日本宏文师范毕业	光绪三十三年到职,三十四年任学监兼习字
王昌麟	四川灌县	经学、历史	举人	光绪三十三年到校
陈钟灵	四川铜梁	附校学监兼教员	廪生,重庆府传习师范所毕业	光绪三十三年到校
屈厚荃	四川綦江	地理、教育史	副贡,日本宏文师范毕业	光绪三十四年到校
程昌祺	四川黔江	物理、教育学	附生,日本宏文师范毕业	光绪三十四年到校

姓名	籍贯	职务	履历	任职年月
孟上墉	四川长寿	修身、地理	廪生	光绪三十四年到校
刘德萃	四川江津	教育、心理、植物	廪生，日本宏文师范毕业	光绪三十四年到校
龚秉枢	四川巴县	国文、经学、历史	举人	光绪三十四年二月到校，宣统元年续任
姚鸿勋	湖北	体操	体操专科毕业	光绪三十四年到校
阿部好一	日本	算术、几何、物理、化学	日本寻常师范并物理学校毕业	光绪三十四年到校，宣统元年续任，三月去职
彭世融		算术、物理、化学		宣统元年三月接替阿部好一讲授
陈德元	四川酉阳	教育	日本宏文师范毕业	宣统元年到校
向楚	四川巴县	中国文学	尊经书院肄业生	宣统元年到校
陶闿评		中国文学		宣统元年到校
王涪菁		体操		宣统元年到校
高仕栋	四川彭水	地理、博物	附生，日本宏文师范毕业	宣统二年到校
谢志学	四川永川	体操	日本体育学校毕业	宣统三年四月到校

资料来源：根据《川东共立师范学校一览》第 323—327 页的《附录·（十八）历任教职员履历一览表》改制而成，部分人员的籍贯及履历是笔者根据该校档案记载添加的。

从表 5—5 可以看出，川东师范学堂教职员 34 名，除监督、学监均系留日宏文师范卒业生外，27 名教员中，有 14 人系留日归国生。从学历来看，除情况不明的 7 人外，毕业于日本学校者 18 人

(日本宏文速成师范卒业生 16 人、日本其他学校卒业生 2 人)、肄业或毕业于国内学校者 5 人、科举出身者 4 人;有功名者 20 人(既有科举功名又毕业于日本宏文师范学校 14 名、既有科举功名又肄业于国内中学或毕业于国内传习师范 2 名)、无功名者 7 人(日本毕业者 4 人、国内学校毕业者 3 人)。可见,有超过半数的职教员是具有科举功名的留日宏文师范卒业生,属新旧杂糅、中外知识兼具的具有双重知识结构的新式教师。从籍贯来看,日本教习 1 人、湖北教习 1 人、四川教习 29 人、不明者 3 人;而在已知的 29 名川籍职教员中,巴县 7 人,江津 3 人,铜梁、永川、荣昌、长寿、江北、綦江各 2 人,彭水、璧山、华阳、灌县、黔江、金堂、酉阳各 1 人,显然以川东道重庆府为主。从任职来看,除担任监督、监学等职务外,留日归国生担任了教育、科学等教学任务,学堂管理规则整肃,教学成绩甚优①。

通过前面的叙述,我们不难发现,清季四川优初级师范学堂监督、监学、教员主要由三部分人即传统士大夫、具有国外学习或考察经历之人及新式学堂毕业生组成,并呈现出此消彼长的态势,其中具有国外学习或考察经历的人作用与影响最为突出。尽管清政府鼓励各省选派留学生学习师范、强制归国留学生到新式学堂充任教师、大力倡导各省兴办师范学堂等,但接受过近代教育与严格专业训练的近代师资始终未能取代其他两类教师,直到清朝结束,在各级各类学堂(包括师范学堂)中担任教习的传统士人仍占相当比例,原因是"在清季教育现代化过程中,因缺乏具有现代教育

① 《川东师范学校发展概况》,《广益丛报》第 6 年第 7 号,纪闻第 7—8 页;《本司移川东道据省视学调查川东官立初级师范学堂推广办法文》,《四川教育官报》庚戌第 10 期,公牍第 9—10 页。

专业训练的师资，所以所有新式学堂的领导人、教员甚至学生，多从具有传统功名和官衔的人士中选择其曾经留学或有现代学识者充任”①。师范学堂师资群体的三种不同来源，分别代表了传统儒学、经世实学及西学（语言文字、自然科学、社会科学）三种学术背景，这三种学术背景在校园中彼此交融、互相冲撞，共同构成过渡时代社会群体共同的知识背景与学术来源，形成校园教师群体“新旧掺杂、中西冲撞，非中非西、即中即西”的特点②。

四　课程设置与教育状况

师范学堂的教育状况是认识师范教育内涵与质量的关键问题。无庸质疑，清末新政时期，中国占主导地位的文教趋向是“中学为体，西学为用”③。光绪二十七年七月底，清廷在诏令各省改

① 苏云峰：《三（两）江师范学堂——南京大学的前身 1903—1911》，第116—117页。

② 张立程：《西学东渐与晚清新式学堂教师群体研究》，中国人民大学博士学位论文（2006年6月5日），第81—88页。

③ 关于中体西用观念与思潮研究的主要论著有：王尔敏《清季知识分子的中体西用观》（《中国近代现代史论集》（18），台湾商务印书馆1986年版）、戚其章《从“中本西末”到“中体西用”》（《中国社会科学》1995年第1期）、谢放《中体西用：转型时期的文化模式》（《华中师范大学学报》1996年第1期第1—8页）等。谢放教授指出，“‘中学为体，西学为用’成为甲午战争后的一种‘流行语’，主要流行于文化教育领域。有关‘中西体用’的讨论，多与‘学问’或‘学校’相联系的。‘中学为体，西学为用’作为一个比较明确而规范的提法，也是在这样的语境中才正式出现的”，“文化教育领域内流行的‘中体西用’，主要立意在学术文化层面”，目的是“以新卫旧”、“以旧护新”。而据茅海建考证，在戊戌变法之际，朝廷的中下层官员和士人多言泰西而缺乏西学基础，所谈的泰西事例多来自于当时的时务书籍与报纸，因为对西方的思想学术毫无认识，因不了解西学，故他们对西学并不推崇，据此认定当时“中学为体，西学为用”并非已受钦定（参见茅海建《戊戌变法史事考》，第299—300页）。

书院、兴学堂时就强调，新式学堂“教法当以四书五经、纲常大义为主，以历代史鉴及中外政治艺学为辅”①。清季四川师范学堂的课程设置与教学内容未超出学制规定的范围。在创办初期，四川师范学堂与其他省份师范学堂一样，课程与传统书院、一般新式学堂并无差别。比如：涪州官立师范中学堂仅设有经史、舆地、掌故、时务、文学、算学七门课程。川南师范学堂创办之初设置十五六门功课，其中读经讲经受到特别重视，仅读经一科占总课时的1/4，要求五年中必须修读“十经”节本（即《孝经》、《论语》、《孟子》、《易》、《书》、《诗》、《左传》、《礼记》、《周礼》、《仪礼》），每日有半小时的“温经”自习钟点，每逢节日必须对万岁牌和至圣先师牌位行三跪九叩礼并朗诵《圣谕广训》，以防学生离经叛道；同时开设物理、化学、博物等格致课，聘请伊藤华官用日语讲授，并有专人担任汉译，教学内容渗进了科学民主的内容②。据吴玉章回忆，光绪二十八年十一月他考入川南经纬学堂时，“在周善培的影响和赵熙的主持下，川南经纬学堂办得极其腐败，挂的是‘新学’的羊头，卖的是‘旧学’的狗肉。它竟把《仪礼》（西阶上，阼阶下等等）当作一门课程来教学，不惜繁琐地大讲其封建的礼教，真是无聊之至。为了装点门面，也教点英文，但一个星期才教六个字母，简直把人气坏了。看到这种情景，我只住了十多天，便愤而弃学回家”③。另据记载，“岑春煊督川，用副贡生周善培开办师范学堂，删节论语刊发学堂。……达县举人刘士志，当世学者咸曰人师也，面诋周，辞学堂去”；川南师范学堂中学与西学异势发展的情况，

① 朱寿朋编：《光绪朝东华录》（四），总第4719页。

② 《泸州师范（川南师范）校史（1901—1949）》，第5、8、9—10页。

③ 吴玉章：《从甲午战争到辛亥革命的回忆》，《吴玉章回忆录》，第16页。

出现在“仿外国办学堂”后，“谓师为雇仆，无复尊礼”，泸州举人熊焘任学监，严格训育学生，“学生衣领坐席不正，责使长跪，学生严惮之”①。

由于教育、心理和西学知识是新式学堂教育最为缺乏的，清季师范学堂在课程设置与教学安排上更侧重这方面知识，以致出现中学课程少而轻、西学课程重而多的情况。比如通省师范课程有人伦道德、教育学、心理学、国文（包括习字、作文）、算学（几何）、博物、物理、化学、中外历史、中外舆地、外国文（日语、英语）、经济法制、体操、图画等，各部课程大体相同但又有所侧重，如初级部和简易部，国文基础较好，则“经史等科授课时数酌予减少，数理等科授课时数酌予增加”②。四川优级师范选科学堂规定，各科各班均须讲授教育学、心理学及伦理学要义，并体操、数学等学科，本科公共科一年半，第一年开课7门、第二年开课8门，本科二年，第一年开课10门、第二年开课11门③，总计21门，全部为西学、新学课程。成都府师范学堂，学科16门④，除经学修身、伦理、国文、中史、中地5门为国学课程外，其余教育、心理、外史、算术、东文、物理、化学、博物、音乐、图画、体操几乎均为新学或西学课程。四川高等学堂师范馆，其中学、西学课程异势发展的情形尤显突出，速成和优级理科师范班开设三门“中学”或“国学”课，其余皆为西学和新学课程，“中学”课程比例从未超过1/4，最低时仅占1/11弱

① 吴光耀：《西藏改流本末纪》卷六，《康区藏族社会珍稀资料辑要》（上），第75页。

② 《四川大学史稿》（1985），第23页。

③ 转引自隗瀛涛主编《四川近代史稿》，第491、492页。

④ 《成都府中学堂速成师范学生第二年第三学期卒业积分表》，《四川学报》第2年第1册，表第1—3页。

（参见表 5—6、5—7）。

表 5—6　高等学堂速成师范及优级理科师范全学级每周授业时间表

	学年	学期	经学伦理	教育	心理	国文	外国语	中史中地	外史	外地	算术	珠算	物理	化学	图画	生理卫生	体操	合计
速成师范	第一学年	第一期	2	2	1	1	0	3	2	2	6	0	2	2	0	0	3	26
		第二期	3	2	1	1	0	3	2	1	6	2	2	2	1	0	5	31
	第二学年	第一期	2	2	1	1	3	2	2	2	6	1	2	2	0	2	5	33

	学年	学期	经学伦理	教育	心理	国文	英文	东文	中史中地	外史	外地	代数	几何	三角	测量制图	解析几何	物理	化学	博物	体操	合计
优级理科师范	第一学年	第一期	2	2	1	1			3	2	2	3	3					2		3	24
		第二期	3	2	1	1	6		3	2	1	3	3					2		5	31
	第二学年	第一期	2	2	1	1	5	5	2	2	2	2	2				2	2		5	35
		第二期	1	2	2	1	5	5	2	2	2	2	2				2	2	4	5	39
	第三学年	第一期	1	2	2	1	5	5	2	2	2	2	2	2			2	2	4	5	41
		第二期	1	2	2	1	5	5	2	2	2	2	2	2	1	2	2	2	4	5	41

说明：原表课时合计数与各分科课时合计数不相吻合，如优级理科师范原表课时合计数为第一年第二期 31、第三年第二期 41，实际分科合计数为第一年第二期 32、第三年第二期 44；速成师范原表合计数为第一年第一期 28、第二期 32、第二年第一期 34，实际分科合计数为第一年第一期 26、第二期 31、第二年第一期 33，显然有误，现已按分科合计数更正。参见《高等学堂速成师范全学级每周授业时间表》、《高等学堂优级理科师范全学级每周授业时间表》，《四川学报》乙巳第 12 册，表第 1—2 页。

表 5—7　四川高等学堂速成师范及优级理科师范

第一学年第一学期每周日行功课表

	星期	经学伦理	教育	心理	国文	外语	中史	中地	外史	外地	算术	珠算	物理	化学	图画	生理卫生	体操	合计
速成师范	第一日	1	1							1	1	1					1	6
	第二日					1					1		1	1		1	1	6
	第三日	1		1	1			1			1						1	6
	第四日		1			1				1	1				1		1	6
	第五日			1				1	1		1					1	1	6
	第六日					1	1		1		1		1					5

	星期	经学伦理	教育	心理	国文	英文	东文	中史	中地	外史	外地	代数	几何	物理	化学	体操	合计
优级理科师范	第一日		1			1					1	1	1			1	6
	第二日	1				1	1				1				1	1	6
	第三日					1	1		1				1	1		1	6
	第四日		1			1	1								1	1	5
	第五日			1		1	1	1		1						1	6
	第六日					1				1		1		1			4

资料来源:《高等学堂速成师范每周日行功课表》、《高等学堂优级理科师范每周日行功课表》,《四川学报》乙巳第 13 册,表第 1—2 页。

从表 5—6、5—7 可以发现,四川高等学堂速成师范开设 16 门课程,第一年第一期“中学”课程经学伦理、国文、中史中地三门共 6 学时、占每周总课时 26 学时的 1/4 强,实际第一年第一期每周授课 35 学时,三门中学课仅占每周总课时的 1/6 弱;第二学期三门“中学”课程共 7 学时,占每周总课时 31 学时的 1/4 强;第二年第一期三门“中学”课程共 5 学时,占每周总课时 33 学时的 1/7 弱。优级理科师范开设 18 门课程,第一年第一期经学伦理、国文、中史中地三门课时为 6 学时、仅占每周总课时 24 学时的 1/4,而实际开课 15 门,三门中学课程减为 3 学时、仅占每周总课时 33 学时的 1/11,第二期三门中学课程7学时、占每周总课时31学时的1/5强;第二年第一学期三门中学课程5学时、仅占每周总课时35学时的1/7,第二学期三门中学课4学时、仅占每周总课时39学时的1/10弱;第三年第一、二学期三门中学课均为4学时、第一学期占每周总课时41学时的1/10强、第二学期占每周总课时44学时的1/11①。由此可见,高等学堂师范馆"西学"占绝对优势(占3/4至10/11)、"中学"占绝对劣势(占1/4至1/11),而且"中学"、"西学"异势倾向有扩大势头。原因是师范生入学前已有一定"中学"基础,而新式教育亟需新学师资,减少中学、增加新学课程乃必然之举。

师范学堂开设经学伦理与国文课程,目的是使学生敦品立德、涵濡义理,坚植中学根柢、端其学问本原。四川提学使赵启霖指出:"经学首在阐发大义,宗旨尤宜纯正,使学子涵濡义理,端厥本原。若厌常喜新,逞臆穿凿,后生识解未定,递相沿袭,靡然不知其非,启破碎大道之端,开流传谬种之渐,学术不正,其贻误于人心世道,关系匪轻。"然而,高等学堂开设的三门"中学"课程却增添了新的内容,比如廖平教授的经学伦理课及编撰的经学伦理讲义,已突破传统经学伦理范围,所讲各经如《论语》、《诗经》等,"多言四教,后天人之说,参杂纬书及歧黄,故学生多横通医学"②,"皆附会纬书,牵合支配以为天学";所讲《伦理》,"博采邪说谬论,虽意在拨正而徵引庞杂,喧宾夺主,转令学者淆惑",至于《宋元学案》所言,"多为外国及新书所驳"③。高等学堂、通省师范学堂使用的

① 《高等学堂速成师范全学级每周授业时间表》、《高等学堂速成师范全学级每周授业时间表》,《四川学报》乙巳第12册,表第1、2页。

② 何域凡:《存古学堂嬗变记》,《四川文史资料选辑》第33辑,第163、162页。

③ 《提学使司辞退经师之札文》,《广益丛报》第7年第22号,原总第214号(宣统元年八月三十日),纪闻第7—8页。

"伦理学"讲义,编译自日本谷延治原《伦理学》,完全不同于封建伦理学,该讲义称"伦理学者,行为之学也,从前中国之讲伦理学则谓人对人所必由之理即为伦理","伦理学为精神上之科学"①。四川高等学堂师范馆教学内容敢于突破传统的中学范围,主要原因是"办学之人既多尚新异,而教科太形糅杂"②。这引起四川提学使赵启霖的注意。宣统元年六月,赵启霖在四川教育总会欢迎会上称,"所冀望者,大家更于根本上注意。何谓根本,义理之学是也。……迩来世变日甚,人心陷溺,士气之窳败亦日甚。举世以浮华相奖,私利相竞,根本之地不正,虽新政次第兴举,恐不足以言自强。故鄙见以为,今日学务尤宜以义理为纲要,诚取先儒义理之书,令学生以时省览,奉为准的"③。八月,赵启霖通令辞退省校经学教习廖平,"所有该教员经学、伦理讲义不得令学生览习",理由是"该教员曾经前学政吴以著述紕缪奏参革职、毁销书板在案。本署司以为该教员既经惩创,必能更正学说,力矫前非。不意所讲经学,仍有如是之驳杂支离者。若令其仍居讲席,学生不惟不能得经学之益,且争以新异相奖,偏宕相矜,风气与人才将来必受其患"④,高等学堂方面竟以"讲义乃上年之事,且廖、徐均已离校"⑤来搪塞,官方最终"以廖平维湘潭公羊学,其说弥漫全国,不容于清政,初被绌参去学官,再挫停止其教育权"⑥。师范学堂教学内

① 《伦理学》,《四川学报》乙巳第2期,讲义。

② 转引:隗瀛涛主编《四川近代史稿》,第493—494页。

③ 《开学演说》,《四川官报》己酉第17册,新闻第1页。

④ 《提学使司辞退经师之札文》,《广益丛报》第7年第22号,纪闻第7—8页。

⑤ 《四川大学史稿》(1985),第22页。

⑥ 何域凡:《存古学堂嬗变记》,《四川文史资料选辑》第33辑,第163、162页。

容突破传统经学伦理范围、提倡自由平等学说，具有特别意义，造成新式学校“虽逐渐推广，国粹反日就湮微”之学术变化，并在学生思想里播下叛逆的种子，成为辛亥革命的新学与思想根源。

新式课程的设置使师范学堂学生的知识结构发生了巨变，西学和新学在他们的知识构成中占有重要位置。高等学堂速成与优级理科师范第二年第一学期期末试题里，国文试题已含有明显的西方近代国家观念，如“立国大体，一为主权，二为定域，三为人民论”；经学伦理试题也引入了西方伦理思想，出现“大学生徒有为兵之义务”辞句；其教育、心理、生理卫生、物理、数学等科试题更是西方心理学、教育学、自然科学等知识的翻版①。这些科学知识除代数较难外，其他学科程度均甚低浅，不过，对程度甚低的中小学堂教学来说是大体够用的。

---

① 比如国文一科：速成师范为“智仁勇三者天下之达德，即普通教育之精神说”，优级理科师范为“立国大体，一为主权，二为定域，三为人民论”；经学伦理一科：速成师范为“1. 乡射礼大夫与士为耦之义。2. 乐记采录荀子而删其最精之语，其语若何？3. 礼射有其三，所用之侯亦异。试举其要。4. 释射布名侯之义。5. 大学生徒有为兵之义务，见于周礼何官？礼记何篇？其文若何？6. 礼经十七篇无祭五祀之礼，其义安在？”优级理科师范前五题与速成师范相同，第六题为“古书市朝二字并举，其义若何？”心理一科：速成师范为“1. 述教育上感觉代用之弊害。2. 详言从目的分类之想像。3. 例解情之主观性。4. 何为理想？”优级理科师范前三题与速成师范相同，第四题为“养记忆力，于生理的方面应如何注意？”教育一科：速成师范为“1. 问教育上兴味之种类。2. 论并进教案与直接教案之得失。3. 问五段教授法之阶段中关于理论上者为何？4. 问理科教授之要旨。”优级理科师范一、二、四题与速成师范同，第三题为“问选择教授材料之标准”。再看速成师范的生理卫生试题以及优级理科师范的物理、代数两科试题。速成师范的生理卫生试题六题：“1. 计血之运行与过心之大略，并绘图以述明之。2. 血以何物而合成者，清血与浊血有何区别？3. 何物在肺内变化？变化而成何种质？其方向如何？呼入之空气及呼出之空气有何分别？4. 若遇疯犬或蛇所咬，用何法能去此毒，以免将来发病？5. 若割断脉血管或回血管，应如何止其血？并其两管分别之。

清季四川初优级师范学堂的新学课程及教学内容比较浅近，学生的自然科学、外语等学科知识程度不高，尤其是外语、理化等科程度很低，是不争的事实。由于师资、教材、设备缺乏，清季四川初级师范学堂"因人设科，学科极不完备，学科之间界限也不明确"的弊端普遍存在。宜宾师范学堂就存在"算学不叫算术，在师范学堂里包括了代数、几何、三角。又如物理、化学包括在'格致'科，博物包括了动、植、矿物。有哪种专科的教师，才开设那门学科。对学生的思想、道德的教育，低年级的叫做'修身'科，高年级学生则设'伦理'科，大、专科学校则设'论理'科。且无'部'或'省'定的教材和课本。教师可任选教材，进行教学"①。资州官立初级师范学堂，学科教授与学堂管理均显马虎，虽开设了体育、物理、化学、博物、植物、动物、矿物、生理、代数、几何、经学、中文、地理、算术等课程，学生临近毕业，课程讲授多达不到进度要求，"偕青

---

6. 若造学堂，如何能保全学生之眼光？用何等火炉能通气而又能热房间？"优级理科师范的物理试题七道："1. 将水压机绘图以明之，并详其用法。2. 何谓物体之重率？今有金类一在空气内重 18.5 格，兰姆在水内重 9.5 格，兰姆问其重率如何？3. 述造寒暑表之法。4. 何谓空气之压力？量此压力，用何器械？并如何造法？5. 固体、液体及气体受热后有膨涨之力，其试验法当如何？6. 造铁路时，铁轨相接之处必稍离，不使紧接，其故为何？7. 定气体之密率，如何定法？并绘所用之器械而述之。"优级理科师范的代数试题五道："1. 有甲乙两工人同日数从事某工，甲于此日数之间无休息，得工价 19.2 两，乙于此日数之间休息六日，得工价 10.8 两，若乙无休息，甲休息六日，则甲乙两人所得之工价相等，问此日数及甲乙两工人一日之价各若干？2. $9e+9e(1\div3)+9e-(1\div3)$ 与 $9e(1\div3)+9e-(1\div3)-9e-1$ 相乘。3. $\sqrt{a}/(\sqrt{a}+\sqrt{b})$，求单简。4. 11:13 大于 7:17，今使后之比大于前之比，于各项求加最小整数。5. 若 $e/(a-b)=m/(b-e)=n/(c-a)$，则 $e+m+n=0$，证明。"参见：《高等学堂第二年第一学期试验各科学生题目》，《四川学报》乙巳第 7—9 册，附编第 1—16 页。

① 苇杭：《解放前的宜宾师范教育》，《宜宾文史资料选辑》第 5 辑，第 40—41 页。

云(中学监督)至师范学堂,适体育试验,入观学生各寝室,寝具多未整理,房舍亦鲜扫除。又调阅邱国璋(学生)课本,各科均讲不终局,物理方授至液体静力学,化学亦所讲无几,博物植物虽讲毕,动矿两门未讲,生理方授数页,代数方至分数,几何未讲者亦多,经学从来无一定体,现讲春秋系分篇教授,相差尚远,中文去前曾授至明朝,今年体例又变,有似总论,地理已至北美合众国,惟算术已经毕业。所有各科均非缩小范围,不终局”①。不独初级师范学堂如此,优级师范学堂亦存在类似问题。宣统元年五月十七日,学部议覆四川高等学堂优级理科师范学生毕业请奖折时称:“臣部查该班课程,系按照优级师范第三类办理。详阅所咨试卷,其外国文一科及主课理化科,程度均甚浅近,与优级师范不合。若按照优级师范给奖,实属过优。查臣部前定优级选科简章,分四类教授,其理化本科一类,颇与该堂师范毕业程度相近,拟请按照选科奖励章程给奖,于鼓励之中,微示限制之意,办理较为核实”②;宣统三年六月,学部咨文要求,以后优级师范学生均应按照定章切实讲授洋文③。这些材料说明,清季四川优级师范学生的外语及理化教学十分薄弱。

为了进一步说明清季四川师范学生的学科程度、学科倾向及学习兴趣,下面将收集到的四川高等学堂速成师范班、优级理科师范班第一学年第一期各科考试成绩表各一份④、成都府中学堂速

① 程昌祺:《静观斋日记》,宣统元年八月二十四日。四川大学图书馆收藏;又见四川省教科所藏《四川省志教育志·师范教育抄录资料汇编》,编号3325。

② 《学部奏议覆四川优级师范学生毕业请奖折》、《学部议奏四川优级师范学堂学生毕业请奖折》,《四川教育官报》己酉第8期,奏议第8页及第12期,奏议第6—7页;又见《四川官报》己酉第23册(宣统元年八月上旬),奏议第6—7页。

③ 《学部咨以后优级师范学生均应按照定章切实讲授洋文毋得试期既迫又复请免试文》,《四川官报》辛亥第29号(宣统三年六月十六日),公布类第9—10页。

④ 《四川学报》乙巳第3—4册,表第1—7页。

成师范学生第二年第三学期卒业积分表①、顺庆府中学堂附设速成师范第一年第一学期各科考试成绩表②共四份成绩表，按清学部规定的学堂考试成绩标准③改制成表5—8、5—9。

表5—8 四川高等学堂师范馆、成都府中学和顺庆府中学附设速成师范各科成绩对比表

四川高等学堂速成师范班62人（二人未与试验）	课目	经学伦理	教育	心理	国文	中史中地	外史	外地	算术	几何	物理	化学	体操	品行
	最高分	99	95	93	100	99	94	90	96	100	100	100	40	80
	最低分	38	24	18	30	50	39	14	29	15	17	50	20	3
	高低差	61	71	75	70	49	55	76	67	85	83	50	20	77
	平均分	68	70	64	54	71	73	60	67	54	82	94	25	43

四川高等学堂优级理科师范班24人	课目	经学伦理	教育	心理	国文	中史中地	外史	外地	代数	几何	化学	体操	品行
	最高分	99	99	93	100	100	94	90	95	100	100	40	75
	最低分	29	39	50	30	43	61	40	10	28	50	20	32
	高低差	70	60	43	70	57	33	50	85	72	50	20	43
	平均分	69	78	77	58	71	78	60	37	78	94	27	51

成都府中学堂速成师范班41人	课目	经学修身	伦理	教育	心理	国文	中史	中地	外史	算术	东文	物理	化学	博物	音乐	图画	体操	品行
	最高分	90	95	100	110	100	96	100	110	98	80	90	85	100	90	100	85	80
	最低分	30	10	30	10	30	20	10	20	20	5	30	30	10	30	34	24	30
	高低差	60	85	70	90	70	76	90	90	78	75	60	55	90	60	66	61	50
	平均分	59	68	78	86	56	71	75	72	58	51	68	61	60	62	71	53	60

① 《四川学报》第2年第1册，表第1—3页。

② 《四川学报》第2年第11—12册，表第10—12页。

③ 学部规定学堂考试分数等级为：最优等100—80分、优等79—60分、中等59—40分、下等39—21分、最下等20—0分。

	课目	修身	教育	心理	国文	历史	地理	算术	格致	图画	体操	品行
顺庆府中学堂速成师范班57人	最高分	39	83	69	76	78	80	90	73	68	39	40
	最低分	25	55	32	24	26	45	60	25	42	25	25
	高低差	14	28	37	52	52	35	30	48	26	14	15
	平均分	33	56	49	39	44	61	76	40	53	34	31

说明：四川高等学堂速成师范第一年第一学期几何 8 人缺考、品行 3 人缺成绩；四川高等学堂优级理科班第一年第一学期代数 2 人缺考、几何 1 人缺考；成都府中学堂速成师范第二年第三学期卒业成绩中 1 人试验未全；顺庆府中学堂速成班第一学期有 2 人未与试验。

表 5—9　四川高等学堂师范馆、成都府中学及顺庆府中学速成师范各科成绩等级人数对比表

	课目	经学伦理	教育	心理	国文	中地中史	外史	外地	算术	几何	物理	化学	体操	品行
四川高等学堂速成师范班62人	最优等	10	25	14	10	12	25	6	14	11	39	54	0	3
	优等	40	21	23	9	41	28	30	30	14	18	7	0	8
	中等	11	13	20	35	9	6	20	15	10	4	1	9	24
	下等	1	3	5	8	0	3	4	3	9	1	0	10	16
	最下等	0	0	0	0	0	0	2	0	10	0	0	43	8

	课目	经学伦理	教育	心理	国文	中地中史	外史	外地	代数	几何	化学	体操	品行
四川高等学堂优级理科师范班24人	最优等	7	14	12	6	5	11	4	1	15	22	0	0
	优等	14	6	9	0	14	13	7	4	3	1	0	5
	中等	2	2	3	15	5	0	13	4	0	1	9	13
	下等	1	2	0	3	0	0	0	6	5	0	1	6
	最下等	0	0	0	0	0	0	0	7	0	0	14	0

	课目	经学修身	伦理	教育	心理	国文	中史	中地	外史	算术	东文	物理	化学	博物	音乐	图画	体操	品行
成都府中学堂速成师范班41人	最优等	6	15	23	30	9	16	35	18	7	1	7	6	17	4	22	3	2
	优等	20	14	12	8	10	16	3	16	12	13	23	18	9	18	8	13	24
	中等	10	9	5	1	14	8	1	3	13	18	9	14	12	17	8	16	14
	下等	4	2	1	0	7	1	0	3	7	6	1	3	0	1	5	7	1
	最下等	1	1	0	2	1	0	2	1	2	3	1	0	3	1	0	1	0

	课目	修身	教育	心理	国文	历史	地理	算术	格致	图画	体操	品行
顺庆府中学堂速成师范班57人	最优等	0	2	0	0	0	1	13	0	0	0	0
	优等	0	49	6	1	8	28	42	2	11	0	0
	中等	0	4	43	20	21	26	0	23	43	0	6
	下等	55	0	6	34	26	0	0	30	1	48	48
	最下等	0	0	0	0	0	0	0	0	0	0	0

说明：四川高等学堂速成师范第一年第一学期几何 8 人缺考、品行 3 人缺成绩；四川高等学堂优级理科班第一年第一学期代数 2 人缺考、几何 1 人缺考；成都府中学堂速成师范第二年第三学期卒业成绩中 1 人试验未全；顺庆府中学堂速成班第一学期有 2 人未与试验。

笔者收集到的四份学堂成绩表及上列表 5—8、5—9 反映了如下特点。首先，四川师范学堂学生成绩优良居多，总体成绩不错。四川高等学堂速成师范 62 名学生，第一年第一学期各科平均成绩，最优等 1 人、优等 44 名、中等 17 名，下等、最下等无；优级理科师范 24 名学生，第一年第一学期各科平均成绩，最优等 2 名、优等 16 名、中等 6 名，下等、最下等无；成都府中学堂速成师范班 41 名学生，第二年第三学期各科毕业平均成绩，最优等 4 人、优等 25 人、中等 10 人、下等 2 人、最下等无，三学期各科平均总成绩，最优等 7 人、优等 25 人、中等 8 人、下等 1 人，最下等无；顺庆府中学堂附设速成师范与考学生 55 名，第一年第一学期各科平均成绩，最优等无、优等 1 名、中等 54 名，下等、最下等无。

其次，四川各类师范学堂学生的单科成绩悬殊很大。比如四川高等学堂速成师范班 62 名学生，教育、心理、国文、外地、几何、物理六科成绩相差最大；四川高等学堂优级理科师范班 24 名学生，经学伦理、国文、代数、几何四科分数相差最大；成都府中学堂速成师范班 41 名学生，伦理、心理、中地、外史、东文、博物几科成绩最为悬殊；顺庆府中学堂速成师范学生，国文、历史、格致几科成绩最悬殊。这些情况反映了学生们在入学程度、年龄、智力及学习掌握教育科学及自然科学方面的能力的差异。

第三，四川各类师范生单科成绩，以物理化学、教育心理、中史中地、外史、算学等科较优，几何、代数、国文、图画、体操、修身等科较差。四川高等学堂速成师范学生，经学伦理、教育、心理、中史中地、外史、外地、算学、物理、化学等10门课程成绩最优等、优等占绝大多数，尤其是物理和化学两科最优等、优等占绝对多数，物理获得100分的人数有22人，占总人数的35%多一点，化学获得100分的有37人，约占总人数的60%，说明学生对社会、教育尤其是自然科学的学习热情与学科偏好；国文、几何、体操3门成绩较差，甚至很不理想，国文最优等、优等合计19名，中等、下等合计43名，中下等成绩占多数，说明师范生国文水平下降与国学根柢退步；几何成绩最优等、优等合计25名，中等、下等、最下等合计29名，说明学生几何学习较感困难；体操成绩均是中等、下等、最下等，说明师范生不尚运动，这似乎与中国传统士人尚静不尚动的习惯有关。与速成师范班的分科成绩相类似，四川高等学堂优级理科师范班除品行外的11门课程成绩中，经学伦理、教育、心理、中史中地、外史、几何、化学等7门课程成绩最优等、优等占多数，国文、外地、代数、体操4门课程成绩较差或很差。顺庆府中学堂速成师范班的分科成绩不及四川高等学堂速成、优级理科师范，除教育、地理、算术三门成绩以最优等、优等两项占多数外，心理、图画两门均以中等成绩居多，国文、历史、格致三科则以中等、下等成绩占大多数，而修身、体操二门成绩全为下等。总之，各类师范生对自然科学、教育科学、西方社会科学的学习热情高涨，对体操、图画等科不感兴趣，对国文、修身等国学科目学习热情下降或不能兼顾,对几何等科学习甚感困难。

特别值得注意的是,除成都府中学堂附设速成师范班外,各校师范生品行成绩均以中等、下等、最下等居多,反映了师范学生的思想变化及言行品德与传统观念、统治思想的背离。清季四川师范教育萌发之时,正是资产阶级民主革命风起云涌之时,师范学堂师生承担了传播新思想新知识及组织领导反清革命斗争的任务。大约在光绪廿九至卅年间,川南师范学堂进步学生谢持、陈漱云、杨兆蓉、李琴鹤、邓西林等人发起组织了"输新学社",以传播新知识新思想为宗旨,并成立"轮新书局"①;光绪三十年春季,轮新书局"派人游日本,习外国书局种种办法及当今学校注重图书等事",十一月又派黄树中、徐琳,一学机器房排印、铸刻之事,一学造世界各种鲜明纸张,以便自印书籍发行②;后来"输新学社"被勒令解散,社员开除出校并相继留学日本③,成为日后同盟会川籍会员和四川辛亥革命的组织者和参与者。光绪三十一年,省城高等学堂部分学生成立了类似道德学会性质的"实业团","入会者以富有道德、学术、智勇者为合格"④,先在校内征集同志,计有优级理科师范学生张培爵及普通班李培甫(植)、祝屺怀(同曾)、张真如(颐)等20余人参加,光绪三十二年扩大到通省师范和其他学堂,通省师范学生加入的有方琢章(潮珍)、张少阳(为炯)、方俊卿(化南)、曾圣瞻(昭鲁)、刘季晖(远澍)、徐可亭(堪)、潘子敏(大谋)、汪载之(厚坤)等,他们后来大多加入了同盟会,成为辛亥革

① 隗瀛涛主编:《四川近代史稿》,第468页。

② 《又看游学》,《广益丛报》第2年第28—29期合刊,纪事第13—14页。

③ 易润生:《四川第一个女子集资创办的泸州女子师范学校》,《江阳文史资料》第5辑,第57—61页。

④ 转引自隗瀛涛主编《四川近代史稿》,第468页。

命的重要人物[1]。自光绪三十一年冬，在日本加入同盟会的川籍会员如陈崇功、童宪章、杨霖、林冰骨（即林启一）、谢持等人相继回川，“以同志陈道循、涂德芬、陈德元毕业将归，林冰骨藉应四川通省师范学堂之聘亦将到成都，特嘱道循在川南，德芬、德元在川东，冰骨在川西，先行秘密征集会员”[2]，并自光绪三十二年起开始策划反清革命起义。光绪三十二年至光绪三十四年，在高等学堂附设体育学堂读书的朱德（原名朱建德）已明显地感受到学校进步思想的影响，对国事比对正规课程更感兴趣，尤其喜欢听戴假辫子的教师提倡“自由平等”、批判旧制度的讲课，认为“那些人是革命的，我对于一切革命的事物都很羡慕”，除学习规定课程外，还秘密阅读同盟会机关刊物《民报》，毕业后即从事反清反帝反封建军阀的革命活动，朱德的这段求学经历被史沫莱特称为“走向革命之路”[3]。清政府原想通过师范教育以培养忠君、尊孔、尚武的新式学堂教师，发展新式教育以应对统治危机，然而随着新知识与西学的学习和传播，师范生的知识结构与思想观念发生了逆转，逐渐背离封建文化和道德，甚至脱离清政府的封建统治轨道，这是清政府不曾料到的。

总之，清季师范学堂课程设置与教学安排表现出统筹兼顾、面面俱到的特点，既注重道德教育和人格训练，重视专业精神和从教技能训练，还重视社会与自然科学知识的学习，并兼顾了健康与卫生教育，体现了“中学为体，西学为用”的办学理念，然而繁重的课

① 邓胥功：《高等学堂学生与同盟会及实业团》，《四川保路风云录》，第66—68页。

② 林冰骨：《中国同盟会的成立及四川分会之发轫》，《四川保路风云录》，第40—44页。

③ 史沫莱特：《伟大的道路》，三联书店1979年版，第83页。

程与课时安排又致使师范生学业程度低下,新学或西学的引入还导致师范生思想发生变化并最终走上反清革命道路。

第六章　四川特别师范

在师范学堂开办的同时,四川女子师范开始兴办,职业、体育、艺术等专科师范亦开始成立,边疆民族师范、基督教会师范也相继发展起来。下面仅就女子师范、职业与专科师范、边疆民族师范三类进行讨论。

第一节　女子师范

学界对清季女子师范已有一些研究成果,但对各地区女子教育和女子师范教育仍缺乏深入研究,而地处内陆的四川女子师范兴起与发展状况基本未进入学者视野①。实际上,四川女子师范

① 关于清季女子教育及女子师范研究成果,主要有程谪凡《中国现代女子教育史》、俞庆棠《三十五年来中国之女子教育》、阎广芬《中国女子与女子教育》、黄新宪《中国近现代女子教育》、谢长法《清末女子留日与师范教育》、美国学者丛小平《从母亲到国民教师——清末民族国家建设与公立女子师范教育》、章征科《20世纪初中国女子学校教育兴起的原因及特点》、英国保罗·贝利《20世纪初中国的现代化保守主义:女子教育的话语与实践》、河北大学杨欣改《清末北洋政府时期女子师范教育述评》等论著,但各地区女子师范尤其是清季四川女子师范教育基本未进入学者研究视野,目前仅有四川学者王笛《清末四川师范教育的发生和发展概述》(《四川师范学院学报》1984年第2期,第80—81页)、《清末"新政"与四川近代教育的兴起》(《四川大学学报》1985年第2期,第104页)以及隗瀛涛主编《四川近代史稿》第六章第四节(第404—405页)、熊明安等主编《四川教育史稿》第五章第三节(第214—216页)等有简单概述。

学堂及留日女子师范在《女子师范学堂章程》颁行前已经出现,颁行后则逐渐增多。

一 女子师范的兴起

受癸卯学制影响,在锡良时期,四川官绅士民倡办近代女学的呼声明显增多。光绪三十年十二月,川省已故布政使之妻皮氏,特为振兴女学到京,要求明发上谕,通饬各省督抚饬属筹设女学堂,并准派妇女游学;蜀东秦氏撰文指出:"今宜明谕各直省督抚,严饬所属州县,无论城市乡镇,有子女者,每百家设一高等蒙学,兼设一女学高等之蒙学,男女自六岁至十二岁,不入学堂者罪其父母","苟以贤督抚以兴学为考成,年终课其殿最而黜陟之",如此"则举国无不学之稚女,亦举国无不学之幼童。十年以往,母教盛而家有画荻之风,蒙养端而人有从绳之习,人才之兴不蔡不决矣";她们皆认为,"女学为男学之源,家庭教育为学校教育之本,固未可置为后图"①。光绪三十三年四月,四川邑绅王子英(茂才)由日本归,特编女子劝学歌,括刊四乡②。四川官绅士民倡办女子教育,只因女学有宜家强国之功用,有益于民族国家之建设。也就是说,发展女子教育只是出于民族国家建设的需要,而并非满足女子自身生活和发展的需要③。

---

① 《请兴女学》、《论中国当以启蒙兴蒙学女学为先务》、《论兴中国女学之事》,《广益丛报》第2年第28—29期合刊,纪事第13—14页、教育第8—11页、女学第2页。

② 《劝学编歌》,《广益丛报》第5年第6期,总第134号(光绪三十三年四月初十日),纪闻第7页。

③ 英国爱丁堡大学保罗·贝利《20世纪初中国的现代化保守主义:女子教育的话语与实践》(丁钢主编《中国教育:研究与评论》第4辑,第1—25页)已有揭示。

与经济发达的沿海沿江省区一样，同光时期，四川部分官绅士民已能容忍女子接受家庭或私塾的道德教育、识字教育与家务技能训练的基本教育①，并已出现少量的闺塾女塾师②，为四川女子学堂、女子师范学堂的兴起预备了相当数量的粗通文义的女教师与女学生。比如巴县女学会女学堂拟将城内全节堂所住的粗通文义的节妇培养成为"女塾师"③，巴县吴梅修茂才之女弟子"年甫十六，修学甚敏，文亦可观"，被聘为巴县女学会女学堂教师④；成都华阳陈罗溦女士，"少读书，明大义"⑤，光绪三十年在省城成都开办淑行女塾，并自任管理⑥；崇州女子高罗薰因"幼嗜学，娴文史，循父训，温恭寡俗嗜"⑦，就学并毕业于淑行女子中学堂附设简易师范甲班，成为清末民初有名的女教师；隆昌张泽云及其嫂屈翼成因"品优学萃"，被聘任为泸县小市女师传习所"中学"教员兼管

---

① 明清传统女学内容及其向清末近代女学转型的问题，参见丛小平《从母亲到国民教师——清末民族国家建设与公立女子师范教育》，《清史研究》2003年第1期，第87—97页。

② 张晓冬：《明清教师阶层研究——以明清文学作品中的教师为例》，西北师范大学硕士学位论文（2005年5月），第23—24页。

③ 《重庆女学会章程》、《女学师范学校办事章程》，《广益丛报》第9号（光绪二十九年三月十五日），教育附编第1—2页。

④ 《教习聘定》，《广益丛报》第9号，纪事第5页。

⑤ 《督宪批提学司详请将女子师范学堂故斋务长罗女士奏奖一案文并原详》，《四川官报》庚戌第4册（宣统二年二月中旬），公牍第2—3页。

⑥ 张达夫：《清末的"维新变法"在成都》，《成都文史资料选辑》第4辑，第110页。

⑦ 高罗薰，字淑薰，元黻女，崇州人，适高氏，无出，毕业成都淑行女子中学堂附设简易师范甲班，历任本校暨威远岳池县中诸校教员，尤以重庆省立第二女师为独久，前后凡四年，成绩甚良，生平执勤，有母风，暇则披阅书史，尤好吴梅村诗及吴榖人骈体文，恒弗去手，自伤身世，郁郁致瘀疾，殁年45岁，有诗数十章。参见《崇庆县志》（民国15年3月刊本）之《仕女八之三》，第49页及《江原文征·县人所咏之诗》，第77—79页。

理;泸县罗、陈二女士则被延充泸县官立女子师范学堂"中学"教习①。这些材料说明晚清四川已有相当数量的女子受过一定程度教育,她们或直接被聘任或经过短期师范训练转型为女学堂及女师范学堂的女教师。

重庆得风气之先,率先成立天足会之女学堂,接着四川各地女学堂相继创办。光绪二十九年闰五月,重庆天足会友倡办女学堂,礼聘吴梅修茂才之女弟子为教习,"渝中妇女颇闻风兴感",各董事之女及亲族等多愿赴学②;铜梁女学堂设立,创办人黄德润③。华阳陈罗澂女士受留日归国的儿子陈仰天的影响,光绪三十年春,与陆慎言及其夫人雍先生、刘紫骥等人商量筹办女学,邀集几家留日同学的姐妹数人集资,租成都南门文庙西街江渎庙侧上莲池畔红梨馆四合院之东庑为校舍,开办淑行女塾,"招收能识字、能书写的青年妇女和少年女子入堂肄读"④,延聘中外女教员,教授四书五经之类,标榜以培养贤妻良母为帜志⑤,陈罗澂自任管理,开学日学生仅有七人,陈罗澂首以其女庄文为学生⑥,光绪三十二年二月延陆慎言为总理,因学生日增、校舍不敷,迁校址于东桂街前华阳县教育会内义学,适部颁学务公所章程女子中学堂之目,乃正

---

① 《女学渐兴》、《泸州女学》,《广益丛报》第3年第19号,纪闻第6页;第4年第17号,纪闻第10页。

② 《教习聘定》,《广益丛报》第9号,纪事第5页。

③ 《教育·各省教育汇志·四川》,《东方杂志》第1年第5期(光绪三十年五月二十五日),第123页。

④ 张达夫:《清末的"维新变法"在成都》,《成都文史资料选辑》第4辑,第110页。

⑤ 傅子贺:《回忆淑行女塾》,《四川文史资料选辑》第38辑,四川人民出版社1988年版,第127页。

⑥ 《督宪批提学司详请将女子师范学堂故斋务长罗女士奏奖一案文并原详》,《四川官报》庚戌第4册,公牍第2—3页。

名为淑行女子中学堂，光绪三十三年添设附属高等小学堂，并拟于暑期招收师范一班①。与此同时，四川各地女学堂相继创办。光绪三十年，威远设女学三所、安县设女学一所②。光绪三十一年八月，成都高等学堂监督胡峻于文庙前街组织一女学堂③，聘高等学堂日本教习池永氏之夫人为教习④；长寿设女学三所；名山设女学一所⑤。光绪三十二年二月，重庆府太守发起成立懿行女学堂⑥；梁山县齐大令募款在城内设立务本女学堂⑦；五月，夔属全郡女学共得20余区，以万县最占多数，奉节、开县次之，其办理之善首推奉节维新女学⑧；潼川全属女学15所⑨；资中视学黄默善创办县立女子初级中学⑩；达县有公立女学堂2所、私立女学堂7所⑪；在泸州籍留日学生的倡导和学署孙学师、知州赵渊的支持下，泸州已开

① 《学堂推广》，《四川官报》戊申第29册（光绪三十四年十一月上旬），新闻第1页。

② 《自贡市教育志》，第94页。

③ 《组织女学》，《广益丛报》第3年第20号，纪闻第11页。

④ 《教育·各省学堂汇志·四川》，《东方杂志》第1年第3期（光绪三十年三月二十五日），第72页。

⑤ 王笛：《四川“新政”与近代四川教育的兴起》，《四川大学学报》1985年第2期。

⑥ 《丁未年重庆府懿行女学堂开校训辞》，《广益丛报》第5年第2期，女学第3页。

⑦ 《倡兴女学》，《广益丛报》第5年第5期，纪闻第11—12页。

⑧ 《夔郡女学》，《广益丛报》第5年第9期，原总第137号（光绪三十三年五月初十日），纪闻第5页。

⑨ 《潼学大兴》，《广益丛报》第5年第10期，原总第138号（光绪三十三年五月二十日），纪闻第9页。

⑩ 《资中县续修资州志》卷四，第58—59页。

⑪ 王笛：《四川“新政”与近代四川教育的兴起》，《四川大学学报》1985年第2期。

办“小女学校四五处”[①];顺庆府张澜留日归来后,创办“南充高等小学堂”,附设女学[②],后与林维干将其独立改办为“端明女塾”[③];宜宾林家巷“至元女学堂”开办[④];岳池县旧学署开办岳秀女学堂,光绪三十四年增设高级部,更名县立女子两级小学堂[⑤]。据统计,光绪三十三年,四川女学堂70所、教员157人、学生2246人,仅次于直隶、江苏两省[⑥],约占全国400多所女子学堂的17%强;宣统元年,四川女学堂163所、学生5660人[⑦]。可见,自光绪二十九年重庆天足会开办女学堂后,四川女学堂发展很快,其创办者和资助者均为传统士大夫,女学生则是这些创办者与赞助者的妻妾媳女及女亲属,多为大家闺秀,并以年在20岁以内、不缠足[⑧]者为合格。

随四川女学堂的开办,女教师缺乏问题日益突出,倡办女子师范与女子留日师范的呼声开始出现,四川女子留日师范与自办女子师范发展起来。由于“为女学求师范,则尤有难言者”[⑨],光绪三十三年二月,四川简州的留日生胡锡璋等人致书学务局,建议官派

① 《女学述闻》,《广益丛报》第4年第29号,纪闻第8—9页。

② 任乃强:《张澜先生轶事》,《龙门阵》1980年第1期。

③ 谢增寿、康大寿:《张澜传》,档案出版社1992年版,第7页。

④ 苇杭:《解放前的宜宾师范教育》,《宜宾文史资料选辑》第5辑,第41页。

⑤ 付安清:《四川省岳池师范学校的创办和发展》,《岳池县文史资料选辑》第3辑,1987年,第1—2页。

⑥ 黄新宪:《中国近现代女子教育》,福建教育出版社1992年版,第28页。

⑦ 施特劳斯:《重庆海关1902—1911年十年调查报告》,《四川文史资料选辑》第11期,1964年,第236页。

⑧ 自1902年开始清政府公开反对缠足,而传教士和中国改良派早就攻击缠足为陋习。参见张又宁、张玉法合编《近代中国女权运动史料》上册,台湾传记文学社1975年版,第525—532页。

⑨ 《论女学难求师范》,《四川学报》第2年第12册,论说第2—3页。

女子留日，或学一年之速成师范，或学数年之专修高等，归而开办或扩张女学①；宣统元年五月，留日学生指出：女子留学或游历，是吾蜀女子亟不可缓之图②。在女子学堂章程及女子师范学堂章程公布前后，四川各地以遣派女子出省出国留学师范，作为解决女学堂师资缺乏的途径之一。如前所述，自光绪三十年至光绪三十三年间，四川除了周王诗、邱兆东、吴巽华、王余景蓉、吴张氏、罗燕斌、陈宝琼等8名女子曾官自费留学日本，还派遣女子官自费学生留学国内女学堂，如开县"茂才王某妻梁氏人颇开通，日前，夫赴鄂，梁愿随往考究女子教育诸法"③，她们毕业回川后，担任女学堂或女子师范学堂教员，从事女子教育事业。

为了倡办女子师范教育，光绪二十九年闰五月，重庆天足会同人设立重庆女学会，并发表《重庆女学会章程》12条，其中第五条规定："本会于未立女学堂之时，当先立女师范学堂，以广师资而便学者。"重庆女学会旋即按第五条之意订立《女学师范学校办事章程（即专章）》，规定：女学师范学校暂就巴县城内全节堂先行设立，择该堂所住粗通文义之节妇为师范生，其有非住该堂而愿为女学师范生者经妥人保荐、会友允准亦可入校；聘请精通文法的女师或齿德俱尊的耆儒以为教习；课程分字义文法、家政及修身、历史、学书、粗浅算术、歌诗六种，并临时添设裁缝、音乐、画绣及美术等课程，学制一年；合格者发给凭照，有凭照者为女学会教习，或便宜择地建立女塾，并就私家女塾之聘，无凭照者不得为女塾师；常年经费由女学会筹募，每名师范生缴纳膏火费制钱500文；师范生卒

① 《留日四川简州学生胡锡璋等致学务局书》，《广益丛报》第5年第2期，纪闻第11—12页。

② 《敬告蜀中女界》，《广益丛报》第7年第15号，女学第1—3页。

③ 《巾帼向学》，《广益丛报》第5年第4期，纪闻第8页。

业领凭照后,应在女学会为教习一年,且修脯较寻常教习减半;女学师范生虽不必尽选大足,然师范卒业,将来就聘设塾,务以教诫女弟子不缠足为宗旨①。可见,重庆女学会女子师范学堂章程主张招收粗通文义的节妇,聘用精通文法的女教员或齿德俱尊的耆儒为教员,其课程亦显示出很强的女学传统,即强调德育、识字与家务技能训练三个方面,修身与读经是课程的重要部分,科学知识十分简单浅易,家政、裁缝、画绣等家务技能构成课程的另一重要部分,课程中还加入了音乐、美术、诗歌等新内容,这是为教养儿童必不可少的内容,符合民族国家建设的目的。

泸州亦成立女学会,并积极筹办女学会女子师范学堂。光绪三十一年,留日归国生陈漱云及聘请日本女教习冰其梅到泸州后开始筹办泸州女学堂和女学会,次年陈铸妻子杨兰芳(又称陈本杨)出面邀请泸州同盟会员李琴鹤的夫人夏淑亨(字泳梧)、杨兆蓉的夫人蒋代贞、金丽秋的夫人屈纫秋、邓西林的夫人黄淑萱、温翰桢的夫人温本费、周肇源(循九)的夫人王助源等人成立女学会,在陈漱云的父亲陈铸与冰其梅的共同筹划下,约请泸州知名士绅联名上书川南永宁道,请求将南门学坎上教谕衙署地址作为校址创办高初级女子小学,以训导衙署作为女学会女子师范学堂堂址,获得川南永宁道赵渊批准。女学会旋即成立女学会女子师范学堂董事会,除发起人为当然董事外,另聘举人温翰桢、同盟会员李琴鹤、杨兆蓉、陈漱云、邓西林、金丽秋、周循九等为董事,推温翰桢任董事长,陈铸任学堂监督,周循九和冰其梅为学监。宣统三年八月,董事会筹集会金2000银两以筹办川南女子师范传习所,聘

① 《重庆女学会章程》、《女学师范学校办事章程》,《广益丛报》第9号,教育附编第1—2页。

请周循九、章咸、冰其梅(女)、吴尚仙(女)、王助源(女)、王助芬(女)、王成璧(女)等为教师,董事会推陈铸任校长,周循久为监学(后代理校长),并先办女学会女子初等高等小学堂①。

在《女子师范学堂章程》颁布后,四川各地女子师范学堂、女学堂附设师范、保姆传习所、女工师范传习所相继开办,以培养女学堂、蒙养院及女子职业教育师资。

二 各类型女子师范

四川最早设立的女子师范学堂是泸州小市女师传习所暨泸州县立女子师范学堂,迄至辛亥革命爆发前夕,据笔者不完全统计,四川共设立女子师范学堂 20 处、女学堂附设师范 8 处、保姆讲习所 3 处、女工师范传习所 5 处,四川女子普通、幼稚和职业师范教育体系基本形成。

泸州小市女师传习所暨泸州县立女子师范学堂 由于兴办女学,需要女师资,在州学署孙学师、知州赵渊及留日归国学生的大力提倡下,光绪三十二年二月,泸州小市女师传习所开学,"是校规模之宏大,科学之完全,尤为各学界中之表表者",来学者共 20 余人,"约于本年冬尾卒业","明年扩充办理,大兴女学,普及教育"②;闰四月十八日,泸州官立女子师范学校及其附属女子小学开办,地址文庙街孝廉堂,由姚建勋、陈箴(丹书)、龙溥、周启雯、刘正名、汤祝所创,"女生五十余名,续来者顷闻尚多",取录学生

① 参见易润生《四川第一个女子集资创办的泸州女子师范学校》,《江阳文史资料》第 5 辑,第 57—59 页;易润生《泸县一九零一年至一九四九年专业学校及普通中学概况》,《泸州文史资料选辑》第 6 辑,第 16—19 页。

② 《女学渐兴》,《广益丛报》第 3 年第 19 号,纪闻第 6 页。

20 人，学科九门，十月卒业①。宣统元年，续招师范第二班，兼开办初小班次，因学生增多，孝廉堂地址不能容纳，迁学堂于学坎上训导衙门，并设分校于小市，招收初小学生。宣统二年，招收师范第三班，此后简易师范每年招生一班，学制三年。到民初，1913 年，视学曾志沂呈请省署立案，定名为“泸县县立女子师范学校”，1914 年停办简易师范班，遵令开办五年制师范，添设城内贞静庵分校，招收小学毕业生②。

省城淑行女子师范学堂（亦称省城女子师范学堂） 前身是省城淑行女塾、淑行女子中学堂。在学部饬令各省从速设立女子师范学堂后，省城淑行女子中学堂改办为女子师范学堂。早在光绪三十二年二月，因师资缺乏、其教不广，淑行女塾学监陈罗澂捐赀典押文庙后街吴姓宅院从事师范教育，光绪三十三年暑期招收师范一班，学生 30 人左右，限二年毕业，并将左近芮姓住宅一院买归管业，“鸠工庀材，大加改建，拟俟落成，即为开师范班校地”③，规模粗具，设备渐感缺乏，承署提学使方旭呈准改归官立，定名“四川省城女子师范学堂”，全年约拨银 200 余元略资补助，自光绪三十四年起由学务公所按年补助款项，购买陈罗澂夫人典押民房并右邻民房一院为永久校址，仍委陆慎言为总理④，十一月初五

① 《泸州女学》、《女学述闻》，《广益丛报》第 4 年第 17 号，纪闻第 10—11 页；第 4 年第 29 号，纪闻第 8—9 页。又见《泸县志》卷四，第 11—12、13—14 页。

② 易润生：《泸县一九零一年至一九四九年专业学校及普通中学概况》，《泸州文史资料选辑》第 6 辑，第 11—15 页。

③ 《学堂推广》，《四川官报》戊申第 29 册，新闻第 1 页。

④ 《督宪批提学司详请择尤保举办学员绅文并原详》，见《四川官报》庚戌第 12 册公牍第 4—5 页、《广益丛报》第 8 年第 16 期文牍第 1—2 页、《四川教育官报》庚戌第 8 期公牍第 5—7 页；《民政长呈大总统暨国务院请奖四川女子师范学校校长陆慎言办学得力一案并咨教育部》，《四川政报》第 2 年第 4 期（1914 年 2 月 20 日）。

日斋务长陈罗澂女士去世,宣统元年春开办初等小学暨蒙养园,五月中旬师范简易科甲班32名学生试验毕业,计取最优等18名、优等11名、中等3名①,由提学司方旭亲颁文凭②。宣统二年六月,筹设女工讲习所,师范简易科乙班30余人毕业③。宣统三年二月,招收简易师范一班,额定学生50名,三年毕业,先习预科一年④;三月,陆慎言入北京赴教育会,陈罗澂之女陈宝琼留日毕业归来开办保育科;秋季,购买后邻荒市官塘一段为附设幼稚园及高初级小学之用,吴蜀猷于该校右邻吴氏宗祠后隙地创办的女子师范学堂学生二班及校舍归并该校。民初,1912年增设女子中学部,并附设保姆讲习所、技艺专修科,1914年春四川巡按使陈廷杰咨请教育部改名"四川省立第一女子师范学校"。据统计,截至1912年上期,四川省城女子师范学堂已毕业预科甲班10名、师范简易科甲班32名、师范简易科乙班29名、附设女工讲习所10名⑤,共计81名,"各县担任女校教育者,半属斯校学生"⑥。

---

① 傅崇矩编:《成都通览》上册,第157—158页。

② 《成都女师范毕业》,《教育杂志》第1年第8期,记事第62页。

③ 《女子师范毕业》,《广益丛报》第9年第6期,总第262号(宣统三年三月二十日),纪闻第10页。

④ 《女学推广》,《广益丛报》第9年第2期,纪闻第10页。

⑤ 《令各属分别延聘女子师范毕业生》,《文牍月刊》第1期,法令第4—6页;《第一号附表:四川省立女子高等暨第一女子师范学校一览表(民13年5月填)》,《淑行校刊》半月刊创刊号(1924年5月1日),第14页,成都市档案馆:民国四川省立成都女子师范学校档案,案卷号63—21。

⑥ 《史略(本校三十五年来之经过)》,《四川省立成都女子师范学校一览》,1938年夏印行,第1—3页,四川省档案馆:历史资料·文教资料,原卷号10/155/2,新卷号10/159/2;又见《省立第一女子师范学校呈请省署优给陆前校长恤金一案(民12年9月30日)》,第34—38页,成都市档案馆:民国四川省立成都女子师范学校档案,案卷号63—311。

巴县女子师范学堂　前身是东亚女学校。光绪三十四年三月,重庆萧晋勋、邓鹤丹、杨席缁、李梧荪等人就城内大梁子刘氏新宅全院（原名万古董院）创办东亚女学校，四月初开校，延聘留日归国生黄泽民为校长，太田喜智为教务长兼管理，周瑞歧女士为副管理，学级分为初等、高等、师范三种，学生不拘限年龄，毕业年限为初等三年、高等两年、师范两年，学科16门，师范班加心理、生理、教育学、教授、管理法各科，各科教师俱延中外女教师教授，校长黄泽民君暂为担任中国文科，学规纯仿日本各女校并参用中国良善家规，服务女仆皆本校预备①。宣统元年六月廿四日,巴县劝学所众议先办女子师范学堂及初等实业学堂②,七月以买定的字圣宫作为新立女子师范学堂地址,因修造难竣,暂借东亚女校附设数月③,后众议以东亚女校改办巴县女子师范学堂④。

南充女子师范学堂　前身是南充端明女学堂。宣统元年九月,顺庆府南充县马大令商同高等小学堂校长张澜将大北街端明女子小学扩充为女子师范学堂,女子小学仍附设其内,暂不拘限年龄、名额,考取女生98名,教授三个月后,再行考验各生程度之高下,酌予分配,因材施教,学科则注重德育,以通晓文字、书画、物理，能任家庭教育、分任男子职任为主，延聘留日女子毕业生罗燕斌暂充监督，兼任国文、修身、历史各科教习，淑行女子学堂

① 《女学发达》,《广益丛报》第6年第5号,纪闻第11—12页。

② 《提款办学》,《广益丛报》第7年第17号,总第209号(宣统元年六月初十日),纪闻第12页。

③ 《女学昌明》,《广益丛报》第7年第20号,总第212期(宣统元年七月初十日),纪闻第9页。

④ 《东亚女学堂》,《崇实报》第5年第38号(1909年10月29日),本埠新闻第152页。

毕业生李晓芳为监学，兼任算术、音乐各科教习[1]，十一月获准立案[2]。

宜宾女子师范学堂　宣统三年，宜宾赵场赵清熙不顾地方封建势力反对，与李正伦一道，于宜宾学盛街裴家祠创办，赵清熙自任总理，招生一班，学生很少，且多为成年妇女。在女师开学典礼上，为激励师生，赵清熙撰书一联："女子须争自主权，洗净铅华，千年封建摧顽制；师资正有光荣感，同昌懿德，百载培人树大功。"开办之初，经费由赵清熙等主持者筹集，教师多饱学之士且不计薪资，有个别老师系同盟会员。赵治校甚严，学生食宿在校，作息有序；学识渊博，教学不泥于教材；注重反帝爱国教育，鼓励学生自立自主。[3]

其他如乐至、省城毓秀、蓬州、潼川(3所)、江油、省城懿行、省城吴氏、涪州、德阳、璧山、纳溪、嘉定、威远、富顺等公私立女子师范学堂亦相继设立。光绪三十二年，乐至县庄曜孚在天池西畔爱荷轩创办女子初级师范学堂，自任堂长兼教员，两年后停办[4]。光绪三十二年七月，学台罗湘兰的夫人罗旭芝于省城文庙前街何公何母巷口开办毓秀女学，聘有日本教习，盛行男女平权思想，订有《女界钟》等进步杂志，并定于暑假后添开师范新班，宣统三年改

---

① 《女子师范》，《广益丛报》第7年第24号，纪闻第13页；《提学使司批南充县详开办女子师范学堂一案》，《四川教育官报》己酉第9期，公牍第13页；又见民国《新修南充县志》卷七，第41—43页。

② 《军督部堂批南充县详开办女子师范学堂一案(十一月分)》，《四川教育官报》己酉第12期(宣统元年十二月)，公牍第6页。

③ 刘济川《建国前宜宾教育概况》、韦杭《解放前的宜宾师范教育》、陈均可《宜宾女子师范创始人赵清熙》，《宜宾文史资料选辑》第5辑，第8—9、39—41页；第22辑(1993年)，第49—52页。

④ 《内江地区教育志》，第157页。

名为"毓秀女子师范学堂",校址迁至成都新玉沙街①。光绪三十三年正月,蓬州许君筹集巨款创办女子师范学校,"宗旨专在招致识字妇女,教以管理诸法,教员即由其夫人担任"②;该年,潼川全属女师范3所③。宣统元年春季,江油女子师范学堂④、涪州官立女子师范学堂⑤、成都北打铜街懿行女子师范学堂⑥相继设立;吴蜀猷于成都文庙后街淑行女子中学堂右邻吴氏宗祠修建两间瓦房教室、一间草房食堂、一个草亭,创办女子师范学堂,招生两班,后因事不能兼顾,而将该校学生及校舍交淑行女子师范学堂接管⑦。宣统二年正月,德阳县教育会集议筹办女子师范学堂⑧;璧山县筹费择地创办女子师范学堂⑨;五月,纳溪县存大令筹款在河滨安富街创立女子师范学堂,并附高小一班,"学科极为完全,秩序亦颇

① 《女塾推广》,《四川官报》丁未第19册(光绪三十三年七月下旬),新闻第2页;《胡兰畦回忆录1901—1936年》,第10页;高思伯等《各界妇女纷起斗争》,《四川保路风云录》,第75页。

② 《蓬溪女学》,《四川官报》丁未第1册,新闻第1页。

③ 《潼学大兴》,《广益丛报》第5年第10期,纪闻第9页。

④ 《江油县教育志(1903—1988)》(下),江油市教育委员会本书编写组1990年编印,第347页;《绵阳市教育志》,第141页。

⑤ 《涪陵县续修涪州志》卷五,第19页。

⑥ 《成都之学堂》,傅崇矩编《成都通览》上册,第55页。

⑦ 《本校略史》,《四川省立成都女子师范学校四十周年纪念刊》,1943年印行,第5—6页;又见丁秀君《四川最早的一所女校——成都女师》,《四川文史资料选辑》第38辑,第131—132页。

⑧ 《德阳县详筹办女子师范学堂提拨义谷培文两款一案》,《四川教育官报》庚戌第2期,公牍第11页。

⑨ 《璧山县详筹费择地创办女子师范及实行农业各学堂一案》,《四川教育官报》辛亥第2期(宣统三年正月初七日)。

严肃”，绅士刘鋆等均担任义务[1]；十一月，嘉定府女子师范学堂由地方官绅组织成立，校舍即就旧书院改建，所有书院膏火及孝廉庄考棚、校场等处地租均拨作该堂经费，延聘王琼女士为监督，席张永女士为监学，李德英、关柯芝两女士分任教员，招考女生80名入堂肄业[2]；该年，威远县设立女子初级师范学堂，堂址文庙街镜塘书院，招收高等小学堂毕业生20人，堂长杨载之[3]，学制四年，民国建立后改名为威远县立女子简易师范学校[4]。宣统三年三月，富顺县议事会于城区设立女子师范学堂一所，提学司准其照办[5]。

在四川各地女子师范学堂开办的同时，四川各地女学堂附设师范班亦相继开办。光绪三十年，荣县女学堂附设初级师范速成科，学制一年[6]。光绪三十二年六月，荣县黄英（字芸贤）女士约集同志在养正义学旧宅设立荣县私立开明女塾，“先设女学初等科，附设速成女子师范，以为普及教育计”[7]；九月，荣县女学堂创办，

① 《纳溪女学》，《广益丛报》第8年第14期，总第238期（宣统二年六月初十日），纪闻第10页。又见《纳溪县成立女师范并附设女小学情形一案》，《四川教育官报》庚戌第7期，公牍第15页。

② 《嘉定女学堂成立》，《广益丛报》第8年第30期，总第254期（宣统二年十一月二十日），纪闻第13—14页。

③ 《内江市教育志》，第157页。

④ 韩富中《丁秀君在威远女简师办校纪实》，《威远文史资料选辑》第10辑，1992年，第146页。

⑤ 《富顺县详设女子师范学堂一案》，《四川教育官报》辛亥第13期（宣统三年三月初八日），公牍第64页。

⑥ 《自贡市教育志》，第94页。

⑦ 《荣县私立开明女塾简章绪言》，《广益丛报》第4年第18号，女学第1页。

分普通、师范两班，按科教授①，限二年毕业②。光绪三十三年五月，资中视学黄默善于资中县大东街文昌宫创办县立女子初级中学校，添设女子师范讲习科③。宣统二年正月，简州阮刺史拟就该署改建女学堂一所，经费由训导俸谷项下开支，开办师范一班④；合川嘉懿女子高小校附设师范一班⑤；中江两等女学堂附设师范班。宣统三年正月，雅安淑慎女子初等小学堂改为女子两等小学堂，附设简易师范一班⑥。

在四川各地女子师范兴办的同时，四川重庆、成都、垫江相继开办保姆传习科，以培养幼稚园教师。光绪三十二年三月十六日，重庆幼稚园创办，并附设保姆师范科，由留日归国生陈新知新娶的日本夫人山口智慧女士及渝城曾光杰女士合作创办，校地暂设小梁子五公馆，学科国文、修身、恩物、唱歌、游戏、体操；又附设保姆师范科，以造成女教员，无论年龄，学科有普通学及教育、教授、管理法，学费每年6元，学生已有20余人⑦。光绪三十三年四月，垫江县士绅"邬君以幼稚园为蒙学始基，特保姆需材一时无从措手，拟就小学堂西偏设立保姆学堂；挑选良家妇女年长、稍通文义者三

① 《荣县呈优庠生黄芸为兴办女学黏恳立案一案》，《四川学报》第2年第8册，公牍第10页。

② 《禀设女学》，《四川官报》丙午第31册（光绪三十二年十月下旬），新闻第1页；《总督部堂批荣县禀优廪生黄芸为女学黏恳立案一案》，《四川学报》第2年第11册，公牍批第10页。

③ 《资中县续修资州志》卷四，第58—59页。

④ 《简州创办女学堂招师范生一班》，《广益丛报》第8年第9期，总第233期（宣统二年四月二十日），纪闻第11页。

⑤ 《合川县志》卷廿四，民国10年排印，第14页。

⑥ 《雅安女学推广》，《广益丛报》第8年第31期，总第255号（宣统二年十一月三十日），纪闻第12页。

⑦ 《重庆创办幼稚园》，《广益丛报》第4年第5号，纪闻第9页。

十名，来堂肄习保育幼孙诸法。俟半年毕业”①。光绪三十三年五月，署提学使方旭于省城开办模范幼稚园一所，特在园内添设保姆传习科一班，传习保育方法，劝令识字愿学妇女报名入学，“凡年至三十岁以上四十岁以内孀妇、识字愿学者”，皆可考验入学②，七月开班，第一班招生28名；次年正月第二班招生16名，七月招收第三班学生16名，年底招收第四班学生33名，至宣统元年七月第四班毕业学生39名③。宣统三年，省城淑行女子师范学堂开办保育科。清季四川保姆传习科的兴办，开启了四川幼稚师范教育的历程，培养了至少154名幼稚教师，推动了清季四川幼稚教育的发展。

清季四川还开办了5所女工师范传习所和女工师范学堂，以培养女子实用技能、实业教员和抵制洋货、争回利权为目的。光绪三十年十二月，重庆某君设立速成女工师范传习所，教科分为三级，“第一级专教手作针黹织造各艺，第二级专教机器造中西衣服、手帕、毛巾、鞋袜等件，第三级专教机器绣花各艺。窃谓此举也，有二善焉。一可以抵制洋货……外溢之利未尝不可争回一二也。至于女工传习所之设，则又有一善焉，曰可以赡养妇女”④。光绪三十二年三月，巴县某绅创设一女红传习所，集赀广购缝纫机器，招致妇女肄习一切裁缝、织造诸法，投到者颇形踊跃，而天足会

① 《保姆设学》，《广益丛报》第5年第6期，纪闻第7页。

② 《设保育科》，《四川官报》丁未第12册（光绪三十三年五月中旬），新闻第2页。

③ 《保育科女生姓名》，傅崇矩编《成都通览》上册，第178—179页；又见《保育科女生毕业》，《崇实报》第5年第29号（1909年8月27日）。

④ 《论速成女工师范传习所》，《广益丛报》第2年第28—29期合刊，女学第4—6页。

中人尤在多数①。光绪三十四年六月，成都县职妇王张氏等禀请开办女子工科师范学堂，一年毕业，所拟学科，除修身、算术、图画、体操四门外，所列十余事皆属手艺科，因教育一科阙略，国文、格致等科亦只量为设置，未准予立案②。光绪三十四年九月，雅州城内“近设速成女工师范讲习所一区，学额以二十人为率，聘请省城女学毕业某生充当教员。学科分为九门，一修身，二教育，三国文，四图画，五织造，六漂染，七算术，八卫生，九体操。以一学期卒业。董事均乐赞成，已禀请当道转详立案”③。宣统三年二月，重庆白象街批发缝纫机的胜家公司开办速成女师范学校一所，延聘八位女教习，教授裁剪、画花、算学、缝纫、刺绣专科，三月毕业，只收宿食费、学费不取，特为买机之人入校学习，提倡女界实业而办④；五月，胜家公司继办速成女工师范，仍以三月毕业⑤。此外，如前所述，省城淑行女子学堂亦开办有女工讲习所，毕业学生共计10名。清末四川女工师范传习所主要设立于重庆、成都两地，原因是成都、重庆两地工商业较为发达，社会风气较为开通。通过学习实用技术，女工师范传习所学员可以谋取较好的生活境遇，实现自身独立，并创造价值。

通过前面的考察，我们可以明显感到，自1903年重庆女学会倡办女学师范开始，直至1911年辛亥革命爆发前夕，四川各地女

① 《女工传习》，《四川官报》丙午第12册（光绪三十二年闰四月中旬），新闻第1页。

② 《成都县职妇王张氏等禀开办女子工科师范学堂恳请立案一案》，《四川教育官报》戊申第6期（光绪三十四年六月），公牍第7页。

③ 《女学渐兴》，《广益丛报》第6年第23号，原总第183期（光绪三十四年九月初十日），纪闻第8页。

④ 《速成女师范学校》，《广益丛报》第9年第2期，告白第1页。

⑤ 《速成女师范学校》，《广益丛报》第9年第13期，纪闻第1页。

子师范几乎与女子学堂同时举办；由于女子教育不发达、女教师缺乏，最初的女学堂亦多设有简易师范班，招生不论年龄，且以年长识字妇女为主；最初的女子师范学堂规模小、学生少，因经费、师资、学生来源等原因，甫经开办，复又停顿，或改办为女学堂；与优级、初级两类师范学堂相比，四川女子师范学堂大多是私人或地方官绅创办，加上起步较晚，多数只能利用地方庙宇、祠堂等公私产业建立，利用旧有的文教物质遗产即试院书院的情况很少，其办学规模与档次亦因此受到影响。

三　女子师范的办学

清季四川女子师范面临着怎样的办学环境？进行了怎样的育人活动？对这些问题的考察，将有助于我们进一步认识女子师范教育的环境与内涵。

首先，办学经费。清季四川女子师范学堂办学经费，既有官款、公款，又有私款，筹集渠道不一。

官立、公立女子师范学堂由官款、公款办理。如泸县官立女子师范学堂由知州赵渊拨校士馆银 800 两设立①；巴县劝学所集议开办女子师范学堂及初等实业学堂，所有一切经费众议提庙捐二成以资挹注②；南充县女子师范学堂并附设端明女子小学，拟“提起中资”，因“有妨正税”被驳，但同意各属量加“肉厘”、“药税”为经费③；纳溪县筹款在河滨安富街创立女子师范学堂并附高小一

① 《泸州女学》，《广益丛报》第 4 年第 17 号，纪闻第 10—11 页。

② 《提款办学》，《广益丛报》第 7 年第 17 号，纪闻第 12 页。

③ 《军督部堂批南充县详开办女子师范学堂一案》，《四川教育官报》己酉第 12 期，公牍第 6 页。

班，经费所指为“天星保团底捐及认拨之船厘等项”[①]；嘉定府女子师范学堂，所有书院膏火及孝廉庄考棚、校场等处地租均拨作该堂经费[②]；德阳女子师范学堂拟提拨县中义谷、培文两款为经费[③]。

私立女子师范学堂则由私人捐赀设立，因感经费不继而商请改归官立。淑行女塾暨女子中学附设简易师范系由华阳陈罗澂女士及士绅刘紫骥、陆慎言等人捐赀开办，陈罗澂自光绪三十年至光绪三十三年独力捐资共计2200余元，因经费支绌，光绪三十四年改归官立并定名为省城淑行女子师范学堂[④]，1911年冬季至1912年3月经费由省学务公所开支，预算银6860.299元、决算银1626.761元[⑤]。宜宾女子师范学堂经费全由赵清熙等主持者筹集；泸县女学会董事会筹集会金2000银两，先办女学会女子高初等学堂，再办川南女子师范传习所[⑥]。

---

① 《纳溪女学》，《广益丛报》第8年第14期，纪闻第10页；又见《纳溪县成立女师范并附设女小学情形一案（总督部堂批）》，《四川教育官报》庚戌第7期，公牍第15页。

② 《嘉定女学堂成立》，《广益丛报》第8年第30期，纪闻第13—14页。

③ 《德阳县详筹办女子师范学堂提拨义谷培文两款一案》，《四川教育官报》庚戌第2期，公牍第11页。

④ 《督宪批提学司详请择尤保举办学员绅文并原详》，《四川官报》庚戌第12册，公牍第4—5页；《广益丛报》第8年第16期，文牍第1—2页；《前署司详办学员绅得力事实择尤保奖文》，《四川教育官报》庚戌第8期，公牍第5—7页；《督宪批提学司详请将女子师范学堂故斋务长罗女士奏奖一案文并原详》，《四川官报》庚戌第4册，公牍第2—3页。

⑤ 《四川省教育行政经费近二年半经常临时两门支出预算决算分期统计比较表》，四川省教育司编辑《四川省教育行政报告书（民国纪元前一年十月起至三年六月止）》第三编第一章，第2页。

⑥ 易润生：《四川第一个女子集资创办的泸州女子师范学校》，《江阳文史资料》第5辑，第57—59页。

由于经费筹集困难，四川私立女子师范学堂多征收学食宿费，以为学堂聘请教员薪水等费开支。如巴县女子师范学堂的前身东亚女学堂学费一年分两学期，师范班每期每名学费龙洋6元、每名每月食费钱2200文、每日一餐者食费月钱800文①；重庆幼稚园附设保姆师范科，学费每年6元②。

其次，职教员。清季四川女子师范大多是在留日归国生的倡导、参与和影响下兴办起来的，还聘请了日本女教习或留日归国师范生担任教习或学堂监督，个别日本女教习还毕业于日本高等师范学校，这不仅使四川女子师范教育受到日本影响，而且提升了四川女子师范学堂的办学水平。

据笔者考察，省城淑行、巴县、泸县、南充、嘉定府、宜宾等女子师范学堂监督如表6—1所示。

表6—1　清季四川师范学堂总理或监督一览表

校名	监督姓名	履历	任职年月
省城淑行女子师范学堂	陆慎言	男，举人，就职教谕，候选内阁中书，成都府华阳县人，曾与胡峻等到日考察学务，任总理	光绪三十二年二月至1913年
巴县女子师范学堂	太田喜智	女，出生于日本千叶县渔港八日市场，东京女子高等师范学校毕业生，任监督	宣统元年至1913年1月

① 《女学发达》，《广益丛报》第6年第5号，纪闻第11—12页。

② 《重庆创办幼稚园》，《广益丛报》第4年第5号，纪闻第9页。

校名	监督姓名	履历	任职年月
泸县女子师范学堂	李树贤、黄华	身份不详,任首事	光绪三十二年闰四月至宣统元年
	黄俊、邓邦植	清庠生,任首事	宣统元至二年
	徐子立、张伯樵	泸州人,清庠生,任首事	宣统二年至1913年
南充女子师范学堂	罗燕斌	女,留日归国生,任监督兼任国文、修身、历史各科教习	宣统元年九月任职
嘉定府女子师范学堂	王琼	女,成都淑行女子中学毕业生,任监督	宣统元年十一月任职
宜宾女子师范学堂	赵清熙	身份不详,任监督	宣统三年

资料来源:南充女子师范学堂罗燕斌简历,参见《女子师范》,《广益丛报》第7年第24号,纪闻第13页;巴县师范学堂太田喜智的简历,参见[日]柴田岩《日本教习在重庆的事迹及活动——近代日中教育文化交流之初步考察》,《一个世纪的历程——重庆开埠100周年纪念》,第472—475页;泸县女子师范学堂监督情况,参见易润生《泸县一九零一年至一九四九年专业学校及普通中学概况》,《泸州文史资料选辑》第6辑,第11—15页;其他人的简历情况参见前文叙述。

从表6—1可以看出,主持四川女子师范学堂的主要是三类人员:一是具有相当国学根柢或科举功名又考察过日本学务之人,如陆慎言、罗燕斌,都是具有双重教育与知识阅历的人;二是日本东京女子高等师范毕业生,如太田喜智女士;三是新式中学堂或师范学堂毕业生,如王琼。其中,陆慎言、太田喜智在清季四川女子师范教育中的贡献尤显突出,下面予以特别介绍。

省城淑行女子师范学堂监督陆慎言,初颇用经书,"后益专治礼经,力学之暇,旁涉五射投壶弹琴引篆"①,曾与胡峻、方旭等赴

① 民国《华阳县志》卷十六,第7—8页。

日考察学务并合力开办四川高等学堂，任经学教员，光绪三十年与籍绅刘紫骥、女士陈罗澂等捐赀创办淑行女塾，光绪三十二年二月任总理，光绪三十四年学堂更名省城女子师范学堂，"该绅在堂，常存戒谨畏惧之思"，施行"贤妻良母"教育，形成勤奋好学、生活俭朴、爱国爱教之校风，"该堂整齐严肃，远近信仰"，"众论翕然，毫无疵议"，宣统二年五月赵启霖援案咨请特别奏奖①。

巴县女子师范学堂监督太田喜智女士，出生于日本千叶县渔港八日市场，在东京女子高等师范学校毕业后，渡海来华，先供职于南京女子师范学校，与四川留日生黄泽民结婚，又名黄太田喜智，随夫来到重庆，光绪三十二年六月任职巴县女学堂，光绪三十四年参与创办重庆东亚女塾，任教务长兼管理、教员，办学宗旨是"期实践，期整肃勤洁，力挽骄奢习惯，养成良妻贤母，高尚资格，以归有用而翼扶国家，改良社会，盖抱东亚自强主义"②，宣统元年改办为巴县女子师范学堂，任监督，1913 年 1 月离开重庆，1926 年回东京九段，几年后回到中国，1936 年左右在江南去世③。

除了总理或监督深受日本文化影响外，四川女子师范学堂监学、教员主要由传统智识女性、女子学堂、女子师范毕业生或具有新知识的女士、日本女士担任。比如前述的省城淑行女子师范学堂，学监即创办者陈罗澂女士，倡办者陆慎言、胡峻等任"中学"课程，先后聘加藤峰、今野八重、大野嘉代、相田智保、田添幸枝等日

① 《督宪批提学司详请择尤保举办学员绅文并原详》，《四川官报》庚戌第 12 册，公牍第 4—5 页及《广益丛报》第 8 年第 16 期，文牍第 1—2 页；《前署司详办学员绅得力事实择尤保奖文》，《四川教育官报》庚戌第 8 期，公牍第 5—7 页。

② 《女学发达》，《广益丛报》第 6 年第 5 号，纪闻第 11—12 页。

③ ［日］柴田岩：《日本教习在重庆的事迹及活动——近代日中教育文化交流之初步考察》，《一个世纪的历程——重庆开埠 100 周年纪念》，第 472—475 页。

本女教习任西学教习，后来还聘留日回国的陈宝琼任保育科教员、周王诗女士任美术油画教习；南充女子师范学堂，由留学日本女学毕业生罗燕斌任监督，兼任国文、修身、历史各科教习，并由淑行女子学堂毕业生李晓芳任监学，兼任算术、音乐各科教习；泸州官立女子师范学校，由日本女教习滨崎梅教音乐、图画、体操、理科，翻译则由留日归国生熊、曾、刘诸君分任，中学教习为泸中罗女士、陈女士担任。其中，淑行女子师范监学陈罗澂女士，对清季四川师范教育的贡献尤显突出，值得特别介绍。

省城淑行女子师范学堂创办者、监学陈罗澂女士，“少读书，明大义”，在留日归国的儿子陈仰天的影响下，慨然与籍绅刘紫骥、陆慎言等捐赀开办淑行女校，先后独力捐赀共计 2200 余元，“平时视学堂如性命，诚生徒如子女”，“生徒事以严师，亦怀如慈母”，“全校女生所以能潜心学业，遵守秩序，不为新奇之时论、诡僻之学说所浸染，皆女士训练之力”，光绪三十四年十一月初五日病逝，宣统二年八月清廷“准其在籍自行建坊，给予‘女宗遗惠’字样”①。

第三，课程设置与教学内容。清季四川女子师范教育，强调传统伦理道德思想的灌输与家政能力的培养，以养成贤妻良母式的国民女教师。据胡兰畦回忆，淑行女塾，“监督（校长）陆益之是一个守旧的举人，他主管的这个学堂专门宣扬孔孟之道，要求女学生恪守……女训，讲幽娴贞静，三从四德，头发要梳时髦的松三把；衣服要穿长过膝三寸的，不能穿短的；学生上学，轿子一定要抬进院

① 《督宪批提学司详请将女子师范学堂故斋务长罗女士奏奖一案文并原详》、《女宗遗惠》，《四川官报》庚戌第 4 册公牍第 2—3 页、第 22 册（宣统二年八月下旬）新闻第 3 页；《学礼部会奏四川总督奏华阳县陈罗氏捐助学费请建坊折》，《四川教育官报》庚戌第 10 期，奏议第 3—4 页。

内的大厅上，才准揭开轿帘。总之，一切要遵循封建的道德规范"①。重庆府太守希望重庆懿行女学堂诸女士，"勿负天与清淑之姿。力践国民应尽之职，思俭德之可贵，勿以揉罗被縠为荣。观矢敬恭而弗渝，勿以偭越规矩贻世诮。《内则》千言，《女诫》七篇，念兹在兹，守而勿失。更旁及于艺能，各展勤于内治……他时或启纱缦以授徒，饰蒿簪而课，扶掖世教，裨助弥多"②。巴县教育会长朱叔痴主张"女校招生应以身家清白为主"，"以后若女校中有形迹可疑之人，准学界诸君查有确据报告该校退学。虽由贱改良者亦不得收入，以昭慎重"③。嘉定知府在嘉定女子师范学堂成立典礼上指出，"女子师范，淑女良师，德育尤重"，办学宗旨"仍不能越家族范围"④。这些材料表明，养成具有传统伦理道德、贤妻良母式的女子人材与师资，仍是清季四川各女子师范的首要任务。

女子师范学堂的课程设置亦大致反映其办学宗旨。早在光绪二十九年重庆女学会拟定的《女学师范学校办事章程》就规定，女学师范课程分字义文法、家政及修身、历史、学书、粗浅算术、歌诗六种，并临时添设裁缝、音乐、画绣及美术等课程，一年卒业，此时尚未将教育科目列为教学内容。泸州官立女子师范学堂开设"中学"和"西学"课，设修身、教育、国文、图画、织缝、车造、算术、卫生、体操九门⑤；重庆幼稚园附设保姆师范科，学科国文、修身、恩物、唱歌、游戏、体操等普通学及教育、教授、管理法⑥；东亚女学校

① 《胡兰畦回忆录 1901—1936 年》，第 10 页。

② 《丁未年重庆府懿行女学堂开校训辞》，《广益丛报》第 5 年第 2 期，女学第 3 页。

③ 《整饬女学》，《广益丛报》第 8 年第 25 期，纪闻第 13 页。

④ 《嘉定女学堂成立》，《广益丛报》第 8 年第 30 期，纪闻第 13—14 页。

⑤ 《女学述闻》，《广益丛报》第 4 年第 29 号，纪闻第 8—9 页。

⑥ 《重庆创办幼稚园》，《广益丛报》第 4 年第 5 号，纪闻第 9 页。

初高两级学科为国文、修身、地理、历史、算术、体操、音乐、唱歌、手工、裁缝、家政、习字、图画、理化、东文、英文16门，师范班加心理、生理、教育学、教授、管理法各科①。这些材料显示，因受日本教习的影响，四川女子师范学堂课程设置多模仿日本，并将传统伦理道德思想的灌输、家政能力的培养、管教技能的养成作为教学与训练的三大内容。

清季四川女子师范教育的发展，具有特别意义。它不仅为四川女子教育的发展奠定了师资基础，而且为男尊女卑社会习俗与思想的转变提供了条件，还为女子走向社会和独立谋生提供了学识与技能准备。正如美国得克萨斯州立大学助教授丛小平所言，清季女子师范教育的萌发，“不仅提供了女子受高等教育的机会，而且将女子在社会上的工作合法化”，为女子接受中等教育、寻求职业、走向社会、赢得自立提供了机会与途径，打开了女子走向社会之门，影响了其后一代又一代女性②。

第二节 职业与专科师范

清季四川职业师范教育始于光绪三十年的留日职业师范，主要学校有实业教员养成所、蚕桑师范传习所、川东职业师范学校三所。

四川职业师范教育始于光绪三十年官派留日职业师范。鉴于中国经济发展所急需的实业人材缺乏，为预储癸卯学制规定设立

① 《女学发达》，《广益丛报》第6年第5号，纪闻第11—12页。

② 丛小平：《从母亲到国民教师——清末民族国家建设与公立女子师范教育》，《清史研究》2003年第1期第87—97页。

的实业教员养成所师资,光绪三十年十一月,学务处总理冯煦详请锡良酌选学生到日本学习实业,以培养即将在省城府试院开办的农工学舍教员,次年三月四川总督饬令学务处挑选省城高等学堂、成都府师范学堂、华阳小学堂学生共21名,另由游学师范生监督周凤翔就留东自费生中挑选8名,嗣又在日本挑选铁道学生13名,分派留学日本高等师范、铁道、农业、工业等专门学校,一律给予官费,以预储四川实业教育师资(参见前面的第二章第一节)。

四川省城实业教员养成所,创办于宣统二年春季。光绪三十二年,学部要求各地于省城先设立实业教员养成所,以补充初等实业学堂师资,并限期半年将筹办情形咨部立案。为了培养实业人材,宣统二年正月,四川提学使赵启霖详请开办四川实业教员讲习所,以省城劝学所总董彭兰芬任监督,以奉谕停办的补习学堂校址为校址,招收农、工、商简易科三班通学学生。三月,开始招生,拟先办农、工两科,一年毕业,招收年在20—30岁之间、文理通顺且粗通书算、能恪守所内规则且不致中途辍学者①,后"因初等商业学校各处已渐次成立,复添设商科一班"②,暂招三班,每班学生80名,经费除收每人每月学费银3元津贴外,不足由学务公所筹拨,学生不寄宿,每名学生每期自备学费15元,毕业后派赴各属实业学堂充教员或升入完全科肄业③,四月开学。五月上旬,因农业一科注重实习,所中无隙地堪辟农场,农科迁至南门外宫保府,工、

① 《提学使司告示》,《广益丛报》第8年第7期,纪闻第11页。
② 《添设商科》,《四川官报》庚戌第8册(宣统二年四月上旬),新闻第1页。
③ 《四川实业教员讲习所简易科简章》,《四川教育官报》庚戌第3期。

商两科仍居原处①。五月三十日,放暑假,计只两月,每名共征学费银6元。八月,提学使司准派学生官费②。十一月,因经费异常支绌,讲习所分别改并办理,农工教员讲习两班就近附入省城农工两中学堂内讲习,商业教员讲习一班拟即"改为中等商业学堂,附入商业教员讲习一班,合并办理"③。

劝业道所管之蚕桑师范传习所,宣统元年九月,在成都纯阳观开办,学生由各州县照额申送④。宣统二年二月,劝业道拟择址另建传习所,以价银9000两将校舍拨归巡警道所管之警务学堂⑤;五月,劝业道聘用法国游历川省调查丝业员白佑氏,任劝业公所办事员,兼传习所助教⑥;九月,毕业选科学生8名⑦。

川东职业师范学校,前身是光绪三十二年巴县绅民周笃钦、叚开霖、周朝宗、李蔚章、周炳文、文忠恕、董若林、杨祖培等捐资800两创办的实业讲习所,翌年复捐资2000元,加授测绘专修科,宣统二年改建为川东图画实业学校,附设实业选科,民初在官井巷添设实业速成专修学社,于演武厅内设工艺传习所,又于白果巷设普通

① 《迁地为良》,《四川官报》庚戌第11册(宣统二年五月上旬),新闻第2页。

② 《学部咨覆据提学使详开办实业教员讲习所应照章办理文》,《四川官报》庚戌第13册(宣统二年五月下旬),奏议第3—4页;《本司详拟派各州县实业教员讲习所官费生名额文》,《四川教育官报》庚戌第8期,公牍第7页。

③ 《督宪咨学部省城实业教员讲习所分别改并办理文》,《四川官报》庚戌第31册(宣统二年十一月下旬),公牍第2—3页。

④ 《成都之各学堂》,傅崇矩编《成都通览》上册,第56页;《札催补送学生》,《四川官报》庚戌第16册(宣统二年六月下旬),新闻第2页。

⑤ 《各得其所》,《四川官报》庚戌第5册(宣统二年三月上旬),新闻第1—2页。

⑥ 《聘用法员》,《广益丛报》第8年第11期,纪闻第10页。

⑦ 《蚕桑师范毕业》,《四川官报》庚戌第25册,新闻第3页。

实业学校，皆禀准立案，目的是推广实业、维持民生，1918 年学校改组为川东职业师范学校①。

清季四川体育艺术专科师范，主要有四川高等学堂附设体育学堂、四川体育专门学堂、重庆体育学堂、四川体育学堂、合川音乐专修学堂等。

四川体育专门学堂，前身是四川高等学堂附设体育学堂，光绪三十一年九月筹议、光绪三十二年三月附设、光绪三十三年正月独立。由于各府厅州县中小学堂体操教员缺乏，光绪三十一年九月下旬，学务处冯煦与提调方旭倡议设立体操专科学堂 1 所，考取学生 66 名，肄习六个月卒业，以备将来各府厅州县调取②，并于武备学堂附近购地建设③。稍后，学部电行各省设立体操专修科，以养成各学堂体操教员。光绪三十二年三月，四川高等学堂监督胡峻咨文四川提学使拟请于学堂大门外右偏石牛寺街南面房屋附设体育学堂，并附简章 12 条，获提学使同意。附设体育学堂简章规定：体育学堂以培养中小学体育教师，"划一初等小学、高等小学体操步伐口令为宗旨"；分本科、附学、附操三类，本科、附学各招两班，本科每班 36 人、附学每班 60 人、附操不计额；本科六个月卒业、分两学期、每期三个月，附学三个月卒业，附操不计期；酌纳学费，不寄宿食，操衣靴帽自备；教授简易师范的一般内容、各种体育课程和军事教练课④。五月，高等学堂附设体育学堂正式创办，首任监

① 《巴县绅民周笃钦等人恳请将实业学校改组为川东实业师范学校的函件及章程表册等(1917—1923 年)》，四川省档案馆：民国四川东川道尹公署档案，案卷号 191—1169。

② 《体操专校》，《四川官报》乙巳第 25 册，新闻第 1 页。

③ 《总督部堂咨覆学部电》，《四川学报》第 2 年第 3 册，公牍专电第 3 页。

④ 《高等学堂附设体育学堂》，《四川学报》第 2 年第 3 册，章程第 1 页。

学与体操教习为留日学生、新津县廪生邓莹诗，招收相当于中学二三年级程度、身体健壮的青年80余人入学，设甲乙班，甲班有中国老一辈革命家朱德等，课程设体育原理、生理、器械操（双棒、球竿、哑铃）、体操（双杠、单杠、木马等）、球类（只有足球、网球），两年毕业，教员由在留学日本学习体操回国的两人充任①。八月底，附科学生试验毕业，九月初提学使司委员试验，评定甲、乙等成绩，初三日提学使亲颁毕业凭照②。

因“川省学务次第扩充，惟体育教员尚乏高尚程度，为学生身教之资。考东西各国均有体育学校，养成体操教员，以振尚武精神”，光绪三十三年正月，四川提学使司将高等学堂附设之体育学堂迁入武备学堂附近新址，更名为“四川体育专门学堂”，并“增其学科，广其学期”。学科计有“修身、教育、国文、算学、心理、音乐、生理卫生、体育学、兵学、社会学、管理法及瑞典体操、普通体操、兵式体操、兵式教练、游戏、体操、射击、随意科等”共23门，略分为三类，一类在讲堂养成教员性质者共12门，即修身、教育、生理卫生、心理、音乐唱歌、国文、兵学、体育学、算学、图画、社会学、学校管理法，四期课时为384、404、324、442学时，一类在操场造成教员之程度者共6门，瑞典式体操、普通体操、兵式体操、兵式教练、游戏体操、射击，四期课时为220、220、300、168学时，一类在课外随意科以增长教员兴味而存国粹者共5门，柔道、击剑、薙刀法、拳斗术、器械术，四期课时为36、16、16、30学时，每期总课时为640学时；学期分四级，“第一期卒业可任初等小学教员，二期高等小学

① 张达夫：《清末的“维新变法”在成都》，《成都文史资料选辑》第4辑，第112页。

② 《卒业试验》，《广益丛报》第4年第24号，纪闻第9页。

教员，三期中学堂教员，四期高等学堂教员”；报考学生，须身体强壮，文理通顺，年龄在18—24岁，无怪习惯及不良嗜好，能遵守规则；每期征学费12元，不寄食宿；目的两个，“一为现时之四等教员，以备学堂之用；一为后时之一般军人，以备国家之用”①。

四川高等学堂附设体育学堂暨四川体育专门学堂监学邓莹诗，“自幼时获庭训，以日本之古操法研究其理者十余年”，光绪三十年二月，游学日本体育会体操学校，“常与日本哲学家高岛氏论体育原理，与手岛氏论体操法律及其主义”，光绪三十一年游学回省，呈请监督胡峻于四川高等学堂附设体育学堂。光绪三十二年五月，高等学堂附设体育学堂成立后，担任监学，兼体操教习。在他的主持下，光绪三十三年正月，四川省城高等学堂附设体育学堂独立，并更名为四川体育专门学堂。他在《呈请设立体育学堂意见书》中指出：“今之所用于学校者则规则运动是也，而规则运动之中，如瑞典操，如普通操，如兵式操，又各有其所宜，或专之，或兼而备之，皆必就学生之年龄，以助其身体之发达……故各学年之体操，皆贵加柔软法。柔软法者，运动不随意筋者也……一则造学生之精神，以促学向之进步而绌办事之能力，一则造国民之势力，以期人种之改良而完全立国之基础。苟非在上者提而倡之，扩而充之，目为重点，肩为急图，则体育其终难矫正，而教育其终难发达”；他的意见及章程受到学部的高度评价，“体操一科关系重要，其功用非直强健身体而止，实足以训成道德完固精神，故自初等小学以上，因学生年龄之有异，而教法各有所宜，为教员者尤非深谙

① 《招考体育专科学校学生告示》、《四川新津县廪生邓莹诗呈学部请立体育学堂章程》，《四川学报》第3年第1册（光绪三十三年正月），公牍第5页及第6册，章程第6—9页。

学理,不能胜任。所称各省学堂所授体操,无初等高等之别、无小学中学之分,洵为深中时弊之言,亟应设法讲求,以图进步”①。

重庆体育学堂,光绪三十三年七月,由重庆官绅协议,以武库街之原有武库改设②,十二月公布《重庆体育学堂章程》,并牌告于次年正月招生,二月开堂,拟招学生两班,每班以70—80人为率,修学年限三学期,共一年半,教员皆聘请日本体育高等学堂及留日师范生充任。章程规定:“本学堂为本省陆军小学堂之预科,并造就中学堂及各等普通学堂之师范,以强实学者之体育,研究体育之理法为宗旨”;入学资格为年龄16—25岁,文理清通,体格壮实,无疾病,无嗜好,身家清白,本身及先世无猥贱职业者;课程分学科、术科、随意科三种,学科有修身、国文、生理卫生(附救急疗法)、算学(附测绘)、体育原理、教育学、普通体操专科、兵式体操学科、音乐学9门,术科有美容术、徒手体操、哑铃、木棒、木环、游戏、行进游戏、舞蹈游戏、竞争游戏、瑞典体操、兵式体操、兵式器械、音乐、唱歌14门,随意科有游泳术、英文、拳勇刺刀术3门,每周授课30—32学时,学科占2/4、术科占6/10、随意科钟点无定,每期收费12元,外籍生另缴4元,一概不寄宿食,有非理犯法、滋生事端者,虽事出学堂以外,立即斥退③。学堂由署重庆知府耿葆煃督办,监督梅际郇、监学李成章、舍监吴楚,教员胡传心、王培菁、周国琛、熊兆飞、汪鸿猷、但懋辛等④。宣统元年四月二十八

① 《学部为邓莹诗呈请设立体操学堂劄附录四川新津县廪生邓莹诗呈请立体育学堂意见书》,《四川学报》第2年第5—6册,公牍第1—3页、章程第1—3页。

② 《改建学堂》,《广益丛报》第5年第16期,纪闻第13页。

③ 《重庆体育学堂简章》,《广益丛报》第6年第1号,总第161号(光绪三十四年正月三十日),新章第1—2页。

④ 《体育学校毕业详志》,《广益丛报》第7年第15号,纪闻第10页。

日,头班学生50余名毕业;1913年6月,学生全部毕业①;1914年停办。

四川体育学堂,宣统二年八月,由留日体育毕业生何枢垣、何其义、唐棣生诸人捐赀于省城创办。该堂"学科、管理皆臻完备,校中各项规则美满严肃,至于学科则不仅在形式上讲求且于精神上特加注意"。开校日,四川提学使莅校参观,赞美不置,"谓彼校办理、组织洵为完美,在蜀中体育界独标特色,诚不数见",并通令各州县选派学行俱优、身体强健者入学肄业,俾造师资②。

音乐专修女学堂,光绪三十四年十月,合川士绅余某夫人集赀仿照日本创设,"专习算术、图画并经史各科,为将来女界师范之预备,亦选科之意"③。

由上所述,我们可以发现,清季四川职业师范、体育音乐专科师范多由留日归国生仿照日本办理,深受日本的影响。

第三节　川边民族师范

面对西方列强向我国边疆地区的渗透与侵略,为了开发边疆、巩固边防、抵御侵略,晚清学部与有识之士注意到边疆教育问题,并出台了蒙藏教育的法规性文件。不过,由于边疆教育发展缓慢,师资需求尚不明显,晚清学部除建议为边疆培训教职员外,只出台了鼓励内地师范生到边疆从教的政策。宣统元年,学部一面拟饬

① 《省行政公署批巴县知事呈准重庆官立体育学校移送卒业学生履历表并请派员会考》,《四川政报》第141册(1913年6月15日),呈批第62页。

② 《体育开学》,《蜀报》第3期(宣统二年八月望日),纪事第1—2页。

③ 《音乐专修》,《四川官报》戊申第28册(光绪三十四年十月下旬),新闻第1页。

京师高等学堂增授蒙文、藏文为必修课程，以备蒙藏兴学之需，一面议决电知驻藏大臣会商达赖，蒙古各旗及前后藏各选一二百名聪颖子弟，先送京城理藩院和学部建立的官话传习所学习，再分派到各官立学堂肄业，“以为将来振兴蒙藏教育之基础”①。宣统二年，学部又专折奏请变通成案，对由学部派往新疆、云南、贵州、广西四省和蒙、藏各处以及海外华侨学堂充当教员的京师和内地人员给予优待与奖励。值得注意的是，在抵御外侮、建设与巩固国防的背景下，新疆开办了缠民师范班②，四川康区则开办了关学师范③，开启了边疆教育及民族师范的历程，并取得了相当的

---

① 《拟饬学堂增授蒙藏文字》、《拟饬蒙藏留学之办法》，《大公报》1909年9月25、26日。

② 宣统元年，新疆于省城中学堂内“分设简易师范一班。以新疆人民，缠民为多，另开缠师范班。其初级师范学堂，汉回各生，亦一律令习缠文，备利诱导”。参见炎培《清季各省兴学史》，第153页。

③ 关于清末川边康区的民族教育及民族师范教育问题，民国时期主要有张敬熙著《三十年来之西康教育》上卷（第42—54页）、全福《边疆师资教育之计划》（《康藏前锋》1934年第6—7期第111—114页）、张为炯《西康区教育之今昔及其改进之意见》（《康民月刊》1940年第2卷第10期第2页）、周应奎《西康三十年来教育兴替图》及《西康教育沿革》（《康导月刊》1938年第1卷第2期及1939年第1卷第12期）、张万根《西康教育之回顾与前瞻》、刘绍禹《西康教育史之略述》（《康藏前锋》1935年第2卷第10—11期第14—22页、1936年第4卷第1—2期第4—16页）；近20余年来主要有王笛《清末四川师范教育的发生和发展概述》（《四川师范学院学报》1984年第2期，第79—80页）、《清末“新政”与四川近代教育的兴起》（《四川大学学报》1985年第2期，第106—107页）、《跨出封闭的世界——长江上游区域社会研究1644—1911》（第496—593页）以及隗瀛涛主编《四川近代史稿》第六章第三节（第382—385页）、陈国勇《清末川边“兴学”述论》（《西华师范大学学报》1989年第1期、徐君《清末赵尔丰川边兴学考辨》（《西南民族大学学报》2006年第12期第21—22页）、刘先强《20世纪上半叶康区师范教育发展述论》（《西藏研究》2007年第1期第90—92页）、赵君《试论西藏地方近代教育改革的先驱赵尔丰》（《中国藏学》2008年第2期第14页）等作了初步研究。

实绩①。

一　民族师范的兴起

川边地区的学校教育发轫于清雍乾时期,而近代化的学校教育则始于清末。雍正八年,因"僻处边隅,复有熟番杂处其中,蛮童不解官音,塾师不解译语",议准四川建昌府嗣后于汉境内择大村大堡,"令地方官照义塾之例捐建学舍,选择本省文行兼优生员延为塾师,令附近熟番子弟来学,日与汉童相处,薰陶渐染,宣讲圣谕广训,俟熟习之后,再令诵习经书,其应需经书、食用等项,由该抚照例备办,毋得累派军民,俟熟番子弟学业有成,令往教训生番子弟,至熟习通晓之后,准其报名应试,该地方官照例收考,申送学政应岁科两试,其乡学塾师照乌蒙设学之例,以六年为期,如果教导有成,作为贡生,如三年无成,将该生发回,另行选择"。乾隆十一年,议准四川三齐等36寨番民,归隶茂州管辖,"该寨番民,如子弟秀异、通晓汉语、有志读书者,即送州县义学,从师受业,如渐通文理,照土司苗猺子弟例应试",然仅有倮㑩数人曾膺科举,目为殊荣,如越西县大田坝彝民秀才李大同、田坝土司岭国忠、邓聚诚系旧学尚有根底之人物,越西漫水湾水田集的王文汉、王文明兄弟,均为文武秀才出身,这不过是清政府羁縻方式的一种。光绪三十年,打箭炉直隶厅同知伍文元假城内诸葛街禹王宫开办大同学校,巴塘粮员吴锡珍亦创办官话学校并编辑官话课本,强迫康民送子弟入校,每日由粮署发给伙食,此乃西康教育之嚆矢。②

① 凌兴珍:《清季川边康区的边疆民族师范教育》,《四川师范大学学报》2008年第12期第123—132页。

② 梁瓯第:《川康区倮㑩之教育》,《西南边疆》第15期(1942年5月)。

川边地区的近代化教育，始于20世纪初年赵尔丰[①]经营西康。川边地区即所谓西康，介于四川、云南、西藏之间，地理位置十分重要，“譬之藏为川滇之毛，康为川滇之皮；藏为川滇之唇，康为川滇之齿，且为川滇之咽喉也。岂第藏为藩篱而康为门户已哉”[②]可见川、滇与康、藏之间唇齿相依的关系，而西康又是联结四川、云南与西藏的交通枢纽。赵尔丰经营西康、筹划西康建省，直接导火线是“巴塘事变”，根本原因是英、俄侵略西藏，川滇青等西部省份安全受到威胁，清政府试图通过西康建省与内属汉化康民来建设与巩固西南边防。光绪三十年，四川建昌道员赵尔丰向锡良上“平康三策”：一、整顿治理西康与川滇腹地边境野番地区，“将腹地三边之倮夷，收入版图，设官治理……三边既定，则越西、宁远亦可次第设治，一道同风”；二、将西康改土归流，建为行省，“力主改康地为行省，改土归流，设置郡县，以丹达为界，扩充疆宇，以保西陲”；三、开发西康，联川、康、藏为一体，建西三省总督，“改造康地，广兴教化，开发实业，内固蜀省，外拊西藏，迨势达拉萨，藏卫尽入掌握，然后移川督于巴塘，而于四川、拉萨各设巡抚，仿东三省之例，设置西三省总督，藉以杜英人之觊觎，兼制达赖之外附”。锡

① 赵尔丰，字季和，汉军正蓝旗人，原籍海州，落籍山东泰安，以纳捐为盐大使，分发广东，改知县，选山西静乐，见赏于山西巡抚锡良，随锡良至川，实授建昌道员，上平康三策，旋委川滇边务大臣，光绪三十三年二月奉旨护理川督兼办边务，光绪三十四年二月，清廷以赵尔巽督川，改赵尔丰兼驻藏大臣，厘定西康全局，宣统三年三月，赵尔巽调，赵尔丰署四川总督，王人文护；会川乱起，十月民军据成都，赵尔丰被杀。

② 《西康疆域记按语》，傅嵩炑：《西康建省记》，成都公记印刷公司1912年版，第1页。

良“嘉其议，据以入奏，廷旨报可”①。赵尔丰经营西康的计划，核心内容是改土归流、西康建省、卫川护藏御英。清政府旋即谕令锡良会同驻藏大臣有泰、帮办大臣凤全，注意“经营四川各土司，并及时将三瞻（瞻对，今新龙县）收回内属”②。光绪三十一年春，新任驻藏帮办大臣凤全到达巴塘，因限制喇嘛人数、开垦荒地等，导致矛盾激化，凤全一行50余人全部被戕，史称“巴塘事变”。事变发生后，锡良、成都将军倬哈布迅即奏派建昌道员赵尔丰与四川提督马维祺督兵攻剿，五月巴塘事变平定，8月，赵尔丰被任为炉边军务督办，继续平定川边叛乱。光绪三十二年七月，锡良、倬哈布联衔奏请“照宁夏、青海之例，先置川滇边务大臣，驻扎巴塘练兵，以为西藏声援、整理地方后盾”，清廷遂委赵尔丰为川滇边务大臣③。八月，内阁中书尹克昌奏请在川滇边区设建昌行省，“以四川雅州府、宁远府、打箭炉厅，明正、瞻对、巴塘、里塘土司，云南丽江府永北厅、永宁等府所属厅营州县土司之地，置建昌行省，升打箭炉为首府”，“教育费每年约百万两”，“编官话字母以一其语言，遍设小学堂以大启知识。渐移其黄教，进以农、工、商、矿、实业学堂，使之就地谋生，而先之以师范教育，终之以高等、专门教育”④。后来在光绪三十二、三十三年又有人奏议在川边、西藏建立川西省、西藏省，因事机尚不成熟，清廷对尹克昌等人的奏议不置可否，

① 转引自《赵尔丰传》，吴丰培编《赵尔丰川边奏牍》，四川民族出版社1984年版，第1—2页。

② 朱寿朋编：《光绪朝东华录》（五），总第5273页。

③ 《川督锡良等奏请设川滇边务大臣驻巴塘练兵电》、《军机处奏复请以赵尔丰为川滇边务大臣折》，吴丰培编《赵尔丰川边奏牍》，第45页。

④ 《内阁中书尹克昌奏请添设建昌行省折》，《东方杂志》第2年第8期（光绪三十一年八月二十五日）；又见《建昌设省》，《广益丛报》第3年第20号，纪闻第10页。

赵尔丰也不敢“操切议覆”①。光绪三十二年十月，赵尔丰回到成都，与锡良策划边事，电商滇督丁振铎，奏请设立关外学务局，在成都开办四川藏文学堂。光绪三十三年三月二十八日，赵尔丰照会度支部主事、井研吴嘉谟②充当关外学务局总办，奏拨边务经费3万两为学务经费；八月十八日，吴嘉谟等人由成都启程赴康，十月十五日行抵巴塘，十月十八日在巴塘（后改巴安府）设局办公，关外学务局正式成立③，由此揭开了川边教育及师范教育发展的序幕。

赵尔丰动机兴学、发展教育及师范教育，绝非偶然，目的在于开通风气智识、汉化边民、加强统治、抵御侵略。光绪三十三年六月初一日，赵尔丰致信四川布政使许涵度、署提学使方旭会商关外学务事宜，称：“巴、里二塘及乡城、稻坝等处……以次敉平，亟宜迎机利导，俾皆就我范围。盖以夷情犷悍，非有以开导其智识，不足以化其冥顽。况时值朝廷锐意兴学，尤贵于推广教育之中，寓劳来匡直之意。是学务之兴，在关外实不可缓”；“欲广设学堂，必多聘教习”，“造就师资，以备译员、助教之选，洵属入手要着”；“至造师之法，似仿京师国子监藏文学堂例，于炉城地方特设一优级藏文学堂，选内地各项优等毕业生，择其志趣坚卓，有远志、无习气者为

① 《拟改设西藏行省策》，《东方杂志》第3年第2期（光绪三十二年二月二十五日）；《代理川滇边务大臣傅嵩炑奏请建设西康省折》，傅嵩炑《西康建省记》，第25页。

② 吴嘉谟，字蜀尤，四川井研县人，丁亥进士，以度支部主事应聘关外学务局总办一职。

③ 程慕宗：《改良西康教育刍议》，《康导月刊》第2卷第10期（1940年6月25日），第63—66页。

合格"①。可见赵尔丰认为关外兴学实不可缓、造就师资为关外兴学入手要着、造师办法是在炉城特设一优级藏文学堂。六月十一日,赵尔丰奏陈川滇边务应办事宜六件,认为"兴学"为第一要务,理由是"当此向化之初,咸以先入为主,可与为善,亦可以为恶。若置而不教,设为邪说异端所诱,则将来挽救甚难。且军务甫平,各国教士,已纷纷前进游历,他国之人,尚不惮险远,以急于设教为务。安有隶我版图,为我子民,而竟弃而不教之理";所谓兴学,"只求文字言语相通,然后为之陈说纲常名教之理,使其人皆晓然于中土圣地,为人生不易之归";边地兴学,"培植人材在后,开通风气为先","凡新至该处附近汉蛮民人子弟七岁以上者,均令入蒙学,初年教以汉蛮语言通用白话之字,次年教以白话通用字联贯成句之法,以能写白话信札为度,授以计数珠笔各算学,训以事亲敬长,并对待同等应行礼节,应尽情义,及起居、饮食、行立、进退之规则。每逢星期,教习开堂,宣讲圣谕广训,及古来贤哲名言……。阖境汉蛮,皆准往听,学生三年毕业,即令退学,各务本业。再以新收者各按学期,陆续补入。……果有颖秀之士,其父兄又愿其日求精进者,再行择优升入小学。十年之后,果有成材,再行次第推广,建立中学、高等学堂。并请准照内地学堂章程,毕业之后,一体录送京师大学堂考验录用,以宏造就"②。赵尔丰此奏说明了兴学在办理边务中的地位、边地兴学与内地办学的差异以及边地兴学的路径与次第。八月二日,赵尔丰奏设关外学务局称:"炉境以西……以次敉平,乘此迎其向善之机,纳诸文明之域,诚盛举也。所

① 《护理川督赵尔丰咨边务大臣关外学务事宜》,《清末川滇边务档案史料》上册,中华书局 1989 年版,第 145—147 页。

② 《川滇边务事宜均关紧要据实缕陈拟具章程折》,吴丰培编《赵尔丰川边奏牍》,第 47、52—53 页。

难行者,文字不知,语言未习,假通人以治事,舌人有时而穷。徙贫民以实边,主客猝难相洽。如欲去此扞格,实非先从语言文字入手,不易为功。此学务之兴,所以万不可缓。……是以于炉城择地设学务局一所为总汇。凡筹拨学费,考查规制,采购图书仪器,延聘教习,派学劝学,一应事宜皆隶之",从而"不负国家怀柔远人,化民成俗之至意"①,核心是加强边疆民族建设和维护国家民族统一。

吴嘉谟出关创兴学务,"大旨以逐地调查为劝导下手之方,以预备造师为灌输文化之母,以从事官话为互换智识之阶,以编辑教科为开化新民之用,设两等学堂为升级之模范也,立贫民学校收边徼之弃材也"②,预备造师被视为灌输川边文化教育的基础与核心,受到特别重视,并获得优先发展。

为预储来年办学师资,光绪三十三年十月二十七日,关外学务局成立后,即将巴安旧有汉语讲习所学生 25 人暨本地私塾二馆学生 35 人招集一堂,传习师范③,次年春即派往巴塘、里塘、乡城、稻坝即中、东、南、西四学区开办初等和官话学堂。此后,吴嘉谟根据设学区域变化而培训与储备师资,赵尔丰每敉平一地,吴嘉谟即派出师范生往设学校。

光绪三十四年三至五月,关外学务局吴嘉谟于局内"急开官话师范一班,为下学期推广地步,义务教习为酉阳师范卒业生李亨君,专研究草地教导管理法,特编讲义两种又一册,曰教习须知",

① 《筹设关外学务局折》,吴丰培编《赵尔丰川边奏牍》,第 97 页。

② 《关外学务局详督宪文》,《广益丛报》第 7 年第 24 号,文牍第 1—2 页。

③ 《关外学务局总办吴嘉谟申报到差暨开局立校日期兼筹办大概情形》,第 3—4 页。四川省档案馆:清川滇边务大臣档案,案卷号 7—974。

招集制营号书、制兵、文童等为学员①,是为巴塘官话师范传习所第一期,共招生17人、毕业16人;七至九月,续开第二期,由局员张卜冲任教习,毕业学员12人;并于年假后,“调回各校教习,拟再开师范传习,一律作为第三班学员,藉资练习,为明春接续派往之预备”②。此后,师范传习所及补习科“按学期于放假期内开办”成为惯例,并于宣统元年关外学务局拟订的《学务章程》之《关学师范补习科及师范传习所简章》中予以明确规定③。至该年六月,巴(塘)、里(塘)、乡(城)三区统计开学18堂(含官话师范传习所),招集汉夷男女学生643人,而禀请设校者至数十所;至八月,共计设学30所、学生960人;暑假后,关外学务逐渐推广,至年底共成立学堂34校,男女学生1025人④。

宣统元年正月,吴嘉谟抽调藏文学堂毕业生70余名出关充当教习,并特令该生等在学务局补习师范及各方言语,按照“火食三两六钱、月费一两之数开支”⑤,半年后始派出35名充任教习⑥。至六月底,共计成立学堂39所、编辑官话教科书7种、汉夷男女学

---

① 《官话师范》、《巴学述闻》,《四川官报》戊申第20册,新闻第1—2页;《关外学务局呈报关外各学堂汉夷学生姓名年龄籍贯名册》,四川省教科所藏《四川省志教育志·民族教育抄件资料汇编》,编号492。

② 《关外学务局禀请变通假期并请奖励教习由》,四川省教科所藏《四川省志教育志·民族教育抄件资料汇编》,编号514。

③ 《关外学务局呈请开设师范传习所及其简章详报师范生名册补习日期与本大臣的批》,四川省档案馆:清川滇边务大臣档案,案卷号7—997。

④ 张敬熙:《三十年来之西康教育》上卷,第18—19、21页。

⑤ 《关外学务局详师范生补习期内火食等项照藏生开支由》、《学务局详师范生补习日期由》,四川省教科所藏《四川省志教育志·民族教育抄件资料汇编》,编号517。

⑥ 《督办川滇边务大臣赵尔丰奏推广学务添拨经费疏》,《广益丛报》第7年第26号,原总第218号(宣统元年十月十日),章疏第1页。

生1000余名①。十二月,照章于年假期内开办师范讲习班,"宣统元年十二月初一日开课,宣统二年正月十八日停课,由职局遴选程度较高、性质较良者分别派往,或赓续担任,或新开学堂";至补习师范一班,"十二月十五日开讲,即以志(钧)、方(松乔)两员分任教练"②,志钧(湖北普通学堂毕业生)、方松乔(两江师范学堂毕业生)二人皆"堪胜师范之任"③。至宣统二年春季,第二步设学区域扩大,学区递增,中区推至三坝,西区推至江卡、乍丫、宁静、察雅、昌都等,并于德格、白玉、登科等地增设北区,至五月开办西、北两路学校;至暑假,已开学堂70余所,教习近80名,司员巡视考察甄别,历年性情恶劣、不堪人师而累戒不悛的乡城第一女子学堂教习方定之、盐井第四官话学堂教习李植民、盐井第二官话学堂教习苏玉墀三名教习,被勒令进关,以"除害马而端师范"④。

因设学区域扩大,关外师资缺乏,宣统二年暑期,察木多刘大令特假文昌宫余屋组设师范传习所一区,考录合格之师范生入所肄业,七月二十七日举行开学典礼⑤。同时,吴嘉谟派委员张卜冲等赴省城招聘出关教习,计聘得男教习钟竟成、徐果成、王培元等75名,女教习吴本唐、罗万溶、华兰碧3名,共聘男女教习78名。

---

① 《关外学务局详督宪文》,《广益丛报》第7年第24号,文牍第1—2页。

② 《关外学务局详报宣统元年年假补习师范日期一案详文》,第21页,四川省档案馆:清川滇边务大臣档案,案卷号7—984。

③ 《札关外学务总局派县丞张中亮、志钧等分办学务由》,第3—4页,四川省档案馆:清川滇边务大臣档案,案卷号7—977。

④ 《学务局详各区学堂不堪人师教习据实甄别由》,四川省教科所藏《四川省志教育志·民族教育抄件资料汇编》,编号517。

⑤ 《察台师范开所》,《四川官报》庚戌第27册(宣统二年十月中旬),新闻第2页。

十一月十一日，省聘第一批师范生20名，由里塘起程赴巴塘，十八日第一批师范生19人到达巴塘；十月初八日，省聘第二批师范生26名，由省起程前往关外，十一月二十八日徐果成等9人到达巴塘；十一月二十四日，随同张卜冲委员的省聘师范生由炉出关，至十二月中旬回局①。因省聘师范生沿途分布，到巴者无多，"到日已逼岁除，必俟明春始能派遣"，十二月初二日，关外学务局司员组织到达巴安的省聘师范生开班补习，"已到学生二十八人开班补习，续来各生，一俟到巴，即令插班补习"，"兼习实地练习夷语"，其补习期内火食月费"援照上期藏生在巴补习时火食三两六钱、月费一两之数开支"②。至宣统三年春，招聘出关之教习约计70余名均已分委各区担任教育③，关外学务局增划学区为八区；至三月，太昭属工部已开办学校；四月，打箭炉厅学务归关外学务局办理；至五月，统计成立学校，东南两路已逾150所；至六月，开校已达160余堂④，加上西北两路及炉厅各属计算，实有学堂200余所，"规定处所尚不在内。其所以迟迟不克发达者，师范缺乏故也"。

由于关外师资缺乏胜于内地十倍，而预计来年学堂推广300校，即需师范生300名，"兼之现任学堂教习，或水土不服，或亲病辞差，以及性质不良，必须更换者，亦颇不乏。总而言之，一学期

---

① 《关外学务局详报省聘师范生先后报到以及开班补习各日期一案详文》，第15—17页，四川省档案馆：清川滇边务大臣档案，案卷号7—1000。

② 《关外学务局详师范生补习期内火食等项照藏生开支由》、《学务局详师范生补习日期由》，四川省档案馆：清川滇边务大臣档案，案卷号7—997。

③ 《关外学务局详呈宣统二年夏期派员赴省招聘出关教习履历一案详文》，第1—20页，四川省档案馆：清川滇边务大臣档案，案卷号7—1000。

④ 《边务大臣据关外学务局详报咨呈学部备案》，四川省档案馆：清川滇边务大臣档案，案卷号7—1000。

内，每区或添一二校，或更换一二人，即须预备教习四五十人。如果认真推广，尚不仅仅此数”，宣统三年五月十三日，学务局咨请在打箭炉开设关学师范传习所，以预储师资、通贯语言为宗旨，招集川省西南两道明白子弟暨川省藏文毕业生并炉厅附近通藏语而兼识国文者，入所讲习，每学期造就两班，每班以40人为限，毕业之后留堂补习，遇有开校处所，或撤换地方，即迳行派往；五月廿一日，代理川滇边务大臣傅嵩炑认为，“办法甚是。所拟简章，暂行亦可”，惟建议改名“藏语专修学堂”，理由是“‘师范传习所’系注重藏语，即名为‘藏语专修学堂’，以符名义”①。五月二十五日，吴嘉谟赴炉城组织藏语专修学堂，六月十一日招生，共取录学生30余人，闰六月十一日借炉城正南街中招待所全院开堂授课，分汉文、官话两班，后经甄别淘汰，剔除多名，由学务委员丁嘉乃、李稻、刘杰三人担任教习。至闰六月，西康全局大定并议建行省，而设学区域亦扩展到东至打箭炉、西至昌都、北至德格、南至乡城的全康范围，计有学校200余所、学生约2000余名，“康定、巴安之学生成绩并斐然可观，是诚西康教育之黄金时代”②，并计划于次年设立高等小学堂1所、女子高等小学堂1所、初等小学堂20所、官话学堂200所、幼稚园4所，共计男女学堂226所、学生8270人③。闰六月十六日，傅嵩炑统筹全局，奏设西康行省，并议改关外学务

---

① 《关外学务局详请于打箭炉开设师范传习所由并附关学师范传习所简章一份并批》、《关外学务局详呈师范传习所名义应否遵改文并批》，四川省档案馆：清川滇边务大臣档案，案卷号7—1001。

② 程慕宗：《改良西康教育刍议》，《康导月刊》第2卷第10期，第63—66页。

③ 杨明：《中国藏族教育史略》，成都科技大学出版社1993年版，第178—180页。

局为提学司①；七月，保路运动暨辛亥革命爆发，波及到西康地区，傅嵩炑率戍康军回川镇压，西康建省被迫中断，关外学务为之一阻。

在川边康区兴学与发展师范教育的同时，贫瘠落后的川边宁属会理、西昌、盐源等地亦开始兴办师范。清政府“废科举、兴学堂”诏令发布后，光绪三十年八月间，蜀南边徼、开通较迟的会理州，先后有康受嘉、马彝德、太泽宇游学东洋速成师范②，“青年亦多来省就学者，其所属之北路摩娑营马如珩首创蒙学一所，各乡遂相应继起，城中建立师范讲习所，颇有可观”③；盐源县何成珖、会理州何志忠等呈请到成都府师范学堂“自备食费，附住肄业”，成都府高太守“当即面试”，收录入学④。光绪三十年，西昌师范传习所于考棚设立，所长那寿椿，一年毕业，学生20人；光绪三十二年，西昌简易师范科成立，周尚崧聘北京师范毕业生由云龙主讲，二年毕业，学生20余人⑤；光绪三十三年，西昌知县周家钧创办东仓巷官立高等小学堂，留日归籍生胡光晋任校长，先办师资班，县内秀才、廪生、童生皆拜师从学⑥；西昌劝学所在鸡心石小学增设简易师范班⑦；宣统元年秋季，宁远府中学创办，附设初级师范（二年制

① 《代理川滇边务大臣傅嵩炑奏请建设西康省折》，傅嵩炑《西康建省记》，第24—26页。

② 《会理兴学》，《四川官报》甲辰第23册（光绪三十年九月上旬），新闻第3页。

③ 《会理州开办师范学堂》，《东方杂志》第2年第1期，教育第19页。

④ 《优待远学》，《四川官报》甲辰第22册，新闻第2页。

⑤ 《西昌县志》卷七，第18页。

⑥ 高履龙：《民国早期西昌留学生》，《凉山文史资料选辑》第12辑，第311页。

⑦ 高履龙：《西昌教育大事记》，《西昌文史》第10辑，第11页。

简易师范科），造就高小教员；冕宁县立高等小学附设师范传习所，师范生21名；盐源县高等小学附设师范科，有师范生20名①。宣统二年，四川省提学使司在省城筹设川中初级师范学堂，由学务司并管之“所有成、绵、龙、茂、懋、松、理各属”联立，学生暂以200名为额，常年经费亦“由各属分任”，阆中县年解银600元②；西昌单级教授传习所成立，修业一年③；十一月，因“师范缺乏”，提学司饬令越西厅“亟宜召集塾师设所研究，并推广师范，俾资补助”④。川边宁属各县陆续开办的师资短训班，为宁属地区教育的发展储备了一定数量的师资。同时，川边各县还有不少官自费国内外游学师范卒业生陆续返归原籍，为川边教育发展、师资培训及私塾改良提供了师资条件。据宣统元年上期省视学伍鋆报告，西昌、冕宁、盐源、会理、越西、峨边六县，合计游学卒业生54人，其中游学国内外师范卒业生22人，“近一二年间，由外洋留学及本省高等师范各学堂毕业者接踵，教职员尚不缺乏，各属高小学及已设中学堂虽未能一律骤企完善而规模逐次改观，各学科讲授亦多不迷于津，逮可以日策进化”⑤。这并不是说，川边官绅就重视教育及师范教育。光绪三十一年三月，会理州“官立公立各小学迄无端绪，

① 《宣统元年上学期上川南省视学调查学务报告》，《四川教育官报》己酉第8、10册。

② 《本署司札筹川中区师范学堂经费文》，《四川教育官报》庚戌第1期，公牍第8—9页；又见《阆中县志》卷十八，第16页。

③ 《西昌县志》卷七，第18页；高履龙《西昌教育大事记》，《西昌文史》第10辑，第11页。

④ 《提学司批越西厅详查明学务情形拟订整顿办法文》，《四川官报》庚戌第30册，公牍第11页。

⑤ 根据《宣统元年上学期上川南省视学调查学务报告》（《四川教育官报》己酉第7—12册至庚戌第1—7册）统计而得。

即出洋游学师范生经费由学务处垫给者，屡经檄催，亦并未归款”，该牧令于办学一节“不甚认真”①；九月，学务处冯煦请锡良对各属办学不力者记过，其中记过1—5次的有前署汶川县丁国彬、盐源知县王春泽两人，应请记过而情有可原的有打箭炉同知刘廷恕、宁远府知府李立元、署西昌县周家钧、署峨边厅胡良生四人②。赵尔丰任职期间曾奏请在四川宁属边陲之地设立化夷学校100余所，大都有名无实；宣统年间，天主堂请西昌礼州厥贡三赴昭觉教彝族子弟三年，著《夷文汉译》一册，因系传教而往，无甚成绩③。

二　民族师范类型

清季川边康区的师范教育机构，概括起来大致有三类：一是成都的四川藏文学堂，一是巴塘的关学师范传习所，一是打箭炉的藏语专修学堂。

1. 关学师范的先导—四川藏文学堂

为了储备边地人材与师资，光绪三十二年十月，锡良与赵尔丰商议奏设四川藏文学堂，“暂假周公祠开办，以华阳县城隍庙后殿为宿舍。俟铁道学堂宿舍筑成，腾出奉化馆，即以奉化馆为学堂，以守备署为宿舍”，“以铸造边徼办事译员与各种实业教习为宗

① 《总督部堂批州营会理州禀设法筹款创办武营蒙养学堂一案》，《四川学报》乙巳第4册，公牍第16—17页。

② 《学务处总理冯详请总督部堂记各属办学各员功过一案》，《四川学报》乙巳第12册，公牍第1—3页。

③ 谢开明：《论宁属倮民教育》，《边政月刊》第4—7期合刊（1944年8月1日），第80—85页。

旨，专为练成边材起见”①，十一月二十日开学，招生149名。四川藏文学堂虽名为藏文学堂，实为当时训练边地人材与师资的唯一场所，“亦即西康师范教育之先导”，原因是造就师资实为当务之急。如前所述，光绪三十三年六月初一日，赵尔丰致四川布政使许涵度、署提学使方旭的信函，就将创设藏文学堂视为造就师范的场所，“至造师之法，似仿京师国子监藏文学堂例，于炉城地方特设一优级藏文学堂，选内地各项优等毕业生，择其志趣坚卓，有远志、无习气者为合格”，“造就师资，以备译员、助教之选”②。学部咨覆赵尔丰文称：“所筹办法，甚为扼要。惟优级藏文学堂名义未安，……该处兴学伊始，自以小学教员为急需。所设藏文学堂，即不须一年已可毕业。应改名藏文专修学堂，招取内地已习师范及曾习各种科学之学生入堂肄习，乃能应用。”③可见，赵尔丰和学部是把造就边地师资当作藏文学堂的重要职责来申述的。不仅如此，四川藏文学堂的创设宗旨与毕业生去向，亦可证实它是关外师资的出产地。由方旭与试用道兼学堂监督熊承藻会订的《四川藏文学堂章程》，明确规定：四川藏文学堂“以铸造边徼办事译员与各种实业教习为宗旨，专为练成边材起见”，招选年龄20—35岁，身体强健、能习苦耐劳者，文字通顺、能记载事物者，不吸洋烟、无疾病者，非亲老丁单、无家务牵挂者，家世清白、本身无过犯者，有

① 《光绪三十三年川督咨送藏文学堂章程》，《学部官报》第24期，京外学务报告第170页。

② 《护理川督赵尔丰咨边务大臣关外学务事宜》，《清末川滇边务档案史料》上册，第145—147页。

③ 转引自张敬熙《三十年来之西康教育》上卷，第43页。

切实保证者[①]。光绪三十二年十一月二十日开学，招考文理通顺、身体健壮学生120名入堂肄业，至光绪三十四年十一月二十日届满考列最优等46名、优等53名、中等39名、下等1名，合计毕业学生139名[②]。宣统元年三月，前后调派两批出关，第一批最优等、优等60余名，第二批中等之优秀者10余名，由成都至康定者共78名，由康定至巴塘者仅60余名，到后即补习师范、语文，七月底派出35名分任教习、准假回川者25名，至此共耗银2万余两（学堂两年费用16360两，治装、路费及补习费4753两），专以服务人员计算，每名约耗600余两[③]，其造就边教师资之难可想而知。

2. 关学师资的临时养成机关—关学师范传习所

吴嘉谟到关外设立学务局后，因边地师资缺乏，且“内地教员不谙康语，藏文学生又未毕业”，为筹备来年开办边地学堂的师资，不得不就地取材。学务局首先将巴塘旧有汉语讲习所学生25人与本地私塾二馆学生35人招集起来，于学务局开办官话师范传习所，光绪三十三年十月二十七日开学，次年春即派往各处开办初等及官话学堂。光绪三十四年三至五月，续办师范传习所一班，招集制营号书、制兵、文童等为学员，经过三个月短期训练后派出任教，拟于年暑假内再调回局补习。七至九月，学务局续开关学师范

① 《前总督部堂锡奏开设藏文学堂片》，《四川教育官报》乙未第10册（光绪三十三年十月），奏议第3页；《署四川提学使方旭、四川藏文学堂监督熊承藻会详锡良拟订藏文学堂章程》、《锡良请设藏文学堂片》，《清末川滇边务档案史料》上册，第93—95、107—108页。

② 《四川藏文学堂向川滇边务大臣呈报学生姓名年龄籍贯及毕业试验积分表》，四川省档案馆：清川滇边务大臣档案，案卷号7—986。张敬熙《三十年来之西康教育》第49页则记为：最优等39名、优等31名、中等22名、下等1名，共计93名。张氏记载，显然有误。

③ 张敬熙：《三十年来之西康教育》上卷，第49—50页。

传习所一班，学员 12 人，张卜冲任教员；并于年假时调回局补习师范，再新开师范传习所。截至宣统元年九月止，前后合计，关外学务局共办理师范传习 6 班，毕业学生 105 名（参见表 6—2），调训的藏文学堂学生尚不在内。

表 6—2 关外学务局附设师范传习所概况表

年次	班次	学生	修业期限	教习	备注
光绪三十三年	甲乙两班	60	十月二十七日至十二月		招集巴安旧有汉语传习所 25 人与本地私塾二馆学生 35 人组成，共 60 名
光绪三十四年	第一班	17	三月初六日至五月二十六日	李亨	年假调局补习，再求深造。另有学务局附设手工选科及炉城设立的藏语专修班 34 人。
光绪三十四年	第二班	12	七月初一至九月初一	张卜冲	
宣统元年	第一班	7	不详		另有学务局附设补习科等 3 所，学生 20 人。
宣统元年	第二班	9	不详		

资料来源：张敬熙《三十年来之西康教育》上卷，第 18、22、50—51 页。

如前所述，宣统元年三月，关外学务局调藏文学堂学生出关任教，到后即补习师范、语文，七月补习结束，始有 35 名藏文学堂学生派出任教。宣统元年年底，散放年假，关外学务局照章"于放假期内开办讲习"，并设"补习师范"。宣统二年七月二十七日，察木多刘大令特假文昌宫余屋组设师范传习所一校，考录合格师范生入所肄业。宣统二年夏期，关外学务局派员赴省城聘请师范生出关任教，计第一批钟镜成等 20 名、第二批徐果成等 26 名、其余随委员张卜冲出关，共计 78 名，并于宣统二年十二月初二日为刚到达巴塘学务局的省聘师范生开班补习、实地练习康语，宣统三年正月派赴各校任教。可见，巴塘学务局开办的关学师范传习所是关学师资的主要养成机关和再培训机关，在清季关外学堂师资的养成中发挥了关键作用。

3. 关学师资的长期养成机关—藏语专修学堂

随关外学务局设学区域推广、教育发展，非广储师资不可，宣统三年五月十三日，吴嘉谟详请在打箭炉开设关学师范传习所称："预算来年推广办法，凡设治地方平均计算，每处二十校，一年之间尽可成立三百校，即需师范三百名。兼之现经任有学堂之教习，或水土不服，或亲病辞差，以及性质不良，必须更换者，亦颇不乏。总而言之，一学期内，每区或添一二校，或更换一二人，即须预备教习四五十人。如果认真推广，尚不仅仅此数。是此项学堂若不及早预备，不特未开之校，不能扩充；即已开学堂，时虞中辍。再四筹思，惟有于炉城地方设一师范传习所，招集川省西南明白子弟，暨川省藏文毕业生，并炉厅附近通藏语而兼识国文者，入所讲习。以考察性质为宗旨，以练习夷情为主义。既已习惯之相似，或收效用于速成。暂拟于每学期中造就两班，每班以四十人为限。毕业之后留堂补习，遇有开堂处所或撤换地方，即迳行派往，既免周转之苦，亦不至稽迟时日。平时去莠存良，招补亦易为力。"①关学师资如此缺乏，广储师资实有必要。附送的《关学师范传习所简章》规定：本所"以预储师资、通贯语言为宗旨"，"招集川省西南两道明白子弟暨川省藏文毕业生并炉厅附近通藏语而兼识国文者入所讲习"；每班学生以 40 人为足额，分招、调两种，招生是招通熟藏语而识国文者，而调生是调本年省城藏文学堂毕业者，皆以身体强健、志趣端正者为合格，学生额满则开班；师范传习所委监学一人、

---

① 《学务局详呈炉城开设师范传习所由并附关学师范传习所简章一份》，四川省档案馆：清川滇边务大臣档案，案卷号 7—1001。

教员二员,监学管理全校事务,以炉城转运员兼任,教员二人担任全校学科,由巴塘调经验有素的藏文教员担任,监学、教员月支火食银三两六分,学生同例,惟藏文学生照章月支零用一两;教授之法分三种,即藏文毕业生补习藏语,新招学生补习国文,无论何生皆教以边地教授法及管理法;以三个月为满补习期,期满合用即行分派各区充当教习,每人发一骑以驮,不另支发川资,如满一期而不合用者退,新招学生并饬赔缴火食。五月廿一日,傅嵩炑认为办法妥善,准予照办,惟因传习所名义不当而令其改名藏语专修学堂①。五月二十五日,吴嘉谟驰赴炉城组织学堂,并视察里河学校②。闰六月十一日,吴嘉谟到炉城"招得三十余人,适由巴塘电调来炉各教习业已到齐,即于闰月十一日暂借中招待所全院开堂授课",炉城试办之藏语专修学堂,"仍分汉文、官话两班,务求双方并进,以备任使","所招学生有在内地曾任教习者,有肄业科学二三学期者,至本地通晓汉藏语言而愿补习汉文者,此等学生尚居多数,将来投考人多,再行分班教练,不相厕混。惟查该生等程度参差,异时派遣似难额定毕业期限,以应各区缓急之求,暂拟择其质地安详、略通科学者先行委任。其程度太低者酌量留堂补习,至于不规则之生亦不敢任便迁就,遇有此弊,仍照章责成保人赔还食费"③。七月十三日,藏语专修学堂学生经甄别,"剔除多名,现在听讲一月,诸生伏案渐知奋勉,解否受益因不可必,惟有督令丁

① 《学务局详呈炉城开设师范传习所由并附关学师范传习所简章一份》,四川省档案馆:清川滇边务大臣档案,案卷号 7—1001。

② 《吴总办禀赴炉(准备师资)日期由》,四川省档案馆:清川滇边务大臣档案,案卷号 7—1001。

③ 《学务局详在炉开办藏语专修学堂暨筹办情形由》,四川省档案馆:清川滇边务大臣档案,案卷号 7—1001。

(嘉乃)委员等尽心讲授,不敢稍涉懈忽,致干咎戾。再驻炉专修学堂三人,除丁委员外,另由主事在巴调查员李稻、教习刘杰同任教导,学科钟点当无缺乏"①。因四川保路事起暨辛亥革命爆发,藏语专修学堂停办,但至少应有一届两班学生毕业②。

三　民族师范办学特色及影响

清季川边康区,偏僻荒寒,山水险恶,交通闭塞,人烟稀疏,民智锢蔽,生产落后,文化幼稚,经济停滞于自给自足状态,限于气候与地势,康区人民大多以游牧为业,笃信佛法,日常生活大致不出牧畜生产与宗教信仰范围,其教育及师范教育的推广与发展主要得益于以下两个因素。

首先,清季川边康区兴学纯属政府行为,政府既以边为拓殖地又以文教为切入点,官吏提倡推动、政府拨款经营是关外学务发展的一大特色,其中宽裕的经费支持是川边康区边民教育及师范教育迅速发展的重要原因。俗话说:"凡事固以人力而治,进行则以财力为先,使有人而无财,亦属空拳莫奋。"清季川边设县未久,政事简单,除征粮税、支应乌拉③外,兴学设校是各县官吏考成的重

① 《学务局详报炉城师范学堂甄别学生调派教习情形由》,四川省档案馆:清川滇边务大臣档案,案卷号 7—1001。

② 宣统三年七月,保路运动暨辛亥革命爆发。辛亥冬,退住打箭炉的关外学务局总办吴嘉谟,闻四川反正,即遣二人到巴塘嘱收支员李亨赶急造账报销。腊月,巴塘反正时,厘清各局所款资,学务局尚存银 2.6 万余两,迄至 1912 年春所存款项浮报无余。由此推断,驻打箭炉城的关外学务局总办吴嘉谟至 1912 年春尚未离开,而炉城的藏语专修学堂第一期学生至秋季即满三个月毕业,故该学堂至少应该有一届两班学生毕业。参见:锋《关外学务局报销之浮冒》,《国民公报》1912 年 9 月 24 日第 2 版;阳昌伯《民国时期康区师范教育史略》,《甘孜州文史资料》第 7 辑,1988 年,第 165 页。

③ 清末民国时期,藏民称完徭役为支应乌拉。

要内容,因此每一办学政令,地方官吏奉行唯谨。不仅如此,赵尔丰还努力确保学务经费充裕。光绪三十三年夏,赵尔丰奏准设立关外学务局,经度支部核准,在边务经费项下拨银3万两为学务经费,聘任在籍主事吴嘉谟为总办,学生应需一切物品如课本、制纸、笔墨等悉由公家发给,毫不征费,每期试毕,成绩佳者,设治委员尤必从优奖励①。光绪三十四年四至十月,关外学务局用费共银1.8万余两,预算来年推广、学堂添置各项至俭亦约须常费银3万两②;至十二月底止,原拨经费银3万两报部核销,所存之数不敷次年开支,详请奏拨并请撤局以省经费,赵尔丰奏请在边务经费项下再拨银3万两,以资扩充学堂之用③,裁撤学务局之议"碍难照准"④。宣统二年,学务局预算来年经费增至银6万两,而清政府亦核定经费银6万两⑤;直至辛亥年腊月巴塘反正时,学务局尚存银2.6万余两⑥。此外,关外缴获藏民物品铜器变卖银两及利息以及地方土司捐银等皆作为学务补助费用。据记载:光绪三十一年,巴塘、定乡、稻城、贡噶岭等处缴获藏民物品及各处铜器,自光绪三十二年后陆续变卖得银33900两,发成都、华阳两县商号生息,息银为补助关外学生衣履之费;其存关外各物,续据委员变价

---

① 周应奎:《西康教育沿革》,《康导月刊》第1卷第12期(1939年8月25日),第31页。

② 《关外学务一览表简明说》,《四川教育官报》己酉第1期(宣统元年正月)。

③ 《督办川滇边务大臣赵尔丰奏推广学务添拨经费疏》,《广益丛报》第7年第26号,章疏第1页。

④ 耿金声、王锡宏主编:《西藏教育研究》,中央民族学院出版社1989年版,第386页。

⑤ 《学务部呈请都督府准关外学务局总办咨商关外学务不应停办一案》,《四川都督府政报》1912年3月22日。

⑥ 锋《关外学务局报销之浮冒》,《国民公报》1912年9月24日第2版。

得九七平银20272.8两，于宣统元年交打箭炉厅收存，均议作边地学务之费；巴塘设治巴安府，而学堂尚未修建，都司多吉僧格捐银2000两倡修学堂，不敷甚钜，遂将前存巴塘之银1万两作为修建学务局及学堂之费；川省发商之银照旧生息，除本银不动外，仍将息银添补学堂，制购学生衣履之费，又将炉厅所存之银分发新设之河口、理化厅、稻城县、定乡县修建学堂，"俾边地蛮民，早为开化，知明伦爱国，汉夷同风"①。宽裕的经费支持，不仅使关外学务局从无款竭解散之虞，而且还给予师生优厚待遇，关外教育及师范教育遂快速发展起来，呈现出一日千里之势。正如1915年川边镇守使所说，"前清末年，川边学校林立，考其进步之速，实因学款富裕所致，当时学务开支多系奏拨之款"②。

其次，给予办学人员、学堂教师及关外师范生优待，实为关外学务迅速发展的又一原因。赵尔丰认为："关外办学以求才为最难，欲使人才乐于效用，惟恃奖劝之公，以资激劝。"关外学务局最初规定：凡三年届满，成绩卓著，即照异常劳绩择优保奖，师范毕业生服务三年，准作为义务年满(内地系五年)，如果成绩优著，并照五年届满之条给奖；又恐学务人员到差先后不齐，拘定三年，不免稍有偏枯，故又规定服务届满三年，人数在七人以上者即随时请奖，不必以三年为定限，而惟以三年成绩为凭③。宣统元年十一月初九日，由于边徼兴学伊始，择师为难，学部奏请变通教员奖励并

① 《将缴获匪物普通价作为学堂经费片》，吴丰培编《赵尔丰川边奏牍》，第98页。

② 《咨复教育部准川边镇守使咨复筹划川边义务教育办法情形一案文》，《四川公报》第15册(1915年9月26号)。

③ 吴丰培编：《赵尔丰川边奏牍》，第99—100页；张为炯：《西康康区教育之今昔及其改进之意见》，《康导月刊》第2卷第10期(1940年6月25日)，第9页。

师范生义务年限，“凡京师及内地各省人员，由臣部派往新疆、云南、贵州、广西四省以及附近蒙藏各处或海外华侨学堂充当教员者，三年届满，如果成绩优著，即照异常劳绩请奖。如内地师范毕业生派往各处充当义务者，在堂三年准作为义务年满，如果成绩优著，并照五年届满之条给奖。庶几人材乐于效用，边陲学务得以早日观成，即海外侨民亦得同沾圣泽”①。川滇边务大臣及关外学务局对师范毕业生、教员及办学人员均给予格外优待。光绪三十四年初，巴塘官话师范传习所肄业生派出服务，其薪修限定在本境者月修 3 两、伙食 1.5 两，出境者加银 1.5 两，兼他校者酌加；女学堂有聘女教习者，均系行营管带、哨官及教习眷室，故有义务，有津贴，不从修例；每区设校长一人，主持教育管理及宣布命令一切事务，并任者不支薪，专聘教习者月支薪修 20 两②。其时康区“物价低廉，每教师薪给不过三数两已足”③。折合当时物价计算，教师“最低薪额亦为伙食之三倍或四倍，无不足糊口之事”④。光绪三十四年十一月十三日，吴嘉谟请求对各校教员给奖，原因是“各校官话教习均由职局在两班师范传习所修业生中陆续择优选派，虽久暂不钧，而自春间派出者，已不无小效。现在一年期满，窃念该教习等或为制营号书，或系本地商贾，均非无生业者。当招选师范之初不免稍加强迫，一经委员等督率劝导，遽甘担任教育而不辞，然月薪仅只数金，火食均令自备。在职局撙节经费，初议未敢从

① 《学部奏变通边省及海外华侨学堂教员奖励并师范生义务年限折》，璩鑫圭等编《中国近代教育史资料汇编：实业教育　师范教育》，第 610 页。

② 《关外学务一览表简明说（附表）》，《四川教育官报》己酉第 1 期。

③ 李亦人：《西康综览》第十四编，上海正中书局 1947 年版，第 245 页。

④ 张为炯：《西康康区教育之今昔及其改进之意见》，《康导月刊》第 2 卷第 10 期，第 9 页。

丰，曾谕以年终考绩，详请优奖。兹值年假，若不稍予奖给，不特不能励现在，并且无以饵将来，且明春开校，又须赓续派往，得此鼓励，似于边学前途可期进步”；十二初七日，赵尔丰批覆，奖励“应不准行。如必欲励其勤劳，准由该局分别每人酌奖银二三两可也”①。结果，该年年假，吴嘉谟对勤劳教师分三等奖给现金，一等奖3两、二等奖2两、三等奖1两；宣统元年，教员薪俸则多加倍；宣统二年暑假，教师成绩优异者，分别加薪以资鼓励，计一等一月加银8两、二等6两、三等4两，其他2、3两不等②；七月初八日，赵尔丰奏请朝廷对“迄今已满三年，而化梗顽为良善，成绩优著，不无微劳”的边区学务人员择尤保奖；宣统三年四月，学部会同吏部核议，按照定章奖给吴嘉谟知府、张卜冲选用通判、吕秀生选用巡检、李亨与杨赞贤选用县丞、魏仲馀与廖明阳选用从九品官职③。川滇边务大臣对学务人员的奖励不拘常格，原因是清季培养的关外办学人材或师资人数无多，就学者半非本地人民，既隔于言语复无尽义务之责，加上边地苦寒，若待遇菲薄，难以留住教育人材。在重奖之下，康区办学人员“奔驰于冰天雪地之中，周历遐荒，多方劝导”④，“汉籍老师们吃苦耐劳，循循善诱”，康区教育迅速发展起来⑤。

由于康区人民的风尚、礼俗、语文、思想与生活需要均异内地，非特别“就地造师以为本地之用”，不能适应当地特殊环境与生活

① 《关外学务局禀请变通假期并请奖励教习由》，四川省教科所藏《四川省志教育志·民族教育抄件资料汇编》，编号514。

② 张敬熙：《三十年来之西康教育》上卷，第22、81—83页。

③ 《关外办学人员三年届满择尤请奖折》，《清末川滇边务档案史料》下册，第711页；又见吴丰培编《赵尔丰川边奏牍》，第100页。

④ 同上。

⑤ 耿金声、王锡宏主编：《西藏教育研究》，第388页。

需要而收教育实效。从清季川边康区的师资培养来看，光绪三十二年在成都开设的四川藏文学堂首重德育，以养成边材的爱国心为最要，其次注重语文，将藏语藏文列为第二，英语英文列为第三，国文与修身伦理并重而列为第四，同时注重康区及周边史地，并将图画、测绘、算学、体操列为教学科目①，“其科目与时间亦全系斟酌实际需要而定，绝无学非所用之弊”②，但是入学者既非师范学生，课程又无教育科目，显然并非专为培养边地师资而设，只是陶铸翻译人材及特殊师资而已，因此宣统元年毕业生派遣出关，因语文隔阂而补习数月，才堪任教，而且录取学生 149 名、毕业 139 人，任教者仅 35 名。宣统三年六月，在打箭炉开办的藏文专修学堂，每班以 40 人为足额，学生分招、调两种，招生以通熟藏语而识国文者，调生以本年省城藏文学堂毕业者，皆以身体强健、志趣端正者为合格，藏语文教师调自巴塘，教学自无扞格，教授之法分三种，即藏文毕业生补习藏语、新招学生补习国文、无论何生皆教以边地教授法及管理法③，学堂既设在康区，课程亦较进步，教员亦懂康语，又注意边地教育需要，但训练时间较短，仅三月满期，且因革命军兴，未收成效即告停顿，不无可惜。其他关学师范传习所均为临时师资养成所，初则就地取材，继则借材异地，均无特别训练，仅短期补习师范与语文以作过渡之用而已。川边宁属传习师范更是“少有一年毕业者，或四五月，或二三月，各师范生于平日不尽有修养

① 《四川藏文学堂章程》，《四川学报》第 3 年第 1 册。

② 张为炯：《西康康区教育之今昔及其改进之意见》，《康导月刊》第 2 卷第 10 期，第 9 页。

③ 《学务局详呈炉城开设师范传习所由并附关学师范传习所简章一份》，四川省档案馆：清川滇边务大臣档案，案卷号 7—1001。

之品格，学识又苦不逮，故不能胜任者颇居多数”①。清季川边师资培养虽已开始注重边地生活与教育需求，但因处于初创时期，以短训为主，对边疆生活与边疆教育仍重视不够，故师范毕业生派出任教后多难以指导与帮助边民改善生产与生活条件，加上实行强迫汉语文教育政策，致使边民形成读书为苦差的“学差”观念②，影响及于整个民国时期，“一般富有人民，认为不能避免入学痛苦时，甚至年以藏洋二三百元，收买贫穷子弟，使其代替入学”，“一般贫穷子弟反而因是受了实际的惠益”③，故赵尔丰在康办教育，“用力虽勤而成功仍较少”④、“效绩不甚著”⑤。

清季川边地区的师资培养尽管存在这样那样的问题，但它的积极作用仍不容质疑，“虽未能大奏功效，然实开其始基”⑥，不仅为清季川边地区教育迅速发展准备了师资条件，使这个世代没有正规学校教育的偏僻落后地区有了教师与学校教育，并且在清末五年呈现出教师与学校同步增长的态势（参见表6—3）。

---

① 《宣统元年上学期上川南省视学调查学务报告》，《四川教育官报》己酉第7期，报告第1—5页。

② 清季民国时期，由于学校教师多不懂康语，学校仅教读汉字学汉话，而对康民生活所需者如藏文康语及生产反置之不教，因此川边康民恒视送学生读书为支苦差，其供支差之学生全为雇佣性质，学校学生多系价雇贫家儿童入学，每名每年藏洋百数十元至二百元，名曰学差。

③ 《治理康区意见书》，赵心愚、秦和平、王川编《康区藏族社会珍稀资料辑要》（上），第361页。

④ 《康省学校教育较前长足进步》，《西康国民日报》1940年10月21日第3版。

⑤ 《教育部公布蒙藏教育沿革概况》，中国第二历史档案馆编《中华民国史档案资料汇编》第五辑第三编教育（一），江苏古籍出版社2000年版，第486页。

⑥ 《我国边民教育之计划与设施》，《教育杂志》第25卷第5号（1936年5月10日）。

表 6—3 1907—1911 年川康特区教育发展概况表

年代	学校数	教员数	学生数	资料来源
1907	3	4	60	《关外学务一览表》,《四川教育官报》已酉第1期。
1908	34	32	1025	《关外学务局禀请变通假期并请奖励教习由》,四川省教科所藏《四川省志教育志·民族教育抄件资料汇编》,编号514。
1909	52	54	1565	张敬熙《三十年来之西康教育》上卷,第27页。
1910	70余	约80	1800余	《学务局详各区学堂不堪人师教习据实甄别由》,四川省教科所藏《四川省志教育志·民族教育抄件资料汇编》,编号517。
1911	200余	200余	4000余	张敬熙《三十年来之西康教育》上卷,38页;《学务部呈请都督府准关外学务局总办咨商关外学务不应停办一案》,《四川都督府政报》1912年3月22日。

伴随着边疆民族师资的培养与增长,清季川边康区教育获得了迅猛发展,1911年与1907年相比,川边康区教员数由4名增加到200余名,增长了50倍,学校由3所增加到200余所,学生由60人增加到4000余人,学校与学生数均增长了67倍左右,兴学地区由巴塘县城扩展到东至打箭炉、西至昌都、南至乡城、北至德格的整个川边康区,学校教育效果逐渐提高,出现"群蛮子弟,皆知尊敬朝廷,喁喁向化,每逢朔望,悉排班向阙叩头,与讲忠孝之事,群皆欢欣鼓舞,兴学之功,显著成效"①;"各生均甚驯谨有法,从未闻惰逸冲突之事,路遇长官则正立拱手,问其家世、叙姓名莫不自称为大皇帝百姓、吴先生学生","凡此皆委员等之办理出力,教习等

① 《关外办学人员三年届满择优请奖折》,吴丰培编《赵尔丰川边奏牍》,第100页。

之训迪有方，始克臻此”①，由此足见师范教育对西康地区教育与社会进步发挥的先导与推动作用。

① 《关外学务成绩》，《广益丛报》第7年第23号，总第215号（宣统元年九月初七日），纪闻第6—7页。

第七章　对清季四川师范教育的认识

清季师范教育历史早已受到学界的关注，但由于很少有人将其纳入清末新政改革和中国传统教育向近代教育转型的时代背景下考察，也很少有人对各省区各层次各类型师范教育进行研究，以致我们现在已经很难确切知道清季师范教育制度与政策对清末新政改革和教育近代转型的意义、在各省区的落实情况、各层次各类型师范教育发展的复杂情况与丰富内涵以及在教育发展和社会变迁中的效用。本文主要考察了清季师范教育在四川的兴起与发展历史，目的是通过对四川官绅对师范教育的认识、提倡与规划以及各类型师范教育的创办、发展、办学情况及其影响的考察，力图对清季师范教育历史的区域实证研究有所推进，并对当今的师范教育改革提供一点历史借鉴材料。

自四代至明清，伴随教育与社会发展，中国形成了数量可观的“教化之儒”社会群体，他们既是基层社区的统治精英，又是沟通中央王权与地方社区的中介，还控制着科举制外的士绅思维与行为准则，充分发挥和体现了教育与教师在社会整合中的功能与作用，并建构出尊师重教的社会传统，以满足小农社会对教育及教师学识技能的需求。鸦片战争后，面对内忧外患危机，为求生存与发展，中国缓慢地开始了数千年未有之大变局，中国的政治、经济、文化、教育等各个方面先后踏上了变革与近代化历程，西方科技文化、学校制度与师范教育思想渐次输入中国，新式工厂、学堂、报刊、邮电、通信、交通、医疗、卫生、金融等新兴事业相继开办，维新变法、新政改革、预备立宪等政体变革先后被尝试施行，变废科举、兴办学堂、培养人才的教育改革亦被贯彻实施，西方传入的师范教育在中国迅速建立并发展起来，中国传统"教化之儒"开始向近代新学教师转型，传统教育亦开始向近代教育转型。从某种程度上说，中国师范教育是清末中国政治、经济、文化、教育变革与近代化的产物，是中国传统教育向近代教育转型过程中出现的衍生物，是解决中国传统"教化之儒"向近代新式学堂师资转轨问题的转化器，是批量培养新式学堂所需新学师资的孵化器，是推动中国教育及社会近代化的推进器。

四川官学教育始于西汉文翁时期，自西汉至明清，四川教育逐渐发展，涌现了一批杰出的"教化之儒"，并形成与齐鲁同俗的悠久的尊师重教传统，为四川传统教育向近代教育转型奠定了教育理论、师范思想以及师生基础。不过，鸦片战争后，由于地处西部内陆盆地、交通不便，四川在西学输入、新教育起步以及传统教育向近代教育转型等方面均迟于东中部沿海沿江省份。四川传统教育出现变化是以尊经书院、教会学堂、新式学堂的兴办为开端，四川新教育的大规模兴办、四川官绅对优先发展师范教育的认识提倡以及四川师范学堂的兴办则是在改书院、兴学堂的新政教育改革之后，比东中部沿海沿江省份略晚，但四川优先发展师范教育策略的形成、四川官绅发展师范教育的努力、四川师范教育发展的速度与成就却并不逊色于东中部沿海沿江省区，不仅推动了四川教育发展与社会进步，而且赶超了东中部沿海沿江省区而位居全国前列，成为清季全国教育先进地区和保路运动暨辛亥革命的发端之地。

清季师范教育的兴起与发展，直接受到教会学堂和新式学堂两股新学力量的推动，大致经历了两个时期五个阶段，即学部成立前后两个时期和萌芽（1897—1902）、学制系统确立（1902—1904）、求速发展（1904—1907）、整顿提高（1908—1910）、再度扩展（1911）五个阶段，先后兴起了各类学堂附设师范、留日师范、优级师范学堂、初级师范学堂、师范传习所、实业教员养成所、优级师范选科学堂、女子师范学堂、体育与职业师范、塾师讲习会、临时小学教员养成所、单级教员养成所等层次类别的师范教育。清季师范教育的体制，既借用了欧美及日本师范教育制度，又融入了中国传统的师道思想、教学内容、教育机制等；既形成了纵有阶段、横有类别、独立设置的系统，具有长远与近期兼顾，品德、教育、科学训练并重，待遇、义务互为条件等显著特点，又存在以速成简易师范为主、办学经费与师资严重缺乏、教学内容不切中国实际等明显缺陷。清季师范教育的兴起与发展，改变了教师无须接受专门教育的传统观念，奠定了教师来源的制度性组织性渠道，教育渐被定型为一种专门化社会化职业，从事教育职业者必须具备较高的品德、科学、教育素养与教育技能，这为传统“教化之儒”向近代师资及传统身份社会向近代职业社会转化提供了一个渠道并产生了催化作用。

四川师范教育兴起与发展于改书院、兴学堂的新政教育改革之后，并受到教会学堂与新式学堂两股新学力量的推动，还与官绅的提倡、推动密切相关。四川提督学院吴郁生最先倡导派遣留日官费师范生，四川邛州知州方旭最先提出“四班并进”优先发展师范教育的兴学思路，四川总督先后采纳了他们的建议，并出台了优先发展师范教育的系列举措与兴学政策，各地官绅亦大力倡办师范教育，为四川师范教育发展营造出良好的思想、舆论与政策环境。四川师范教育的兴起与发展，大致经历了奎俊至岑春煊时期的萌芽(1901—1902)、锡良时期的全面兴起(1903—1906)、赵尔丰至赵尔巽时期的提高扩展(1907—1911)三个阶段，先后兴办了留日师范、简易师范、师范学堂、特别师范四种层次类型师范，基本形成了以省城成都、重庆、泸州为主干的，多种层次、多种类型并行的师范教育体系。清季四川师范教育的兴起与发展过程，既受到日本明显影响又承袭了传统教育资源，既以速成简易为主又致力于层次与质量提高，既有全国共性又有四川地方特色，对四川教育发展与社会进步既有积极贡献亦有负面影响。

清季师范教育成效如何？著名教育家林砺儒提出从师范教育对民族文化和民族生活的贡献影响、师范毕业生数量是否足用及师资品质的效果三个方面来认识师范教育成效的观点①。对清季四川师范教育的成效，笔者拟从发展速度与规模、内部结构变化、办学特点以及对教员结构与教育结构的影响四方面来加以评价与认识。

首先，从发展速度与规模来看，四川师范教育起步较晚但却发展较快，到宣统年间已由全国后进省份跃居先进行列。奎俊至岑春煊时期，四川师范教育开始萌芽，官方开始提倡并派遣留日速成师范生，通省蒙养师范及地方简易师范开始兴办。锡良时期，四川师范教育全面兴起，官方不仅大规模派遣官自费留日速成师范生，省城的优级师范及各府厅州县的初级师范相继设立，各地的传习与简易师范大量兴办。赵尔丰至赵尔巽时期，四川师范教育继续向前发展，呈现出提高与扩展的发展势头，除留日师范因政策限制而迅速衰落外，官立优级师范、官公立初级师范和各地传习师范继续兴办，并致力于层次与质量的提高，优级初级师范开始向完全师

① 中央教育科学研究所编:《林砺儒教育文集》，北京师范大学出版社 1984 年版，第 80 页。

范迈进，而传习师范则向塾师改良与传习师范生的回炉再造与补习提高发展，女子师范、基督教会师范、边疆民族师范开始起步，四川师范教育基本形成体系，并跃居全国前列。据学部统计，到光绪三十三年度，四川师范学堂校数位居全国第五、学生数位居全国第二；光绪三十四年度，四川师范学堂校数位居全国第十四、学生数位居全国第十二；宣统元年度，四川师范学堂校数和学生数均位居全国第二，仅次于河南①，“环顾中国，其人数较四川为多者，只河南一省而已。诚以四川面积人口均居各省之冠，其师范生之多，故意中事也。虽其进步之趋势，阻碍尚多，未能满意，然此已可见距海之辽远，地势之孤立，未足以止其教育之发展矣”②。

其次，从内部结构演变来看，四川各层次各类型师范教育经历了渐次发展、多头并进、此消彼长、螺旋上升的动态变迁过程，并面临着大致相同的办学环境与问题，对四川教育与社会发展产生了程度不同的影响。

四川留日速成师范主要出现在1904—1906年期间，以留学日本宏文学院速成师范为最多，达244人，学生主要是科举儒生和官费生，官费主要来源于书院、学堂和科举经费，课程以西学、教育原理及教学管理为主，学制六月或一年，归国生除积极为四川引进日本教习教材以及民主革命思想外，还参与襄办师范教育，主持地方学堂与劝学所，成为四川基层教育骨干，对清季四川教育发展、日本教习教材引进、孙中山革命思想与同盟会组织输入以及社会变

① 《各省师范学堂学生统计表》，清学部总务司编《光绪三十三年份第一次教育统计图表》上第33—34页、《光绪三十四年份第二次教育统计图表》第6—7页、《宣统元年份第三次教育统计图表》第6—8页。

② 华雷士（E. W. Wallace）报告书《中国西部之师范教育》，《教育杂志》第11卷第8号，第61页。

迁等产生了积极作用,也存在着好高骛远的毛病,并与传统社会、传统文化存在着某种程度的疏离,给教育、文化与社会转型带来了一定程度的不良影响。

四川传习和简易师范是清季四川教育发展的先声和师范教育的主要形式,经历了启蒙师范讲习所→师范传习所→师范讲习所→单级教法传习所→临时小学教员养成所的变迁过程,以锡良时期开办最多,截至光绪三十一年九月止已达110处之多,其间尚有中小学堂附设师范、塾师讲习会等形式作为补充,四川官方对之特别提倡,士绅也积极参与,并自光绪三十二年开始致力于传习师范生的回炉再造、补习提高以及塾师改良,它不仅为四川新式学堂培养了大批教员,对四川学务推动作用最大,同时还是科举废除后吸纳、转化士子童生为新式学堂教师的一个渠道,但也存在学习时间短促、合格教师缺乏、教育质量低下等局限,给四川普及国民教育带来相当程度的负面影响。

四川师范学堂是清季四川师范教育的正规组织,包括优级师范学堂、初级师范学堂两类,共计开办35校,都经历了由简易到完全的此消彼长的发展过程,既利用了旧学校舍、师生、经费等资源,又引入了新学师资、新的设备、新的财源和新的教学内容与方法,学堂内部呈现出新旧交融且矛盾交织的情况,学生的知识结构与言行思想渐渐趋新并脱离正轨,以至孙中山民主革命思想与同盟会组织在师范学堂中潜滋暗长,不少人最终走上反清革命道路。

四川特别师范是师范教育的重要组成部分,包括女子师范、职业与专科师范、边疆民族师范、教会师范等。四川女子师范开办较晚,几乎与女学堂同时出现,共计设立女子师范学堂20处、女子学堂附设师范8处、保姆讲习所3处、女工师范传习所5处,主要由地方士绅捐赀设立,条件简陋,明显受到日本影响,强调道德教育、实用技能训练与教育学识技能培养，为女子教育发展、男尊女卑习俗改变以及女子走向社会独立谋生提供了学识与技能训练场所。四川职业师范提倡较早、开办较晚，仅设有3处；四川专科师范仅设有体育专科学堂3处及音乐专修女学堂1处。川边民族师范主要由成都的四川藏文学堂、巴安关外学务局主办的师范传习所以及打箭炉城开办的藏语专修学堂组成，其中关学师范传习所是关外师资的主要养成机关和再培训机关，清季川边民族师范为关外教育发展、川边康区改土归流及社会进步以及后来西康建省奠定了基础，但也因强制推行汉化教育、脱离康民生活需要而形成根深蒂固的“学差”观念。四川基督教会师范开办于宣统二年，包括成都的华西协合大学文科教育系，潼川、南川两处暑期师范学校，以及成都的华西协合男子师范学校等，目的是解决华西基督教会学校的师资缺乏问题、扩大教会教育势力。

第三，从办学特点来看，清季四川师范教育呈现出鲜明的转型时期特征。这主要表现在以下几个方面。

一是政府干预与士绅参与特征十分明显。清季师范教育受到了上至中央、下至地方督抚及府州县长官的高度重视，有很多地方政府直接参与创办、督导、推广师范教育的活动，肩负起师范教育优先发展的重任。四川亦不例外。除直接筹资选派留日师范生并以速成师范为主外，四川政府直接参与规划和创办师范学堂，并将办学成绩列入地方官员政绩考核范围，同时鼓励士绅参与发展师范教育，对捐资兴学者给予奖励，四川优级初级师范学堂遂在各级官府与士绅的参与下迅速建立并发展起来。

二是受到日本教育的明显影响。与湖北、直隶等省一样，清季四川派遣了大批学生到日本速成师范，这些学生在回国后积极参与师范传习所、师范学堂创办、管理与教学，担任各地学堂管理员和教员，出任地方视学和地方官员，对清末民初四川教育、师范教育以及社会变迁产生了重要影响。同时，清季四川师范学堂还从日本借材，引入日本教习、课程、教材、教授法等等，使四川教育及师范教育深受日本的影响。

三是具有新旧杂糅的转型特征。师范教育尽管在清季才开始兴办，是新生事物，但它却是依托中国传统教育的既有成果而逐渐发展起来，具有明显的新旧杂糅特征。清季师范教育之所以得以迅速发展起来，一个重要原因是借用与改造了旧有的教学设备、经费、教学内容、传统教师、科举儒生，而且还规定给予师范毕业生科举功名。从四川情况来看，最初创办的师范教育机构，堂舍多由旧书院、试院、学宫等改建而成，教员虽聘有师范与新式学堂毕业生、日本教习，但仍聘有相当数量的获有科举功名或身份的士绅或官吏，学生大多是受过一定儒学教育的士子童生，教学内容虽然增加了新学内容，但中国传统儒家文化与人伦道德思想仍是教学的重要内容，简易科以上的师范毕业生仍享受功名奖励，并由官府派往地方学堂充当教员，满一定限期后可充任地方官员，这些都揭示出清季师范教育新旧杂陈的转型特点。

四是具有急速造就与短期培训特点。由于各种条件限制，师范学堂要在各地短期开办十分困难，加上学制较长，而小学需师孔亟，因此清季各省师范教育大多肇端于速成师范。清季四川师范教育更是具有明显的急速造就与短期培训特征，不仅派遣了大批留日速成师范生，而且饬令各地设立启蒙师范讲习所（后改名师范传习所、师范讲习所）、单级教法传习所、临时小学教员养成所、塾师讲习所等师资短训机构，同时在高等小学堂、中学堂以及女子学堂创办之初附设简易师范传习所、师范班、师范简易科等，以急速造就师资。从整个清季来看，四川师范传习所数量及其培训的师资人数大大超过优初级师范学堂，而且优初级师范学堂在创办之初也大量招收速成或简易科师范生，以适应各地因学堂推广而亟待师资的需要。速成师范是清季四川师范教育的主要形式以及速成师范生在清季四川初等教育中唱主角的情况，既是传统教育向近代教育转型的需要，也是清末新政与预备立宪等政治改革对发展普及国民教育的要求，还是科举废除后新式学堂急速发展对新学师资大量需求的结果；其作用与影响十分复杂，一方面，造成清季四川师范教育总体程度与水平不高的结果，进而导致晚清四川初等教育程度与水平低下的情况出现，使人们对新式教育产生怀疑与不信任；另一方面，迅速培养了大批初等教育师资，推动了四川普及教育的发展，使四川教育规模扩大，受教人数增加，成为全国教育先进地区；其三，速成师范教育的发展还使大批私塾塾师、旧学儒生与获得初级科举功名的士子童生迅速转化为懂得一定教育知识和教授法的新式学堂师资，解决了这部分人的衣食之忧和职业问题。

第四，从作用与影响来看，四川师范教育的兴起与发展，对四川新式教育发展速度、新式学堂教员结构变化、传统教育向近代教育转型、社会进步与政体变革等都产生了影响。

伴随师范教育由成都、重庆、泸州等繁华都会向府州县及边区渐次扩展，新学教员与新式学堂也由成都、重庆、泸州等繁华都会向府州县及边区推进，并且教员与学堂数量呈现出同步增长态势。据省城警区调查，宣统元年，省城各区学堂总数达 314 处，入学男生 7194 人、女生 737 人，学龄儿童入学率高达 77%①，这与省城师

① 《宣统元年省城警区第一次调查户口一览表》，《四川官报》庚戌第 2 册（宣统二年二月上旬），附表第 1 页。

范教育居于全省龙头有关。据宣统元年上半年调查,在偏僻的上川南地区,“近一二年间,由外洋留学及本省高等师范各学堂毕业者接踵,教职员尚不缺乏,各属高小学及已设中学堂虽未能一律骤企完善而规模逐次改观,各学科讲授亦多不迷于津,逮可以日策进化”,“查各属初等小学景象,固犹是筚路蓝缕,芟莠榛荒,而校数岁有增益,各厅州县多者百余校,少者亦数十校,极之边鄙夷疆亦皆裒集常款,次第设立”①。在川边康区,1911 年与 1907 年相比,教员数由 4 名增加到 200 余名,增长了 50 倍,学校由 3 所增加到 200 余所,学生由 60 人增加到 4000 余人,学校与学生数均增长了 67 倍左右(参见第六章第三节表 6—3),兴学地区由巴安城向东至打箭炉、西至昌都、南至乡城、北至德格的整个川边康区扩展,出现“各生均甚驯谨有法,从未闻惰逸冲突之事,路遇长官则正立拱手,问其家世、叙姓名莫不自称为大皇帝百姓、吴先生学生”②的教育成绩。

随师范教育的发展,四川学堂教员数量位居全国第一,其中受过师范训练的教员比例逐年提高,但尚未足用。据学部统计,光绪三十三年至宣统元年三年间,四川教员人数一直位居全国第一,分别为 12824、11726、13072 人,超过位居全国第二的直隶 4909、10410、11921 人以及位居全国第三的浙江 4228、5089、5983 人③。

① 《宣统元年上学期上川南省视学调查学务报告》,《四川教育官报》己酉第 7 期,报告第 1 页。

② 《关外学务成绩》,《广益丛报》第 7 年第 23 号,纪闻第 6—7 页。

③ 数据分别来源于《光绪三十三年京外学务一览表》(《教育杂志》第 2 年第 7 期,宣统二年)、学部总务司编《光绪三十四年份第二次教育统计图表》中的《各省学务统计总表》、《各省普通教员资格表》以及学部总务司编《宣统元年份第三次教育统计图表》中的《各省学务统计总表》。光绪三十三年数据与学部总务司编《光绪三十三年份第一次教育统计图表》第 17—18 页《各省学务统计总表》的数据略有出入,后者的全国前三位的数据是四川 12089 人、直隶 8460 人、广东 4954 人。

其中，光绪三十四年、宣统元年两年，四川受过师范训练的教员，中学堂71人、56人，高等小学堂811人、769人，初等小学堂6696人、7320人；未受过师范训练的教员，中学堂323人、313人，高等小学堂932人、956人，初等小学堂2641人、3290人；受过师范训练的教员比例，中学堂18%、15%，高等小学堂47%、45%，初等小学堂72%、69%，该两年全国的比例为中学堂24%、26%，高等小学堂39%、64%，初等小学堂56%、52%①。由此可见，四川受过师范训练的教员比例，中学堂不足1/5、高等小学堂不到1/2、初等小学堂超过2/3，表明四川培养中学教员的优级师范发展较慢、培养高等初等小学堂教员的初级师范发展较好、培养初等小学堂及蒙养院教员的传习与简易师范发展最好；与全国平均数相比，四川受过师范训练的教员比例，中学堂低于全国、高等小学堂光绪三十四年高于全国而宣统元年低于全国、初等小学堂高于全国，表明四川优级师范发展不及全国平均状况、初级师范学堂和传习与简易师范超过全国平均状况；而未受过师范训练的教员在四川乃至全国各类学堂中仍占较大比例的情况，表明清季四川乃至全国师范毕业生仍未足用，这种情况在中学以上学堂尤显突出。

由于师范教育在各地发展不平衡，四川各地新学教员与学堂数量的增加并不平衡，呈现出省城超过县城、城市超过乡村、交通便利之地超过偏僻落后之地，而且各地教员品质与教学质量亦呈现出参差不齐、难孚人望的发展态势。英国施特劳奇曾在《重庆海关1901—1911年十年间调查报告》中指出：“成都设立一所高等学堂，以华洋教员讲授现代科学——化学、物理、外文等。各地

① 《各省普通学堂教员资格表》，陈学恂编《中国近代教育史教学参考资料》（下），人民教育出版社1987年版，第308—309、326—327、342—343页。

都开办官立的、公立的和私立的初级小学，教以国文、算术、中国历史和地理、博物、图画、音乐和体操。在重庆，课程表上并加了英文。这些学校，在大县分，教课组织很好而且有好教师；但在僻远小县，由于经费和师资都欠缺，它们并不比旧式私塾强多少。各个府城俱设中等学校，教以中国经书、英文、博物、历史、地理、修身和体操；教员最多数是华人……"①

以速成师范毕业生为主体的新学教员，数量虽然在不断增加，但整体质量却参差不齐，并呈现出新学知识有限、不能胜任新学教学、教学内容不切乡土中国需要等问题，以致新学教员的形象与地位不断跌落，与士绅民众和学生的关系渐趋疏离与紧张。一方面，传统士绅、普通民众甚至新学学生常视新学教员（包括师范毕业生）为思想激进、言行乖张、知识浅薄者，"经理者固不知教育为何事，所请教习又皆非迂腐不堪，即叫嚣太甚，不中不西，非今非古，以此言学堂，亦何足以育人才、新学问哉"②。曾相继在乐山高等小学堂、嘉定府中学堂、成都高等学堂分设中学堂求学的郭沫若，在其自传体小说《少年时代》中，对清季四川新式学堂教员（包括留日师范生）新旧杂糅且教学质量低下的情况表示了强烈不满，并揭示了新式学堂学生从苦闷、失望走上沉沦、革命道路的心路历程。现摘述如下。

> 光绪三十二年春季开办的嘉定乐山高等小学堂，课程贫弱到不可思议的地步，第一学期只开设了乡土志、算术、音乐、体操、读经讲经、历史、地理、作文八门课程，乡土志一门由监

① ［英］施特劳斯：《重庆海关1902—1911年十年调查报告》，《四川文史资料选辑》第11辑，第235—236页。

② 《论苏抚批斥荆溪县虚填学堂事》，《申报》1905年8月23日。

学、副榜易曙辉教授，算术、音乐、体操、读经讲经由留日速成师范卒业生、廪生帅平均一人教授，帅在日本留学所学得的算术、音乐、体操等新学知识贫弱到极点，历史、地理、作文由什邡廪生刘书林担任；第二学期甲班开设数学、物理、历史、地理、读经讲经五门课程，日本宏文师范毕业生、廪生杜少裳担任数学和物理，帅平均担任读经讲经，高等学堂预科毕业生、廪生王祚堂担任历史、地理二门。

光绪三十三年秋季开办的嘉定府中学堂，第一学期教习是按县份摊派，监学张胡子是学问不通的三半先生，地理教习林先生讲起了五行八卦的辨方正位术，纯粹是连东西南北都分不清楚的五行教习，其他先生大都相差不远，只有一位英文教员是湖北人，"一上讲堂便用英文来说话，写也写一些旁行邪上的蟹形字。我们不知道他的程度怎么样。他说的写的究竟是不是英文，我现在也不敢保险"，郭沫若对学校的课程是十二分不满意，而课外研究又缺乏，他因此焦躁、怀疑"到不能忍耐的地步"，"学生在教课上得不到满足，在校内便时常爱闹风潮，在校外也时常惹是生非"。第二学期全校教职员完全更换，校长是曾在成都师范学堂做过监学的秦先生，教员比第一学期稍微整齐一点，"但严格地说来，两者的相差也很有限。譬如成都高等学校预科毕业的数学教员，读'英文'的'English'为'英格赖徐'，读'学校'的'School'为'时西火儿'，这已经是够令人滑稽了。同样出身的植物教员把别人钞本来讲授，竟把草写的'天然景象'误认成'天龙景象'，讲了一大篇'飞龙在天'、'现龙在田'的《易》理"，"我们的英文那时候真是可怜。用的是日本正则英文学校的教本，那位杨先生以他仅仅在高等学了一两年的程度，把那'比阿把'、'比奥保'、'比爱摆'的拼音便教了我们半年","我们的日文不消说也是一样的可怜。教日文的先生也仅是在成都东游预备学堂学了一年的程度;这样的程度便来教人的外国语真是太严肃的儿戏了。我们学日文学了一两个学期,用尽我们的力量连五十音都没有学好",学堂里没有可学的东西,少年的各种能力他总要寻出发泄的机会,郭沫若所发展的"便是文学。因为人们可以自修的是只有文学,有资格足以供我们领教的也只有通文学的人。中学堂的经学教员黄经华先生是我们乐山人,也是廖季平先生的门生。他很喜欢我,借了不少的书给我看。在小学校对于今文学发生的趣味是他为我护惜着的。他教的是《春秋》,就是根据廖季平先生三传一家的学说","章太炎的《国粹学报》,梁任公的《清议报》,就在这时候和我见面了","林琴南译的小说在当时是很流行的,那也是我所嗜好的一种读物"。

宣统年间,省城成都的高等学堂分设中学堂,和嘉定的差不多,"一样是一些做官的教职员,一样是一些骗文凭的学生。为我们讲经学的一位鼎鼎有名的成都名士,只拿着一本《左传事纬》照本宣科;国文是熬来熬去的一部《唐宋八大家文》;历史呢,差不多就只是一个历代帝王的世系表和改元的年号表。这是国学一方面的东西,严格说起来,连我们嘉定中学的有些先生都还赶不上。关于新学一方面的呢?真是同样的可怜!讲理化、数学的教员们连照本宣科的能力都没有,讲浅显的教科书都读不断句……这样的教员公然还是担任好几个学校的教科的红教习",一位姓徐的英文教员是浙江人,大约是上海那一座教会学堂出身,他当时在做提学使衙门的英文科的科长,我们读的是 Chamberlain 的《二十世纪读本》卷二,开始的一课是《一条 Newfoundland 的狗》,我们那位英文科长,他竟不知道这"Newfoundland"是一个海岛的名字,而把它直译为"新大陆",最高学政机关的英文科长,其英文程度尚且如此,其他中学自然是不可言喻,"说到成都学界的空气,那更是在一种绝望的状态之下。成都除分设中学、成都府中学、华阳县中学等官立的中学之外,有不少的私立的中学校。官立中学已经是人情的世界,私立中学更用不着说了。'学堂大门开,有钱就请进来',因而卖文凭的风气成了公然的秘密","我们就是在这样的一种学校的陶冶之下。你怎么能够不失望、焦躁、愤懑、烦恼","这几条支流所汇合而成的自然是无为、堕落、自暴、自弃的洪流"。由此得出两种结论:"一种是清政府没有认真改革的诚意,所以满天下的办事人都不肯认真,更进一步便是要把中国弄好,那就非把清廷推倒不可了;还有一种是走向消沉、虚无主义道路"。①

郭沫若对四川乐山、成都乃至全国新式学堂新旧教员并存,新学教员质量低下且难孚人望,学生因失望而趋向闹事、革命或趋向归隐乡野、走向沉沦道路的深刻揭示,从一个侧面反映了当时新式学堂教育的实际状况。另一方面,师范学堂师生及其毕业生不少人则因强烈不满现实社会而走上了反清民主革命道路,成为辛亥革命的组织者与参与者。清政府兴办师范学堂的目的是培养维护封建统治与办理新式学堂的人才,然而大批师范学生一经接触西方近代文化,便逐渐脱离了清政府的思想羁绊,成为具有强烈爱国热情和反清倾向的革命者,这些具有进步思想的师范毕业生往往

① 以上三个自然段的叙述及引文,来源于郭沫若《少年时代》,第63—66、77、94—96、106—113、166—167、171—175页。

利用职务之便在他们从事教育的中小学堂进行革命宣传，成为反对清朝封建统治的组织者与掘墓人。四川比较突出的有川南师范学堂、四川高等学堂优级理科师范、川东师范学堂以及留日速成师范毕业生，如谢持、张培爵、黄树中（复生）、杨霖、陈崇功、杨兆蓉、朱德等人，他们不仅活跃在清季教育文化领域，积极宣传新知识新文化，而且积极参加同盟会组织并投身反清革命洪流，不少人成为辛亥革命在四川各地的领袖人物，对晚清兴学堂、开民智、新民德及推翻帝制、建立民国产生了不可忽视的作用与影响。

透过清季四川师范教育兴起与发展的历史，我们可获得什么经验与教训呢？

首先，师范教育的重要性不容忽视。师范教育是教育之母，直接关涉青少年前途，间接影响民族生命前途及发展动态，各级政府必须给予高度重视与关注，并予以政策扶持与财力支持。为了提高师范教育质量，政府或官方须为其提供充足的经费与设备、配置合格的管理者与教师、构建合理的训育宗旨与教学内容、严格考核教育质量，以保障其高效率高质量的发展，进而为各级各类教育提供高质量的师资，以推动教育发展与社会进步。任何忽视与削弱师范教育发展的思想与举措，都将给教育发展、社会进步带来长期的不可挽回的损失，这是历史的经验教训也是知识经济时代的诉求。

其次，西方师范教育的引入及其本土化问题，是自清季以来中国教育现代化进程中所必须面对的重大理论与现实课题。师范教育是适应工业化时代对普及国民教育需要而建立起的专门培养新学师资的西方学校制度，其设计与目的都旨在满足城市与工商业发展对普及国民教育发展的需要，其设校地点在城市、课程偏重西学、教学采用班级授课制、办学费用昂贵。陶行知曾指出："中国师范教育前清办理失策，以致师范学校与附属学校隔阂，附属学校与实际生活隔阂。我们所以有这种隔阂，是因为我们的师范教育或是从主观的头脑里空想出来的，或是间接从外国运输进来的，不是从自己的亲切经验里长上来的。这种师范教育倘不根本改造，直接可以造成不死不活的教师，间接可以造成不死不活的国民。”①师范教育作为中国教育现代化的重要手段，自清季被移植到乡村中国后，对传统教育成果虽有所继承但却本土化程度不高，并未顾及乡村中国教育实际，因而很快就表现出不适宜，师范毕业生很难回归乡村并适应乡村教育，造成以私塾为主的中国乡村教育长期无从改进且后继乏人，与以新式学堂教育为主的中国城镇都会教育渐渐形成新旧迥异的两个世界，进而形成中国乡村社会日渐衰落、土豪劣绅横行而城镇都会畸形发展、虚假繁荣的城乡异动格局。中国乡村教育专家古楳在20世纪30年代曾深刻指出，自晚清新教育兴起后，中国出现了青年不愿服务乡村、乡村教育无从改进的问题，根源在于师范训练不健全，师范注意不精密，师范教育未注意适应乡土中国需要②。如何引进西方师范教育成果并使之中国化的问题，在师范教育改革与发展的今天，人们尤其不应忽视西方师范教育在中国本土化历史进程中的沉痛教训。

第三，教育与政治经济社会的发展是双向互动的关系。社会为教育提供的政策、经济支持及其使用管理效益，是制约教育发展的规模、速度与质量的重要因素，教育的发展及其质量对社会发展与变革进程产生推动或制约作用。清季师范教育的发展亦不例

① 陶行知：《中国师范教育建设论》，《陶行知全集》第一卷，四川教育出版社1991年版，第96页。

② 古楳：《乡村师范概要》第三章，上海商务印书馆1936年版，第26—29页。

外。清季由中央政府主导、地方政府主办的师范教育发展模式,既适应了清末中央集权式微、地方自治权力增强的行政格局,也适应了中央财政困窘、地方筹款办理地方自治事务的财政形势,容易激发地方官绅的办学积极性与主动性。清季四川师范教育乃至教育的迅速发展,就与官方的政策、官绅的努力密不可分,是清季兴学模式发挥至极致的一个典型案例。清政府财政捉襟见肘,难以从经济或财政上给予包括师范学堂在内的新式学堂以切实扶持,各省"就地筹款"兴办学堂亦因各项新政事业同时举办而倍感困难,经费问题遂成为各地办学的根本障碍。清季四川师范教育经费数量少,生均耗费低,经费不足问题严重,除省办的通省蒙养师范、通省师范学堂以及关外师范经费较为充裕外,其他如留日速成师范、师范传习所及各府厅州县师范学堂均感经费不足与困难,其办学质量与师生待遇受到经费不足的制约,进而影响到新式学堂的师资质量与水平。

第四,师范教育既要按自身发展规律发展又要适应教育发展与政治社会变革的需要,二者既相互依存又相互制约。如何既按自身发展规律发展又适应教育发展与政治和社会变革的需要,一直是困扰中国近代师范教育发展的突出问题。清季师范教育的兴起、发展与扩张,基本是与清末新政改革的进程同步进行,并按政治变革对普及国民教育发展的需求而发展与扩张,师范教育的发展基本未按自身发展规律进行正常调整。加上清政府在新教育发展尚不充分的条件下骤然废除科举制,这给新式教育既带来了难得的机会也带来了空前的财政与师资压力,这种压力在整个清季民国甚至中华人民共和国建立初期都持续存在。为解决新学师资供不应求的问题,清季师范教育采取了牺牲质量以求速度的师资培养方案,粗制滥造出大量学识浅薄、程度低下的速成师范生,以满足新式学堂大量开办对新学师资数量的需求,同时给新式教育带来质量低下的问题,引起学生与民众的强烈不满,进而给新式教育发展、传统教育向近代教育转型带来不利影响,造成中国教育出现私塾与学堂并立的二元局面,造就出一批激进的政治革命鼓吹者①。

综上所述,清季四川师范教育的兴起与发展,既体现了全国的共性又具有四川的地方特点。清季四川师范教育与全国师范教育一样,是清末新政与教育改革背景下为解决传统教育向近代教育转型中出现的传统教师向新学教师转型问题以及为迅速发展的新式学堂批量培训新学师资的新兴教育组织;在其兴起与发展过程中,经历了各层次各类型师范渐次发展、多头并进、此消彼长、螺旋上升的动态发展过程,具有明显的政府干预与士绅参与、日本影响、新旧杂糅、急速造就与短期培训等特征,面临着合格师资与学生缺乏、经费与设备不足、教学内容中西杂陈、不适合乡村中国需要等问题,对四川新式学堂教员结构变化、新式教育发展速度、传统教育向近代教育转型、社会进步与政体变革等都产生了影响。清季四川师范教育能够后来居上,所取得的成就超过全国绝大多数省份,主要应归功于四川师范教育所具有的区域性特色,主要是锡良采纳方旭、胡峻等提出的"四班并进"优先发展师范教育的建

① 西方学者卡梅伦、东洋文库近代中国研究中心历史教授市古宙三以及国内学者关晓红、桑兵、贾国静都持有类似看法。参见 Cameron, Meribeth E. *The Reform Movement in China*, 1898—1912(Stanford University Press, 1931, chapter 4),费正清主编《剑桥中国晚清史(1800—1911 年)》下卷第七章(第 438、440—443 页)、关晓红《晚清学部研究》第六章第三节(第 359 页),桑兵《晚清学堂学生与社会变迁》以及贾国静《私塾与学堂:清末民初教育的二元结构》(《四川师范大学学报》2002 年第 1 期)和硕士学位论文《清末民初私塾改良述论》。

议,实施了有利于师范教育发展的兴学政策,较早较大规模地派遣官自费留日速成师范生,充分动员既有旧学儒生如举贡廪监附、教职、塾师等接受师范训练,并利用旧有的贡院、书院、学产等开办师范学堂,或在改办的新式大中小学堂中附设简易师范和师范传习所,以大量培训师资,从而解决了大规模兴办新式学堂师资缺乏的问题。也就是说,清季四川师范教育的迅速发展与成就,首先应归功于优先发展师范教育的兴学政策,官方的直接干预、士绅的积极参加、传统教育资源与教化之儒的有效转化,都是促进四川师范教育发展的动力。总之,清季四川师范教育经历了一场自上而下的政策设计、自下而上的社会化运动,四川官绅民皆参与其中,各类型师范教育次第兴办,并由省会扩展至府州县及边区,虽然在发展进程中遇到了种种阻碍,存在着诸多不足,但它毕竟迈出了前进步伐,并为四川教育发展、人才培养和社会转型与进步作出了特别贡献。

参考文献

（按出版时间先后排序）

一　档案

四川省档案馆:清代联合档案,案卷全宗清 9;清川滇边务大臣档案,案卷全宗清 7;民国重庆府档案,全宗 192;民国东川道道尹公署档案,案卷全宗 191;历史资料·文教资料

四川大学档案馆:民国国立成都师范大学档案,卷号 1—4;民国国立成都师范大学档案,卷号 1—2

成都市档案馆:民国四川省立成都师范学校(原川中师范学堂),案卷全宗 65

成都市档案馆:民国四川省立成都女子师范学校(原省城女子师范学堂),案卷全宗 63

重庆市档案馆:民国四川省立川东师范学校(原川东师范学堂),案卷号 129—1—37&55

南充市档案馆:民国南部县知事公署教育股档案,案卷号 M40—1—142(27)

二　清季民国报刊

《蜀学报》　《申报》　《教育世界》

《蜀报》(两种)　《广益丛报》　《四川官报》

《东方杂志》　《学部官报》　《大公报》

《时报》 《教育杂志》 《四川学报》
《四川教育官报》 《中华教育界》 《崇实报》
《四川都督府政报》 《文牍月刊》 《四川政报》
《四川公报》 《国民公报》 《四川旬报》
《四川教育杂志》 《新教育》 《星期日》
《四川教育新潮》 《女师校刊》 《淑行校刊》
《康导月刊》 《西南边疆》 《边政月刊》
《朝华》 《西康国民日报》 《西南边疆》

三　地方志、地方教育志

《荥经县志》,贺泽等修,张赵才等纂,民国4年刻本。

《绵竹县志》,王佐、文显谟修,黄尚毅等纂,民国9年刻本。

《温江县志》,张骥等修,曾学传等纂,民国10年刻本。

《合川县志》,郑贤书等修,民国10年排印。

《南江县志》,董珩修,岳永武等纂,民国11年铅印。

《邛崃县志》,刘琼等修,宁缃等纂,民国11年铅印。

《富顺县志》,彭文治等修,民国12年印。

《丹稜县志》,刘良模等修,罗春霖等纂,民国12年石印。

《眉山县志》,王铭新等修,杨卫星、郭庆琳纂,民国12年铅印。

《江津县志》,聂述文等修,刘泽嘉等纂,民国13年刻本。

《松潘县志》,张典修,民国13年刊本。

《崇庆县志》,谢汝霖等修,罗元黼等纂,成都昌福公司民国14年铅印。

《阆中县志》,岳永武等修,郑钟灵等纂,民国15年石印。

《重修南川县志》,柳琅声等修,韦麟书等纂,民国15年铅印。

《重修丰都志》，黄光辉等修，郎承诜、余树堂等纂，民国16年刊本。

《涪陵县续修涪州志》，王鉴清等修，施纪云等纂，民国17年9月刊行。

《雅安县志》，胡荣湛修，余良选等纂，民国17年印行。

《续修大竹县志》，郑国翰、曾瀛藻修，陈步武、江三乘等纂，民国17年排印。

《资中县续修资州志》，吴鸿仁等修，黄清亮等纂，民国18年11月印。

《新修南充县志》，李良俊修，王荃善等纂，民国18年仲春付刊。

《重修什邡县志》，王文照修，曾庆奎、吴江纂，民国18年成都球新印刷厂印。

《合江县志》，王玉璋、刘天锡等纂，民国18年铅印。

《新都县志》，陈习删等修，闵昌术等纂，民国18年印行。

《彭山纪年》，民国19年刊本。

《新修武胜县志》，罗兴志等修，杨葆田、孙国藩等纂，民国20年排印。

《宣汉县志》，汪承烈等修，民国20年拓印。

《渠县志》，杨维中修，民国21年排印。

《万源县志》，刘子敬修，民国21年排印。

《名山县新志》，胡存琮纂修，民国21年排印。

《重修达县志》，蓝炳奎等修，吴德准等纂，民国22年重修。

《华阳县志》，陈法驾、叶大锵等修，曾鉴、林思进等纂，民国23年刻本。

《新都县政简报》，民国23年3月刊本。

《叙永县志》,赖佐唐等修,宋曙等纂,民国24年铅印。

《云阳县志》,朱世镛、黄葆初修,刘贞安等纂,民国24年铅印。

《南溪县志》,李凌霄等修,钟朝煦等纂,民国26年铅印。

《双流县志》,刘佶等修,刘咸荥等纂,成都球新印刷厂民国26年铅印。

《犍为县志》,陈谦、陈世虞修,罗绶春、印焕门等纂,民国26年铅印。

《安县续志》,成云章修,陈绍钦等纂,民国27年石印。

《泸县志》,王禄昌、高觐光纂修,民27年铅印。

《德阳县志》,熊卿云、汪仲夔修,洪烈森等纂,民国28年铅印。

《巴县志》,朱之洪等修,向楚等纂,民国28年12月刊本。

《重修广元县志稿》,余铮等修,民国29年排印。

《汉源县志》,刘裕常修,王琢等纂,民国30年铅印。

《西昌县志》,郭少成等修,民国31年排印。

《兴文县志》,李仲阳等修,何鸿亮纂,民国32年铅印。

《长寿县志续修》,刘君锡等编,陈毅夫等修,民国33年铅印。

《内江县志》,易元明修,朱寿朋、伍应奎纂,民国34年石印。

《郫县志》,李之青等修,戴朝纪等纂,民国37年铅印。

《四川通志》第二册,(清)常明等纂,成都巴蜀书社1984年重印。

《郫县教育志》,四川省郫县教育局1984年编印。

《(营山县)教育志》,营山县文教志办公室1984年编印。

《开县志教育科技志》,开县志编委会1985年编写。

《涪陵市教育志》,涪陵市教育志编写组1985年编印。

《江津县教育志》,江津县教育志编辑室 1986 年编印。

《万源县教育志(1902—1985)》,万源县教育志编写组 1986 年编印。

《犍为县教育志》,犍为县教育志编写办 1986 年编印。

《南川县教育志》,南川县教育局 1986 年编印。

《邻水县教育文化志》,邻水县文教局 1986 年编印。

《大竹县教育志》,大竹县文教局 1987 年编印。

《开江县教育志》,开江县教育志编写组 1988 年编印。

《夹江县教育志》,夹江县教育局 1988 年编印。

《富顺县教育志》,富顺县文教局 1988 年编印。

《南溪县教育志》,南溪县文教局 1989 年编印。

《江油县教育志(1903—1988)》(下),江油市教育委员会本书编写组 1990 年编印。

《内江地区教育志》,四川省内江市教委编,四川辞书出版社 1991 年版。

《金堂县教育志》,金堂县教育局 1991 年编印。

《资阳县教育志》,资阳县教委 1991 年编印。

《绵阳市教育志》,绵阳市教委 1992 年编印。

《双流县志》,四川省双流县志编纂委员会编纂,四川人民出版社 1992 年版。

《自贡市教育志》,自贡市教委编,四川人民出版社 1993 年版。

《阆中县志》,四川省阆中市地方志编纂委员会编纂,四川人民出版社 1993 年版。

《南充地区教育志》,四川南充地区教委 1995 年编印。

《雅安地区教育志》,雅安地区教委 1999 年编印。

《成都市志·教育志》上下册，成都市地方志编纂委员会编，四川人民出版社2000年版。

《四川省志·教育志》上下册，四川省地方志编委会编纂，方志出版社2000年版。

四 地方文史资料

[英]施特劳斯，李孝同译：《重庆海关1902—1911年十年调查报告》，《四川文史资料选辑》第11辑（1964年）。

陆殿舆：《四川高等学堂记略》，《四川文史资料选辑》第20辑（1980年）。

何域凡：《存古学堂嬗变记》，《四川文史资料选辑》第33辑，四川人民出版社1984年版。

何伯李：《泸州川南师范史话》，《四川文史资料选辑》第33辑，四川人民出版社1984年版。

徐仁甫：《振兴蜀学人才辈出的尊经书院》，《四川文史资料选辑》第35辑，四川人民出版社1985年版。

傅子贺：《回忆淑行女塾》，《四川文史资料选辑》第38辑，四川人民出版社1988年版。

丁秀君：《四川最早的一所女校——成都女师》，《四川文史资料选辑》第38辑。

陶亮生：《我所知道的徐子休》，《成都文史资料选辑：纪念辛亥革命七十周年》第1辑（1981年）。

张达夫：《清末的"维新变法"在成都》，《成都文史资料选辑》第4辑（1983年）。

成都市教育志办公室：《清末成都中等师范教育创办情况》，《成都市教育史志资料》1988年1期（总第1期）。

西充县政协文史资料研究委员会:《清末和民国时期西充学校教育》,《西充文史资料选辑》第1辑(1983年)。

陈季武等:《同盟会员、早期留日生—陈心斋先生》,《梓潼文史资料选集》第2辑(1983年)。

卢贵珠、张学培:《开江的师范教育》,《开江县文史资料选辑》第3辑(1990年)。

陈家其:《自贡第一所开办体育班的学校—树人学堂》,《自贡文史资料选辑》第16辑(1986年)。

许振君、李德馨:《长寿中学校史记略》,《长寿县文史资料》第5辑(1989年)。

张国琪:《民国时期纳溪县教育概况》,《纳溪县文史资料选辑》第14辑(1988年)。

李义让:《四川省新都师范学校七十五周年》,《新都文史》第1辑(1984年)。

蒋海福:《清末民初中江的师范教育》,《中江文史资料选辑》第7辑(1989年)。

梅运辉:《仁寿师范校》,《仁寿文史》第9辑(1993年)。

黄世杰:《辛亥革命前后的内江中学堂》,《内江市东兴区文史资料》第2辑(1991年)。

刘济川:《建国前宜宾教育概况》,《宜宾文史资料选辑》第5辑(1986年)。

苇杭:《解放前的宜宾师范教育》,《宜宾文史资料选辑》第5辑(1986年)。

陈均可:《宜宾女子师范创始人赵清熙》,《宜宾文史资料选辑:宜宾历代文化人物专辑》第22辑(1993年)。

王光武:《清末民国年间安岳师范教育简述》,《安岳文史资料选辑》第23辑(1988年)。

孙在松:《清末民初酉阳初等教育概况》,《酉阳文史资料选辑》第5辑(1985年)。

卢履中:《建国前的苍溪师范教育》,《苍溪文史资料》第4辑(1991年)。

易润生:《四川第一个女子集资创办的泸州女子师范学校》,《江阳文史资料》第5辑(1991年)。

易润生:《泸县一九零一年至一九四九年专业学校及普通中学概况》,《泸州文史资料选辑》第6辑(1985年)。

付安清:《四川省岳池师范学校的创办和发展》,《岳池县文史资料选辑》第3辑(1987年)。

韩富中:《丁秀君在威远女简师办校纪实》,《威远文史资料选辑》第10辑(1992年)。

高履龙:《民国早期西昌留学生》,《凉山彝族自治州文史资料选辑》第12辑(1994年)。

边绍明:《建国前凉山教育撮要》,《凉山彝族自治州文史资料选辑》第13辑(1995年)。

高履龙:《西昌教育大事记》,《西昌文史》第10辑(1993年)。

阳昌伯:《民国时期康区师范教育史略》,《甘孜州文史资料》第7辑(1988年)。

五　图书资料

马毓福等编:《师范讲义》,日本秀英舍第一工场1903年印行。

四川留日师范生译编:《师范讲义》,日本东京木活版所模本邦信光绪三十二年(1906)二月十日发行。

四川学务处编辑:《四川学务文件汇编》1—4 册,成都探源印刷公社宣统元年(1909)五月铅印。

学部总务司编:《光绪三十四年份第二次教育统计图表》,单行本,宣统元年(1909)铅印。国家图书馆藏。

学部总务司编:《宣统元年份第三次教育统计图表》,单行本,宣统二年(1910)铅印。国家图书馆藏。

清学部编:《各省学务官制并劝学所章程》,刊印情况不详。

张之洞等:《奏定学堂章程》1—5 册,湖北学务处刊本,时间不详。

商务印书馆编译所编:《大清教育新法令》1—12 册,上海商务印书馆编译所 1911 年第 3 版。

商务印书馆编译所编:《大清教育新法令续编》1—4 册,上海商务印书馆编译所 1911 年版。

程昌祺:《静观斋日记》,四川大学图书馆藏;又见四川省教科所收藏《四川省志教育志·师范教育抄件资料汇编》。

《四川省谘议局速记录》,1911 年 9 月 22 日发行。四川省图书馆藏。

《大清法规大全》,政学社 1911 年刊本。

傅嵩炑:《西康建省记》,成都公记印刷公司 1912 年版。

四川省教育司编:《四川省教育行政报告书(宣统三年十月起—民国三年六月止)》,1914 年刊行。

教育部编:《第一次中国教育年鉴》,上海开明书店 1934 年版。

教育部教育年鉴编委会编:《第二次中国教育年鉴》1—4 册,上海商务印书馆 1948 年版。

张謇:《张季子九录·教育录》,北京中华书局 1931 年版。

《全国师范学校校长会议录》,1915 年刊行。

《川东共立师范学校一览》,重庆中西铅石印局 1933 年版。

《成属联立中学三十周年纪念刊》,1934 年刊行。

邰爽秋等选编:《教育经费问题》,上海教育编译馆 1935 年版。

邰爽秋等选编:《历届教育会议议决案汇编》,上海教育编译馆 1936 年版。

梁启超:《饮冰室合集·文集》,上海中华书局 1936 年版。

《四川省立成都女子师范学校一览》,1938 年夏印行。

杨仲华:《西康纪要》,上海商务印书馆 1937 年版。

韩孟钧:《西康教育概况》,1940 年 9 月印行。

《四川省立成都女子师范学校纪念刊》,1943 年印行。

李亦人:《西康综览》,上海正中书局 1947 年版。

朱寿朋编,张静庐等校点:《光绪朝东华录》,中华书局 1958 年版。

国家档案局明清档案馆编:《戊戌变法档案史料》,中华书局 1958 年版。

杨兆蓉:《辛亥革命回忆录》,《近代史资料》1958 年 2 期。

中国科学院历史研究所第三所主编:《锡良遗稿·奏稿》第一、二册,中华书局 1959 年版。

房兆楹辑:《清末民初洋学生题名录初辑》,台湾中央研究院近代史研究所 1962 年版。

锡良:《锡清弼制军奏稿》第一、二册,沈云龙主编《近代中国史料丛刊续编》第 11 辑 101,台湾文海出版社 1974 年版。

炎培:《清季各省兴学史》,沈云龙主编《近代中国史料丛刊续编》第 66 辑 651,台湾文海出版社 1977 年版。

吴玉章:《从甲午战争到辛亥革命的回忆》,《吴玉章回忆录》,中国青年出版社 1978 年版。

故宫博物院编:《清末筹备立宪档案史料》上下册,中华书局 1979 年版。

舒新城编:《中国近代教育史资料》上中下册,人民教育出版社 1961 年版。

郭沫若:《少年时代》,人民文学出版社 1979 年版。

王焕琛编著:《留学教育——中国留学教育史料》1—4 辑,台湾国立编译馆 1980 年版。

四川省泸州师范学校校史资料编写组编:《川南师范(现名泸州师范)校史资料选辑》第 1、2 辑(内部资料),1981 年。

四川省人民政府文史研究馆、政协四川省文史资料研究委员会编:《四川保路风云录》,四川人民出版社 1981 年版。

朱有瓛等主编:《中国近代学制史料》1—4 辑,华东师范大学出版社 1983、1986、1987、1989、1990、1992、1993 年版。

陈学恂主编:《中国近代教育文选》,人民教育出版社 1983 年版。

李有芝等编:《中国近代师范教育史资料》1—4 册,人民教育出版社 1983 年版。

聂荣臻:《聂荣臻回忆录》,战士出版社 1983 年版。

四川省文史研究馆编:《四川军阀史料》1—4 辑,四川人民出版社 1983、1985、1987 年版。

鲁子健编:《清代四川财政史料》(上),四川社会科学院出版社 1984 年版。

吴丰培编:《赵尔丰川边奏牍》,四川民族出版社 1984 年版。

中央教育科学研究所编:《林砺儒教育文选》,北京师范大学出版社 1984 年版。

胡兰畦:《胡兰畦回忆录 1901—1936》,四川人民出版社 1985 年版。

张百熙:《钦定学堂章程(附张百熙进呈全学章程折 光绪二十八年)》,沈云龙主编《近代中国史料丛刊三编》第 10 辑 91,台湾文海出版社 1985 年版。

学部总务司编:《光绪三十三年份第一次教育统计图表》,沈云龙主编《近代中国史料丛刊三编》第 10 辑 93,台湾文海出版社 1985 年版。

学部总务司编:《学部奏咨辑要(光绪三十一年至宣统元年)》,沈云龙主编《近代中国史料丛刊三编》第 10 辑 96,台湾文海出版社 1985 年版。

教育部编:《教育部行政纪要(自民国元年四月至四年十二月)》,沈云龙主编《近代中国史料丛刊三编》第 10 辑 97,台湾文海出版社 1985 年版。

陈学恂主编:《中国近代教育史教学参考资料》上中下册,人民教育出版社 1986 年版。

李楚材编著:《帝国主义侵华教育史资料——教会教育》,教育科学出版社 1987 年版。

傅崇矩编:《成都通览》上下册,巴蜀书社 1987 年版。

中共四川省委党史工作委员会《吴玉章传》编写组:《吴玉章文集》上下集,重庆出版社 1987 年版。

四川省民族研究所本书编写组编:《清末川滇边务档案史料》上下册,中华书局 1989 年版。

林思进,刘君惠、王文才等选编:《清寂堂集》,巴蜀书社 1989 年版。

四川省教育科学研究所藏:《四川省志教育志·师范教育抄录资料汇编》,未刊。

四川省教育科学研究所藏:《四川省志教育志·民族教育抄录资料汇编》,未刊。

璩鑫圭主编:《中国近代教育史资料汇编》1—5辑,上海教育出版社1990年版。

刘大鹏,乔志强校注:《退想斋日记》,山西人民出版社1990年版。

《陶行知全集》,四川教育出版社1991年版。

中国第二历史档案馆编:《中华民国史档案资料汇编》1—5辑,江苏古籍出版社1991、1994、1998、2000年版。

陶亮生:《忆成都高师》,王元化主编《学术集林》(二),远东出版社1994年版。

戴执礼编:《四川保路运动史料汇纂》上中下,台湾中央研究院近代史研究所史料丛刊(23),台北南港:1994年。

苑书义等主编:《张之洞全集》,河北人民出版社1998年版。

《四川省广汉师范学校建校七十周年校庆专集》,校庆筹备委员会1999年编印。

[日]沪友会编,杨华等译:《上海东亚同文书院大旅行记录》,商务印书馆2000年版。

赵心愚、秦和平、王川编:《康区藏族社会珍稀资料辑要》上册,巴蜀书社2006年版。

六 研究论著

郭秉文:《中国教育制度沿革史》,上海商务印书馆1920年版。

常乃德、任白涛:《师范教育改造问题》,上海商务印书馆 1925 年版。

余家菊:《师范教育》,上海中华书局 1926 年版。

李之鷗编:《各国师范教育概观》,上海商务印书馆 1928 年版。

柴有恒编:《中江之教育》,成都民权印刷局 1928 年版。

舒新城编:《中国新教育概况》,上海中华书局 1928 年版。

常导直:《师范教育论》,北平和济印书局 1933 年版。

舒新城:《近代中国留学史》,上海中华书局 1933 年版。

姜书阁:《中国近代教育制度》,上海商务印书馆 1934 年版。

陈青之:《中国教育史》,上海商务印书馆 1934 年版。

程谪凡:《中国现代女子教育史》,上海中华书局 1934 年版。

周予同:《中国现代教育史》,上海良友图书印刷公司 1934 年版。

乐嗣炳编辑,程伯群校订:《近代中国教育实况》,上海世界书局 1935 年版。

郭鸣鹤:《师范教育》,天津百城书局 1935 年版。

梁瓯第、梁瓯霓编撰:《近代中国女子教育》,南京正中书局 1936 年版。

古楳编著:《乡村师范概要》,上海商务印书馆 1936 年版。

舒新城:《近代中国教育史稿选存》,上海中华书局 1936 年版。

张敬熙:《三十年来之西康教育》上卷,长沙商务印书馆 1939 年版。

李超英:《中国师范教育论》,长沙商务印书馆 1940 年版。

萧承慎:《师道征故》,贵阳文通书局 1944 年版。

张达善:《师范教育的理论与实际》,上海商务印书馆 1946 年版。

罗廷光:《师范教育》,上海正中书局 1947 年版。

中国教育学会主编:《师范教育研究》,台湾正中书局 1964 年版。

林本:《世界各国师范教育课程——我国师范教育课程之研究》,台湾开明书店 1964 年版。

王树槐:《基督教教育会及其出版事业》,台湾中央研究院近代史研究所集刊(2),1971 年。

黄福庆:《清末留日学生》,台湾中央研究院近代史研究所专刊(34),1975 年。

苏云峰:《张之洞与湖北教育改革》,台湾中央研究院近代史研究所专刊(35),1976 年。

陈景磐编:《中国近代教育史》,人民教育出版社 1979 年版。

[美]史沫莱特:《伟大的道路》,三联书店 1979 年版。

张正藩:《近卅年中国教育述评》,香港正中书局 1979 年版。

黄福庆:《近代日本在华文化及社会事业之研究》,台湾中央研究院近代史所专刊(45),1982 年。

[日]实藤惠秀,谭当谦、林启彦译:《中国人留学日本史(修订版)》,三联书店 1983 年版。

王德昭:《清代科举制度研究》,中华书局 1984 年版。

四川大学校史编写组编:《四川大学史稿》,四川大学出版社 1985 年版。

四川大学校情编写组编:《四川大学校情(1905—1985)》(内部资料),1986 年。

华西医科大学校史编委会编:《华西医科大学校史(1910—

1985)》(内部资料),1988 年。

四川政协文史资料研究委员会、四川省文史馆编:《四川近现代文化人物》,四川人民出版社 1989 年版。

四川省政协文史委员会、四川省文史馆编:《四川近现代文化人物续编》,四川人民出版社 1989 年版。

任一民主编:《四川近现代人物传》第 6 辑,四川大学出版社 1990 年版。

隗瀛涛主编:《四川近代史稿》,四川人民出版社 1990 年版。

许美德、巴斯蒂:《中外比较教育史》,上海人民出版社 1990 年版。

吴定初等编著:《中国师范教育简论》,四川教育出版社 1990 年版。

王纲:《清代四川史》,成都科技大学出版社 1991 年版。

四川省泸州师范学校校史编写组:《泸州师范(川南师范)校史 1901—1049 年》(内部资料),1991 年。

《一个世纪的历程——重庆开埠 100 周年纪念》,重庆出版社 1992 年版。

四川宗教志办公室刘吉西等编:《四川基督教》,巴蜀书社 1992 年版。

黄新宪:《中国近现代女子教育》,福建教育出版社 1992 年版。

王奇生:《中国留学生的历史轨迹 1872—1949》,湖北教育出版社 1992 年版。

王晓秋:《近代中日文化交流史》,中华书局 1992 年版。

陈旭麓主编:《中国近代史》,高等教育出版社 1992 年版。

[美]费正清编:《剑桥中国晚清史(1800—1911 年)》上下卷,

中国社会科学出版社 1993 年版。

[美]费正清、费维恺编:《剑桥中华民国史(1912—1949)》上下卷,中国社会科学出版社 1993 年版。

王笛:《跨出封闭的世界——长江上游区域社会研究(1644—1911)》,中华书局 1993 年版。

熊明安等主编:《四川教育史稿》,四川教育出版社 1993 年版。

杨明:《中国藏族教育史略》,成都科技大学出版社 1993 年版。

桑兵:《晚清学堂学生与社会变迁》,学林出版社 1995 年版;广西师范大学出版社 2006 年版。

杨念群:《儒学地域化的近代形态:三大知识群体互动的比较研究》,三联书店 1997 年版。

李华兴主编:《民国教育史》,上海教育出版社 1997 年版。

[美]任达,李仲贤译:《新政革命与日本—中国 1898—1912》,江苏人民出版社 1998 年版。

刘文耀、杨世元主编:《吴玉章年谱》,四川人民出版社 1998 年版。

熊贤君:《千秋基业——中国近代义务教育研究》,华中师范大学出版社 1998 年版。

王晓秋、尚小明主编:《戊戌维新与清末新政——晚清改革史研究》,北京大学出版社 1998 年版。

苏云峰:《三(两)江师范学堂:南京大学的前身,1903—1911》,台湾中研院近代史研究所专刊(82),1998 年。

宋嗣廉、韩力学主编:《中国师范教育通览》上中下,东北师范大学出版社 1998 年版。

罗志田:《权势转移:近代中国的思想、社会与学术》,湖北人民出版社 1999 年版。

汪向荣:《日本教习》,中国青年出版社 2000 年版。

关晓红:《晚清学部研究》,广东教育出版社 2000 年版。

李喜所、刘集林等:《近代中国的留美教育》,天津古籍出版社 2000 年版。

谢长法:《借鉴与融合——留美学生抗战前教育活动研究》,河北教育出版社 2001 年版。

商丽浩:《政府与社会——近代公共教育经费配置研究》,河北教育出版社 2001 年版。

田正平主编:《中国教育史研究》近代分卷,华东师范大学出版社 2001 年版。

张仲礼:《中国绅士的收入——〈中国绅士〉续篇》,上海社会科学院出版社 2001 年版。

张仲礼:《中国绅士——关于其在 19 世纪中国社会中作用的研究》,上海社会科学院出版社 2002 年版。

徐兴文、孟献忠主编:《师范春秋》,齐鲁书社 2002 年版。

刘捷、谢维和:《栅栏内外:中国高等师范教育百年省思》,北京师范大学出版社 2002 年版。

任乃强、任新建:《四川州县建置沿革图说》,巴蜀书社、成都地图出版社 2002 年版。

张朋园:《湖南现代化的早期进展(1986—1916)》,岳麓书社 2002 年版。

马啸风主编:《中国师范教育史(1897—2000)》,首都师范大学出版社 2003 年版。

[美]吉尔伯特·罗兹曼:《中国的现代化》,江苏人民出版社

2003 年版。

李细珠:《张之洞与清末新政研究》,上海书店 2003 年版。

李喜所:《中国近代社会与文化研究》,人民出版社 2003 年版。

谢放:《张之洞传》,广东高等教育出版社 2004 年版。

王东杰:《国家与学术的地方互动——四川大学国立化进程 1925—1939》,三联书店 2005 年版。

[日]山川早水,李密等译,蓝勇审定:《巴蜀旧影——一百年前一个日本人眼中的巴蜀风情》,四川人民出版社 2005 年版。

茅海建:《戊戌变法史事考》,三联书店 2005 年版。

《四川大学史稿》编审委员会编:《四川大学史稿》第一卷(四川大学 1896—1949),四川大学出版社 2006 年版。

张海鹏、李细珠:《新政、立宪与辛亥革命(1901—1912)》,张海鹏主编《中国近代通史》第五卷,江苏人民出版社 2006 年版。

王笛,李德英等译:《街头文化——成都公共空间、下层民众与地方政治 1870—1930》,中国人民大学出版社 2006 年版。

七　研究论文

黄学溥:《师范教育的产生发展与生产力》,《甘肃师大学报》1979 年第 3 期。

贾馥茗:《由“尊师重道”谈师范教育的实质》,《东方杂志》(台北)复刊第 13 卷第 9 期(1980 年 3 月 1 日)。

罗炳之、范云门、居思伟:《师范教育的起源和发展》,《南京师大学报》1980 年第 4 期。

黄金鳌:《我国高等师范教育发展的回顾与展望》,《东方杂志》(台北)复刊第 16 卷 11 期(1983 年 5 月)。

王笛:《清末四川师范教育的发生和发展概述》,《四川师院学报》(成都)1984 年第 2 期。

汪兆悌、蔡振生:《我国高等师范教育独立体制的历史考察》,《北京师大学报》1984 年第 4 期。

程合印:《我国近代师范教育及其社会影响》,《河南大学学报》1984 年第 6 期。

王笛:《四川“新政”与四川近代教育的兴起》,《四川大学学报》1985 年第 2 期。

曾昭耀:《论师范教育的发展规律与我国师范教育体制的改革》,《中国社会科学》1985 年第 4 期。

丁明宽:《中国近代的师范教育》,《南京师大学报》1986 年第 4 期。

黄士嘉:《清末师范教育的萌芽(1897—1911)》,《近代中国》(台北)第 115 期(1986 年 10 月 3 日)。

王笛:《清末新政与近代学堂的兴起》,《近代史研究》1987 年第 3 期。

王笛:《清末四川留日学生概述》,《四川大学学报》1987 年第 3 期。

郭令吾:《我国师范教育的建立和发展》,《中国教育通史》第五卷,山东教育出版社 1988 年版。

陈国勇:《清末川边“兴学”述论》,《西华师范大学学报》1989 年第 1 期。

孙传钊:《清末师范教育中来自日本的影响》,《教育评论》1989 年第 3 期。

桑兵:《文化分层与西学东渐的开端进程——以新式教育为中心》,《中山大学学报》1991 年第 1 期。

李杰泉:《日本对晚清师范教育的影响》,蒋永敬等编:《近百年中日关系论文集》,台湾中华民国史料研究中心 1992 年版。

谢长法:《清末女子留日与师范教育》,《高等师范教育研究》1994 年第 2 期。

王劲军:《中国近代师范教育制度的建立及其积极意义》,《天津师大学报》1995 年第 1 期。

史静寰:《教会学校与近代中国的师资培训》,《高等师范教育研究》1995 年第 1 期。

谢长法:《清末的留日女学生》,《近代史研究》1995 年第 2 期。

刘华:《中国近代师范教育教师待遇问题初探》,《内蒙古师大学报》1995 年第 3 期。

宋嗣廉:《试论我国师范教育的传统与特色》,《吉林教育科学:高教研究》1995 年第 9 期。

陈剑华:《清末教会学校师资状况分析》,《上海师大学报》1996 年第 1 期。

李剑萍:《中国近代师范教育争论问题的透视》,《华东师大学报》(教科)1996 年第 3 期。

江玲:《论我国早期师范教育的特点》,《华东师大学报》(教科)1996 年第 3 期。

郑登云:《中国近代中师课程的沿革》,《华东师大学报》(教科)1996 年第 3 期。

谢放:《中体西用:转型社会的文化模式》,《华中师大学报》1996 年第 3 期。

高谦民:《中国师范教育的历史回顾》,《教育史研究》1997 年第 3 期。

胡艳:《试论中国近代师范教育的改革》,《高等师范教育研究》1997 年第 3 期。

王涛、黎章春:《中国近代师范教育的特点和影响》,《赣南师院学报》1997 年第 4 期。

王炳照:《中国师资培养与师范教育——纪念中国师范教育 100 周年》,《高等师范教育研究》1997 年第 6 期。

邹礼洪:《略论清末民初的师范教育政策》,《新疆师大学报》1998 年第 1 期。

王建军:《论中国近代高等师范教育模式的演变》,《华东师大学报》(教科)1998 年第 1 期。

李剑萍:《中国近代师范教育的中国化历程》,《高等师范教育研究》(沪)1998 年第 2 期。

罗志田:《清季科举制改革的社会影响》,《中国社会科学》1998 年第 4 期。

王建军:《论近代高等师范教育的课程设置》,《教育研究》1998 年第 12 期。

区志坚:《〈三(两)江师范学堂:南京大学的前身,1903—1911〉书评》,《近代中国史研究通讯》(台北)第 27 期(1999 年 3 月)。

王先明、尤永斌:《略论晚清乡村教化体系的历史变迁》,《史学月刊》1999 年第 3 期。

罗志田:《近代中国社会权势的转移:知识分子的边缘化与边缘知识分子的兴起》,《开放时代》1999 年第 4 期。

周谷平:《中西文化冲突与中国近代教育取向》,《河北师大学报》(教科)2000 年第 1 期。

杨乔福、吴敏霞:《近代新教育在废科举后发展取向的偏差》,

《福建师大学报》2001年第2期。

刘新玲:《我国百年高等师范教育体制的演变及启示》,《黑龙江高教研究》2001年第4期。

商丽浩、田正平《中国教育财政制度近代化的历史走向》,《教育研究》2001年第4期。

刘新玲:《我国高等师范教育体制演变的历史回顾与思考》,《高等师范教育研究》2002年第1期。

曲铁华、常艳芳:《中国近现代师范教育发展嬗变及启示》,《教育史研究》2002年第1期。

田正平、李江源:《教育制度变迁与中国教育现代化进程》,《华东师大学报》(教科)2002年第1期。

章征科:《20世纪初中国女子学校教育兴起的原因及特点》,《安徽师大学报》2002年第2期。

贾国静:《私塾与学堂:清末民初教育的二元结构》,《四川师大学报》2002年第1期。

贾国静:《清末民初私塾改良述论》,四川大学硕士学位论文(2002年4月)。

王汎森:《近代知识分子自我形象的转变》,《台大文史哲学报》第56期(2002年5月)。

吕敏霞、李金秋:《中国近代师范教育的分期及办学情况略述》,《河南大学学报》(教科)2002年第3期。

夏金元:《近代中国高等师范教育制度的沿革》,《辽宁师大学报》2002年第3期。

王建军:《中国师范教育百年简论》,《河北师大学报》(教科)2002年第4期。

郝锦花、王先明:《清末民初乡村精英离乡的"新学"教育原因》,《文史哲》2002 年第 5 期。

阎广芬、王树林:《中国近代义务教育师资的培养与管理》,《河北大学学报》2003 年第 1 期。

丛小平:《从母亲到国民教师——清末民族国家建设与公立女子师范教育》,《清史研究》2003 年第 1 期。

顾明远:《师范教育的传统与变迁》,《高等师范教育研究》2003 年第 3 期。

王慧君:《我国近现代师范教育模式的历史变迁》,福建师大硕士学位论文(2003 年 4 月)。

[英]保罗 · 贝利:《20 世纪初中国的现代化保守主义:女子教育的话语与实践》,丁钢主编:《中国教育:研究与评论》第 4 辑,教育科学出版社 2003 年版。

陆远权:《重庆开埠与四川社会变迁(1891—1911)》,华东师大博士学位论文(2003 年 4 月)。

周谷平、季小琛:《外国人眼中的晚清教育:观念、课程与教法》,《课程 · 教材 · 教法》2004 年第 1 期。

阮春林:《清末民初师范教育研究(1897—1922)》,中山大学博士学位论文(2004 年 11 月)。

马晓燕:《近代化理念下教育体系的转型——以清末新政时期的教育改革为例》,安徽大学硕士学位论文(2005 年 5 月)。

石瑜:《一百年前的〈四川师范讲义〉》,《文史杂志》2005 年第 3 期。

杨欣改:《清末北洋政府时期女子师范教育述评》,河北大学硕士学位论文(2005 年 6 月)。

张晓冬:《明清教师阶层研究——以明清文学作品中的教师为例》,西北大学硕士学位论文(2005 年 6 月)。

王先明、李丽峰:《近代新学教育与乡村社会流动》,《福建论坛》2005 年第 8 期。

凌兴珍:《民国时期的基督教师范教育——基于以四川为中心的考察》,《四川师大学报》2005 年第 6 期。

罗志田:《科举制废除在乡村中的社会后果》,《中国社会科学》2006 年第 1 期。

朱艳林:《近代四川官方改良私塾的努力及其成效》,四川大学硕士学位论文(2006 年 5 月)。

张立程:《西学东渐与晚清新式学堂教师群体研究》,中国人民大学博士学位论文(2006 年 6 月)。

徐君:《清末赵尔丰川边兴学考辨》,《西南民族大学学报》2006 年第 12 期。

吕顺长:《清末中日教育交流之研究——以教育考察记等相关史料为中心》,浙江大学博士学位论文(2007 年 1 月)。

刘先强:《20 世纪上半叶康区师范教育发展述论》,《西藏研究》2007 年第 1 期。

凌兴珍:《清季川边康区的边疆民族师范教育》,《四川师大学报》2008 年第 6 期。

赵君:《试论西藏地方近代教育改革的先驱赵尔丰》,《中国藏学》2008 年第 2 期。

八 外文论著

Franke, Wolfgang. *The Reform and Abolition of the Traditional Chinese Examination System*. Mass.: Harvard University Press, 1960.

Wang. Y. C. *Chinese Intellectual and the West,* 1872—1949. Chepel Hill: University of North Carolinapress, 1966.

Ayers William. *Chang Chih-tung and Education Reform in China. Harward University Press*, 1971.

［日］南里知树编:《中国政府雇用の日本人——日本人顾问人名表と解说》,近代日中关系研究会编:《日中关系问题重要资料集》第Ⅲ卷,东京龙溪书舍昭和51年(1976)。

Bays Daniel H.. *Chang Chih-tung and the Issues of A New Age* 1895—1909. Ann Arbor: University of Michigan Press, 1978.

Rawski, Evelyn Sakakida. *Education and Popular Literacy in Ch' ing China.* The University of Michigan Press, 1979.

［日］阿部洋:《日中教育文化の交流と摩擦——战前日本の在华教育事业》,东京第一书局昭和58年(1983)。

Marianne Bastid. *Educational Reform in Early Twentitieth-century China.* Translated by Paul J. Bailey. Ann Arbor, Center for Chinese Studies, The University of Michigan, 1988.

［日］阿部洋:《中国の近代教育と明治日本》,东京福村出版株式会社昭和63年(1990)。

Hayhoe, Ruth ed. *Education and Undernization: The Chinese Experience.* Oxford: Pergamon Press, 1992.

Douglas R. Reynolds. *China,* 1898—1912*: The Xinzheng Rovolution and Japan.* Cambridge Mass.: Council on East Asian Studies, Harvard University, 1993.

附　录

附表3—1　光绪二十七年至宣统三年日本宏文学院

四川游学师范生调查表

姓名	字号	年岁	入学身份	府厅州属	州县	到东年月	费别	备注
刘刚哲	稺洲	17		成都	华阳	三十年七月	自费	
萧执中	时之	23		成都	华阳	三十年五月	官费	卒业回国。留学时,对体操一门独有心得。光绪三十一年十一月,任华阳学长,曾在省城各学堂运动会上倡行游戏操,为中外人士赏识。
傅鼎	敬之	19		成都	华阳	三十年十月	自费	
董西樟	敬承	32		成都	华阳	三十年十一月	自费	
邹霖	乐书	32		成都	华阳	三十年十一月	自费	
邹云	星台	28		成都	华阳	三十年十一月	自费	卒业回国。
刘震	紫骊 子立	24	文生	成都	成都	三十年五月	官费	卒业回国,曾任教育司立南城第一初等高等小学校长,四川图书审查会教育股会员,1914年1月四川省教育司拟请大总统奖励。参见《教育公报》第3年第6期(1916年6月),第8页。

姓名	字号	年岁	入学身份	府厅州属	州县	到东年月	费别	备注
余舒	苍一	24		成都	成都	三十年七月	自费	留学宏文学院三年,加入同盟会,1908年夏回国,1912年任重庆府中学校长,1913年任熊克武讨袁军司令部参议兼秘书,1918年任督军署秘书长,后历任成都高师、国立成都师大、成都大学教授。
徐湘	受之	39	举人	成都	新繁	三十年五月	官费	卒业回国。
王宝书	伯森	32	文生	成都	温江	三十年五月	自费	卒业回国。
文柱	笙陔	33	文生	成都	温江	三十年六月	官费	卒业回国。
彭祖濬	芷沅	30	廪生	成都	温江	二十七年	官费	卒业回国。
周炽	盛甫 成甫	22	文童	成都	郫县	三十年五月	官费	卒业回国,民初曾任江油中学庶务。
陈泳潭	载飏	25		成都	金堂	三十年五月	官费	卒业回国。
彭仕勋	湘泽	36	文生	成都	金堂	三十年五月	官费	卒业回国。
胡鸿熙	瑞荪	33	举人	成都	新津	三十年五月	官费	卒业回国。
岳镕	彤寅 雕寅	39		成都	新津	三十年五月	官费	卒业回国。
彭兰芬	兰村	29	贡生	成都	双流	三十年五月	官费	光绪三十一年九月卒业回川,次年任省城劝学所总董,后创办省城六区师范传习所和小学教育研究所,光绪三十四年当选成都自治局议绅,宣统二年任省城实业教员讲习所监督。
徐在镕	品三	27		成都	彭县	三十年五月	官费	卒业回国。
杨光炜	屏灵	43	文生	成都	彭县	三十年五月	官费	卒业回国。

姓名	字号	年岁	入学身份	府厅州属	州县	到东年月	费别	备注
张景夔	君嗣	25	文生	成都	汉州	三十年五月	官费	卒业回国。
季炳芬	培之	39	附生	成都	崇庆	三十年五月	官费	卒业回国。
余泽澂	润民	30	增生	成都	崇庆	三十年五月	官费	卒业回国。
邹祥	蕴山	40	增生	成都	崇宁	三十年五月	官费	卒业回国,1913年任省城女师范学校教员,四川省图书审查会教育股会员。
张凤翽	少棠	30	廪生	成都	灌县	三十年五月	官费	卒业回国,光绪三十二年任灌县师范传习所助教,任四学科教学,光绪三十二年任县视学,宣统元年闰二月任川东区省视学。
刘宗海	清潭	29		成都	什邡	三十年五月	官费	卒业回国,光绪三十二年任什邡县高等小学堂附设师范传习所所长。
吴桂馨	雪琴	31	文生	成都	简州	三十年五月	官费	宣统元年四月前,宏文休业。
魏恩溥	梦予	44	廪生	成都	简州	三十年五月	官费	宣统元年四月前,宏文休业。
邓雄	叔知	44	举人	绵州	绵竹	三十年五月	官费	
傅畅和	春吾	30	文生	绵州	绵竹	三十年五月	官费	光绪三十四年,任通省师范学堂斋务长。
安永祥	叔畇	28	文生	绵州	绵竹	三十年五月	官费	光绪三十一年十一月初卒业回籍,光绪三十四年任安县视学。
冯震熙	春翘	42	文生	绵州	绵竹	三十年五月	官费	
安汝霖	执生	26		绵州	绵竹	三十年五月	自费	光绪三十一年十一月初四日卒业回籍。

姓名	字号	年岁	入学身份	府厅州属	州县	到东年月	费别	备注
徐光连	淦泉	26	文生	绵州	德阳	三十年五月	自费	
钟玉麒	紫萁	37	增生	绵州	德阳	三十年六月	官费	
陈震	东垣	45	文生	绵州	德阳	三十年五月	自费	
陈金镛	新斋	26	廪生	绵州	梓潼	三十年五月	官费	留学日本时,加入同盟会,回国后曾创办龙安高等小学、梓潼县立高小,任校长,1908年任劝学所视学、县议会议长;辛亥革命后,入藏任德荣、义敦两县知事,荣获五等文虎勋章及四等嘉禾勋章,后丁忧回籍,倡办教养工厂、梓潼县蚕桑局,曾任省立龙绵师范、江油初中校、梓潼县中学国文等科教员,开办梓潼县立中学、女子小学各一所。参见陈季武等《同盟会员、早期留日生—陈心斋先生》,《梓潼文史资料选辑》第2辑,第44—47页。
王朝衣	奠安	44	贡生	绵州	罗江	三十年六月	官费	
文肇祥	联三	28		绵州	安县	三十年六月	官费	
李淦元	春皋	28		绵州	安县	三十年六月	官费	光绪三十一年任安县学堂监学,后因故被查取黉案,革衣顶,并追缴东游费。
张暵煃	梦莲	32	—	绵州	安县	三十年六月	官费	曾任绵阳县立高小校长。

姓名	字号	年岁	入学身份	府厅州属	州县	到东年月	费别	备注
黄泽民	润苏 润身	41		重庆	江北厅	三十年十二月	官费	历任江北县视学。
李鸿英	子固	32	增生	重庆	江北厅	三十年十二月	官费	
曾纪瑞	吉芝	31	廪生	重庆	巴县	三十年十二月	官费	出国前，与汪桂五等捐办开智小学堂，1906年参与创办川东师范，1911年调任川南省视学，后任下川东省视学，1907、1913、1924、1927年四任巴县县中校长，1908年任巴县视学，1915—1918年任第二区（上川南）省视学，1919年当选省议员，1927年后历任巴县视学、教育局长兼巴县国民师范学校、女子中学、甲种农业学校、赣江中学校长，1933年任省立重庆女师校长。
童宪章	文琴	31	廪生	重庆	巴县	三十年十二月	官费	1913年2月—1913年8月任川东师范校长。
彭竹阳	金门	24	附生	重庆	巴县	三十年十二月	官费	
刘可经	子通	16		重庆	巴县	三十年五月	自费	
刘德萃	雪樵	38	增生	重庆	江津	三十年四月	官费	光绪三十二年四月任江津中学堂校长，光绪三十三年初任川东师范博物、教育教员，1913年8月—1913年12月任川东师范校长。

姓名	字号	年岁	入学身份	府厅州属	州县	到东年月	费别	备注
冉献琛	君縠	29		重庆	江津	三十年五月	自费	光绪三十三年任川东师范教员,1912 年 4 月—1913 年 2 月任川东师范校长。
邓鹤丹	禼仙	31	附生	重庆	江津	三十年四月	自费	光绪三十二年任江津县视学,宣统三年任川中、川南省视学,1913 年 10 月任重庆联立中校校长。
陈永观	厥成	37	附生	重庆	江津	三十年四月	自费	
陶岁霖	鹿鞹	32		重庆	江津	三十年四月	自费	
涂德芬	海珊	22	附生	重庆	长寿	三十年六月	官费	光绪三十二年任长寿高等小学堂斋务长,兼任教物理、博物、化学三科。
段铭湛	仁三	25		重庆	长寿	三十年十二月	自费	
王廷垣	紫君	21	附生	重庆	大足	三十年五月	官费	
杜芬	香樵	38	廪生	重庆	永川	三十年五月	官费	光绪三十三年任川东师范教员,1917 年任荣昌县视学。
#唐定章	宪斌	31		重庆	永川	三十年四月	自费	卒业回国,1913 年任江津公立聚奎初等高等小学校长,四川省图书审查会教育股股长。
陈常	惺吾	36	岁贡	重庆	荣昌	三十年六月	官费	宣统元年任四川谘议局庶务科书记。
屈厚荃	荪隝	41	副榜	重庆	綦江	三十年五月	官费	
罗本持	懋衡	36	廪贡	重庆	綦江	三十年五月	官费	
罗祖泽	芷芳	24	增生	重庆	南川	三十年四月	官费	光绪三十二年任官立县高小兼师范师范传习所教员,后任县视学,参与纂修南川县志。

姓名	字号	年岁	入学身份	府厅州属	州县	到东年月	费别	备注
李春稂	梧荪	28	附贡	重庆	璧山	三十年五月	官费	光绪三十三年参与筹办川东师范学堂。
杨佐清	鹤皋	29		重庆	合州	三十年五月	官费	
杨霖	席缁习之	29		重庆	铜梁	三十年五月	官费	光绪三十二年至民初任川东师范监督、校长。
杨秉堃	葆田	29	廪生	重庆	定远	三十年五月	官费	光绪三十一年任高等小学堂附设师范教习,光绪三十二年任县视学。
邹鸿定	光南	34	廪生	重庆	涪州	三十年五月	官费	光绪三十年冬在宏文学院新旧四校学生运动会上三获优等,被奖宝星一枚。
邱琬林	叔度	35	增生	夔州	奉节	三十年五月	官费	
程理权	宇春	28		夔州	云阳	二十九年四月	自费	1916 年任云阳县视学。
赖迥澜	云舫	30		夔州	云阳	三十年五月	官费	光绪三十一年十月在云阳学堂附设速成师范任各科分教、管理。
赵忠清	圣夷	29	增生	夔州	万县	三十年五月	官费	
李友梁	晋斋	65	举人	夔州	巫山	三十年五月	官费	
李麟士	子麒	42	文生	夔州	大宁	三十年五月	官费	
易丹成	鼐卿	25		夔州	开县	三十年五月	官费	
万如璋	恩甫	35	廪生	绥定	达县	三十年六月	官费	光绪三十一年传习师范一班,光绪三十三年任县立中学监督,后参与《达县志》纂修。

姓名	字号	年岁	入学身份	府厅州属	州县	到东年月	费别	备注
景昌运	少卿	28	文生	绥定	东乡	三十年六月	官费	光绪三十二年至1914、1916年任县视学，开办县女子学堂、中学堂等，1915年任县知事，两次票选省议员。
郝汝名	孟宾	32	增生	绥定	新宁	三十年六月	官费	
刘维新	鼎如	24		绥定	大竹	三十年六月	自费	
唐桐封	晋蕃	34	附生	绥定	大竹	三十年六月	官费	
夏徽芳	韵琴	52	贡生	绥定	大竹	三十年六月	官费	
蓝崧高	骏生	39	教职	绥定	渠县	三十年六月	官费	
罗玉熙	少穆	24	文生	绥定	城口厅	三十年六月	官费	
张垣臣	廷乙	33	附生	绥定	太平	三十年六月	官费	
陈克勉	尧钦	45	文生	酉阳州		三十年六月	官费	光绪三十二年三月参与酉属师范学堂创办。
陈德元	铁峰	28		酉阳州		三十年六月	自费	同上。
谭焯	灼庵卓安	45	拔贡	酉阳州	秀山	三十年六月	官费	光绪三十二年任县立高小监督，参与酉属师范学堂筹办并首任监督，民初曾主办川东师范学堂，1915年任省立第一中学校长，后曾代理四川高等师范学校校长、任国文部主任教师等。
陈象垣	宿航	42		酉阳州	黔江	三十年六月	官费	

姓名	字号	年岁	入学身份	府厅州属	州县	到东年月	费别	备注
程昌祺	芝轩	37	附生	酉阳州	黔江	三十年六月	官费	光绪三十一年黔江县创立师范传习所，后任县视学，光绪三十四年任川东师范物理、教育学教员，宣统元年闰二月任下川南区省视学，后曾任四川省政务厅教育科长、成都女高师教务主任、华西协合大学中文部主任等职。
高仕栋	子云	37	文生	酉阳州	彭水	三十年六月	官费	
王德懋	乃畲	31	教职	忠州	丰都	三十年六月	官费	
卢彬	虞琴	32	增生	忠州	垫江	三十年六月	官费	
江树	渭北	32	附生	忠州	梁山	三十年六月	官费	
刘念祖	履阶	27	廪生	茂州	汶川	三十年五月	官费	
何元体	心全 心泉	38	文生	叙州	宜宾	三十年五月	官费	光绪三十二年任宜宾官立高小监督，宣统元年闰二月任川西区省视学。
杨兆荣	耀垣	20	文童	叙州	宜宾	三十年五月	官费	在日本加入同盟会，回国后，参与创办泸州女学会川南女子师范传习所。
张运钧	陶斋	35	文生	叙州	马边厅	三十年五月	官费	
刘德麟	汝谦	28	增生	叙州	富顺	三十年五月	官费	光绪三十一年终在府治考棚照章传习师范，次年二月拟与他人自立师范学堂一所，学务处不准，1915年任合江县视学。

姓名	字号	年岁	入学身份	府厅州属	州县	到东年月	费别	备注
高世安	仁轩仁宣	24		雅州	天全	三十年五月	官费	曾任天全县立高小校长。
杨肇傑	卓夫	40	廪生	龙安	江油	三十年六月	官费	
王綍	净疵敬之	28	增生	顺庆	广安	三十年六月	官费	任广安州属劝学员，官立高小教员。
聂开基	丕丞	23	副贡	顺庆	广安	三十年六月	官费	
刘际暹	笏丞	45	举人	顺庆	南充	三十年六月	官费	
张澜	表方	32	贡生	顺庆	南充	三十年五月	官费	清末曾任顺庆府中、四川游学预备学堂教员、东文学堂学监，创办南充民立两等小学、南充高等小学堂，附设端明女塾，兼任顺庆府中监督，扩端明女学为女子师范学堂，民初曾任嘉陵道尹、四川省长，20年代曾任南充中学、端明女子中学校长、任国立成都大学校长。
袁潚	巨卿	34	增生	顺庆	西充	三十年五月	官费	光绪三十二年任县视学。
蒲渊	懿孙	45	廪生	顺庆	西充	三十年五月	官费	光绪三十二年任西充县立高等小学堂校长，附设初级师范简易科一班。
邹鲁门	梓庄	39	廪生	顺庆	邻水	三十年六月	官费	
魏健儒	星海	43	文生	顺庆	蓬州	三十年六月	官费	
张成琯	玉六	50	文生	顺庆	岳池	三十年六月	官费	
刘培禄	寿川	26	文生	顺庆	仪陇	三十年六月	官费	
许敏勋	竟成	41	拔贡	潼川	中江	三十年六月	官费	
胡祖虞	俊之	45	廪生	潼川	蓬溪	三十年六月	官费	宣统元年任县视学。

姓名	字号	年岁	入学身份	府厅州属	州县	到东年月	费别	备注
吴均印	成章	38	廪生	潼川	乐至	三十年六月	官费	
王德洤	进源	36	文生	潼川	安岳	三十年六月	官费	
税鸿钧	用宾	36	附生	潼川	遂宁	三十年六月	官费	
乐文韶	季鸾	22		潼川	遂宁	三十年八月	官费	
何炳灵	拔茹	42	训导	潼川	盐亭	三十年六月	官费	
赵知先	止亭	42	增生	潼川	射洪	三十年六月	官费	
张成德	骏卿	37	廪生	潼川	三台	三十年六月	官费	
康受嘉	子献	26		宁远	会理	三十年九月	官费	曾任州视学、官立中区高等小学堂校长，创办城内康民祠初等小学堂、会理县立女子初中等。
太泽宇	润生	30		宁远	会理	三十年九月	官费	
傅光逊	让三	30	廪生	宁远	西昌	三十年六月	官费	曾被误记为顺庆西充人，曾任成都联立中校、省二师教员。
饶应暄	子明	27	廪生	宁远	越西厅	三十年六月	官费	
莫与京	类凡	23	附生	宁远	盐源	三十年六月	官费	系由备取生递补官费。
谢芝薰	友兰	38		宁远	冕宁	三十年六月	官费	
闵鸿洲	仲瀛	32	廪生	邛州		三十年五月	官费	光绪三十二年二月任邛州师范传习所教习，后创办高等小学堂，光绪三十三年任邛州视学，倡设县教育会与邛州联合县立中学。
张全琮	渔珊	40	拔贡	邛州	大邑	三十年五月	官费	光绪三十二年任大邑县立第一小学校长。
袁文倬	峻廷	40	廪生	邛州	蒲江	三十年五月	官费	

姓名	字号	年岁	入学身份	府厅州属	州县	到东年月	费别	备注
陈德峻	公恂	24	文生	叙永	永宁	三十年五月	官费	
马图	九成	28	文生	叙永	永宁	三十年五月	官费	
陈守泽	沛斋	40	廪生	石柱厅		三十年五月	官费	
冯光厚	静三	31	文童	懋功厅	绥靖屯	三十年五月	官费	
王俊德	克明	25	童生	懋功厅	崇化屯	三十年五月	官费	光绪三十一年十一月派充小学堂教员。
以上185名系来自《四川游学日本诸生调查表(截至光绪三十年十二月止)》(《四川学报》乙巳第8—11册,表第1—17页)的统计。								
刘镜	继周 季周	30	廪贡	成都	华阳	二十九年二月	自费	光绪三十一年九月十九日卒业回川,清末在华阳办学,拟定华阳小学研究会简章,历任教育司立西城初等高等小学校长兼储才中学教员,而请予以奖励,曾任四川省图书审查会教育股会员、华阳县视学。参见《教育公报》第3年第6期,第9页。
王章祜	叔钧 叔均	29	举人	成都	华阳	二十九年三月	官费	光绪三十年春卒业回国,旋聘为八旗学堂教习,光绪三十二年任全川优级师范选科学堂首任监督,民初任四川教育司司长、四川政务厅长、直隶河北办理教育、署教育次长。
李维祺	薀泉 蕴泉	22		成都	华阳	二十九年七月	官费	光绪三十年十二月前休业回国。

姓名	字号	年岁	入学身份	府厅州属	州县	到东年月	费别	备注
张卜冲	一飞	32		成都	温江	二十九年三月	自费	卒业回国，清末随吴嘉谟赴关外，任学务局委员、兼任中区总校长，开办巴安初等、官话学堂共36所，宣统三年四月保奖选用通判。参见张敬熙《三十年之西康教育》上卷，第8、37页。
刘毓槃	硕辅	24		成都	新津	二十九年三月	自费	卒业回国，清末在新津办学。
万云松	晴村	23		成都	新津	二十九年三月	自费	休业回国，光绪三十年任江西会馆蒙养学堂教习，1916年任县视学。
陈暄	新尧	26		成都	双流	二十九年四月	官费	卒业回国。
戴夔钟	虞笙	26		重庆	江津	二十九年三月	自费	卒业回国。
陶懋鑫	贡伯	37	举人	夔州	云阳	三十年五月	自费	清末历任县立高等小学堂兼师范传习所监督、夔州府官公立中学校及师范学校校长、云阳县立中学校长、云阳县视学，宣统二年以直隶州州同分发江苏补用，委充苏州提学司普通科员，任视学，宣统三年委署昆山县事，反正后充苏州都督府秘书，民初任川北区省视学、查学员、内江县征收局长、江津县征书局、资阳县知事、夔州联立中师校校长。参见《新委夔州联合县立中学师范合校校长陶懋鑫履历》，四川省档案馆：四川东川道道尹公署档案，案卷号191—1289。

姓名	字号	年岁	入学身份	府厅州属	州县	到东年月	费别	备注
陈铭章	惕斋	49	候选训导	茂州		三十年五月	自费	休业回国。
曾有仙	雨三 雨山	33		眉州	彭山	三十年五月	自费	曾与夏光普董理眉州联合中学筹建。
李鸣皋	玉璿	27	文生	眉州		三十年五月	官费	休业回国。
刘汝蘭	国香	47		泸州	合江	二十九年三月	自费	卒业回国。
黄芝	书云	39	优贡	嘉定	荣县	二十九年三月	自费	尊经书院肄业生，与吴永锟等人一道留学日本宏文师范六月速成师范，光绪三十年春毕业回国，在省城创办义务学堂，光绪三十一年七月任平武县高等小学堂并附设师范传习所校长。
吴永锟	紫光	40		嘉定	荣县	二十九年三月	自费	又记名吴永琨、吴玉章二哥，曾肄业尊经书院，日本宏文学院六月师范卒业，回国后创办荣县官立高等小学堂、官立女子小学堂。参见刘文耀、杨世元主编《吴玉章年谱》，第8—11页。
周泽	润生	29		嘉定	犍为	二十九年三月	自费	卒业回国，宣统元年任川中区省视学，1912—1913年任四川高等师范学校校长。
赵惟燧	旭初	35	文生	龙安	平武	三十年六月	官费	休业回国。
以上17名系根据《四川游学日本诸生调查表(截至三十年十二月止)》(《四川学报》乙巳第11册，表第17—18页)的统计。								
周宗濂								
杨惟徵								

姓名	字号	年岁	入学身份	府厅州属	州县	到东年月	费别	备注
何之桢								
洪翼升								
蓝德中								
冯辛								
陈国铨								
饶真								
梁维岳								
黄之骏								
林立								
林风人								
张龄永								
史兆松								
张亮材								
陈光绩								
以上16名系根据《四川师范生姓名录(他省附)》(四川师范生编辑《师范讲义》第一编)增补。								
黄倬彦	云沧			成都	华阳			宣统元年四月前已卒业回国。
林思进	山腴			成都	华阳	三十年秋		自1904年游学宏文师范科一年多,光绪三十三年卒业回国,经朝考,授内阁中书,清末曾力赞胡峻开办四川高等学堂、刘紫骥开办成都府师范学堂,民初曾议设四川省图书馆,自请任馆长,1918—1924年就任华阳中学校长,后执教成都各高等专门学校。

姓名	字号	年岁	入学身份	府厅州属	州县	到东年月	费别	备注
雷琛	伯琼			成都	新繁			宣统元年四月前卒业回国。
以上3名系根据《卒业及因事归国之留学生》(傅崇矩编《成都通览》上册第147、150页)的名单统计。								
李世杰			附生	嘉定	犍为		官费	又记名李士杰,宣统元年六月前卒业回国。
杜明燡	少裳		廪生	雅州	芦山			光绪三十二年暑假回国,任乐山高等小学堂教习,宣统元年闰二月任川北区省视学,1915年任第一区省视学,1915年3月任教育科科员,20年代曾任川东道尹。
马国文				雅州	芦山			宣统元年六月前卒业回国。
戴文伟				雅州	芦山			宣统元年六月前卒业回国。
毛钧				雅州	芦山			宣统元年六月前卒业回国。
帅镇华				雅州	芦山			宣统元年六月前卒业回国。
以上6名系来自《宣统元年上学期上川南省视学调查学务报告》(《四川教育官报》庚戌第3期,报告第50、54页)的记载。								
马彝德				宁远	会理	三十年九月	官费	
以上1名系根据《会理兴学》(《四川官报》甲辰第23册,新闻第3页)的记载。								
毛麟				眉州	彭山			

姓名	字号	年岁	入学身份	府厅州属	州县	到东年月	费别	备注
陈燮周				眉州	彭山			
以上2名系来自民国《彭山县志》卷四第37页的记载。								
白世杰	汉三			保宁	广元		官费	
白世杰系根据《广元县国内外各学校业成学人一览表(民国26年调查)》(《重修广元县志稿》第四编卷十七第74页)的记载。								
唐绍章				顺庆	邻水			3人回国后在县立高等小学堂任教。
李澂				顺庆	邻水			
黄璋				顺庆	邻水			
以上3名系根据《邻水县教育文化志》第330页的记载。								
孔庆余	保之		优廪	成都	华阳	三十一年三月	官费	这1名是重庆府中学堂派遣的留学日本宏文学院速成师范生监督。
李时存				重庆		三十一年三月	官费	这9名是重庆府中学堂赀派留学日本宏文学院速成师范的官费生。
何禹皋				重庆		同上	官费	
许琼林				重庆		同上	官费	
李成志				重庆		同上	官费	
邓春秾				重庆		同上	官费	
刘纯熙				重庆		同上	官费	
李丕成				重庆		同上	官费	
戴亮吉				重庆		同上	官费	
李成章				重庆		同上	官费	
以上10名根据《联翩东游》,《广益丛报》第3年第6号纪事第9页及《选派游学》,《四川官报》乙巳年第13册新闻第3页。								
张文澜	子良	18	文童	资州		三十年六月	自费	
以上1名系留学日本体育会,原本考取的是宏文学院速成师范科自费生。参见《四川游学日本诸生调查表(截至光绪三十年十二月止)》,《四川学报》乙巳年第10册,表第13页。								

姓名	字号	年岁	入学身份	府厅州属	州县	到东年月	费别	备注
李实			监生	成都	华阳		自费	这22名系正取的留学日本宏文师范官费自费学生，但不知因何原因，未见留学日本宏文师范。
闵宗礼			附生	成都	新都		官费	
唐治安			监生	成都	金堂		官费	
蔡先庚			文生	成都	金堂		官费	
金奉璋			增生	绵州			自费	
孙鸿勋			职员	绵州	绵竹		自费	
李锡武			文生	绵州	绵竹		自费	
刘举翔			职员	叙州	富顺		自费	
杨昌寿			文童	叙州	雷波厅		官费	
程莹珍			文童	叙州	长宁		自费	
徐原烈			文生	眉州	彭山		官费	
曾淮			文生	眉州	青神		自费	
帅正邦			廪生	眉州	青神		官费	
吴申商			附生	嘉定	威远		官费	
吴景英			文生	嘉定	荣县		自费	
张徽凤			文童	嘉定	荣县		自费	
江书祥			监生	资州	资阳		自费	
罗映湘			廪生	保宁	广元		官费	
苏继祖			廪生	保宁	彰明		官费	
何肇元			文生	雅州	荥经		自费	
姚京晟			文生	龙安	江油		官费	
周玉麐			拔贡		营山		官费	
李鼎铭			训导	松潘厅			备取	这7名系四川考取的日本宏文书院速成师范备取生，在光绪三十年底以前未递补官费，也未见自费赴日本宏文学院速成师范科。
曾鸿			文生	潼川	遂宁		备取	
冯秉纬			廪生	保宁	巴州		备取	
张霆震			监生	成都	金堂		备取	
罗鸿钧			教谕	成都	崇宁		备取	
洪文光			廪生	成都	什邡		备取	
泰安			廪生	成都	旗籍		备取	

姓名	字号	年岁	入学身份	府厅州属	州县	到东年月	费别	备注
以上22名正取生、7名备取生未游学日本宏文师范,参见《督宪照会监督赴日本本学生周主政凤翔文·附学生名单》,《四川官报》甲辰第10册,公牍第6—9页。								

说明:1. 本表备注栏主要根据笔者所见到的《四川省教育行政报告书》、民国四川府县志、清末民国四川报刊图书资料、档案及近现代人物传记,择要填注留日速成师范生的去向及教育活动,难免疏漏。2. 帅镇华、李世杰、吴永琨、萧湘、胡存琮5人记名不一致;彭赞尧原籍贯为嘉定夹江,川南省视学报告所记的籍贯为嘉定洪雅。参见《宣统元年上学期上川南省视学调查学务报告》,《四川教育官报》庚戌第3、5期报告第49—62页及己酉第12期报告第32—33页。3. 唐定章的备注内容系根据《四川省教育行政报告书》第三编第216页填写。

附表3—2 光绪二十八年至宣统三年四川学堂聘请外国教习姓名、教授学科及身份

(未注明国籍者为日本人)

武备学堂(陆军速成学堂)(10人):井户川辰三(陆军步兵大尉,后陆军中将)、皆川季孝(后在早稻田大学清国留学生部工作)、松浦宽威(任总教习,陆军步兵尉)、田村田、西原彦之助(任总教习,时任陆军步兵大尉)、粟屋贯一(陆军炮兵大尉,后陆军少将)、臼井太四郎(陆军步兵大尉)、相田三代治(代数,原日本中学教员)、酒井春藏(陆军大尉)、杉本正直(授生物、博物,东京医科大学毕业)

四川高等学堂(21人):池永太六(理学士)、[英]史弥德(授英文、理化)、进来重松(东京物理学校毕业,原日本熊本县中学教员)、三木清二(教授,原日本新潟县中学教员)、小黑伊人(授博物)、和田喜八郎(授教育、心理,东京高等师范学校毕业)、辻信一(授博物,原日本滋贺县立中学教员)、吉田义静(教授)、野口信(授法制、经济)、[丹麦]蓝尔生(文学博士)、新田觉二(文学士)、平野(授数学)、犬岛居弃二(东京专门学校—早稻田大学前身毕业,后在早稻田大学清国留学生部工作),秩父固太郎(理学士)、野村茂(授数学)、志贺(授物理)、[美]霍夫曼(授英文)、[美]卜伦(授理化)、[英]华林泰(授化学)、山川早水(授日文)、饭尾驹太郎(原日本京都师范学校教员)

东洋预备学堂(2人):服部操(总教习,文学士,早稻田大学毕业,后《日华大辞典》编者,东京成城学校留学生部主任)、德永熊五郎(授几何,原日本佐贺县立中学教员)

华阳中学堂(3人):服部操(见前)、大野憬、德永熊五郎(见前)

东文学堂(3人):中岛裁之(学堂总理)、服部操(见前)、大野憬(见前)

通省师范学堂(12人):小西三七(矿物,理学士,原日本中央气象台工作)、丰冈茂夫(原日本冈山县师范学校教员)、藤田庆东(文学士)、小川正(代数,东京物理学校毕业)、大岛弘公(手工,东京高等师范学校毕业)、山莺一海(博物,东京高等师范学校毕业)、藤井庆乘(授心理学、地理)、须藤一多(授博物,原日本中学教员)、德永(几何)、山本丰次(理化,理学士)、相田三代治(见前)

成都府中学堂(3人):山本丰次(见前)、相田三代吉(东京物理学校毕业)、杉本正直(见前)

淑行女塾(后改淑行女子中学堂、女子师范学堂)(5人):大野嘉代(女,授音乐、体操,东京女子体操音乐学校毕业)、相田智保(女,授手工)、加藤峰(女,造花、工艺两科)、今野八重(女,教音乐、体操,东京女子体操音乐学校毕业)、田添幸枝(女,授油画、泥塑等各种图画)

四川优级师范选科学堂(5人):野崎常藏(东京物理学校毕业,原东京府立中学教员)、池田方正(化学专门毕业,原日本山口县立中学教员)、落合兼棱(东京物理学校毕业,原东京府立中学教员)、川崎武亲(东京高等师范学校毕业)、杉本正直(见前)

补习学堂(3人):野崎常藏(见前)、池田方正(见前)、落合兼棱(见前)

省城蚕桑师范传习所(1人):[法]白佑氏

客籍学堂(3人):本土源次郎(农学士,原日本长崎县立中学教员)、相田三信治(授代数)、须藤一多(见前)

铁道学堂(7人):谷井纲三郎(工学士)、百濑国三郎(工学士)、原清明、橘协(原日本铁道技工)、[美]安笃生(授英文)、[美]马肯培(授铁道专门学)、[美]宣尔登(授理化)

中等工业学堂(12人):今田直策(东京美术学校毕业)、佐佐川丰吉(东京物理学校毕业)、黑田政宪(授陶瓷)、市川丈太郎(授模型、雕刻)、森银治郎(授手工)、松本兵七(授瓷业、窑务)、千往赖一(机械学)、野村(大代数)、[英]史雅德(英文)、[美]罗伯存(应用化学)、[美]法荷尔(应用化学)、志贺(见前)

中等农政学堂(2人):松浦胜太郎(授农科,农学士)、本土源次郎(见前)

成都小学堂(1人):田村理太郎

公立嘉定中学堂(1人):马场节藏

泸州经纬学堂(后改川南师范学堂)(2):伊东松雄、樱庭行藏(原冈山师范学校教员)

泸县女子师范学堂、泸县小市女工师范传习所(1人):滨崎梅(女,又译为"冰其梅",教授音乐、图画、体操、理科)

富顺自流井私立树人学堂(4人):岗本常次郎(授理化,东京高等师范理科卒业)、鹰野该吉(授自然、日语)、山根花子(女,授音乐、体操,日本音乐体操专科学校卒业)、四方氏(女,东京女子高等师范文科卒业)

眉州高等小学堂(又记"眉州中学")(1人):后藤美之(日本茨城县人)

夔州府中学(3人):丰田五郎、户城传七郎、山田好三郎;

重庆府中学堂(1人):藤川勇吉(1907.6—1913.2,授理化,月薪银225元,东京高等师范学堂毕业,出身地日本三重)

重庆东文速成学堂(3人):小野德太郎(1905—?,学堂创办者)、隐歧神田、暨矶畸

重庆东文学堂(1人):竹川藤太郎

重庆东语夜课(1人):山口智慧(女,授日语,东京薄记精修学校并技艺学校毕业)

重庆幼稚园附设保姆师范科(1人):山口智慧(该园创办者之一,见前)

东亚女学堂(后改巴县女子师范学堂)(1人):太田喜智(女,四川重庆留日速成师范生黄泽民娶回的日本夫人,又记"黄太田喜智",日本千叶县八日市场人。东京女子高等师范学校毕业,曾供职于南京女子师范学校。

1906.7—1913.1在重庆任教,先后任东亚女塾教务长兼管理、教员,1906.7—1911.12任巴县中学堂、巴县女子师范学堂监督,月薪银50元,历时四年半。1913年1月后辗转北京、青岛等地,1926年回日本东京九段。几年后再次来中国,1936年左右,在江南去世)

川东初级师范学堂(2人):阿部好壹(1908.2—1909.3,又译"部好一银",授数学、理化,月薪银140元,出身地日本山口)、副岛四郎(1909.12—1911.12,教习,月薪银160元,出身地日本佐贺)

长寿中学堂(1人):藤川勇吉(1907年任数理化三科,见前)

叙永厅永宁中学(2人):外山修三(授博物)、神田正雄(东京专门学校毕业,1902—1905年任四川叙永厅永宁中学教习,后任日本众议院议员,著名的中国研究者,有《从上海到巴蜀》、《西清事件》、《四川省综览》等著作出版)

顺庆府中学堂(附设速成师范)(1人):中村富哉

军医学堂(3人):[德]穆礼雅(授医学专科)、叶色妥(授医学专科)、儿玉盛长(授医学专科)

彭县高小(1人):秩父固太郎(见前)

资州中学堂(1人):名川彦作(文学士)

彭山高小(彭山师范学堂)(1人):泷口定治郎(日本千叶县人)

江津高小(1人):相泽平次郎

内江中学堂(1人):岩川捷三郎(授东文)

云阳县立中高合校(1人):渡边太

说明:上列各校聘用外籍教员,主要根据《四川大学史稿》第24、46页、王笛《清末"新政"与四川近代教育的兴起》(《四川大学学报》1985年第2期第96—97页)、《四川近代史稿》第388—391页、熊明安等《四川教育史稿》第192—195页及汪向荣《日本教习》第98—100页等论著所列的历年入川日本教习姓名及分布表增补。增补的资料有:[日]柴田岩《日本教习在重庆的事迹及活动——近代日中教育交流之初步考察》(《一个世纪的历程——重庆开埠100周年纪念》,第470—480页);[日]山川早水《巴蜀旧影——一百年前一个日本人眼中的巴蜀风情》第79—81、89—90、84、232、239、246、258页;《附录·(十八)历任教职员履历一览表》,《川东共立师范学校一览》,第326页;《四川各学堂第一次运动会·在留成都日本人有誌者》,《四川学报》乙巳第19册;《自流井王氏树人学堂改良扩张招生广告》、《树人学堂延聘教师之完备》,《广益丛报》第4年24、27号;陈家其《自贡第一所开办体育班的学校—树人学堂》,《自贡文史资料选辑》第 16 辑第 114 页;《川东师范学校发展概况》,《广益丛报》第 6 年第 7 期;《补习招生》,《广益丛报》第 4 年第 29 号;《泸州女学》、《女学述闻》,《广益丛报》第 4 年第 17、29 号;《女校添学泥塑》,《广益丛报》第 8 年第 22 期;许振君、李德馨《长寿中学校史记略》,《长寿文史资料》第 5 辑第 91 页等。

附表 4—1　光绪二十九年至宣统三年四川师范传习所或讲习所设立概况表

名称	时间	开办情况	资料来源
通省蒙养师范(实与“师范传习所”无异)	1903	光绪二十九年三月,成都锦江书院校舍改设成都府中学堂,暂设蒙养师范,岑春煊任总理,赵藩任堂长,考取学生 305 人。四月,开始授课,阅六月而毕,得凭照者 114 人。光绪三十一年札饬省城蒙养师范毕业生中之闲散无着之数十人送赴省学务处再补习六月。	《成属联立中学三十周年纪念刊》,校史第 11—12 页;《四川大学史稿》,第 16 页;《慎重学务》,《广益丛报》第 3 年第 3 号,纪事第 14 页。
什邡师范传习所	1903	高等小学堂所买万寿寺内设立,高小总理兼任管理,招收内外庠生 60 名入所肄业,一年期满毕业,聘为各乡初等小学堂教员,是为第一班。	民国《重修什邡县志》卷六,第 13—17 页。
安县师范传习所	1903	余令于益昌书院改设,仅三个月卒业。	民国《安县续志》卷廿九,第 1 页及卷廿八,第 9—10 页;又见《安县详整顿学堂情形一案》,《四川学报》第 2 年第 1 册,公牍第 4 页。
顺庆府八属师范传习所	1903	顺庆府鄂兰谷太守呈请变通师范传习所办法,酌设八属师范传习所,六月卒业,暂设两班,酌选头班优秀者先出教授,俟二班卒业更替补习以资完备。光绪三十年二月,头班卒业时,因小学已开办,遵章十月卒业。	《总督部堂批顺庆府详师范传习所开学日期并传习所文童请免县府试一案》,《四川学报》乙巳第 3 册,公牍第 11 页。

名称	时间	开办情况	资料来源
广元蒙师养成所	1903	广元蒙养学堂附设，校长罗映湘，由义学斗息年款钱40串改设，教员修金由学东补助。	民国《重修广元县志稿》第四编卷十七，第65页。
省城启蒙师范讲习所	1903	成都义学巷李宅天健阁经世学堂附设，课程16门，每门皆有专师，因“李宅规模狭逼，不能容受多门学生，今教职何安澜等已赴督辕请将该堂借设附城隍庙内”。	《民立学堂》，《四川官报》甲辰第4册，新闻第1页。
太平师范传习所	1903	太平知县朱远绥于县城高小学堂附设师范传习所第一班，四月毕业，所长冉景贤。	民国《万源县志》卷五，第31页；《万源县教育志（1902—1985）》，第187页。
江油师范传习所	1903	至1904年毕业。	《江油县教育志（1903—1988）》（上），第347页。
定远师范传习所	1904	官立高等小学堂附设。	民国《新修武胜县志》卷五，第6页。
长寿师范传习所	1904	教谕陈洪泽于县城东门文昌阁右凤山书院附设，一年毕业。	民国《长寿县志续修》卷七，第11页；《实验师范》，《广益丛报》第3年第15号，纪闻第14页。
长寿师范传习所	1904	知县唐我圻（字恭石）在县城新建林庄高等小学校附设师范传习所一班，一年毕业。	民国《长寿县志续修》卷七，第11页。
绵竹启蒙师范传习所	1904	紫岳书院改设，曾庆鉴、詹治道等经理，县令伍介康选派王定熙、张俊章等人为教习，招考生童，定立章程，安县、茂州士类亦有至绵竹讲习者，并来省参考各学堂课程规则。	《师范演说》、《热心教育》，《四川官报》甲辰第12册新闻第3页、第32册新闻第1页；《督宪批绵州职员陈鸿勋等禀移高等小学堂附设师范传习所一案》，《四川学报》乙巳第3期，公牍第12—13页；民国《绵竹县志》卷十，第4页。

名称	时间	开办情况	资料来源
阆中师范讲习所	1904	阆中县丁大令会同教谕傅芑堂并乡绅何云阶、王和廷、张正夫等设立，考取师范生 80 人，分作两班，学科完备，规则整齐。	民国《阆中县志》卷十八，第 16 页；《讲习师范》，《四川官报》甲辰第 22 册；《总督部堂批阆中县详报高等小学开堂并查明初等小学经费请奖出力各绅一案》，《四川学报》乙巳第 7 册，公牍第 25 页。
隆昌蒙养师范讲习所	1904	县令耿葆煃特聘成都师范卒业生三人，分路四出，就各地教蒙学者与之研究讲论，俾稍知教育方法。	《蒙学兴起》，《四川官报》甲辰第 19 册，新闻第 5 页。
岳池启蒙师范讲习所	1904	县令钟文虎饬令设立，陶成师范。	《蒙学观成》，《四川官报》甲辰第 21 册（光绪三十年八月中旬），新闻第 4 页。
安县师范传习所	1904	光绪三十年八月，安县师范传习所春间即已招考，听其随意报名，至八月始行考定，住堂七月，在堂滋事，停办。	《督宪批安县奉札办理师范传习所详文》，《四川官报》甲辰第 31 册，公牍第 7 页；《安县详整顿学堂情形一案》，《四川学报》第 2 年第 1 期，公牍第 3—4 页。
会理州师范传习所	1904	在州城中开办。	《会理兴学》，《四川官报》甲辰第 23 册，新闻第 3 页；《各省教育汇志·四川》，《东方杂志》第 2 年第 1 期，教育第 19 页。
万县小学堂兼师范传习	1904	万县小学堂延请杜成轩孝廉为教习，学生多系成材，明年春间，蒙学堂开学，所有教习即在学堂学生中选择充任，万县小学堂兼有师范传习所功能。	《万县学务》，《四川官报》甲辰第 23 册，新闻第 3 页。

名称	时间	开办情况	资料来源
巴县教育讲习所兼办师范讲习所	1904	就渝郡书院设立,岁拨巴县学堂余款3000金设立教育讲习所,首设蒙学师范,称重庆师范讲习所,来学者400余人,外邑10余人,旁听者数十人,初定4个月毕业,后延长到10个月毕业。十二月,巴县师范传习所卒业。	《各省教育汇志·四川》,《东方杂志》第1年第8期195页、第10期240页、第11期165页;《督宪批巴县遵章设立师范传习所拨款开学日期及总理教员诸生姓名详文》,《四川官报》甲辰第31册,公牍第3页;《天足总会》,《广益丛报》第2年第30—32期合刊,纪事第13—14页。
合州合群教育急就科讲习所	1904	合州孝廉张森楷总理学务,办有合群教育急就科讲习所1区,本科师范馆1区,蒙学66处。	《各省教育汇志·四川》,《东方杂志》第1年第11期,第165页。
南充师范讲习所	1904	优廪生何恒清呈请造就师范,叶大令批准,九月初十日招考,考取100余人,西充附送32人,岳池3人,共144人,分两班教授,遵照简易科办法,二十日开学,入堂练习三月。	《讲求师范》,《四川官报》甲辰第27册,新闻第3页;第32期,新闻第1页。
省城师范传习所	1904	光绪三十一年七月,省城师范传习所毕业学生313名。	《省城师范传习所毕业生姓名表》,《四川学报》乙巳第16—18册,表第1—8页。
泸州师范传习所	1904	知州赵渊设立,由泸州学堂附设,举人陈铸任所长,学习期4个月,计招收传习生131人,是第一次师范传习。	民国《泸县志》卷四,第12—14页;易润生《泸县一九零一年至一九四九年专业学校及普通中学概况》,《泸州文史资料选辑》第6辑,第10页。

名称	时间	开办情况	资料来源
德阳师范蒙学堂	1904	以三个月为卒业之期。	《督宪批德阳县举办师范蒙学堂并填申表式禀》,《四川官报》甲辰第29册,公牍第6—7页。
璧山师范传习所	1904	考取学生40名,已于冬月半间开办,教员五六人,均皆勇于义务,规画一切颇有条理。闻半系连泽膏与赵达三二人斡旋之力。	《传习开所》,《广益丛报》第4年第28、29期合刊,纪事第14页。
江油启蒙师范传习所	1904	学期一年,至光绪三十年十一月下旬,即将卒业,并拟筹款再设长期师范传习所,嗣后应即以十个月为卒业。	《督宪批江油县遵填小学堂及启蒙师范讲习所调查表册文》,《四川官报》甲辰第31册,公牍2—3页。
资阳续办师范传习所	1904	可望卒业者40人,担任教育者为伍西园孝廉。	《资阳兴学》,《四川官报》甲辰第29册,新闻第2页。
安县师范传习所	1904	师范开校迟,准量为变通。来春于传习所各生选其优等者派出教授,暂时应急,俟传习生十月卒业,再为逐处派换,原未卒业者仍令照章补习,以期完备。	《督宪批安县奉札办理师范传习所详文》,《四川官报》甲辰第31册,公牍第7页。
广元师范传习所	1904	师范20人,为数太少,然卒业后以之分教十数处,亦自敷用。	《督宪批广元县呈请遵札查明办理各项学堂暨传习所实在情形详文》,《四川官报》甲辰第32册,公牍第1页。
太平师范传习所	1904	县城高小学堂办理师范传习所第二班,所长冉景贤,时间较第一班四个月加长。	民国《万源县志》卷五,第31页。

名称	时间	开办情况	资料来源
兴文师范传习所	1904	县立高等小学堂依川南师范教程,以一年毕业,毕业者有罗荣泽、庞光志、夏世镕、萧国仁等人。	民国《兴文县志》卷三,第60页。
丹稜师范传习所	1904	武令迺愚于火神庙设立,额取师范生40名,传习三月毕业,分派为城乡初等小学堂教习。	民国《丹稜县志》卷三,第9页。
郫县启蒙师范馆	1904	郫县政府改南门外何公祠的岷阳书院为启蒙师范馆,吕焕文任总理,共招男生30余人,学制1年。	民国《郫县志》卷二,第51页。
温江师范传习所	1904	县城文庙西隅万春书院改置,取师范生40名,传习三月毕业,课程有修身、讲经、历史、地理、格致等,分派城乡各初等小学堂教习。次年春,知县邓尔榮将其改为高等小学堂。	民国《温江县志》卷四,第8页。
双流蒙学师范传习所	1904	知县濮景贤在县城商贤祠开办传习所一班,县训导任汝霖任监督。光绪三十一年五月,学务处对办理传习所有功的任汝霖记大功二次。	民国《双流县志》卷二,第16、18页;新编《双流县志》,第687页;《总督部堂批成都府转详据双流县禀训导任汝霖办学得力恳请给奖一案》,《四川学报》第2年第7册,公牍第26页。
江津师范传习所	1904	邑人程德灿、杨士钦、夏风薰等就城隍祠左几水书院改设,教谕崔映棠兼任监督,收短师一班,学习时间半年,以高小毕业生为招收对象,除普通科外兼授管理之法,速成师范毕业生,从事教育者多出其中,两年后改办为高等小学堂,共办理传习师范四班。后于江津中学堂附设师范班或增办寒暑假期传习师范班,以派充高初等小学堂教员。	民国《江津县志》卷八,第15页;《江津县教育志(草稿)》第七章第一节,第2页。

名称	时间	开办情况	资料来源
西昌师范传习所	1904	西昌师范传习所于考棚设立，那寿椿任所长，一年毕业，学生20人，主要是秀才、生员、私塾教师等。	民国《西昌县志》卷七，第18页。
彭山师范传习所	1904	于县城内开办。	民国《彭山纪年》附编，第28页。
渠县师范传习所	1904	学务局先设师范传习所，并劝各乡镇办初小数十堂。	民国《渠县志》卷三，第34页。
雅州府师范传习所	1904	高等小学堂附设，仍用高等小学八科，缺少教育学科。	《督宪批雅州府查明前署杨守禀办中学堂来春开办小学堂及师范传习所筹议情形详文》，《四川官报》甲辰第32册，公牍第6页。
仁寿简易师范	1904	一期。	梅运辉《仁寿师范校》，《仁寿文史》第9辑，第148页。
南溪师范传习所	1904	南溪知县袁牖就龙腾书院设立，聘举人钟朝煦、廪生董黄为教师，招考年富明理的塾师20人入所肄业，一年毕业，分赴各场镇会同地方团总筹款开办小学。是为第一次传习师范。	民国《南溪县志》卷三，第24页；《南溪县教育志》，第113页。
隆昌师范传习所	1905	所址南考棚，学员一般是秀才，仅办一期，当年即停办。	《内江地区教育志》，第157页。
简州师范传习所	1905	所址凤山书院，仅办一期，学员一般是秀才，当年即停办。	《内江地区教育志》，第157页。
荣县师范传习所	1905	借凤鸣书院开办，所议一切规则颇为得法，约计岁需经费在三四千钏之间，总督部堂嘉其能得要领，但并非如此。	《总督部堂批荣县禀办高等小学堂及实业学堂劝工迁善所并请留津捐余款一案》，《四川学报》乙巳第1册，公牍第2页。

名称	时间	开办情况	资料来源
永宁县师范传习所	1905	以一年为率,系并暑、年各假在内,扣足计算。官私费合计不过百名,学科并未完备,而管理、教授以及司事、书记等10人,用费需银4000余两。	《督宪批叙永厅永宁县会申遵奉表式逐一查明分类填表一案详文》,《四川官报》甲辰第32册,公牍第2页。
丹稜师范传习所	1905	新修学堂内设立,招师范生16名,一年毕业。	民国《丹稜县志》卷三,第9页。
开县师范传习所	1905	正月议办,凭照即于正月给发。	《学务处批开县文生唐元勋等禀学务废弛协恳振兴一案(十月)》,《四川学报》乙巳第13册,公牍第49页。
绵州师范讲习所	1905	绵州职员孙鸿勋呈请,将前办师范学堂一切款目器件移交官立高等小学堂,于高等小学堂附设师范传习所,添设监学教员,分担义务。	《学务处批绵州职员孙鸿勋等禀移高等小学堂附设师范传习所一案》,《四川学报》乙巳第3册,公牍第12—13页。
夹江师范传习所	1905	高等小学堂附设。	《总督部堂批夹江县详现办学务情形一案》,《四川学报》乙巳第2册,公牍第1页。
夔州府师范传习所10余处	1905	夔州方和斋太守莅任后,在府城创设学务稽核局,全属已设师范传习所10余所。	《学界进步》,《广益丛报》第3年第3期,纪事第14页。
邛州师范传习所	1905	至光绪三十二年二月,邛州师范传习所已开办一年,因学科多未完备,张直刺特再展期二月,延请日本卒业闵仲瀛到堂补讲教育、管理、教授、心理、体操诸科学。	《邛州师范传习所发展情况》,《广益丛报》第4年第3号,纪闻第10—11页。

名称	时间	开办情况	资料来源
通江县师范传习所	1905	通江师范传习所开办,并请将小学堂更名为初级师范学堂,总督部堂斥其“有喧宾夺主之嫌”,不准。	《总督部堂批通江县禀开办师范传习所暨应支款项一案》,《四川学报》乙巳第5册,公牍第18页。
巴州师范传习所	1905	武牧迺愚于高等小学堂附设,取定学生60名,于四月初八日开堂,所有常年经费约已集有万金。	《巴州学界》,《四川官报》乙巳第15册,新闻第2页;《兴学在人》,《广益丛报》第3年第18号,纪闻第14页。
南部县师范传习所	1905	官立高等小学堂附设,校长为温江训导王嘉桢。	《总督部堂批南部县详报办学情形一案》,《四川学报》乙巳第6册,公牍第21—22页。
彭水师范传习所	1905	至该年四月,彭水县师范传习所粗具规模,惟传习所请复练费事与铁路租捐有碍,应即设法妥筹。	《总督部堂批彭水县详筹办学堂各款实在情形一案》,《四川学报》乙巳第6册,公牍第22—23页。
富顺师范传习所	1905	五月,学务处派人查报富顺县学堂情形,“言乎师范,既简率如彼”,至于师范诸生,程度皆不甚高。	《总督部堂批委员富顺县遵札会查禀覆学堂情形一案(五月)》,《四川学报》乙巳第8册,公牍第31—32页。
彭山师范传习所	1905	城内传习师范生先斥退20名,仍应如数收考,补足40名定额,以资遣派。	《学务处批调查委员范襄禀查明彭山、青神学务情形一案》,《四川学报》乙巳第10册,公牍第38页。
青神师范传习所	1905	青神城内设立,师范生既难寄宿,每日薄给食费70文,功课只四点钟,毕则集饮喧哗于街衢,且有嗜好者六七人。	《学务处批调查委员范襄禀查明彭山、青神学务情形一案》,《四川学报》乙巳第10册,公牍第38—39页。

名称	时间	开办情况	资料来源
长寿师范传习所	1905	长寿高等小学附设。六月二十二日,先行收考附录师范,闻报名纳卷者200余人,正场试以国文,取其文理清通者得100人,其程度皆不甚劣。次日,面试,又剔去30人。合头年师范学堂所提,共只80人。因传习所系于小学堂附设,另为一院,斋舍仅能容30余人,故只好分正取、备取各30名,正取以本年入堂,备取则明年入堂。	《收考学生》、《实验师范》,《广益丛报》第3年第15号,纪闻第14页。
眉州师范传习所	1905	官立高等小学堂附设,师范生共40名,堂内图书用品无置备,不遵章编制,任便陵躐。	《学务处批调查委员陈善荫禀查明眉州学务情形一案(七月)》,《四川学报》乙巳第10、11册,公牍,第40—41页。
平武师范传习所	1905	高等小学堂附设,由曾游学日本、热心教育的黄书云为校长。	《各省教育汇志·四川》,《东方杂志》第2年第9期,第244页;《平武兴学》,《广益丛报》第3年第15号,纪闻第13页。
安县师范传习所	1905	高小校附设,叶令所选录者,虽不乏文理较优之人而住堂已届七月,亦鲜能通知法意。现以在堂滋事,饬令停办。	《安县详整顿学堂情形一案》,《四川学报》第2年第1册,公牍第4页。
东乡师范传习所	1905	景昌运襄办。	《东乡县署来函照录》,《广益丛报》第4年第17号,纪闻第9—10页。

名称	时间	开办情况	资料来源
成属师范传习所	1905	省城宫保府设立,尽成属各州县,由地方官商同各堂校长、学董,遴选年在35—20岁,不拘举贡生童,中文清通,身体强健,品行端方,素无嗜好者,每县十名,每名由本籍学堂经费提银12两。由回国师范生之在省者各尽所学,分科传习。定期于十月初一日开堂,迄于年假为止。所有开办一切用费,暂由学务处垫交,仍由各属筹还。此次传习,16州县来学316人。	《总督部堂饬成属各州县选派员绅赴省城讲习所札》,《四川学报》乙巳第16册,公牍第35—36页;《成属师范传习所学生姓名籍贯年岁表》,《四川学报》乙巳第19、20期,运动会录·学生姓名表,第1—5页。
梁山师范传习所	1905	另行开办,于年假内将各小学堂教员调回研究竣事,竣后切实考验,堪任师范者派充来岁教员,余仍接续留习。	《总督部堂批梁山县详遵办传习所及预备高等小学堂情形一案》,《四川学报》乙巳第17、18册,公牍第68—69页。
华阳师范传习所	1905	学生共有60人。	《华阳师范传习所学生姓名年龄表》,《四川学报》乙巳第19、20期,运动会录·学生姓名表,第10页。
川北教育讲习所	1905	学生共19人。	《川北教育讲习所学生姓名籍贯年岁表》,《四川学报》乙巳第19、20期,运动会录·学生姓名表,第5—6页。
泸州小市女工师范传习所	1905	姚建勋、陈箴等人于城内小市设立,系民立性质,赵渔卿直刺准其立案,学生20余名,学科分为九门,以10个月卒业,董其事者为姚建勋、陈箴数人,"是校规模之宏大,科学之完全",中学教员为隆昌张詠裳之姊张泽云、嫂屈翼成二人,更兼管理,品优学萃,任西学者为日本冰其梅,教授体操、音乐、理化等科。	《广益丛报》第3年第19期,纪闻第7页;第4年第17期,纪闻第10—11页;第4年第29号,纪闻第8—9页;《东方杂志》第3年第5期,第100页。

名称	时间	开办情况	资料来源
云阳师范讲习所	1905	十月初一日,知县颜绍泽于云阳学堂开堂,附开三月卒业速成讲习师范生一班,按县属甲分,合64人,悉住堂,分科教授课业,竟有嗜好素深者。	《查学委员知县颜绍泽奉札纠正云阳学务禀》,《四川学报》第2年第2期,公牍第2页。
洪雅师范传习所	1905	洪雅县训导商同新任赵令迅速筹款择地建立高等小学堂一堂,附设师范传习所一所,聘定高等学堂卒业师范生二人到县开堂,分班教授。	《总督部堂批洪雅县训导禀坐查学堂情形一案(十一月)》,《四川学报》乙巳第14册,公牍第55页。
遂宁师范学堂传习师范	1905	遂宁李次山大令于县城双江镇试院开办师范学堂,延订教员唐汉章,邱奠之,张容垓分任教授,复以曹志宣兼理校长事宜,招收师范传习生。次年夏,已有人毕业。	《师范卒业》,《广益丛报》第4年第14号,纪闻第9页。
酉阳师范传习所	1905	教室未善,三月十八日师范(传习所)卒业生共107名。	程昌祺《静观斋日记》,光绪三十二年二月九日、三月十八日。
大竹师范传习所	1905	大竹县于凤鸣书院改设师范传习所,招生一班,其后继续开办,每期一班,至民国4年前后共办四班,学制均为一年。	民国《续修大竹县志》卷五,第22—23页,《大竹县教育志》,第53页。
南溪师范传习所	1905	续办第二班,一年毕业。	民国《南溪县志》卷三,第24页。
犍为师范传习所	1905	于万寿宫、禹王宫两庙开办一班,后改为师范讲习所。	民国《犍为县志》卷五,第9页;《犍为县教育志》,第295页。
德阳师范传习所	1905	知县钮传善于旌阳书院改建,学生40名。	民国《德阳县志》卷四,第38页。

名称	时间	开办情况	资料来源
中江师范传习所	1905	由斗山书院改建,招收童生,既保留了传统教学经典,又增加了算学和四工科的教学内容,期限六个月。1905—1909年,中江师范传习所共办了7期,先后毕业学生80人左右;1911—1916年,传习所时办时停,勉强维持了四五期,还办了绘画、音乐、舞蹈各一期,时间六个月至40天不等。	蒋海福《清末民初中江的师范教育》,《中江文史资料选辑》第7辑,第27—30页。
苍溪师范传习所	1905	知县姜秉善奉旨改县城鹤山书院为高等小学堂,附设师范传习所,为官、公立小学堂训练师资,是为苍溪师范教育的开始。	卢履中《建国前的苍溪师范教育》,《苍溪文史资料》第4辑,第56页。
南川师范传习所	1906	由隆化书院改办的高小校附设,一个班,一年毕业,日本回国的罗祖泽与成都传习而来的内江黄廷鳌分任教员,一年后停办。	民国《重修南川县志》卷七,第12页;《南川县教育志》,第162页。
达县师范传习所	1906	留日速成师范生万如璋回籍后传习师范一班。	民国《达县志》卷十三,第25—26页。
内江师范传习所	1906	留日归国生王黻堂开办,旋即与中学、小学全称“三学堂”。	民国《内江县志》卷二,第27—28页。
筠连师范传习所	1906	筠连韩骧九聘叙州府卒业师范生高、张两君分任教科,留东卒业生刘元志充当监学,创办官立高等小学堂,附设传习师范20名。	《筠连学务》,《广益丛报》第4年第27号,纪闻第9页。
合江师范传习所	1906	知县李竞清于官立高等小学堂附设,高小班中择其年长者为速成师范生,给予毕业凭照。以后,每年招生一班,一年毕业。	民国《合江县志》卷三,第17、21—22页。

名称	时间	开办情况	资料来源
叙州府师范传习所	1906	设于府治考棚，调集刘德麟、郭选芳等照章传习，收传习生164人，学习期三月，次年三月上旬毕业，期满裁撤。	《宜宾县详速成师范生自立师范学堂一案总督部堂批》，《四川学报》第2年第1册，公牍第1—2页。
大竹师范传习所	1906	考棚设师范传习第一班，所长张冠群，学制一年。	民国《续修大竹县志》卷五，第22—23页。
万源师范传习所	1906	县城高小学堂附设师范传习第一班，所长冉景贤，四个月毕业。	民国《万源县志》卷五，第31页。
珙县师范传习所	1906	拟停止各堂，将款项移作师范传习所之用，于三十三年再行开校。	《总督部堂批珙县筹办小学堂情形一案》，《四川学报》乙巳第19册，公牍第78页。
江北师范师范习所	1906	各乡师范生到所研究者已有300余人。二月二十九日，崔司马到所考验，复于初三日揭晓，初四日在所给凭行礼，考取最优等10名，优等20名，卒业80名，修业240名，其未列榜者，已有100余人之多。	《传习所卒业》，《广益丛报》第4年第3号，纪闻第12页。
雅州府师范传习所	1906	雅州府武太尊现调各官派赴日本卒业速成师范生来府充当师范传习所教习，尅期开办。	《设立师范传习所》，《广益丛报》第4年第9号，纪闻第11页。
松潘师范传习所	1906	同知黄汝辑在岷山书院旧址并入张公祠改建的高等小学校附设师范传习所，三十三年并为高初两等小学校。	民国《松潘县志》卷二，第30页。
泸州师范传习所	1906	泸州就试院闲地改修中学堂并附设传习所，仍聘陈铸为所长，限期三月毕业，计毕业传习生146人，是为第二次师范传习。	《泸州禀改修中学堂并附设传习所一案》，《四川学报》第2年第1册，公牍第3页；《泸县志》卷四，第12 14页。

名称	时间	开办情况	资料来源
重庆保姆师范科	1906	由日本山口智慧女士及渝城曾光杰女士发起创办幼稚园，并担任一切教育事，校地小梁子五公馆，附设保姆师范科，无论年龄，教授普通学及教育教授管理法，学费每年6元，学生20余人。	《重庆创办幼稚园》，《广益丛报》第4年第5号，纪闻第9页。
合江师范传习所	1906	复于高等官立小学堂附设师范传习所，招收师范生，年终毕业。三十二年，推广初小80堂，以传习毕业生派充教师，略敷分布。	民国《合江县志》卷三，第21—22页。
大竹师范传习所	1906	陈步武为高等小学堂校长兼管师范传习所，考棚设第二次传习师范，学制一年。	民国《续修大竹县志》卷五，第22—23页。
大竹教育讲习科及星期研究会	1906	九月朔，劝学所视学陈步武设立教育讲习科及星期研究会，分派宣讲及19区劝学员。	民国《续修大竹县志》卷五，第22—23页。
安县师范传习所	1906	高等小学堂附设，田钟英监学，汇集先后两次传习诸生及未经传习有志教育者一体考试，分为最优等、优等、合格三类，散给凭照，先尽传习诸生分教各初等小学，不敷之处再以未经传习者酌派，其余虽经传习而未能得照或得照而非传习之人一同肄业。	《安县详整顿学堂情形一案》，《四川学报》第3年第1册，公牍第4页。
酉阳师范传习所	1906	师范榜已揭，正取60名，备取40名。	程昌祺《静观斋日记》，光绪三十二年二月九日。
什邡师范传习所	1906	刘宗海任所长，续招第二班，附设于高等小学堂，以省经费。	民国《重修什邡县志》卷六，第13—17页。

名称	时间	开办情况	资料来源
綦江师范传习所	1906	綦江县招考师范生,应考300余人,取录100名,每名每月火食学费钱5000,由上年重庆府师范传习生充教习,开堂到者仅一人。	《綦江师范纪闻》,《广益丛报》第4年第130期,纪闻第9页。
西充师范传习所	1906	县城开办简易师范讲习班,招收学生100余人。	《清末和民国时期西充学校教育》,《西充文史资料选辑》第1辑,第19—26页。
资阳师范传习所	1906	停办时间不详。	《内江地区教育志》,第157页。
三台师范传习所	1906	停办时间不详。	《绵阳市教育志》,第141页。
邻水师范传习所	1907	邻水县署责成学务局筹办,附设于高等小学堂内,每届招生一班,学生40名,培训一年,毕业后再招第二期。光绪三十三年春季招收第一届新生40名,由各乡学董推荐秀才参加学习,冬季第一届学生毕业,次年春招第二届学生40名,冬季毕业后停办。	《邻水县教育文化志》,第147页。
广安师范传习所	1907	四月,广安州传习所改设为初级师范学堂,校址在州城紫金山玉皇观,招生52人,学制五年。	《广安州禀遵饬开办初级师范学堂案》、《护理总督部堂批广安州禀遵饬开办初级师范学堂案》,《四川学报》第3年第5册,公牍第4页;《南充地区教育志》,第106页。

名称	时间	开办情况	资料来源
省城四区(后为六区、七区)师范传习所与小学教育研究所	1907	省城劝学所总理彭兰芬分区传习师范,光绪三十四年三月添招新班,并将各区师范归并,北区附设小学教育研究所,宣统元年成都东、南、西、北、中、外东、外西七区共毕业师范生137名,小学教育研究所毕业私塾教员189名。	《省城分区设立师范传习所概况》,《广益丛报》第6年第7号,纪闻第6页;傅崇矩编《成都通览》上册,第180—183页。
仪陇师范传习所	1907	续办。	《改良私塾》,《四川官报》丁未第30册,新闻第2页。
长寿师范传习所	1907	七月,长寿官立高等小学近遵前督宪批改立中学,暂将高等小学并师范传习所仍附设其中。十二月,林庄学校附设师范传习所改为县立师范,设五年制及三年制师范各一班。	《长寿学务近闻》,《广益丛报》第5年第16期,纪闻第12页;民国《长寿县志续修》卷七,第38页。
四川省城保育科讲习所	1907	光绪三十三年七月,省城模范幼稚园附设保育科讲习所,第一班招生28名,光绪三十四年正月招收第二班学生16名,后招收第三班学生16名,年底毕业后,又招收第四班学生33名,至次年七月毕业学生39名。	傅崇矩编《成都通览》上册,第178—179页;《保育科女生毕业》,《崇实报》第5年第29号(1909年8月27日)。
开县师范传习所	1907	高等小学堂内附设,不定时地选拔原有教师或青年学生参加师范科目学习,结业后充任新学教师。	《开县志教育科技志》,第50页。

名称	时间	开办情况	资料来源
夹江师范传习所	1907	夹江县训导甘嘉珍开办，招生40人。	《夹江县教育志》，第39页。
关外学务局师范传习所	1907	共两班，学生60名。	张敬熙《三十年来之西康教育》上卷，第18—21页。
江北厅师范传习所	1908	新招简易师范，业已开堂，姑准照办，以后不准再行赓续。	《江北厅详创设师范传习所开校情形视学仍以刘靖光复充一案》，《四川教育官报》戊申第5期。
关外学务局师范传习所	1908	年内，关外学务局开设巴塘官话师范传习所两次，每次传习一班，三个月卒业。	《官话师范》，《四川官报》戊申第20册，新闻第1页；又见张敬熙《三十年来之西康教育》上卷，第18、22、50—51页。
泸州师范传习所	1908	考棚东西文场开办第三次传习所，取定学额300名，分为三班，于九月初六日开所讲习，所长仍为陈铸，限期四月毕业。	民国《泸县志》卷四，第12—14页。
名山蒙师养成所	1908	一所，学生71人。	《雅安地区教育志》，第149页。
芦山蒙师养成所	1908	芦山县杨梯青于高等小学堂附设，学生20人。	《请看阻挠学务之结果》，《广益丛报》第7年第1号，纪闻第10页；《雅安地区教育志》，第149页。
邛州师范传习所	1908	在邛州南街中段设立，教员2人，学生66人。	民国《邛崃县志》卷四，第4页。
四川通省师范附设手工传习所	1909	省城师范学堂监督徐炯，特附设手工传习所，招生60名，除传习手工外并附课图画体操等，一年卒业。	《成都师范添设传习所》，《教育杂志》第1年第8期，记事第62页。
达县师范传习所	1909	留日速成师范生万如璋回县后在院棚内传习师范一班。	民国《重修达县志》卷十三，25—26页。

名称	时间	开办情况	资料来源
新都师范传习所	1909	本县小学教师，除少数为成都前后期师范毕业者外，其余大多数均系前清宣统元年所办之六月师范。	民国《新都县政简报》，第177页。
大竹师范传习所	1909	考棚设第三次传习师范，学制一年。	民国《续修大竹县志》卷五，第22—23页。
渠县师范传习所	1909	劝学所规办，计毕业者70余人。	民国《渠县志》卷三，第15页。
南川师范传习所	1909	十一月，南川县在高等小学堂开办，招集各小学堂教员360余名之多，"以旧充教员、曾习科学者为师范研究会，进以教授、管理等法，其未经传习者为私塾改良会，补习科学、教授、管理等法，均于年底甄别，分等给予凭照"。	《军督部堂批南川县详开办师范研究会及私塾改良会一案》，《四川教育官报》庚戌第1期，公牍第14—15页。
新宁（民初改名开江）师范传习所	1909	八月创办，于官立高等小学堂内附设，学员多是文生（秀才）及改良私塾塾师，教员大部分是通省师范、优级师范选科毕业者，修业期一年。	《开江县教育志》，第136页；卢贵珠、张学培《开江的师范教育》，《开江县文史资料选辑》第3辑，第16页；《督宪批提学使司、经征总局会详议覆新宁县禀请仿照绥属酌提中赀办学文》，《四川官报》己酉第24册，公牍第4—5页。
西昌师范研究（或传习）所	1909	主办人为那寿椿，五个月毕业，学生70余人，招收秀才、生员、私塾教师等，授以简单新学办学知识、教学方法。	民国《西昌县志》卷七，第18页；边绍明《建国前凉山教育撮要》，《凉山文史资料选辑》第13辑，第2页。
冕宁师范传习所	1909	县立高等小学堂附设，学生21名。	《宣统元年上学期上川南省视学调查学务报告》，《四川教育官报》己酉第10期，报告第2、12页。
盐源师范传习所	1909	高等小学堂附设，现有师范生20名。	

名称	时间	开办情况	资料来源
四川实业教员讲习所	1910	以皇城内补习学堂改设,先办简易科,一年毕业,先招三班,分科学习,学生不寄宿,每名每期学费15元,监督彭兰芬。	《四川实业教员讲习科简易科简章》,《四川教育官报》庚戌第3期。
巴州师范传习所	1910	速成师范传习所,招选曾经传习师范生暨廪增附监国文素有根柢者100名。	《巴州详续开办师范传习所一案并批》,《四川教育官报》庚戌第9期,公牍第20页。
南充师范传习所	1910	借考棚房舍开办简易科师范传习所,俾各生研究管理教授各法,而尤注重于单级教授,办理尚无不合。既经开校,应准立案。	《南充县申请权借考棚设立师范传习所一案》,《四川教育官报》庚戌第11期,公牍第5页。
大竹单级教授研究会、私塾改良会	1910	视学蒋云凤开办单级教授研究会、私塾改良会。	民国《续修大竹县志》卷五,第22—23页。
西昌单级教授传习所	1910	那寿椿创办,一年毕业,学生40余人。	民国《西昌县志》卷七,第18页。
崇州官立师范传习所	1911	以停办半日学堂之款腾作该所经费。	《崇庆州详筹办官立师范传习所一案》,《四川教育官报》辛亥第31期,报告第3页。
崇州手工传习科	1911	劝学所原有讲舍,星期召集各高初教员实地练习,时间三小时。	同上。
川南女子师范传习所	1911	宣统三年八月,泸州女学会女子师范学堂董事会决定开办川南女子师范传习所。	易润生《四川第一个女子集资创办的泸州女子师范学校》,《江阳文史资料》第5辑,第59页。

附表5—1 光绪二十七年至宣统三年四川师范学堂创办情况表

学校名	成立时间	开办情况	资料来源
川南师范学堂	光绪二十七年九月	光绪二十七年九月,永宁道尹黄立鳌呈请川督奎俊就泸州试院考棚以川南书院之款创办川南经纬学堂,次年二月开学,旋迁入水井沟川南书院(泸州文昌祠),改名为川南师范学堂,首任监督赵熙,为道属25县联合办理。学生毕业后多服务于各县小学教育,其杰出者有杨襄丞、黄复生、谢持诸人。民国2年,正名为川南联合县立师范学校。	《泸州志》卷四,第13—14页;《川南师范学校校址变迁情况》,川南师范校史展览室藏。
涪州官立师范中学堂	光绪二十七年	奉令改办学堂,知州邹放聘纪云为总教习,另聘汉阳周之桢、江津樊徽五为分教,就钩深书院地址仰止亭两旁各添斋舍,招考内外庠学生各20名,其科学分经史、舆地、掌故、时务、文学、算学七门,至光绪三十一年知州邹宪章复于学堂左侧添筑教室,改名为"涪州官立中学堂",至此师范停办。	《涪陵县续修涪州志》卷五,第19页;《涪陵市教育志》,第25页。
四川省城高等学堂附设师范院和附设体育学堂	光绪二十八年五月兴工,二十九年十一月开堂	由成都尊经书院、锦江书院、中西学堂合并改设,光绪二十九年十一月开堂,胡峻任监督,设有师范馆,计速成、优级理科师范各一班,速成师范"系并三年学科为三学期",招生62名,肄业一年半,1905年7月毕业学生72人;优级理科师范学生入校24名,肄习公共科一年、正科三年,1908年初毕业学生19人,皆仅办一届。光绪三十二年四月,附设体育学堂,分本科、附学、附操三类,本科六个月卒业,附学三个月卒业,附操不计期,纳费且不寄宿食,以培养中小学体育师资。	分别参见《四川学报》乙巳第3、4册表第1—7页,第14、15册表第1—4页及第2年第3册章程第1页;《四川官报》乙巳第28册奏议第3—4页;《四川教育官报》戊申第3期表第1页、第6期奏议第5—6页;《成都通览》上册,第152页;《四川大学史稿》,第18页;《锡良遗稿·奏稿》第一册,第528页。

学校名	成立时间	开办情况	资料来源
通省师范学堂	光绪二十九年筹备，光绪三十一年七月招生。光绪三十二年闰四月开堂	光绪二十九年七月，锡良筹划于省城成都建立一"中央师范学堂"。光绪三十一年正月，学务处冯煦呈报《四川通省师范学堂章程》。光绪三十一年五月，通省师范学堂开工建修，七月招考新生360人，分简易、初级、公共三科，徐炯任监督。光绪三十二年闰四月，行开堂礼。五月中旬，四川总督准学部咨，添设二年卒业的选科师范生200名。光绪三十三年，添招师范生120名。宣统元年暑假后，添开手工传习所，招生60名，一年卒业。宣统三年十月，蜀军政府设于皇城，通省师范学堂因"校舍未经指定，租佃民房以作黉舍，迁移数四"，"历经播迁，向有之仪器图籍纷失殆尽"。民国元年7月，改为四川省优级师范学校，只设优级部；民国2年，改为国立成都高等师范学校。	参见《四川大学史稿》，第23页；《四川官报》乙巳第28册，奏议第4页及第32册，新闻第2页；《教育杂志》第1年第8期，记事第62页；《成都高等师范学校沿革(1919年)》，中国第二历史档案馆编《中华民国史档案资料汇编》第三辑教育，第258页；锡良遗稿·奏稿》第一册，第524页。
成都府师范学堂	光绪三十年三月	在省城成都蒙养师范校地开办，刘紫骥任总理，五月二十日正式开学，八月补录学生，学制一年半，学科17门，到次年底毕业学生41名。	分别见《四川官报》甲辰第11、13、21册；《成都府中学堂速成师范学生第二年第三学期卒业积分表》，《四川学报》第2年第1册。
叙永厅师范学堂	光绪三十年七月	叙永蒋司马就丹山书院改办，厅属正取30名、副取30名，县属正副取各20名，八月初一日正式开学。	《四川官报》甲辰第24册新闻；《叙永县志》卷四，第3页。
川北保宁府师范学堂	光绪三十年	川北保宁府师范学堂开办，地址府治考棚，营山劝学所所遣送本县学生入学，岁解牛洋400元。	《(营山县)教育志》，第29—30页。

学校名	成立时间	开办情况	资料来源
顺庆府师范学堂	光绪三十年九月	顺庆府(南充)优廪生何恒清呈恳造就师范,经叶大令批准,九月初十日招考,共144人,分两班教授,遵照简易科办法,堂中规矩颇严密。二十日入堂,练习三月。	《讲求师范》,《四川官报》甲辰第27、32期。
郫县启蒙师范学堂	光绪三十年	由郫县南门外何公祠岷阳书院改办,又称师范馆,由吕焕文任总理,招男生30余人,学制1年,开设国文、英语、算术格致、历史、地理、哲学、体育、音乐等课程,两年后停办,改设为县立高等小学堂。	《郫县志》卷二,第60页;《郫县教育志》,第24页。
眉州师范学堂	光绪三十年八月	眉州张刺史以眉山书院改立,招考学生40名,九月初三日开学。	《师范开学》,《四川官报》甲辰第26册。
巴县民立师范学堂	光绪三十年十二月	巴县杨宗权创办,省府准予立案。	《四川学报》乙巳第1册,公牍第3页。
荣县师范学堂	光绪三十年	荣县王令借凤鸣书院开办,据荣县文生张国选于次年禀报,荣县师范学堂"开办糜费至八千余金,年终卒业多滥给凭照之人,及派作各小学堂教员,乃复把持任职五年之约"。次年,续造师范。	《四川学报》乙巳第1册公牍第2页,第7册公牍第28—29页。
会理州师范学堂	光绪三十年	会理城内开办。	《东方杂志》第2年第1期,第165页。
合州初级师范学堂	光绪三十一年	合州城内开办。	《东方杂志》第2年第8期,教育第201页。
简州师范学堂	光绪三十一年	简州凤山书院改办,仅办一期,学员一般为秀才,当年停办(又被视为师范传习所)。	《简州创办师范学堂》,《广益丛报》第3年第4期,纪事第8页;《内江地区教育志》,第157页。

学校名	成立时间	开办情况	资料来源
内江县立初级师范学堂	光绪三十一年	由内江经正书院改建,堂址在南考棚万寿亭,招考30余人,其中8人是秀才,一年后停办。	《内江县志》卷二,第27—28页;《内江地区教育志》,第157页。
官立川东师范学堂	光绪三十二年三月	由川东道尹张振兹倡议、士绅杜成章等赞助,以渝城旧试院衙门为校址改设,杨霖为首任监督,学生由川东道所属36县选送,学校开支及学生用费均由各县按官费生名额申解。光绪三十一年底兴工,次年二月完工,三月十三日开办,一年卒业速成师范生236人,光绪三十三年上期开办完全初级师范和附小,招收高小毕业程度师范生两班百五六十人,五年毕业;道署拨库银5万两发商生息,年入息金5000两,合各县解款为常年经费。宣统元年下期,招收丙班60余人。学校管理整肃,学科完备,惟款项欠充裕。	《广益丛报》第4年第3号,纪闻第10—11页;第5号,纪闻第10页;第6年第7期,纪闻第7—8页;《巴县志》卷七;《四川教育官报》庚戌第10期,公牍第9—10页以及《四川省立川东师范学校校史》、《原省立川东师范学校历年毕业学生人数表》,重庆市档案馆:原省立川东师范学校档案,案卷号0129—1—37、80。
巴县师范学堂	光绪三十二年六七月间	就巴县学堂地址开办。	《巴县学堂开师范班》,《广益丛报》第4年第17号及第21号纪闻第9页;
四川优级师范选科学堂	光绪三十二年八月	皇城贡院左侧房舍开办,监督王章祜,初设简易、预科各一班,简易科一年毕业,预科一年半毕业升本科,共毕业学生271人。光绪三十四年,停办,校地改办川中初级师范学堂。	《清末成都中等师范教育创办情况》,《成都市教育史志资料》1988年1期,第84页。

学校名	成立时间	开办情况	资料来源
酉阳州四属师范学堂	光绪三十二年四月	知府唐恭石函约游学日本回国的谭、陈诸生，商议于州城设一师范学堂，定于四月开堂，监督谭焯。一州三县之人，无论生监，只要有保甲或族邻甘结，均许先期在礼房报名投考。正取120名、备取100名。正取在堂讲习，期以一年卒业后分遣教授四乡初级小学堂。学生多至200人，监督、教习、管理各员深明教育宗旨，热心学务。	《唐恭石初到酉阳晓谕示文》、《善政汇闻》，《广益丛报》第4年第15号，纪闻第10—11页及第18号，纪闻第9页；《酉阳州创办四属师范学堂》，《东方杂志》第3年第9期，教育第236页。
郫县"遥设师范"	光绪三十二年六月	郫县维新派人士赁溶在成都主办"遥设师范"一班，主要招收郫县籍学生，共收10余人，另有温江、成都、华阳等县数人，因被批驳"所列学科系用初级完全办法而卒业期限乃较简易科为短"，有"侈言广博，致启凌躐"之嫌，由最初的限八个月卒业改为一年卒业，只办了一班，一年后停办。	《总督部堂批郫县详现造新班及半日学堂一案（六月份）》，《四川学报》第2年第6册，公牍批第5页；《郫县志》卷二，第60页；《郫县教育志》，第24页。
广安州初级师范学堂	光绪三十三年四月	广安州师范传习所正名为初级师范学堂，获护理四川总督堂批准，校址在州城紫金山玉皇观，招生52人，学制五年，至民国元年广安中学堂创办时停办师范，未结业的8名学生转入中学堂学习。	《广安州禀遵饬开办初级师范学堂案》、《护理总督部堂批广安州禀遵饬开办初级师范学堂案》，《四川学报》第3年第5册；《南充地区教育志》，106页。
合州初级完全师范学堂	光绪三十三年六月	合州劝学所附设，并请变通学生卒业期限，方旭批驳不准。	《合州详劝学所附设初级师范学堂教员毕业请奖一案》，《四川教育官报》庚戌第5期，公牍第16—17页。

学校名	成立时间	开办情况	资料来源
资州官立初级师范学堂	光绪三十三年	资中县城内大东街考棚西文场旧址改设，周善堂任监学，学员最多时达35人，宣统元年程昌祺视察发现，该堂管理、教授多不合规矩，办理甚差，令其力求整饬，毕业生有黄彬士、黄达邦等31人，宣统三年停办。	《资中县续修资州志》卷四，第58—59页；《内江地区教育志》，第157页；程昌祺《静观斋日记》，宣统元年八月二十四日。
长寿县立师范学堂	光绪三十四年	由林庄中学堂附设师范传习所改办，设五年制、三年制师范各一班。	《长寿县志续修》卷七，第38页。
绥定府师范学堂	光绪三十四年	府属地区3所。	《绥学近情》，《四川官报》戊申第18册，新闻1—2页。
金堂师范学堂	光绪三十四年	在县治考棚开办（又称师范传习所），招收学生28人，学制一年，后停办。	《金堂县教育志》，第96页。
德阳官立初等师范学堂	宣统元年初	简易科，学制二年。至1911年4月，简易科21名毕业学生获得师范功名。	《学部奏绥定府官立中学堂暨德阳县雅州府官立初级师范简易科毕业并案请奖折》，《四川官报》辛亥第10号，参考第2—3页。
雅州官立师范学堂	宣统元年	系建昌道黄观察就雅州府城内月心山麓旧游击衙门修改筹设，而以已裁的训导署作为游击衙门移驻之所，辖黎雅全营，设简易科，二年毕业。1911年4月，简易科24名毕业学生获得师范功名。辛亥革命爆发后停闭。	《择地建堂》，《广益丛报》第8年第7期，纪闻第12页；《雅安县志》卷二《学校志》，第6页；《学部奏绥定府官立中学堂暨德阳县雅州府官立初级师范简易科毕业并案请奖折》，《四川官报》辛亥第10号，参考第2—3页；《雅安地区教育志》，第149页。

学校名	成立时间	开办情况	资料来源
涪州官立师范学堂	宣统元年	一校。	《涪陵县续修涪州志》卷五,第19页。
川中初级师范学堂	宣统元年正月	由皇城贡院四川优级师范选科学堂校地改办,经费由成绵龙茂懋松理各属分任,学生暂以200名为额,每名每年筹学费银40两,后迁马棚东街。民国3年1月改四川省立第一师范学校,民国8年迁盐道街。	参见《四川教育官报》庚戌第1期公牍第8—9页及第4期。
新都速成师范学堂	宣统元年	新都城东文昌宫考棚左段房舍设立,次年改办为模范初等小学。	《新都县志》第二编,第35页;李义让《四川省新都师范学校七十五周年》,《新都文史》第一辑,第26、28页。
川北联立师范学堂	宣统三年春	宣统二年正月,道尹吴佐在川北道署故地阆中旧试院改立成立,办学经费由道属各县摊解,以所属州县春帖、婚书两项捐税作建筑及常年经费。十月底,学堂建修竣工,次年上期开学授课。第一届招收160人,预科一年半、正科五年,第二届以后改为四年毕业。民国3年,改名为"川北联合县立师范学校",民国17年并入保属联立中学。	民国《阆中县志·教育志·川北联合县立师范学校》;四川省教育司编辑《四川省教育行政报告书》第四编,第10页;《南充地区教育志》,第106页。
富顺县官立简易师范学堂	宣统二年	富顺县城考棚劝学所设立,学制二年,毕业两班后停办。	《富顺县志》卷六,第20页;《自贡市教育志》,第94页;《富顺县教育志》,第46页。

后　记

本书是笔者在四川大学完成的博士论文基础上修改完成的。本书的研究范围及论题名称的确定,带有一些偶然性。最初想做的题目是“近代四川师范教育研究”,清季四川师范教育的兴起与发展只是其中的一部分。后来,在资料搜集与研究过程中,发现有关资料极其浩繁,涉及问题亦甚众多,若研究时段过长,限于篇幅,反而不易深入,清季四川师范教育的内容已经较为丰富且有地方特色,加之清季史料甚为珍贵且不易觅得,遂接受导师谢放教授建议,缩短研究时段,以“清季四川师范教育研究”为题,力求研究更为深入细致,也希望为学界提供更有价值的参考。经过数载努力,研究始克完成,至于民国时期四川师范教育则俟来日继续研究。在书稿修改出版过程中,又听从朋友建议,将书名改为“清末新政与教育改革:清季四川师范教育研究”。

本书能够完成并修改出版,与师友们的关心与帮助是分不开的。首先,感谢博士导师谢放教授的悉心指导与热忱帮助,当然书中存在的不足完全由我本人负责。谢老师严谨的治学态度、深厚的史学功底、宽厚待人的言行,皆是我治学与人生道路上的一个榜样。其次,感谢四川师范大学、四川大学的培养。在四川师大,我不仅接受了基本的史学训练,而且受到了硕士导师沈庆生、鲜于浩、杨天宏以及邓春阳、彭久松、张邦炜、侯德础等老师的多年关心、鼓励与教诲,这是敦促我在工作、学业上不断进步的一大动力。

四川大学良好的教师队伍、学术氛围、资料条件，亦为完成本书研究提供了基础。第三，感谢对本书写作、修改及出版给予过关心、指点与帮助的师友们。四川大学的陈廷湘教授、何一民教授、徐亮工教授、陈建明教授，四川师范大学的吴定初教授、王川教授、邓绍辉教授、吴达德教授等，都曾对本书的资料搜集及研究写作给予过点拨。同门师友李德英、韩华、李柏槐、徐波、周毅、张用建、冉绵惠、王春英、肖俊生、邓和刚、邓小林、莫子刚等及同窗学友邓前程、王友平、王晓焰、吴燕、刘一民、林平、张践等，常聚论学问人生，对本书的研究、立论与写作不无启发。四川师范大学社科学报主编李大明教授、副主编王永政副编审及同事张思武译审、唐普副编审、苏雪梅副编审和办公室兼资料员何文女士，为我分担了许多本应由我承担的学报工作，让我有较为宽裕的时间完成本书的研究、写作及修改。书稿完成后，关晓红、吴义雄、鲜于浩、侯德础、陈建明、杨天宏、陈廷湘、何一民、石硕诸教授认真审阅书稿，既给予了很高的评价，又提出了一些建设性修改意见，为本书修改、臻于完善指明了努力方向。国家图书馆的师姐韩华博士后曾帮助联系出版，人民出版社侯春、李椒元、张学文、王善超、肖辉负责书稿的出版立项、编辑、审校、排版、封面设计事宜，我的研究生魏民亦校读了一遍，他们的热心帮助与辛勤付出，为本书早日与读者见面提供了可能。

本书在资料收集上，得到了许多朋友和相关人员的帮助。四川师范大学刘旺博士、杨国良博士、中国人民大学何黎萍副教授、四川省地方志编委会王友平博士、四川大学校史办公室张丽萍博士、四川省教科所曾令兵研究员、四川省委党校王春英博士、任春燕博士、复旦大学孙大全博士等，或代为复印资料，或帮忙借阅资料，或指点资料藏处。西南交通大学人文学院田雪梅副教授（现为复旦大学博士生)在赴日访学期间曾代为收集日文资料。泸州地方志办退休的赵永康老先生,不顾70多岁的高龄,坚持在炎热夏天亲自带我到泸州档案馆、泸州图书馆查阅资料,令我感激不尽并永记不忘。四川大学图书馆、四川大学档案馆、四川师大图书馆、四川省档案馆、四川省图书馆、成都市档案馆、重庆市档案馆、重庆市图书馆、泸州市档案馆、泸州市图书馆、中国第二历史档案馆、上海图书馆、国家图书馆、北京大学图书馆等部门的相关同志,亦为我查阅资料提供了方便。对他们的热忱帮助与辛勤付出,我心存感激并永远铭记在心。

本书获得了四川省重点学科建设基金(即“四川师范大学中国近现代史省级重点建设学科”专项基金)、四川省教育厅社科重点研究课题基金、四川师范大学重点课题基金和学术著作出版基金资助。

本书能够完成,与家人们的奉献,也是分不开的。在本书搜集资料与研究写作过程中,我丈夫王勇为我分担了大部分家务和儿子的教育培养责任,而且利用公休假陪我到北京、上海、南京查阅并摘抄资料。我亲爱的儿子凌峰,虽然获得我的关爱较少,但却养成了独立、自主、进取的性格,由“师大附小”顺利升读“成都七中育才学校”及“成都七中”。我的母亲和公爹、公婆曾帮忙照料我的家庭与生活,解决我的后顾之忧。丈夫、儿子和亲人们的理解与支持,为我营造了静心研读与写作的环境。令我深感愧疚和遗憾的是,当四年前父亲身患食道癌并瘫痪在床直至去世,作为女儿的我未能多奉侍床前几日,是兄嫂弟妹替我分担了照料衰病老父的责任,本书的完成与出版或许能告慰于先父坟前。在此,谨向我的亲人们表示衷心感谢,并将此书呈献给他们!

凌兴珍

2008年8月于成都万科城市花园

策划编辑:侯　春
责任编辑:李椒元
装帧设计:肖　辉
责任校对:高　敏

图书在版编目(CIP)数据

清末新政与教育改革——清季四川师范教育研究/凌兴珍著.-北京:人民出版社,2008.12
ISBN 978-7-01-004582-5

Ⅰ.清…　Ⅱ.凌…　Ⅲ.师范教育-教育史-四川省-清后期　Ⅳ.G659.29

中国版本图书馆 CIP 数据核字(2008)第 207789 号

清末新政与教育改革
QINGMO XINZHENG YU JIAOYU GAIGE
——清季四川师范教育研究

凌兴珍　著

人民出版社　出版发行
(100706　北京朝阳门内大街 166 号)

北京市永乐印刷厂印刷　新华书店经销

2008 年 12 月第 1 版　2008 年 12 月北京第 1 次印刷
开本:880 毫米×1230 毫米 1/32
字数:376 千字　印张:16.25

ISBN 978-7-01-004582-5　定价:38.00 元

邮购地址 100706　北京朝阳门内大街 166 号
人民东方图书销售中心　电话 (010)65250042　65289539